数据科学与大数据技术丛书

数据科学
统计基础

（第2版）

吕晓玲　黄丹阳　李　伟◎编著

中国人民大学出版社
·北京·

总　序

数据科学时代，大数据成为国家重要的基础性战略资源. 世界各国先后推出大数据发展战略：美国政府于 2012 年发布《大数据研究与发展倡议》，2016 年发布《联邦大数据研究与开发战略计划》，不断加强大数据的研发和应用发展布局；欧盟于 2014 年推出"数据驱动的经济"战略，倡导成员国尽早实施大数据战略；日本等其他发达国家相继出台推动大数据研发和应用的政策. 在我国，党的十八届五中全会明确提出要实施"国家大数据战略"，国务院于 2015 年 8 月印发《促进大数据发展行动纲要》，全面推进大数据的发展与应用. 2019 年 11 月，《中共中央关于坚持和完善中国特色社会主义制度　推进国家治理体系和治理能力现代化若干重大问题的决定》将"数据"纳入生产要素，进一步奠定了数据作为基础生产资源的重要地位.

在大数据背景下，基于数据做出科学预测与决策的理念深入人心. 无论是推进政府数据开放共享，提升社会数据资源价值，培育数字经济新产业、新业态和新模式，支持农业、工业、交通、教育、安防、城市管理、公共资源交易等领域的数据开发利用，还是加强数据资源整合和安全保护，都离不开大数据理论的发展、大数据方法和技术的进步以及大数据在实际应用领域的扩展. 在学科发展上，大数据促进了统计学、计算机和实际领域问题的紧密结合，推动了数据科学学科的建立和发展.

为了系统培养社会急需的具备大数据处理及分析能力的高级复合型人才，2016 年教育部首次在本科专业目录中增设"数据科学与大数据技术". 截至 2020 年，开设数据科学与大数据技术本科专业的高校已突破 600 所. 在迅速增加的人才培养需求下，亟须梳理数据科学与大数据技术的知识体系，包括大数据处理和不确定性的数学刻画，使用并行式、分布式和能够处理大规模数据的数据科学编程语言和方法，面向数据科学的概率论与数理统计，机器学习与深度学习等各种基础模型和方法，以及在不同的大数据应用场景下生动的实践案例等.

为满足数据人才系统化培养的需要，中国人民大学统计学院联合兄弟院校，基于既往经验与当前探索组织编写了"数据科学与大数据技术丛书"，包括《数据科学概论》《数据科学概率基础》《数据科学统计基础》《Python 机器学习：原理与实践》《数据科学实践》《数据科学统计计算》《数据科学并行计算》《数据科学优化方法》《深度学习——基于

PyTorch 的实现》等. 该套教材努力把握数据科学的统计学与计算机基础, 突出数据科学理论和方法的系统性, 重视方法应用和实际案例, 适用于数据科学专业的教学, 也可作为数据科学从业者的参考书.

编委会

第2版前言

I n t r o d u c t i o n

数据科学与人工智能的迅猛发展，正在以前所未有的方式改变人类的生活. 统计学也在经历一个巨大的变革时期，如何应对现有的机遇与挑战是每个统计人都应该思考的问题. 本书是传统数理统计教材和课程的新发展，是编者基于在中国人民大学统计学院多年来的教学经验编写的. 本书的编写逻辑、内容安排以及多方面特色详见第 1 版前言. 这里重点强调第 2 版的改进之处.

（1）为了强调抽样分布的重要性，第 1 章调整了次序统计量与抽样分布两个小节的顺序，将抽样分布放在前面重点讲解，并且将其中的定理证明部分从本章的附录调整至正文；

（2）2.3 节增加了最大似然估计的理论讲解和实例介绍，改进了 EM 算法的介绍；

（3）第 3 章假设检验部分增加了拒绝域以及势函数的概念、样本量的确定，以及广义似然比检验；

（4）第 4 章贝叶斯方法部分增加了 MCMC 方法，具体包括 Metropolis-Hastings (M-H) 算法、Gibbs 抽样等方法及其 R 语言代码实现；

（5）第 5 章调整了写作风格，明确区分了定义、例题、定理等部分，力求语言表述准确，读者可以清晰理解；

（6）修改完善了课后习题；

（7）修改了第 1 版的印刷错误.

由于作者时间、精力、能力有限，本书一定还有很多不足、不尽如人意之处，请广大读者不吝赐教，批评指正. 也希望本书再版时，能不断适应新时期统计教学的需求，更臻完善.

编者

第1版前言

大数据和人工智能时代给统计学带来了巨大的机遇，同时也带来了前所未有的挑战. 可以说，统计学这个学科正处于传承和发展的伟大变革时期. 本书是传统数理统计教材和课程的新发展. 数理统计课程在统计学专业大学本科的培养方案中一般都安排在大学二年级的下学期，即学完数学分析、高等数学、概率论之后. 学完数理统计课程后，大学三年级便开始学习回归分析、多元统计等专业课程. 因此，数理统计是统计学专业非常重要的学科基础课. 我们一直认为统计学的基础是数学，所以才称为数理统计. 诚然，在计算机技术并不发达的统计发展的早期，严谨的数学推导是统计理论的唯一保证. 但数学定理的推导对统计方法的应用有很多局限，比如需要很多假定，如果这些假定不符合实际情况，理论就没有用处；比如更复杂的应用场景很难有经典的数学理论结果来保证方法的有效性. 现在是大数据时代，计算机技术的发展使得统计方法有了很大突破，应用领域有了更大的拓展，但并不是说我们不需要数学理论了，只是说需要的数学方法也相应有了更多变化和要求. 统计学是一门方法论的学科，我们应该首先弄清楚要研究的问题是什么，然后探讨如何构造方法（解决数据分析的实际问题）以及如何评价方法（保证方法的科学性）. 所以说数学理论是为评价统计方法服务的，在这个角度上，不能把统计看作一门数学课，用数学的标准来要求统计学. 本课程作为学科基础课，更应该强调统计学是一门方法论的学科这样的统计思想，更应该在数据科学的大背景下围绕这个核心编写教材、组织教学. 因此在这个意义上，我们将此书命名为《数据科学统计基础》.

（一）

本书与传统数理统计教材有诸多不同，师生和其他读者应该注意以下方面.

1. 思想和逻辑

上文已经表明，希望将本书作为一门基础课的教材，强调统计学是一门方法论的学科，我们应该首先弄清楚要研究的问题是什么，然后探讨如何构造方法（解决数据分析的实际问题）以及如何评价方法（保证方法的科学性）. 因此，我们不再把传统的正态分布下的抽样分布、参数估计、假设检验的方法和结论作为重点和中心，而是将其作为例子来讲解我们想要介绍的统计思维. 尽管这些例子在现实的数据分析中已经很少使用，但我们学会的是统计思想和解决问题的能力，这将在后续的专业课程上发挥更大的作用.

2. 内容编排

以上述想法为指导，内容的编排如下. 第 1 章"统计量"，在介绍了总体（我们要研究的实际问题的抽象，用概率分布来表示）、样本（使用一定的抽样方法，从总体中获得数据，本书绝大部分均为简单随机抽样，样本之间独立同分布，对于更复杂的情况，有待后续专业课讨论）这两个概念之后，统计量定义为"不含任何未知参数的样本函数"，也就是说样本有了观测值（数据）之后，统计量是对数据的加工和整理、对数据所含信息的提取. 从这个意义上讲，所有的统计方法都是在构造统计量，统计量是所有统计问题的核心. 从样本均值、样本方差，到图表方法（各种图表方法都是统计量的取值的图形化展示），再到次序统计量，都是在总结数据信息并对总体进行推断，包括总体概率分布的方方面面——总体期望、总体方差、总体的概率密度函数、总体的累积分布函数、总体分布的分位数等. 这些我们称之为描述统计，它们看似简单，却非常重要，往往被忽视. 只有对数据做好描述分析（还包括了解数据的来源、变量的含义、是否有异常或缺失、如何进行数据变换等），更进一步的模型分析才能水到渠成，否则只能是空中楼阁，没有根基. 除了对一维数据的描述方法的介绍，本书还增加了对二维和高维数据的描述分析的介绍，以估计其联合分布的数字特征和密度函数等，这是统计方法应用的主要场景.

描述统计之后，转入对统计量性质的讨论，这些讨论当然也适用于描述统计的各统计量，或者首先以这些统计量为例. 首先是抽样分布，经常说卡方分布、t 分布、F 分布是三大抽样分布. 我们应该认识到这三个分布都是正态总体假设下与样本均值、样本方差相关的统计量的概率分布. 前文已经讲过，正态分布不再是本书的核心，希望读者将这三个分布作为重要的例子来理解. 为什么要讲抽样分布，这是一个极其核心的问题，关系到统计方法的本质，那就是统计量是随机变量（或向量），我们观测到的数据只是从总体一次抽样的样本的实现值，基于此计算得到的统计量的数值也是一次随机实现. 统计方法不是就事论事，只用来分析现有数据，而是构造这个方法，用其推断这个数据所代表的总体，希望可以在不同场合反复多次使用. 反复使用的过程中，统计量的实现值也在变化（可以看作从其自身概率分布的不同抽样结果），那么对统计量（其所代表的统计方法）的评价就要知道它的概率分布（抽样分布）. 所有统计方法都是从概率意义上对其进行评价，在多次使用中体现其价值. 我们将结合后面几章的内容进一步说明这个观点. 除了正态总体以外，其他统计量的精确分布是很难推导的，需要借助于随机模拟和极限渐近理论. 第 5 章数据重利用的再抽样方法为统计量抽样分布的研究打开了一扇新的大门，开辟了新的领域.

充分性是统计量的一个重要性质，也是对统计量的一个基本要求，即我们在加工整理数据时，不要丢失数据中包含的总体信息. 这个朴素的想法能够通过条件概率、因子分解定理等严格的数学表达来描述，我们不得不惊叹于数学之美，以及统计学前辈水平之高. 1.7 节的概率分布是概率论知识的拓展，是对本书需要使用的概率分布的简单介绍.

第 2 章"参数估计"和第 3 章"假设检验"是数理统计（统计推断）的两个重要内容，但并不是本书的核心和重点. 在本书写作的指导思想下，我们也将其作为统计研究的问题中的两个例子，介绍统计研究方法的重要思想. 先说参数估计中的点估计，这是我们要解决的一个问题，我们把参数定义为总体概率分布函数的一个函数，表示我们感兴趣的总体的某方面的特征. 对参数进行估计，首先要清楚估计方法，本书介绍了常用的矩估计方法和经典的最大似然方法，还有 EM 方法，最终都是给出估计量（统计量）的计算公式或计算步骤. 解决一个问题的统计方法多种多样，如何评价这些方法，在这些方法中进行选择？点估计的评价标准有很多，无偏性、有效性、均方误差准则、一致最小方差无偏估计、相合性、渐近正态性等都是点估计的评价指标，从不同的角度分别评价点估计方法的好坏. 但有一点是一致的，所有评价都是基于估计量的抽样分布，都是在概率意义下的评价. 讨论估计量分布的期望是要说明该方法在多次重复使用的情况下是否有系统偏误，讨论估计量的方差是想说明多次重复使用该方法时的稳定程度，更多场合需要将这两者结合在一起综合考虑. 大样本性质是将估计量看成样本量的函数，说明该方法在样本量增加的情况下效果如何. 本书所介绍的这些点估计的方法和评价标准不仅适用于总体是一个简单概率分布（正态、二项、泊松等）的情况，在后续的专业课学习中，模型越来越复杂（总体的概率分布假设更复杂），对参数估计、模型拟合与预测等问题的研究，其求解方法和评价方法的主要思想与本书是一致的. 本书的学科基础课的作用就体现在这些方面.

参数估计中的区间估计是另一种解决问题的思路，使用的方法为枢轴量法，评价的标准是在保证一定置信度的前提下，平均区间长度越小越好，同样是概率评价的思维，同样要使用统计量的抽样分布（或分布的数字特征）. 为了缩短篇幅，突出重点，对于正态总体各种情况的区间估计问题，本书仅以单总体均值为例，给出推导过程，其他情况直接以表格形式给出结果，并以习题的形式请读者自行验证.

假设检验目前备受质疑，p 值惨遭批判. 该方法的滥用和误用说明该方法有一定的局限，但更重要的是使用方法的人要有科学客观的态度，要弄清楚方法的使用范围和局限性. 任何时候，我们都要独立思考，批判地继承和发展. 3.1 节首先介绍了假设检验的过程与逻辑，这适用于任何假设检验问题. 在零假设成立的前提下，推导检验统计量的分布，使用 p 值做判断，这是方法本身. 对于方法的评价，我们要计算犯错误的概率. 对于方法的应用，我们要随时保持清醒的头脑. 本书在介绍各种检验方法的同时，也给出了一些评论和使用的注意事项，希望读者认真思考. 本章后续各节介绍了各种情况的假设检验问题. 对于正态总体的各种情况，与区间估计类似，本书进行了压缩处理. 需要强调的有两处：一是成对数据的比较，这是本书为数不多的独立同分布样本以外的例子之一，考虑了样本相关情况下数据处理的思考方式；二是本书新增了大规模假设检验与 FDR 方法，这是大数据时代假设检验的一个新发展.

本书前三章是在频率学派的框架下探讨问题，假设未知参数是参数空间中的常数. 第 4 章的贝叶斯方法认为参数也是随机变量，也有概率分布. 这是对未知世界本体论认识的不同之处，无法验证，只关乎信仰. 但这并不影响我们在方法论层面解决实际问题. 频率学派与贝叶斯学派曾有百年纷争，而现在我们看到的更多是和谐共处的局面. 一个问题可以从两个学派不同的视角来研究，在相互印证和相互补充的过程中，我们可以对事物的本质有更深刻的理解. 统计决策、损失函数的思路更是两个学派都在使用，都在发展.

第 5 章是"再抽样方法",在统计学的专业课设置下,这些内容可以放在统计计算的课程中. 之所以放在数理统计的教材中,是基于以下两点考虑. 第一,有些学生在后续专业课的学习中,出于种种原因不再学统计计算这门专业课了,即使选修了这门课程,由于任课教师和选用教材的差异,所学内容也有很大差异,所以我们觉得有必要把重要内容放在基础教材中. 第二,基于对数理统计课程的认知,我们更希望将本书作为一门基础课的教材. 本书更强调统计学是一门方法论的学科,我们应该首先清楚要研究的问题是什么,然后探讨如何构造方法(解决数据分析的实际问题)以及如何评价方法(保证方法的科学性). 这个观点很重要,这已经是第三次提到. 计算机技术的发展使统计方法能解决的问题更广泛,统计方法的构造更合理(摆脱一些不得已的总体分布的假设,不需要仅依赖于数学定理,更重视数据本身),但对统计方法的评价仍然需要一些严格的数学理论的推导,即使是使用计算机模拟来评价统计方法,也需要数学理论的指导,滥用统计模拟,会使统计应用误入歧途. 在这个想法的指导下,本章介绍了一些基于数据重利用的统计方法以及对这些方法的评价和思考,虽然相对来讲还比较简单、初级,但是希望读者学到这种思维,因为在后续的专业课的学习中这些方法会有更大的拓展空间和用武之地.

3. 计算机实践

数理统计课如果定位成数学课,似乎不应该介绍更多的计算机编程,但如果定义为统计学的学科基础课,在现代统计学高度依赖计算机的情况下,学生尽早掌握计算机就是有必要的. 因此本书以 R 语言为基础(附录介绍了 R 语言的简单入门),每章的最后一节介绍了与本章知识点相关的 R 语言操作,包括本章介绍的各种方法的计算机实现,以及使用统计模拟来辅助对各种方法的更深入的理解等.

本书所有程序和数据均可在出版社网站下载. 具体方式如下:登录中国人民大学出版社官方网站(http://www.crup.com.cn/),在检索栏里输入本书书名,进入本书主页,点击资源下载链接,下载相关材料.

4. 批判性思考

本书的每个小节后面都有数量不等的批判性思考题目. 对于这些题目,有些有明确的答案,更多的是引起讨论、启发思考,这比给出一个标准答案更重要. 任何时候我们都要保持自主思考、独立判断的能力,这是人类进步的源泉.

(二)

中国人民大学统计学院的数理统计课程是学科基础课,是所有学生的必修课,安排在大学二年级下学期,4 个学分,16 周教学. 学生在此之前学过数学分析、高等数学、概率论. 我们是这样安排教学的:一般来讲,前 8 周可以讲完本书的前两章,然后安排一个随堂的期中考试,也可以没有,后 8 周可以讲完本书的后三章;虽然课时紧张,选课人数众多,但任课教师也应避免"唱独角戏",适当点名提问,启发学生思考,这是非常必要的;习题课可由研究生担任助教,每月 1 ~ 2 次,每次 1 ~ 2 小时,不占用正式上课时间,讲解习题和 R 语言操作(正式上课时只是提及,不讲详细操作);期末闭卷考试 2 小时,安排在考试周,以证明和理论推导题目为主,偶有 1 ~ 2 道计算题;对于计算机操作的考核(更重要的是依托计算机,理解统计方法,提高解决实际问题的能力),可以指定一些小课题,让学生分组完成,期末考试之前汇报展示;学生的最终成绩是课堂表现、平时作业、课题汇报、期中期末考试等方面成绩的加权平均. 作为学科基础课,教师和学生付出的努力还是相当大的,学习时间的投入也是相当多的.

诚然,科学必须具备批判精神,学习时刻不能缺少思考. 对于二年级的本科生,刚刚接触统计课程,这个阶段更重要的是踏踏实实学好书中的每个知识点,融会贯通、深刻理解. 这是"建构"的过程,可使得统计大厦的根基更加牢靠. 在以后专业课的学习和数据分析实践中再进一步理解和体会,进行"批判""解构""重建",实现知识的迭代更新和自我飞跃.

(三)

感谢中国人民大学出版社王伟娟编辑对本书的大力支持. 感谢近几年本课程的助教研究生:范一苇、罗梓烨、刘梦杭、闫晗、孙亚楠、冯艺超、刘畅、张芮、詹滋树、何怡然. 他们为本书的例题、习题、排版、校对都做出了贡献.

愿望是十分美好的,虽然为此付出了努力,但时间、精力、能力毕竟有限,本书一定还有很多不足、不尽如人意之处,请广大读者不吝赐教. 也希望本书再版时,能不断适应新时期统计教学的需求,更臻完善.

编者

目 录

C o n t e n t s

第1章 统 计 量

本章导读

统计学是探讨随机现象统计规律的一门学科, 研究如何以有效的方式收集、整理和分析受随机因素影响的数据, 从而对研究对象的某些特征做出判断.

一直以来, 数理统计是统计学的学科基础课, 并且一直认为其基础是数学, 所以才叫数理统计. 诚然, 在计算机技术并不发达的早期统计发展的时代, 严谨的数学推导是统计理论的唯一保证. 但数学定理的推导对统计方法的应用有很多限制, 比如需要很多假定, 如果这些假定不符合实际情况, 那么理论就没什么用; 比如更复杂的应用场景很难有经典的数学理论结果来保证方法的有效性. 在当今大数据时代, 计算机技术的发展使得统计方法有了很大突破, 应用领域有了更大的拓展, 但并不是说我们不需要数学理论了, 而是说需要的数学方法也相应地有了更多变化和要求. 统计学是一门方法论的学科, 我们应该首先弄清楚要研究的问题是什么, 然后探讨如何构造方法 (解决数据分析的实际问题) 以及如何评价方法 (保证方法的科学性). 所以说数学理论是为评价统计方法服务的, 从这个角度而言, 不能把统计看成一门数学课, 用数学的标准来要求统计. 本课程作为学科基础课, 更应该强调统计是一门方法论的学科这样的统计思想, 读者更应该围绕这个核心学习本书的知识.

本章作为全书的开篇, 是非常重要的一章. 我们以统计量为核心展开论述. 首先探讨统计研究问题最基本的知识点——数据和变量以及变量的类型, 然后介绍总体和样本. 通过这些概念, 我们把统计、数据分析要研究的问题转化成可以用公式和符号表示的问题, 但一定要注意实际问题不是纯粹的数学, 不能完全使用纯数学的思维解决数据分析问题. 之后我们给出统计量的定义, 它是对数据的分析和整理, 广义来讲, 统计分析就是在构造和寻找统计量. 本书介绍了一些简单统计量 (均值、方差等样本矩)、从样本认识总体的图表方法 (图表也是统计量)、次序统计量以及数据变换等. 这些方法看似简单, 在以后的数据分析过程中好像没有那些炫酷的模型显得那么高深, 以至于有些人都不屑于或忘记了使用, 殊不知没有扎实的描述统计, 没有对数据的基本理解, 任何模型都是空中楼阁.

之后介绍的统计量的抽样分布是为统计方法的理论分析服务的, 它用来评价统计量的好坏, 在第2、3章会进一步应用. 需要说明的是, 能够给出精确抽样分布的统计量是很少的, 一般仅限于正态总体的几个统计量以及少数次序统计量, 因此通过模拟的方法以及本书第5章的再抽样方法寻找统计量的抽样分布有更广阔的前景. 1.6节给出了充分统计量的概念, 它从另一个侧面来评价统计量, 在经典数理统计中曾经有比较重要的地位. 随着数据越来越复杂, 分析方法和构造的统计量越来越多, 寻找充分统计量越来越难. 因此大数据分析中很少再提充分统计量了. 作为概率分布知识的拓展, 1.7 节介绍本书将会经常用到的一些概率分布族.

1.1 数据和变量

1.1.1 数据的例子

现在我们身处大数据时代, 统计学是收集、分析、展示和解释数据的科学. 那么什么是数据? 有人说数据就是数字, 这有一定的道理, 因为数字是一种最典型的传统数据, 比如人的身高、体重、考试成绩、股票指数等. 可以说数字就是数据, 但数据未必就是数字.

凡是可以电子化记录的其实都是数据. 这里所说的记录不是靠自然人的大脑, 而是通过必要的信息化技术和电子化手段. 基于此, 数据的范畴就大得多了, 远不局限于数字. 既然涉及电子化记录, 就要考虑记录数据的技术手段. 手机、数码相机、各种工程设备上的探头等, 都是记录的技术手段. 这些手段具有明显的时代特征, 不同时代所能提供的记录的技术手段是不一样的.

很久以前, 声音和图像并不是数据, 因为无法记录. 现在各种声音采集器、数码成像技术使得声音和图像都可以被记录, 进一步的分析包括语音输入、自动翻译、人脸识别、医学影像分析等. 可以说声音和图像是一种具有强烈时代特征的数据.

类似的例子还有很多, 比如生物信息技术的进步产生了微阵列数据、基因图谱数据, 手写文本、经典史籍、文学作品录入电脑后都成了文本数据, 社交网络媒体、物联网平台产生了海量的网络数据.

一种说法是将数据分为结构化数据和非结构化数据两种. 结构化数据通常指以矩阵形式存在的数据, 其每一行是对一个对象的观测值, 对对象不同特征的观测形成了不同的列. 结构化数据可以通过关系型数据库进行存储和管理. 非结构化数据是数据结构不规则或不完整, 没有预定义, 不方便用数据库的二维逻辑表来表现的数据. 这包括所有格式的办公文档、文本、图片、图像和音频视频信息等. 不过最终对数据进行处理时, 都是通过各种手段和方法将非结构化数据转化成结构化数据, 所有分析都是在计算机上通过 0、1 二进制计算实现的.

数据按照收集方法可以分为观测数据和实验数据. 通常在自然的、未被控制的条件下观测到的数据称为观测数据. 对于有些问题, 比如在不同的医疗手段下某疾病的治疗效果有什么不同、在不同温度和土壤条件下某农作物的产量有没有区别等, 需要在人工干预和操作的情况下收集数据, 这种数据称为实验数据.

1.1.2 变量的类型

我们希望研究的是被数据记录的自然或社会现象背后所特有的规律和性质. 我们往往要研究的并不是一个问题的所有方面, 而是某些感兴趣的维度 (或称为特征), 比如某地区居民的收入水平、某疾病的发病率与饮食习惯的关系等. 这些特征对不同研究个体的取值是不同的, 因此称为随机变量 (或简称变量, 一维情况) 或随机向量 (二维及以上情况).

变量有很多类型, 主要分为两种. 一种是定量变量或数量变量, 比如五年级男生的身高、某款汽车的速度、某种疾病的患病人数等. 定量变量也可以再分为连续型变量 (比如速度) 和离散型变量 (比如人数、实验失败次数等) 等子类型. 连续型变量的取值范围可以是某区间中的任何值, 因此也称为区间变量、实数型变量等; 离散型变量是取整数值或可数数量集合值的变量.

另一种是分类变量或 (定性变量、示性变量、属性变量、因子型变量), 比如性别、职业、地区等. 分类变量有些是有序的, 比如信用等级、工资收入等级等, 称为定序变量.

这些变量类型并不是绝对的. 年龄一般来说应该是连续型的, 但往往取整数, 成了离散型; 而在问卷调查中, 往往从年龄的若干选项 (比如 "幼年" " 青年" " 中年" "老年") 中选择一个, 这就是分类变量或者定序变量. 区分变量的取值类型, 目的是在数据分析中选用不同的处理方法, 读者需要灵活掌握.

变量的种类实际上是由人们对变量的约束决定的, 最原始的变量是定性变量, 比如颜色 (红、黄、蓝、紫等). 定性变量包含最少的约束. 定序变量是对定性变量加上大小的约束, 比如按照波长排序, 则有红 > 黄 > 蓝 > 紫. 如果按照频率排序, 顺序则相反. 定量变量则不仅有排序, 而且有数目, 每种颜色都由特定的频率或波长定义, 这就称为连续型变量或者区间变量. 表 1.1.1 是关于颜色的频率和波长的列表.

表 1.1.1　颜色的频率和波长

颜色	频率 (THz)	波长 (nm)
紫	668~789	380~450
蓝	631~668	450~475
青	606~630	475~495
绿	526~606	495~570
黄	508~526	570~590
橙	484~508	590~620
红	400~484	620~750

对数据的人为约束越多, 数据在模型中所起的作用越小, 或者说 "自由度" 越小. 遗憾的是, 为了数学和计算的方便, 人们给数据加了各种约束和限制, 人为地减少了数据的信息量. 比如, 把年龄排序成 (或者用年龄这样的整数) 老 > 中 > 青 > 幼, 看上去似乎更合理, 但这意味着老年和幼年是两种极端的情况. 实际上, 在体力上和心理上老年和幼年却呈现了一些类似的现象, 这种信息容易被排序 (或数量化) 埋没, 但也可通过模型选择学习出这种非线性的影响. 如果按照体力或智力排序, 则会有不同的结果. 再如, 上面这种颜色按照频率或波长的排序约束就和人们对各种颜色的喜爱程度 (也可以排序) 不相容, 和生理上的不可见光的范围也不相容 (两个极端都不可见).

任何对数据的约束都是主观的, 仅反映了数据的一个方面, 而绝对不是唯一的或者绝对正确的. 我们面对的数据不是抽象数学而是实际世界! 只有对所研究的问题深刻理解, 对数据准确处理, 对方法灵活应用, 才能从数据中找到有价值的信息.

· 批判性思考 ·

1. 图片、文本、声音等非结构化数据如何转化 (编码) 成结构化的、可以用数字表示的数据?

2. 此处所说的随机变量和概率论中所讲的随机变量有什么异同?

3. 同一变量在不同场合定义为不同的类型, 对后续的数据分析会产生什么影响?

· 习 题 1.1 ·

1. 你做过什么数据分析项目? 数据分析的目的是什么? 介绍一下你所使用的数据的来源和类型, 以及数据中各变量的含义、类型、取值范围.

2. 指出下述变量的类型:

(1) 性别.

(2) 汽车产量.

(3) 员工对工作环境的态度 (非常不满意、不满意、还可以、满意、非常满意).

(4) 购买商品时的支付方式 (现金、信用卡、支票).

1.2 总体、样本和统计量

1.2.1 总体和分布

在一个统计问题中, 我们把研究对象的全体称为总体, 其中每个成员称为个体. 在实际问题中, 总体是客观存在的人群或物类, 这是对总体这个概念在研究问题的对象这个层面的理解. 但是每个人或物都有很多侧面可以研究. 譬如研究学龄前儿童这个总体, 每个 3~6 岁的儿童就是一个个体, 每个个体都有很多侧面, 如身高、体重、性别、父母的受教育程度、家庭收入、健康指标等. 若我们进一步明确, 研究的问题是儿童的血色素 (X) 的多少, 则每个个体 (儿童) 对应一个数. 如果撇开实际背景, 那么总体在数学表达层面就是一堆数, 这堆数中有的出现的机会大, 有的出现的机会小, 因此可以用一个概率分布来描述这个总体. 从这个意义上讲, 总体可以用一个概率分布来描述, 其数量指标 X 就是服从这个分布的随机变量. 因此, 常常用随机变量的符号或分布的符号表示总体. 以后我们说 "从某总体中抽样" 和 "从某分布中抽样" 是同一个意思.

如果我们要研究的问题不是一个维度, 而是二维或更高维度, 比如研究儿童血色素 (X_1) 同其性别 (X_2)、年龄 (X_3) 之间的关系, 那么总体仍然是一堆数, 只不过每个元素不是一个数字而是一个向量. 这个总体仍然可以用一个概率分布来描述, 即 (X_1, X_2, X_3) 的联合分布. 更进一步, 数据的维度可能会很高, 几千、上万, 甚至更高. 我们可以假设这些变量之间有某种相互关系, 从而假定一些条件分布的形式, 使用统计模型或算法进行数据分析, 这是后续专业课的具体内容, 本书只有少量涉及, 但本书所介绍的思想和原则是后续所有专业课的基础.

例 **1.2.1** 为了解某地区居民在某网站的购物情况, 需回答以下三个问题:

(1) 网购居民占所有居民的比例;

(2) 过去一年内网购居民的购物次数;

(3) 过去一年内网购居民的购物金额.

如果分别研究这三个问题, 要涉及三个不同的总体, 叙述如下.

第 1 个问题所涉及的总体由该地区的居民组成. 为明确表示这个总体, 我们可以把该地区过去一年内至少网购一次的居民记为 1, 其他居民记为 0. 这样一来, 该总体可以看作由很多 1 和 0 组成的总体 (见图 1.2.1). 若记 "1" 在该总体中所占的比例是 p, 则该总体可以由二点分布 $b(1,p)$ 表示.

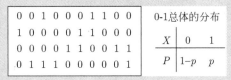

图 1.2.1　0-1 总体及其分布

第 2 个问题所涉及的总体由该地区过去一年内至少网购一次的居民组成. 每个成员对应一个自然数, 这个自然数就是该地区居民的网购次数 Y. 若记 p_k 为网购 k 次的居民在总体中所占的比例, 则该总体可用如下离散分布表示:

$$P(Y = k) = p_k, \quad k = 1, 2, 3, \cdots$$

第 3 个问题所涉及的研究对象与第 2 个问题相同, 但研究的指标不同, 这里的指标是过去一年内网购总金额 Z, 它不是离散型变量而是连续型变量, 相应的分布是连续分布函数 $F(z)$. 这个分布函数不太可能是对称分布, 而可能是偏态分布, 因为网购金额低的居民占多数, 网购金额高的居民占少数, 只有极少数人的网购金额特别高. 因此, 这不是一个对称分布而是一个右偏分布 (见图 1.2.2), 如对数正态分布 $\mathrm{LN}(\mu, \sigma^2)$ 或伽马分布 $\mathrm{Ga}(\alpha, \lambda)$ 等.

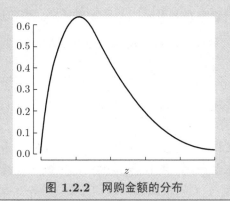

图 1.2.2　网购金额的分布

从这个例子可见, 任何一个总体总可以用一个分布描述, 尽管分布的确切形式尚不知道, 但我们假定它存在.

例 1.2.2 彩色浓度是彩色电视机质量好坏的一个重要指标. 20 世纪 70 年代在美国销售的索尼彩色电视机有两个产地: 美国和日本. 两地的工厂按照同一设计、同一工艺、同一质量标准进行生产, 其彩色浓度的标准值为 m, 允许的范围是 $[m-5, m+5]$, 否则为不合格品. 70 年代后期, 美国消费者购买日本产索尼彩色电视机的热情明显高于购买美国产索尼彩色电视机, 这是为什么呢?

1979 年 4 月 17 日日本《朝日新闻》刊登的调查报告指出, 这是由两地管理者和操作者对质量标准认知的差异引起的总体分布不同造成的. 日厂管理者和操作者认为产品的彩色浓度应该越接近目标值 m 越好, 因而在 m 附近的彩色电视机多, 远离 m 的彩色电视机少, 因此他们的生产线使得日本产索尼彩色电视机的彩色浓度服从正态分布 $N(m, \sigma^2), \sigma = 5/3$. 美厂管理者和操作者认为只要产品的彩色浓度在 $[m-5, m+5]$ 之间, 产品都是合格的, 所以他们的生产线使得美国产索尼彩色电视机的彩色浓度服从 $[m-5, m+5]$ 上的均匀分布.

若把彩色浓度在 $[m-\sigma, m+\sigma]$ 之间的彩色电视机称为 I 等品, 在 $[m-2\sigma, m-\sigma) \bigcup (m+\sigma, m+2\sigma]$ 之间的彩色电视机称为 II 等品, 在 $[m-3\sigma, m-2\sigma) \bigcup (m+2\sigma, m+3\sigma]$ 之间的彩色电视机称为 III 等品, 其余彩色电视机为 IV 等品 (次品), 则可以看到, 虽然两个产地的产品均值相同, 但由于概率分布不同, 各等级彩色电视机的比例也不同, 见图 1.2.3 和表 1.2.1.

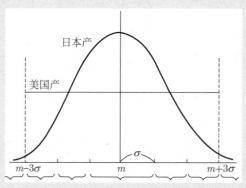

图 1.2.3 日本产和美国产索尼彩色电视机的彩色浓度的概率分布图

表 1.2.1 各等级彩色电视机的比例 (%)

等级	I	II	III	IV
美国产	33.3	33.3	33.3	0
日本产	68.3	27.1	4.3	0.3

虽然日本产彩色电视机在生产过程中有一定比例的次品 (0.3%), 但其 I 等品比例明显高于美国产彩色电视机, 且 III 等品比例明显低于美国产彩色电视机. 随着时间的延长, I 等品会退化为 II 等品, II 等品会退化为 III 等品等. 因为美国产彩色电视机的 III 等品比例很高, 所以退化为次品的也会偏多, 这就是日本产彩色电视机受欢迎的原因. 这个实际商业案例深刻地说明了总体分布不同的差异和重要性.

例 1.2.3 在后续专业课回归分析的学习中,我们通常考虑 p 个自变量 $\boldsymbol{X} = (X_1, X_2, \cdots, X_p)$ 对因变量 Y 的影响. 比如 Y 是各个地区的平均房价, X_i 是该地区的绿化指数、环境因素、位置因素、文化氛围等. 通常假定 $(\boldsymbol{X}, Y)$ 服从一个 $p+1$ 维的联合分布. 如果我们假定以下线性模型:

$$Y = \beta_0 + \beta_1 X_1 + \cdots + \beta_p X_p + \varepsilon = f(\boldsymbol{X}) + \varepsilon$$

式中, $\beta_0, \beta_1, \cdots, \beta_p$ 是模型系数. 进一步假定误差项 ε 服从正态分布 $N(0, \sigma^2)$, 则可以认为给定 $\boldsymbol{X}$ 条件下 Y 的条件分布是正态分布 $N(f(\boldsymbol{X}), \sigma^2)$.

例 1.2.4 在文本数据分析中,我们要研究的个体是一篇篇文章. 在转换成数量指标之后,每篇文章可以对应一个 P_1 维向量,表示该文章在 P_1 个词语上的词频. 我们认为该 P_1 维向量服从一定的概率分布. 在图像分析中,个体是一张张图片,对应的数量指标是一个 P_2 维向量,表示图片在 P_2 个像素点的像素值,服从一个 P_2 维的概率分布.

1.2.2 样本

如前所述,我们把要研究问题的总体转化成用随机变量/向量表示的对应的概率分布问题. 研究总体分布及其特征数有如下两种方法.

(1) 普查, 又称全数检查, 即对总体中的每个个体都进行检查或观察. 普查费用高、时间长, 故不常使用, 破坏性检查 (如灯泡寿命实验) 更不会使用. 只有在少数重要场合才会使用普查. 如我国规定每十年进行一次人口普查, 其间每年进行一次人口抽样调查.

(2) 抽样, 即从总体中抽取若干个体进行检查或观察, 用所获得的数据对总体进行统计推断, 这一过程如图 1.2.4 所示. 抽样费用低、时间短, 故实际使用频繁. 本书将在简单随机抽样 (下文说明) 的基础上研究各种合理的统计推断方法, 这是统计学的基本内容. 应该说, 没有抽样就没有统计学.

图 1.2.4 总体及其样本

从总体中抽出的部分 (多数场合是小部分, 即使现在的大数据也只是总体的一部分) 个体组成的集合称为样本, 样本中所含的个体称为样品, 样本中样品的个数称为样本量或样本容量. 由于抽样前不知道哪个个体被抽中, 也不知道被抽中的个体的测量或实验结果, 所以容量为 n 的样本可看作 n 维随机向量, 用大写字母 $X_1, X_2, \cdots, X_n$ 表示, 用小写字母 $x_1, x_2, \cdots, x_n$ 表示其观测值, 这就是我们常说的数据. 一切可能观测值的全

体 $\Omega = \{(x_1, x_2, \cdots, x_n)\}$ 称为 n 维样本空间. 有时为了方便起见, 不区分大小写, 样本及其观测值都用小写字母 $x_1, x_2, \cdots, x_n$ 表示. 当需要区分时会加以说明, 读者也可从上下文中识别. 今后很多场合都将采用这一表示方法.

例 1.2.5 样本的例子.

(1) 某公园的一次性门票为 200 元, 一年内可以无限次入场的年票价格为 595 元. 为检验该票价制度的合理性, 随机抽取 1 000 位年票持有者, 记录他们某年入园游览的次数, 见表 1.2.2. 这是一个容量为 1 000 的样本.

表 1.2.2　1 000 位年票持有者某年入园游览的次数

游览次数	0	1	2	3	4	≥5
人数	45	219	210	213	148	165

(2) 某学院学生的体测数据, 包括体重 (斤)、腰围 (码)、脉搏 (次／分钟)、性别和班级代码, 随机抽取 40 人, 如表 1.2.3 所示. 这是一个容量为 40 的多维样本.

表 1.2.3　20 名学生的体测数据

编号	体重	腰围	脉搏	性别	班级	编号	体重	腰围	脉搏	性别	班级
1	101	25	70	女	A	21	100	25	85	女	A
2	119	27	72	女	A	22	168	37	70	男	A
3	143	33	78	男	C	23	143	33	79	男	B
4	162	35	82	男	B	24	122	30	88	男	B
5	98	25	66	女	A	25	111	28	78	女	C
6	122	29	76	男	B	26	167	38	86	男	B
7	135	32	76	男	B	27	189	43	76	男	C
8	144	33	80	男	B	28	147	33	88	男	B
9	141	33	94	男	A	29	99	23	95	女	C
10	180	42	76	男	B	30	156	38	66	男	B
11	135	32	70	男	C	31	131	30	80	男	C
12	130	32	72	女	A	32	101	25	69	女	C
13	154	34	84	男	B	33	118	27	80	女	B
14	88	23	70	女	A	34	176	40	75	男	C
15	107	26	66	女	A	35	133	32	96	男	C
16	125	27	82	男	B	36	100	25	76	女	B
17	114	27	74	女	A	37	157	36	85	男	C
18	157	34	72	男	C	38	97	24	77	女	A
19	142	33	74	男	A	39	103	25	74	女	B
20	155	34	88	男	C	40	109	26	90	女	C

样本来自总体, 样本包含总体信息. 譬如机会大的 (概率密度值大的) 地方被抽中的样品就多, 而机会小的 (概率密度值小的) 地方被抽中的样品就少; 分布分散, 样本取值也分

散; 分布集中, 样本取值也相对集中; 分布有偏, 样本中多数样品的取值也偏向一侧等. 样本是分布的影子, 见图 1.2.5.

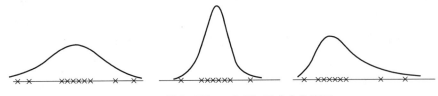

图 1.2.5　样本 (用 × 表示) 是分布的影子

为了使所抽取的样本能很好地反映总体, 抽样方法的确定很重要. 最理想的抽样方法是简单随机抽样, 它满足如下两个要求.

(1) 随机性: 总体中每个个体都有同等的机会被选入样本中. 这说明样本中每个 X_i 的分布相同, 均与总体 X 同分布.

(2) 独立性: 样本中每个个体的选取并不影响其他个体的选取. 这意味着样本中每个个体 X_i 是独立的.

由简单随机抽样得到的样本称为简单随机样本, 简称样本. 此时 $X_1, X_2, \cdots, X_n$ 可以看成是相互独立且服从同一分布的随机变量, 简称独立同分布 (independent and identically distributed, i.i.d.) 样本. 如无特别说明, 本书所指的样本均为简单随机样本.

如何才能获得简单随机样本呢? 下面介绍一个简单的例子.

> **例 1.2.6**　有一批灯泡 600 只, 现要从中抽取 60 只做寿命实验, 如何从 600 只灯泡中抽取 60 只灯泡, 使所得样本为简单随机样本?
>
> 首先对这批灯泡随机从 000 ~ 599 编号. 然后可利用计算机产生 60 个 000 ~ 599 的不同的随机整数 (每个数字被抽中的概率要相同, 并且互相不影响). 取出这些编号所对应的灯泡进行实验, 测定其寿命.

实际分析的问题会比这个情况复杂很多. 1.1.1 节介绍过, 数据按照收集方式可以分为观测数据和实验数据, 这些数据都可以理解为抽样数据, 不过很有可能都不是简单随机抽样的数据. 本书以及后续专业课程中很多统计方法针对的是简单随机样本, 如何将这些方法应用于实际数据, 必须深入思考数据的代表性和方法的适用性, 必须排除人为干扰, 不要怕麻烦和想偷懒. 很多事例表明, 统计分析常在数据收集和理解阶段就出了问题.

1.2.3　统计量

统计要研究的问题就是分析样本数据, 推断其所代表的总体的各种性质. 对样本进行整理加工的一种有效方法是构造样本函数 $T = T(X_1, X_2, \cdots, X_n)$, 它可以把分散在样本中的总体信息按人们的需要 (某种统计思想) 集中在一个或多个函数上, 使该函数值能反映总体某方面的信息. 这样的样本函数在统计学中称为统计量, 它是统计分析的工具和武器, 具体定义如下.

> **定义 1.2.1** 不含任何未知参数的样本函数称为统计量.

需要强调的是, 在 1.2.2 节, 我们已经指出, 样本 $X_1, X_2, \cdots, X_n$ 是 n 维随机变量, 因此, 统计量作为样本函数, 也是随机变量. 它的实际取值会随每次抽样样本取值的不同而不同. 这里 "不含任何未知参数" 是要求样本函数中除样本外不含任何未知成分 (关于参数的概念, 2.1 节会有更详细的讨论). 有了样本观测值后, 立即可算得统计量的值, 使用也很方便. 因此, 从这个意义上讲, 任何统计分析都是在构造统计量, 包括后续专业课介绍的各种统计模型和算法, 都是在确定和寻找统计量.

对于一维总体, 三个简单常用的统计量是:

- 样本均值: $\overline{X} = \dfrac{1}{n} \sum\limits_{i=1}^{n} X_i$.

- 样本方差: $S^2 = \dfrac{1}{n-1} \sum\limits_{i=1}^{n} (X_i - \overline{X})^2$.

- 样本标准差: $S = \sqrt{S^2}$.

其中, $X_1, X_2, \cdots, X_n$ 是来自某总体的一个样本. 无论总体是连续分布还是离散分布, 是正态分布还是非正态分布, 这三个统计量在统计推断中都是重要且常用的.

下面通过剖析样本方差 S^2 的构造讨论这三个统计量的优劣.

(1) 样本均值 $\overline{X}$ 总位于样本中部, 它是总体期望 μ (总体分布的一个位置参数, 另外一个位置参数是中位数, 我们在 1.5 节介绍) 的很好的估计, 因为 $E(\overline{X}) = \mu$, 也就是说使用样本均值估计总体期望, 多次重复使用时没有系统偏差. 但绝不能说样本均值等于总体期望. 样本均值是随机变量, 每次取值不同. 总体期望是固定的常数, 通常未知, 因此才需要估计.

(2) 诸 X_i 对 $\overline{X}$ 的偏差 $X_i - \overline{X}$ 可正可负, 其和恒为零, 即

$$\sum_{i=1}^{n} (X_i - \overline{X}) = 0$$

这个等式表明: n 个偏差中只有 $n-1$ 个是独立的. 在统计中独立偏差的个数称为自由度, 记为 f, 故 n 个偏差共有 $n-1$ 个自由度, 即 $f = n-1$.

(3) 由于诸偏差之和恒为零, 故样本偏差之和不能把偏差积累起来, 不能用它来度量样本的离散程度, 从而改用偏差平方和 Q:

$$Q = \sum_{i=1}^{n} (X_i - \overline{X})^2$$

它可以把 n 个偏差积累起来, 用于度量 n 个数据的离散程度.

(4) 在样本量不同的场合, 偏差平方和 Q 会失去比较样本离散程度的公平性, 因为当样本量大时偏差平方和会偏大. 为了消除样本量对偏差平方和的干扰, 改用平均偏差平方和 S_n^2 来度量样本的离散程度, 其计算公式如下:

$$S_n^2 = \frac{Q}{n} = \frac{1}{n} \sum_{i=1}^{n} (X_i - \overline{X})^2 \tag{1.2.1}$$

它表示每个样本点上平均有多少偏差平方和, 这就可以在样本量不同的场合下比较样本的离散程度. 实际中 S_n^2 也被用来估计总体方差 σ^2, 称 S_n^2 为未修正的样本方差.

(5) S_n^2 的改进. 无论从理论研究还是实际使用上看, 用 S_n^2 估计总体方差 σ^2, 大多数情况下是偏小的, 这可从 S_n^2 的期望小于 σ^2 看出. 设总体 X 具有二阶矩, $E(X) = \mu$, 从中获得样本 $X_1, X_2, \cdots, X_n$. 下面证明随机变量 S_n^2 的期望小于 σ^2.

由于

$$S_n^2 = \frac{1}{n} \sum_{i=1}^{n} (X_i - \overline{X})^2 = \frac{1}{n} \sum_{i=1}^{n} X_i^2 - \overline{X}^2$$

为求 $E(S_n^2)$, 先求 $E(X_i^2)$ 与 $E(\overline{X}^2)$:

$$E(X_i^2) = \mathrm{Var}(X_i) + [E(X_i)]^2 = \sigma^2 + \mu^2, \quad i = 1, 2, \cdots, n$$

$$E(\overline{X}^2) = \mathrm{Var}(\overline{X}) + [E(\overline{X})]^2 = \frac{\sigma^2}{n} + \mu^2$$

代入得

$$E(S_n^2) = \frac{1}{n} \sum_{i=1}^{n} (\sigma^2 + \mu^2) - \left(\frac{\sigma^2}{n} + \mu^2 \right) = \left(1 - \frac{1}{n} \right) \sigma^2 < \sigma^2$$

用平均意义上偏小的 S_n^2 来估计方差 σ^2 有风险. 在金融交易中方差 σ^2 常用来表示风险的大小, 当方差估计偏小时会给人一种错觉, 以为风险小了; 在生产过程中常用方差表示生产过程的稳定性, 当方差估计偏小时管理者会错误地以为生产过程稳定, 不能及时发现问题. 用 S_n^2 估计方差 σ^2 存在系统误差, 特别是在小样本情况下, 这种误差更显得不可忽略, 这就是 S_n^2 的缺点. 纠正这个缺点并不难, 只需将式 (1.2.1) 中分母的样本量 n 改成自由度 $f = n - 1$, 即得

$$S^2 = \frac{Q}{f} = \frac{1}{n-1} \sum_{i=1}^{n} (X_i - \overline{X})^2$$

因为

$$E(S^2) = E\left(\frac{n}{n-1} S_n^2 \right) = \frac{n}{n-1} \left(1 - \frac{1}{n} \right) \sigma^2 = \sigma^2$$

综上所述, S^2 与 S_n^2 都是平均偏差平方和, 都称为样本方差, 但前者用自由度 $(n-1)$ 作平均, 是无偏的样本方差; 后者用样本量 n 作平均, 是有偏的样本方差. 简单来说, 此处的无偏就是指统计量的数学期望恰好等于被估计的未知参数的真实值, 关于无偏估计的严格定义将在第 2 章给出. 在样本容量 n 很大的情况下两者相差无几, 可以忽略不计, 但在小样本场合, S^2 明显优于 S_n^2. 因此统计学家和实际工作者都愿意使用 S^2 来计算方差, 以至于在某些教材中根本不提及 S_n^2, 其中所谓的样本方差, 指的就是 S^2.

(6) 在实际中, 样本方差 S^2 不便于解释, 因为 S^2 的单位是样本均值 $\overline{X}$ 单位的平方, 从而使 $\overline{X} \pm S^2$ 没有意义. 实际中更有意义的是其正的平方根:

$$S = \sqrt{S^2} = \sqrt{\frac{1}{n-1} \sum_{i=1}^{n} (X_i - \overline{X})^2}$$

S 与 S^2 都可用来度量样本离散程度，并且称 S 为样本标准差，常用来估计总体标准差 σ. 由于 S 与 $\overline{X}$ 有相同的单位，从而 $\overline{X} \pm S$ 就有了明确的含义. 譬如，适当选择常数 k，可使 $\overline{X} \pm kS$ 成为总体均值 μ 的区间估计.

· 批判性思考 ·

1. 概率论课程中研究概率分布的方法和统计学中研究总体分布的方法有什么不同？数学、概率论和统计学的区别是什么？

2. 进一步思考二维或更高维总体的例子，如何理解其联合分布？

3. 研究一些社会问题时，我们通常分析的是各城市的一些经济、文化指标，其总体是什么？这是一个什么样本？

4. 如何理解样本是 n 维随机向量，数据只是一次实现值？这个问题看似简单，但需要深刻体会. 思考有哪些情况可以通过再次抽样获得同一总体下的另一组实现值（另一个数据）？哪些情况不能？这时我们怎样理解数据是样本的实现值？

5. 数据都能通过简单随机抽样获得吗？肯定不是. 在你分析的问题、遇到的数据中，在多大程度上不是简单随机抽样的 i.i.d. 样本？应该怎样处理和分析这些数据？

· 习 题 1.2 ·

1. 某市抽样调查成年（18 岁以上）男子的吸烟率，由于经费原因特雇用 50 名统计系大学生在街头对该市成年人进行调查，每名大学生调查 100 人，问这项调查的总体与样本各是什么？

2. 池塘里有多少条鱼？一位统计学家设计了一个方案：从中打捞一网鱼共 n 条，涂上红漆后放回，三天后再从池塘打捞一网鱼，共 m 条，其中带红漆的有 k 条. 你能说出该池塘最可能有多少条鱼吗？

3. 国外某高校根据毕业生返校情况记录，宣布该校毕业生的年平均工资为 5 万美元. 你对此有何评论？

4. 从均值为 μ、方差为 σ^2 的总体中随机抽取容量为 n 的样本 $X_1, X_2, \cdots, X_n$，其中 μ 与 σ^2 均未知，指出下列样本函数中哪些是统计量：

$$T_1 = X_1 + X_2; \quad T_2 = X_1 + X_2 - 2\mu; \quad T_3 = (X_1 - \mu)/\sigma$$

$$T_4 = \max(X_1, X_2, \cdots, X_n); \quad T_5 = (\overline{X} - 10)/5; \quad T_6 = \frac{1}{n} \sum_{i=1}^{n} (X_i - S)/3$$

其中，$\overline{X}$ 与 S 分别是样本均值与样本标准差.

5. 设 $\overline{X}$ 与 S^2 分别是容量为 n 的样本均值与样本方差. 如今又获得一个样本观测值 X_{n+1}，将其加入原样本便得容量为 $n+1$ 的新样本. 证明新样本的样本均值 $\overline{X}_{n+1}$ 与样

本方差 S_{n+1}^2 分别为:

$$\overline{X}_{n+1} = \frac{n\overline{X} + X_{n+1}}{n+1}$$

$$S_{n+1}^2 = \frac{n-1}{n}S^2 + \frac{1}{n+1}(X_{n+1} - \overline{X})^2$$

如设 $n = 15, \overline{X} = 168, S = 11.43, X_{n+1} = 170$, 求 $\overline{X}_{n+1}$ 与 S_{n+1}^2.

6. 两位检验员对同一批产品进行抽样检验, 甲抽查 80 件, 得样本均值 $\overline{X}_1 = 10.15$, 样本标准差 $S_1 = 0.019$ (单位: cm, 下同). 乙抽查 100 件, 得样本均值 $\overline{X}_2 = 10.17$, 样本标准差 $S_2 = 0.012$. 公司据此结果可算得容量为 180 的合样本的样本均值 $\overline{X}$ 与样本标准差 S 各是多少?

7. 从某总体先后获得相互独立的 k 个样本, 其第 i 个样本的样本量为 n_i, 样本均值为 $\overline{X}_i$, 样本方差为 S_i^2 $(i = 1, 2, \cdots, k)$. 将这 k 个样本合并为容量为 $n = n_1 + n_2 + \cdots + n_k$ 的合样本. 证明此合样本的样本均值、样本方差分别为:

$$\overline{\overline{X}} = \frac{1}{n}\sum_{i=1}^{k} n_i \overline{X}_i$$

$$S^2 = \frac{1}{n-1}\left[\sum_{i=1}^{k}(n_i - 1)S_i^2 + \sum_{i=1}^{k} n_i(\overline{X}_i - \overline{\overline{X}})^2\right]$$

8. 设 $X_1, X_2, \cdots, X_n$ 是从某总体中随机抽取的样本, $\overline{X}$ 为其样本均值, 证明: 对任意实数 c, 有

$$\sum_{i=1}^{n}(X_i - c)^2 \geqslant \sum_{i=1}^{n}(X_i - \overline{X})^2$$

并指出其中等式成立的条件.

1.3 从样本认识总体的图表方法

样本含有总体信息, 但样本中的数据常显得杂乱无章, 需要对样本进行整理和加工才能显示隐藏在数据背后的规律. 对样本进行整理与加工的方法是构造统计量. 上一节只介绍了几个简单的统计量. 这里将介绍几种常用的图表方法, 实际上图表方法也是在构造各种统计量, 然后根据统计量的取值将分析结果制成图或表, 更直观地展示数据所反映的总体信息.

这一部分在数据分析的过程中通常称为描述统计分析, 是非常重要的. 实际工作者往往忽略了这一部分, 直接使用复杂的模型进行数据分析, 缺乏对数据最基础的了解, 不知道各变量的分布情况、是否有缺失值和异常值, 不了解变量之间的相互关系. 没有充分的描述性分析而直接使用模型处理的后果是模型的误用、滥用, 模型结果不理想, 但不知如何改进等

各种问题. 因此, 希望读者充分重视本节内容, 便于以后灵活使用. 本节先介绍一维总体的数据处理方法, 再进一步介绍二维以及更高维的情况.

1.3.1 频数频率表与直方图

1. 频数分布表

对于取值连续的变量, 当样本量 n 较大时, 把样本整理为分组样本可得频数频率表, 它可按观测值大小显示出样本中数据的分布状况. 下面通过一个例子来详述整理过程.

例 1.3.1 光通量是灯泡亮度的质量特征. 现有一批 220 伏 25 瓦的白炽灯泡要测光通量的分布, 为此从中随机抽取 120 只, 测得其光通量如表 1.3.1 所示.

表 1.3.1 120 只白炽灯泡光通量的测试数据

216	203	197	208	206	209	206	208	202	203
206	213	218	207	208	202	194	203	213	211
193	213	208	208	204	206	204	206	208	209
213	203	206	207	196	201	208	207	213	208
210	208	211	211	214	226	211	223	216	224
211	209	218	214	219	211	208	221	211	218
218	190	219	211	208	199	214	207	207	214
206	217	214	201	212	213	211	212	216	206
210	216	204	221	208	209	214	214	199	204
211	201	216	211	209	208	209	202	211	207
202	205	206	216	206	213	206	207	200	198
200	202	203	208	216	206	222	213	209	219

为从这组数据中挖掘出有用信息, 常对数据进行分组, 获得频数频率表, 即分组样本, 具体操作如下.

(1) 找出这组数据的最大值 $x_{\max}$ 与最小值 $x_{\min}$, 计算其差:

$$R = x_{\max} - x_{\min}$$

称为极差, 也就是这组数据的变化范围. 在本例中 $x_{\max} = 226$, $x_{\min} = 190$, 其极差为 $R = 226 - 190 = 36$.

(2) 根据样本量 n 确定组数 k. 经验表明, 组数不宜过多, 一般以 5 ~ 20 组为宜. 可按表 1.3.2 选择组数.

表 1.3.2 组数的选择

n	< 50	$50 \sim 100$	$100 \sim 250$	> 250
k	$5 \sim 7$	$6 \sim 10$	$7 \sim 14$	$10 \sim 20$

在本例中, $n = 120$, 拟分 13 组.

(3) 确定各组端点 $a_0 < a_1 < \cdots < a_k$, 通常 $a_0 < x_{\min}, a_k > x_{\max}$. 分组可以等间隔, 亦可以不等间隔, 但等间隔用得较多. 在等间隔分组时, 组距 $d \approx R/k$.

在本例中, 取 $a_0 = 189.5, d = 36/13 \approx 3$, 则有

$$a_i = a_{i-1} + 3, \quad i = 1, 2, \cdots, 13$$

$$a_{13} = a_0 + 13d = 189.5 + 13 \times 3 = 228.5$$

(4) 用唱票法统计落在每个区间 $(a_{i-1}, a_i](i = 1, 2, \cdots, k)$ 中的频数 n_i 与频率 $f_i = n_i/n$. 把它们按序归在一张表上就得到了频数频率表, 见表 1.3.3. 从该表可以看出样本中的数据在每个小区间上的频数 n_i 与频率 f_i 的分布状态. 大部分数据集中在 209 附近, $201.5 \sim 216.5$ 间有 77.5% 的数据. 为了使这些信息直观地表示出来, 可在频数频率表的基础上画出直方图.

表 1.3.3 120 只白炽灯泡光通量的频数频率表

组号 i	区间	频数 n_i		频率 f_i
1	$(189.5 \sim 192.5]$	一	1	0.008 3
2	$(192.5 \sim 195.5]$	丁	2	0.016 7
3	$(195.5 \sim 198.5]$	下	3	0.025 0
4	$(198.5 \sim 201.5]$	正丁	7	0.058 3
5	$(201.5 \sim 204.5]$	正正正	14	0.116 7
6	$(204.5 \sim 207.5]$	正正正正	20	0.166 7
7	$(207.5 \sim 210.5]$	正正正正下	23	0.191 7
8	$(210.5 \sim 213.5]$	正正正正丁	22	0.183 3
9	$(213.5 \sim 216.5]$	正正正	14	0.116 7
10	$(216.5 \sim 219.5]$	正下	8	0.066 7
11	$(219.5 \sim 222.5]$	下	3	0.025 0
12	$(222.5 \sim 225.5]$	丁	2	0.016 7
13	$(225.5 \sim 228.5]$	一	1	0.008 3

2. 直方图

我们将以频数频率表 (见表 1.3.3) 为基础介绍 (样本) 直方图的构造方法.

在横坐标轴上标出各小区间端点 $a_0, a_1, \cdots, a_k$, 并以各小区间 $(a_{i-1}, a_i]$ 为底画一个高为频数 n_i 的矩形. 对每个 $i = 1, 2, \cdots, k$ 都如此处理, 就形成若干矩形连在一起的频数直方图, 见图 1.3.1.

若把图 1.3.1 中的纵轴由频数 (n_i) 改为频率/组距 (f_i/d), 即得一张频率直方图. 在各小区间长度相等的场合, 这两张直方图完全一样, 区别仅在纵坐标的刻度上, 因此也可以在直方图另一侧再设置一个纵坐标, 这样两张图就合二为一了. 注意, 频率直方图上各矩形面积之和为 1.

直方图的优点是能把样本中的数据用图形表示出来. 1.2 节所述的样本均值和样本方差

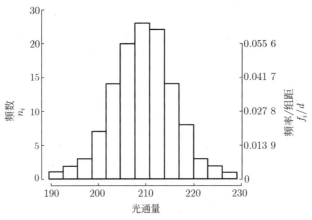

图 1.3.1　频数 (频率) 直方图

是对总体分布的期望和方差的估计, 直方图是直接对总体密度函数形状的一种估计. 在样本量较大的场合, 直方图常是总体分布的影子. 图 1.3.1 所示的直方图中间高、两边低、左右基本对称, 这很可能是 "白炽灯泡光通量常是正态分布" 的影子. 又如图 1.3.2 所示的两个直方图是不对称的、有偏的, 其相应的总体分布可能是偏态的. 其中一个是右偏分布 (见图 1.3.2(a)), 另一个是左偏分布 (见图 1.3.2(b)). 如今直方图在实际中已为人们所熟悉且广泛使用. 各种统计软件都有绘制直方图的功能.

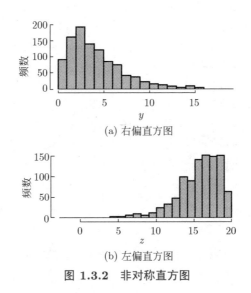

(a) 右偏直方图

(b) 左偏直方图

图 1.3.2　非对称直方图

直方图的缺点是不稳定, 它依赖于分组, 不同分组可能会得出不同的直方图. 因此, 从直方图上可得总体分布的直观印象, 但认定总体分布还需用其他统计方法.

1.3.2　饼图与条形图

直方图是对连续型变量或离散型变量 (取值是整数但数量较多时按连续型变量处理) 所对应的总体分布的估计. 那么对于分类型变量或者离散型变量 (取值是整数但数量较少时按

分类型变量处理) 所对应的总体分布 (概率分布列, 各类别取值的概率) 的估计可以使用条形图或者饼图.

条形图是使用宽度相同的条形来表示各类别频数多少的图形. 绘制条形图时, 各类别可以放在纵轴, 也可以放在横轴. 条形的长短表示各类别的频数或频率.

饼图是用圆形及圆内扇形的角度来表示数值大小的图形. 它主要用于表示一个样本中各类别的频数占全部频数的百分比.

> **例 1.3.2** 对消费者喜欢的饮料类别进行数据调查, 随机访问了 200 名用户, 其中喜欢 "茶类饮品" "碳酸饮料" "果汁" "矿泉水" "其他" 的人数分别是 45, 52, 37, 28, 38. 绘制的饼图和条形图如图 1.3.3 所示.
>
>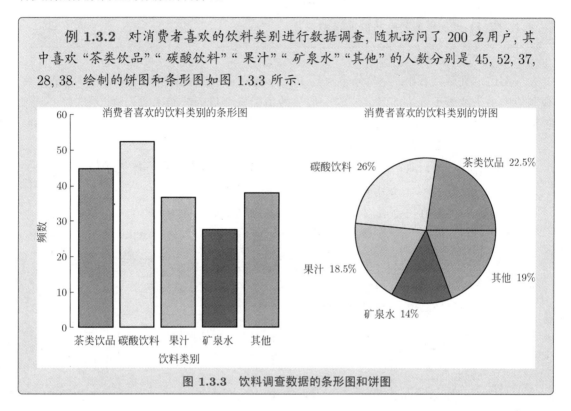
>
> **图 1.3.3** 饮料调查数据的条形图和饼图

1.3.3 样本的经验分布函数

1. 经验分布函数

设总体 X 的概率密度函数为 $f(x)$, 累积分布函数为 $F(x)$. 从中抽取容量为 n 的简单随机样本, 没有理由偏爱观测值 $x_1, x_2, \cdots, x_n$ 中的某一个, 故可把这 n 个值看作某个离散随机变量 (暂时记为 X') 等可能的取值, 这就得到如下离散分布:

X'	x_1	x_2	$\cdots$	x_n
P	$1/n$	$1/n$	$\cdots$	$1/n$

这个离散分布的分布函数称为经验分布函数, 具体定义如下.

> **定义 1.3.1** 设总体 X 的分布函数为 $F(x)$,从中获得的样本观测值为 $x_1, x_2, \cdots, x_n$. 将它们从小到大排序并重新编号为 $x_{(1)}, x_{(2)}, \cdots, x_{(n)}$, 称为有序样本. 令
>
> $$F_n(x) = \begin{cases} 0, & x < x_{(1)} \\ k/n, & x_{(k)} \leqslant x < x_{(k+1)}; \quad k = 1, 2, \cdots, n-1 \\ 1, & x \geqslant x_{(n)} \end{cases}$$
>
> 则称 $F_n(x)$ 为该样本的**经验分布函数**.

从上述定义可以看出: 经验分布函数 $F_n(x)$ 在点 x 处的函数值 $P(X' \leqslant x)$ 就是 n 个观测值中小于或等于 x 的频率. 它与一般离散型随机变量的分布函数一样, 是非降右连续阶梯函数, 且 $0 \leqslant F_n(x) \leqslant 1$.

> **例 1.3.3** 为比较两地区居民的收入差异, 现随机调查了每个地区 10 位居民的收入情况, 数据 (单位: 元) 如下:
>
> 地区 A: 680 1 200 1 350 3 400 4 500 5 200 3 750 6 800   800 2 300
>
> 地区 B: 3 680 2 550 4 230 2 400 6 500 8 700 4 580 5 230 1 240 5 380
>
> 两个地区居民收入的经验分布函数如图 1.3.4 所示. 从图中可以看出 A, B 地区存在明显的差异.
>
>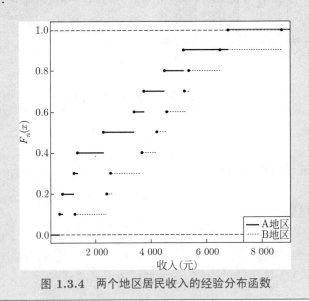
>
> 图 1.3.4 两个地区居民收入的经验分布函数

样本经验分布函数是对总体累积分布函数的一个估计, 来自不同总体的数据所得到的样本经验分布函数不同. 即使对同一总体, 如果可以多次重复抽样, 样本观测值不同时期经验分布函数也有差异, 不是很稳定. 但只要增大样本量 n, 经验分布函数 $F_n(x)$ 将呈现某种稳定趋势, 即 $F_n(x)$ 将在概率意义下越来越接近总体分布函数 $F(x)$. 这可从大数定律得到解释.

对任意给定的实数 x, 定义如下示性函数:

$$I_i(x) = \begin{cases} 1, & X_i \leqslant x \\ 0, & X_i > x \end{cases} ; \quad i = 1, 2, \cdots, n$$

则 $P(I_i(x) = 1) = P(X_i \leqslant x) = F(x)$, $P(I_i(x) = 0) = 1 - F(x)$, 且 $\sum_{i=1}^{n} I_i(x)$ 等于样本观测值 $X_1, X_2, \cdots, X_n$ 中不超过 x 的频数, 故

$$F_n(x) = \frac{1}{n} \sum_{i=1}^{n} I_i(x)$$

其中诸 $I_i(x)$ 是服从二点分布 $b(1, F(x))$ 的随机变量. 根据伯努利大数定律, 当 $n \to \infty$ 时频率依概率收敛于概率, 在这里就是 $F_n(x)$ 依概率收敛于 $F(x)$ (需要说明的是, 这里的结论是逐点收敛, 也就是给定 x, $F(x)$ 是一个未知常数). 还有一个更深刻的结论, 对此不加证明地给出如下定理.

> **定理 1.3.1 (格里汶科定理)** 对任给的自然数 n, 设 $X_1, X_2, \cdots, X_n$ 是取自总体分布函数 $F(x)$ 的一组样本观测值, $F_n(x)$ 为其经验分布函数, 记
>
> $$D_n = \sup_{-\infty < x < +\infty} |F_n(x) - F(x)|$$
>
> 则有
>
> $$P\left(\lim_{n \to \infty} D_n = 0\right) = 1$$

定理 1.3.1 中的 D_n 可用来衡量 $F_n(x)$ 与 $F(x)$ 在所有 x 上的最大距离, 由于经验分布函数 $F_n(x)$ 是样本函数, 故 D_n 也是样本函数. 对不同的样本观测值, D_n 间还是有差别的. 这个定理表明: 几乎对一切可能的样本, D_n 随着 n 增大而趋于 0, 不满足这个条件的样本几乎不可能出现. 所以当样本量足够大时, $F_n(x)$ 会很接近总体分布函数 $F(x)$, 从而 $F_n(x)$ 的各阶矩亦会很接近总体分布函数 $F(x)$ 的各阶矩.

2. 样本矩

样本的经验分布函数 $F_n(x)$ 的各阶矩统称为样本矩, 又称为矩统计量, 具体如下.

- $A_k = \dfrac{1}{n} \sum_{i=1}^{n} X_i^k$ $(k = 1, 2, \cdots)$, 称为样本 k 阶 (原点) 矩.

- $B_k = \dfrac{1}{n} \sum_{i=1}^{n} (X_i - \overline{X})^k$ $(k = 1, 2, \cdots)$, 称为样本 k 阶中心矩.

其中, $A_1 = \overline{X}$, $B_2 = S_n^2$ 是已为人们熟知的统计量; $\overline{X}$ 为总体均值的无偏估计; S_n^2 与 S_n 分别是总体方差与总体标准差的渐近无偏估计.

在各阶样本矩的基础上还可以构造很多有意义的统计量, 如:

- 样本偏度 (系数): $\widehat{\beta}_s = B_3 / B_2^{3/2}$.

- 样本峰度 (系数): $\widehat{\beta}_k = B_4 / B_2^2 - 3$.

它们分别是总体偏度 $\beta_s = v_3/v_2^{3/2}$ 与总体峰度 $\beta_k = v_4/v_2^2 - 3$ 很好的估计, 其中 $v_k = E[X - E(X)]^k$ 是总体 k 阶中心矩. β_s 与 β_k 都是总体分布的形状参数. β_s 是刻画总体分布偏斜方向和程度的参数, 当数据存在极端大值时 (变量在高值处比低值处有更大的偏离中心的趋势), 分布将右偏, 对应的偏度系数 $\beta_s > 0$. β_k 是刻画总体分布的顶部 (尖峭程度) 与尾部 (粗细) 形状的参数. 相应的样本偏度 $\widehat{\beta}_s$ 和样本峰度 $\widehat{\beta}_k$ 亦是有类似功能的估计量.

1.3.4 高维数据的图表展示方法

在处理高维数据时, 我们首先进行单变量分析, 再进行两两间的相互分析.

对于一维连续型变量, 我们可以绘制:

• 直方图 (总体密度函数的离散化估计).

• 核密度估计曲线 (使用非参数方法对密度曲线的估计, 与直方图相比, 这是一条平滑的曲线, 后续专业课会有更详细的介绍).

• 经验分布图 (总体分布函数的估计).

对于一维离散型变量, 我们可以绘制:

• 条形图 (分布列的估计).

• 饼图 (分布列的估计).

对于二维连续型变量 (X, Y), 我们可以绘制:

• 散点图 (以观测值 (x_i, y_i) $(i = 1, 2, \cdots, n)$ 为坐标的 n 个点, 直观体现两变量之间的相关程度).

• 二维等高线图 (对二维总体联合密度函数进行核估计, 之后投影在二维平面).

• Q-Q 图 (详见 1.5.4 节, 比较两个变量分布的对应分位点是否相同).

对于二维离散型变量, 可以绘制:

• 分组条形图 (给定一个变量后, 另一个变量取值的条件分布).

• 交叉列联表 (详见 3.4.1 节, 对联合分布列的估计).

对于一个离散型变量和一个连续型变量, 可以绘制:

• 分组箱线图 (给定离散型变量的取值后, 连续型变量的箱线图, 详见 1.5.4 节, 这是给定离散型变量的取值后, 连续型变量条件分布的估计).

例 1.3.4 (例 1.2.5 续) 以例 1.2.5(2) 为例, 选取连续型变量 X_1 (体重) 和 X_2 (腰围)、离散型变量 X_3 (性别) 和 X_4 (班级) 进行分析. 图 1.3.5 第一行三个图形分别是:

(1) X_1 的直方图 (含核密度曲线估计).

(2) X_2 的经验分布图 (其中 y 表示 X_2 的经验函数).

(3) X_3 的条形图.

第二行三个图形分别为:

(1) X_1 和 X_2 的散点图 (带拟合直线).

(2) X_1 和 X_2 的二维等高线图.

(3) X_1 和 X_2 的 Q-Q 图.

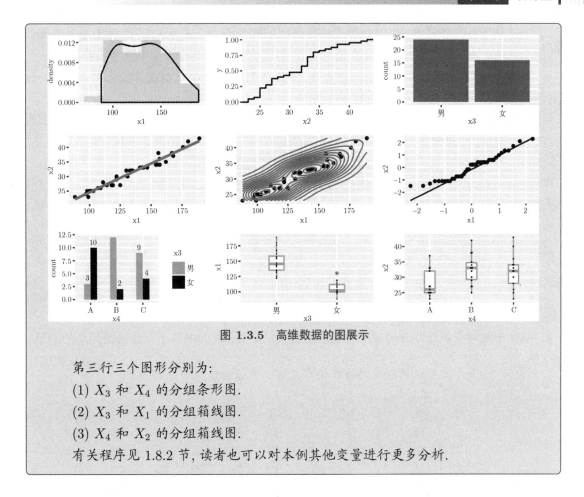

图 1.3.5　高维数据的图展示

第三行三个图形分别为:

(1) X_3 和 X_4 的分组条形图.

(2) X_3 和 X_1 的分组箱线图.

(3) X_4 和 X_2 的分组箱线图.

有关程序见 1.8.2 节, 读者也可以对本例其他变量进行更多分析.

1.3.5　数据变换

日常生活中, 经常会做一些度量单位的变换, 比如摄氏温度和华氏温度的互换、英制和公制的互换等. 比如, 华氏温度为 X 度, 那么摄氏温度应该是 $(X-32) \times 5/9$; 身高是 Y 米, 那么如果以厘米为单位, 就应该是 $100Y$ 厘米. 初看起来, 这些变换是等价的、一对一的, 新数据和原来的数据没有什么不同, 但是从统计数据分析的角度看待这个问题就会很不同, 这是因为变换之后数据的概率分布会有很大的变化. 可以说数据变换对数据分析的影响是根本的、决定性的.

1.2.2 节已经讲过具体的数据是样本的一次实现值, 样本是和总体独立同分布的随机向量. 那么对数据的变换可以看成是对样本这个随机向量函数变换后的随机变量的实现值. 在概率论里我们已经学过, 随机向量的函数仍然是随机向量, 它有不同于原随机向量的新的概率分布. 大家比较熟悉的应该是卷积公式 (独立随机变量和的分布) 以及独立随机变量商的分布等. 在一般的场合, 如果 $(X_1, X_2, \cdots, X_n)$ 和 $(Y_1, Y_2, \cdots, Y_n)$ 有一一对应的变换关系, 若对 $Y_i = f_i(X_1, X_2, \cdots, X_n)$ 存在唯一的反函数, 则 $(Y_1, Y_2, \cdots, Y_n)$ 的概率密度函数 $q(Y_1, Y_2, \cdots, Y_n) = p(X_1, X_2, \cdots, X_n)|J|$, 其中 $|J|$ 是坐标变换的雅可比行列式. 关于这部分内容, 详见相关概率论书籍. 分布的改变会直接导致统计分析方法和结果的不同. 因此, 数据变换在统计分析中起到本质性作用, 读者应该深刻体会, 灵活应用.

上述例子都属于线性变换, 一般线性变换的形式为 $Y = aX + b$. 线性变换不会改变分布的形状, 但会改变包括均值和标准差 (方差) 等在内的所有中心位置和散度的度量.

有一种线性变换为中心化 ($a = 1, b = -\overline{X}$), 也就是每一个观测值都减去样本均值. 这时新数据的样本均值为 0, 但其标准差不变.

还有一种线性变换是标准化 ($a = 1/S, b = -\overline{X}/S$), 也就是把中心化的数据再除以该数据的样本标准差, 这时新数据的均值为 0, 标准差为 1. 对于原始数据是正态分布的情况, 这个变换实际上对应的是任意正态分布变换到标准正态分布的过程.

还有一些非线性变换, 一般它们会改变数据的分布形式, 比如对数变换. 对于正态分布的情形, 设 X 是取正值的随机变量, 若 $\ln X \sim N(\mu, \sigma^2)$, 则 X 的密度函数是 $p(x) = \frac{1}{\sqrt{2\pi}\sigma x} \exp\left\{-\frac{1}{2\sigma^2}(\ln x - \mu)^2\right\}$ $(x > 0)$, 称这个分布为对数正态分布, 它的期望是 $E(X) = \exp\left\{\mu + \frac{\sigma^2}{2}\right\}$, 方差是 $[E(x)]^2 = e^{2\mu + \sigma^2}(e^{\sigma^2} - 1)$. 这是一个右偏厚尾的分布, 对数变换之后是正态分布, 并且期望 (位置参数) 和方差都会减小.

从图形的角度可以非常直观地看到数据变换的效果. 我们来看下面这两个简单的例子.

例 1.3.5 某年级两个班的概率论期末考试成绩如下:

1 班:

48	54	61	62	63	64	64	65	65	65	66
68	68	68	69	69	70	71	72	72	72	72
73	73	74	74	74	74	74	74	74	74	75
75	75	75	76	76	77	77	78	78	78	78
78	78	78	78	78	79	79	79	79	79	80
80	80	81	81	81	81	82	83	83	83	83
83	84	84	84	84	84	85	85	85	86	86
86	87	87	88	88	88	88	89	89	89	90
90	92	92	94	94	95	96	98	100		

2 班:

52	54	55	56	58	58	60	60	60	61	61
61	62	63	63	63	64	64	64	64	64	64
65	65	65	65	65	66	66	66	66	67	67
67	67	67	67	67	67	67	67	68	68	68
69	70	70	70	71	71	72	72	72	72	72
72	73	73	73	73	73	73	73	73	73	74
74	74	74	74	75	75	75	75	75	76	76
77	77	77	77	77	78	78	78	79	79	79
79	79	79	80	80	80	80	80	81	81	81
82										

图 1.3.6 (a) 是原始成绩的箱线图, 可以看出 1 班的中位数 (见 1.5.3 节) 高于 2 班, 这有可能是不同任课老师给成绩时出现的系统偏差. 图 1.3.6 (b) 给出了数据标准化之后的箱线图. 标准化之后数据的位置和尺度 (离散程度) 都发生了变化, 但是数据内部点的相对位置没有变化. 因此, 标准化后不同样本观测值的比较更具有相对意义, 但没有绝对意义.

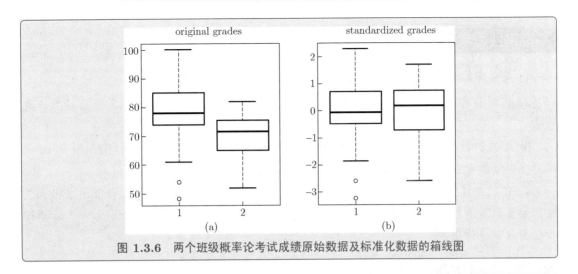

图 **1.3.6** 两个班级概率论考试成绩原始数据及标准化数据的箱线图

例 **1.3.6** 某款手机 App 用户每次登录的使用时长 (单位: 秒) 的随机抽样数据 ($n = 50$) 如下:

27	526	741	1 105	149	667	215	287	444	52
310	58	15	8	155	987	305	51	303	41
145	945	12	1 986	39	283	297	336	4 289	2 167
2 514	87	378	145	1 131	61	19	36	12	15
89	1 193	30	599	54	84	110	62	2 318	736

图 1.3.7 (a) 是该数据的直方图, 可以看出, 用户的行为习惯严重右偏, 少部分人的使用时间过长. 图 1.3.7 (b) 是该数据对数变换后的直方图, 可以看出该分布近似正态, 位置参数和尺度参数都与原来的分布有很大的不同.

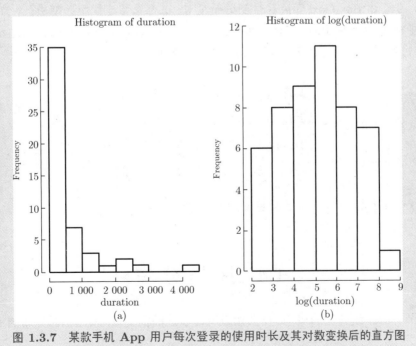

图 **1.3.7** 某款手机 **App** 用户每次登录的使用时长及其对数变换后的直方图

• 批判性思考 •

1. 深刻理解图表也是统计量, 也会随样本实现值的不同而不同.

2. 理解各种图表方法都是对总体分布 (一维或高维) 的某个数字特征或分布函数本身的估计.

3. 不同的数据变换应该在什么场合使用? 本书后续关于数据变换的讨论并不多, 希望读者在以后的专业课学习和统计方法的应用中时刻思考数据变换的作用.

4. 针对多维数据, 有哪些好的可视化方法? 如果只取某 2~3 个变量, 可以用二维和三维图像直观显示数据特点, 但也会丢失其他变量包含的信息, 这一问题该如何权衡? 希望读者在实践中进行思考.

• 习 题 1.3 •

1. 某班共 40 名学生, 期末考试成绩分布如下: 优——3 人, 良——6 人, 中——18 人, 及格——9 人, 不及格——4 人. 根据上面的数据绘制条形图和饼图.

2. Box-Cox 变换是 Box 和 Cox 在 1964 年提出的一种广义幂变换方法, 是统计建模中常用的一种数据变换, 用于连续型因变量不满足正态分布的情况. Box-Cox 变换之后可以在一定程度上减小不可观测的误差和预测变量的相关性. Box-Cox 变换的一般形式为:

$$y(\lambda) = \begin{cases} \dfrac{y^\lambda - 1}{\lambda}, & \lambda \neq 0 \\ \ln y, & \lambda = 0 \end{cases}$$

式中, $y(\lambda)$ 为经过 Box-Cox 变换后得到的新变量; y 为原始连续型因变量; λ 为变换参数. 以上变换要求 y 取值为正, 当取值为负时, 可先对所有原始数据同加一个常数 a, 使 $y + a$ 为正值, 再进行以上变换. 抽取容量为 24 的样本, 样本值为:

4.5	1.8	9.3	6.1	8.2	13.9
23.5	3.2	56.8	80.7	4.9	37.2
32.1	4.1	47.5	16.8	3.4	3.0
33.8	4.3	3.1	1.2	5.7	35.0

绘制原始数据和 Box-Cox 变换后新数据的散点图 (λ 取值为 $-1, -0.5, 0, 0.5, 1$).

1.4 抽 样 分 布

1.2.3 节介绍了统计量的概念, 我们知道统计量是随机变量, 因此抽样分布的定义如下.

> **定义 1.4.1** 统计量的概率分布称为抽样分布.

在已知总体分布的情况下, 抽样分布就是寻求特定样本函数的分布, 又称为诱导分布. 我们研究统计量抽样分布的目的是评价方法的好坏, 在诸多统计问题中, 我们使用统计量对总体的性质进行估计和判断, 知道了统计量的分布, 就可以从理论上判断多次重复使用该方法 (该统计量) 时, 其实现值 (服从统计量的抽样分布) 的波动情况及方法的稳定性. 比如第 2 章和第 3 章介绍的评价点估计的优劣, 构造置信区间, 计算假设检验的 p 值, 都离不开各种各样的抽样分布. 该方法的局限性是一般需要事先假设总体的分布形式, 但是事实上, 我们无法通过经验来验证这个假设是否正确. 如果我们不能确定总体的具体形式或从理论上推导统计量的抽样分布, 也可以通过随机模拟或者第 5 章数据重利用的方法推导出统计量的近似分布.

本节介绍一些经典的抽样分布结论, 它们都是概率论知识的直接应用, 对理论感兴趣的读者可以仔细推导验证. 这些经典的抽样分布的应用范围在大数据时代已经比较局限了, 第 5 章介绍的再抽样方法更加灵活, 适用范围更广.

1.4.1 样本均值的抽样分布

> **定理 1.4.1** 设 $X_1, X_2, \cdots, X_n$ 是来自某个总体的样本, $\overline{X}$ 为其样本均值.
> (1) 若总体分布为 $N(\mu, \sigma^2)$, 则 $\overline{X}$ 的精确分布为 $N(\mu, \sigma^2/n)$;
> (2) 若总体分布未知或不是正态分布, 但 $E(X) = \mu, \mathrm{Var}(X) = \sigma^2$ 存在, 则 n 较大时 $\overline{X}$ 的渐近分布为 $N(\mu, \sigma^2/n)$, 常记为 $\overline{X} \sim N(\mu, \sigma^2/n)$.

证 n 个独立同分布的正态变量之和的分布为 $N(n\mu, n\sigma^2)$, 再除以 n 即得 (1). (2) 是独立同分布中心极限定理的结果.

> **例 1.4.1** 一项随机实验.
>
> 图 1.4.1 左侧有一个由 20 个数组成的总体 X, 该总体分布、总体均值 μ、总体方差 σ^2 与总体标准差 σ 分别为:
>
> | X | 8 | 9 | 10 | 11 | 12 | 13 |
> |-----|------|------|------|------|------|------|
> | P | 4/20 | 3/20 | 4/20 | 5/20 | 2/20 | 2/20 |
>
> $\mu = 10.2, \sigma^2 = 2.46, \sigma = 1.57$
>
> 现从该总体进行有放回的随机抽样, 每次从中抽取样本量为 5 的样本, 计算其样本均值 $\overline{X}$, 图 1.4.1 中显示了 4 个样本及其样本均值: $\overline{X}_1 = 9.8, \overline{X}_2 = 10.2,$ $\overline{X}_3 = 10.8, \overline{X}_4 = 10.4$. 由于抽样的随机性, 它们不全相同. 若取更多样本, 则可以计算更多样本均值, 要多少就有多少. 这时所有样本均值构成一个新的总体, 其中不全

是 8~13 的整数, 更多的是小数, 有些数相等, 有些数不等, 有些数出现的机会大, 有些数出现的机会小. 这个新的总体有一个分布, 它就是样本均值的抽样分布. 图 1.4.2 是 500 个样本均值形成的直方图.

总体					
11	8				
12	13		样本1	样本2	样本3	样本4
8	9				
11	10	11	8	13	12
9	11	11	13	11	9
10	8	9	10	11	10
10	12	10	11	10	10
11	9	8	9	9	11
8	11	样本均值	9.8	10.2	10.8	10.4
10	13				

图 1.4.1　总体及其 4 个样本的样本均值

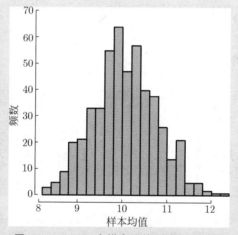

图 1.4.2　500 个样本均值形成的直方图

从图 1.4.2 可看出, 此样本均值 $\overline{X}$ 的抽样分布很像正态分布. 这一过程可在计算机上实现.

中心极限定理 (即定理 1.4.1) 告诉我们, 该抽样分布近似于正态分布 $N(\mu, \sigma^2/n)$, 其中

$$\mu_{\overline{X}} = \mu = 10.2$$

$$\sigma_{\overline{X}} = \frac{\sigma}{\sqrt{5}} = \frac{1.57}{\sqrt{5}} = 0.70$$

再由正态分布的性质可知, 样本均值 $\overline{X}$ 的 99.73% 的取值位于区间 $(\mu_{\overline{X}} - 3\sigma_{\overline{X}}, \mu_{\overline{X}} + 3\sigma_{\overline{X}}) = (8.1, 12.3)$, 这与图 1.4.2 上显示的完全一致. 上述实践与理论都说明: 无论总体分布是什么, 只要存在一阶矩和二阶矩, 其样本均值 $\overline{X}$ 的抽样分布就可用正态分布 $N(\mu, \sigma^2/n)$ 近似, 样本量 n 越大, 近似得越好.

1.4.2 正态总体各统计量的分布

1. 样本方差的抽样分布

样本方差的抽样分布用 χ^2 (卡方) 分布表示, 先给出 χ^2 分布的一般定义.

> **定义 1.4.2** 设 $u_1, u_2, \cdots, u_m$ 为 m 个相互独立同分布的标准正态变量, 则其平方和 $Y = \sum\limits_{i=1}^{m} u_i^2$ 的分布称为自由度为 m 的 χ^2 分布, 记为 $\chi^2(m)$, 其密度函数为:
>
> $$p(y) = \frac{\left(\dfrac{1}{2}\right)^{m/2}}{\Gamma\left(\dfrac{m}{2}\right)} y^{\frac{m}{2}-1} \mathrm{e}^{-\frac{y}{2}}, \quad y > 0$$

1.7 节定理 1.7.3 将会证明 $\chi^2(m)$ 是 m 个独立同分布标准正态随机变量平方和的分布. $\chi^2(m)$ 的密度函数图像见图 1.4.3, 它是一个取非负值的单峰偏态 (右偏) 分布, 它的期望等于其自由度, 方差等于其自由度的 2 倍, 即 $E(Y) = m$, $\mathrm{Var}(Y) = 2m$. 当自由度较小时, 分布偏斜严重; 当自由度增大时, 偏度逐渐减小. 一般认为, 当 $m > 30$ 时, $\chi^2(m)$ 接近正态分布.

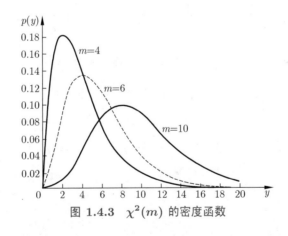

图 1.4.3 $\chi^2(m)$ 的密度函数

> **定理 1.4.2** 设 $\boldsymbol{X} = (X_1, X_2, \cdots, X_n)$ 为来自正态总体 $N(\mu, \sigma^2)$ 的样本, 其样本均值和样本方差分别为 $\overline{X} = \dfrac{1}{n}\sum\limits_{i=1}^{n} X_i$ 和 $S^2 = \dfrac{1}{n-1}\sum\limits_{i=1}^{n}(X_i - \overline{X})^2$, 则有
>
> (1) $\overline{X} \sim N(\mu, \sigma^2/n)$;
>
> (2) $\dfrac{(n-1)S^2}{\sigma^2} \sim \chi^2(n-1)$;
>
> (3) $\overline{X}$ 与 S^2 相互独立.

注意: 严格来说, $\dfrac{(n-1)S^2}{\sigma^2}$ 并不是统计量, 因为它含有未知参数 σ^2, 可以根据本定理的结论进一步推导 S^2 的抽样分布.

为了证明定理 1.4.2, 特给出多维随机向量的期望与方差的矩阵表示.

> **引理 1.4.1** 设在两个 n 维随机向量 $\boldsymbol{X} = (X_1, X_2, \cdots, X_n)'$ 与 $\boldsymbol{Y} = (Y_1, Y_2, \cdots, Y_n)'$ 间有一个线性变换 $\boldsymbol{Y} = \boldsymbol{AX}$, 其中 $\boldsymbol{A} = (a_{ij})$ 为一个 $n \times n$ 阶方阵, 则它们的期望向量和方差—协方差阵之间有如下关系:
> $$E(\boldsymbol{Y}) = \boldsymbol{A}E(\boldsymbol{X})$$
> $$\mathrm{Var}(\boldsymbol{Y}) = \boldsymbol{A}\,\mathrm{Var}(\boldsymbol{X})\boldsymbol{A}'$$

证 由线性变换 $\boldsymbol{Y} = \boldsymbol{AX}$ 知:

$$Y_i = \sum_{j=1}^{n} a_{ij} X_j, \quad i = 1, 2, \cdots, n$$

于是 $\boldsymbol{Y}$ 的期望向量为:

$$E(\boldsymbol{Y}) = \begin{pmatrix} E(Y_1) \\ \vdots \\ E(Y_n) \end{pmatrix} = \begin{pmatrix} \sum_{j=1}^{n} a_{1j} E(X_j) \\ \vdots \\ \sum_{j=1}^{n} a_{nj} E(X_j) \end{pmatrix} = \boldsymbol{A}E(\boldsymbol{X})$$

这就证明了第一个等式. 至于第二个等式, 亦可由线性变换导出:

$$\begin{aligned}
\mathrm{Var}(\boldsymbol{Y}) &= E[(\boldsymbol{Y} - E(\boldsymbol{Y}))(\boldsymbol{Y} - E(\boldsymbol{Y}))'] \\
&= E[(\boldsymbol{AX} - \boldsymbol{A}E(\boldsymbol{X}))(\boldsymbol{AX} - \boldsymbol{A}E(\boldsymbol{X}))'] \\
&= \boldsymbol{A}E[(\boldsymbol{X} - E(\boldsymbol{X}))(\boldsymbol{X} - E(\boldsymbol{X}))']\boldsymbol{A}' \\
&= \boldsymbol{A}\,\mathrm{Var}(\boldsymbol{X})\boldsymbol{A}'
\end{aligned}$$

接下来证明定理 1.4.2.

证 结论 (1) 已经在定理 1.4.1 中给出. 记 $\boldsymbol{X} = (X_1, X_2, \cdots, X_n)'$, 则有 $E(\boldsymbol{X}) = (\mu, \cdots, \mu)'$, $\mathrm{Var}(\boldsymbol{X}) = \sigma^2 \boldsymbol{I}$.

取一个 n 维正交矩阵 $\boldsymbol{A}$, 其第一行的每个元素均为 $1/\sqrt{n}$, 且有 $\boldsymbol{AA}' = \boldsymbol{I}$, 具体如下:

$$\boldsymbol{A} = \begin{pmatrix}
1/\sqrt{n} & 1/\sqrt{n} & 1/\sqrt{n} & \cdots & 1/\sqrt{n} \\
1/\sqrt{2 \times 1} & -1/\sqrt{2 \times 1} & 0 & \cdots & 0 \\
1/\sqrt{3 \times 2} & 1/\sqrt{3 \times 2} & -2/\sqrt{3 \times 2} & \cdots & 0 \\
\vdots & \vdots & \vdots & & \vdots \\
1/\sqrt{n(n-1)} & 1/\sqrt{n(n-1)} & 1/\sqrt{n(n-1)} & \cdots & -(n-1)/\sqrt{n(n-1)}
\end{pmatrix}$$

令 $\boldsymbol{Y} = \boldsymbol{AX}$, 则由多元正态分布的性质知 $\boldsymbol{Y}$ 仍服从 n 维正态分布, 其均值和方差分别为:

$$E(\boldsymbol{Y}) = \boldsymbol{A}E(\boldsymbol{X}) = (\sqrt{n}\mu, 0, \cdots, 0)'$$

$$\mathrm{Var}(\boldsymbol{Y}) = \boldsymbol{A}\mathrm{Var}(\boldsymbol{X})\boldsymbol{A}' = \boldsymbol{A}\sigma^2\boldsymbol{I}\boldsymbol{A}' = \sigma^2\boldsymbol{A}\boldsymbol{A}' = \sigma^2\boldsymbol{I}$$

由此, $\boldsymbol{Y} = (Y_1, Y_2, \cdots, Y_n)'$ 的各个分量相互独立, 且都服从正态分布, 其方差均为 σ^2, Y_1 的均值为 $\sqrt{n}\mu$, $Y_2, \cdots, Y_n$ 的均值均为 0. 注意到 $\overline{X} = \dfrac{1}{\sqrt{n}}Y_1$.

由于 $\displaystyle\sum_{i=1}^{n} Y_i^2 = \boldsymbol{Y}'\boldsymbol{Y} = \boldsymbol{X}'\boldsymbol{A}'\boldsymbol{A}\boldsymbol{X} = \boldsymbol{X}'\boldsymbol{X} = \displaystyle\sum_{i=1}^{n} X_i^2$, 故

$$(n-1)S^2 = \sum_{i=1}^{n}(X_i - \overline{X})^2 = \sum_{i=1}^{n} X_i^2 - (\sqrt{n}\overline{X})^2 = \sum_{i=1}^{n} Y_i^2 - Y_1^2 = \sum_{i=2}^{n} Y_i^2$$

由于 $Y_2, \cdots, Y_n$ 独立同分布于 $N(0, \sigma^2)$, 于是

$$\frac{(n-1)S^2}{\sigma^2} = \sum_{i=2}^{n}(Y_i/\sigma)^2 \sim \chi^2(n-1)$$

这就证明了结论 (2).

因为 $\overline{X}$ 仅与 Y_1 有关, S^2 仅与 $Y_2, \cdots, Y_n$ 有关, 这就证明了结论 (3).

2. 样本均值与样本标准差之比的抽样分布

众所周知, 来自正态总体 $N(\mu, \sigma^2)$ 的样本 $(X_1, X_2, \cdots, X_n)$ 的均值 $\overline{X}$ 服从正态分布 $N(\mu, \sigma^2/n)$, 其标准化变量 $u = (\overline{X} - \mu)/(\sigma/\sqrt{n})$ 服从标准正态分布 $N(0, 1)$. 若把其中的总体标准差 σ 换成样本标准差 S, 该统计量 (记为 t, 从严格意义上讲, 这并不是一个统计量, 因为它包含未知参数) 服从什么分布呢? 本节将会给出这个问题的结论.

$$u = \frac{\sqrt{n}(\overline{X} - \mu)}{\sigma} \sim N(0, 1), \quad t = \frac{\sqrt{n}(\overline{X} - \mu)}{S} \sim ?$$

定义 1.4.3 若随机变量 t 的密度函数是:
$$p(t; n) = \frac{\Gamma\left(\dfrac{n+1}{2}\right)}{\sqrt{n\pi}\,\Gamma\left(\dfrac{n}{2}\right)}\left(1 + \frac{t^2}{n}\right)^{-\frac{n+1}{2}}, \quad -\infty < t < +\infty$$
则称 t 服从自由度为 n 的 t 分布, 记为 $t \sim t(n)$.

定理 1.4.3 设 $X \sim N(0, 1), Y \sim \chi^2(n)$, 且 X 与 Y 独立, 则随机变量 $t = \dfrac{X}{\sqrt{Y/n}}$ 服从自由度为 n 的 t 分布.

定理 1.4.3 的证明如下：

证　令 $Z = \sqrt{Y/n}$，首先求 Z 的密度函数 $f_Z(z)$.

由于 Z 取非负值，所以当 $Z \leqslant 0$ 时，$f_Z(z) = 0$. 当 $Z > 0$ 时，Z 的分布函数为：

$$F_Z(z) = P(Z \leqslant z) = P\left(\sqrt{\frac{Y}{n}} \leqslant z\right) = P(Y \leqslant nz^2) = F_Y(nz^2)$$

而 $Y \sim \chi^2(n)$，所以 Z 的密度函数为：

$$\begin{aligned}
f_Z(z) &= F_Y'(nz^2)(2nz) = f_Y(nz^2)(2nz) \\
&= \frac{1}{2^{\frac{n}{2}-1}\Gamma\left(\frac{n}{2}\right)} n^{\frac{n}{2}} z^{n-1} \mathrm{e}^{-\frac{nz^2}{2}}, \quad z > 0
\end{aligned}$$

利用求随机变量商的密度函数公式可得 $T = X/Z$ 的密度函数为：

$$\begin{aligned}
f_T(t;n) &= \int_{-\infty}^{+\infty} |z| f_Z(z) f_X(zt) \mathrm{d}z \\
&= \int_0^{+\infty} z \frac{1}{\sqrt{2\pi}} \mathrm{e}^{-\frac{z^2 t^2}{2}} \frac{1}{2^{\frac{n}{2}-1}\Gamma\left(\frac{n}{2}\right)} n^{\frac{n}{2}} z^{n-1} \mathrm{e}^{-\frac{nz^2}{2}} \mathrm{d}z \\
&= \frac{n^{\frac{n}{2}}}{\sqrt{\pi} 2^{(n-1)/2}\Gamma\left(\frac{n}{2}\right)} \int_0^{+\infty} z^n \mathrm{e}^{-\frac{z^2}{2}(n+t^2)} \mathrm{d}z \\
&\xlongequal{u=\frac{n+t^2}{2}z^2} \frac{1}{\sqrt{n\pi}\Gamma\left(\frac{n}{2}\right)\left(1+\frac{t^2}{n}\right)^{\frac{n+1}{2}}} \int_0^{+\infty} u^{\frac{n+1}{2}-1} \mathrm{e}^{-u} \mathrm{d}u \\
&= \frac{\Gamma\left(\frac{n+1}{2}\right)}{\sqrt{n\pi}\Gamma\left(\frac{n}{2}\right)}\left(1+\frac{t^2}{n}\right)^{-\frac{n+1}{2}}
\end{aligned}$$

现用定理 1.4.4 来回答本节开头提出的问题.

> **定理 1.4.4**　设 $X_1, X_2, \cdots, X_n$ 是来自正态总体 $N(\mu, \sigma^2)$ 的一个样本，$\overline{X}$ 与 S 分别是其样本均值与样本标准差，则有
> $$t = \frac{\sqrt{n}(\overline{X} - \mu)}{S} \sim t(n-1)$$

证　在正态总体下，通过定理 1.4.3 可构造相互独立的标准正态变量 u 与自由度为 $n-1$ 的卡方变量 χ^2，即

$$u = \frac{\overline{X} - \mu}{\sigma/\sqrt{n}} \sim N(0,1), \quad \chi^2 = \frac{(n-1)S^2}{\sigma^2} \sim \chi^2(n-1)$$

根据定理 1.4.4 给出变量的结构, 可得 $\dfrac{\overline{X}-\mu}{\sigma/\sqrt{n}}$ 与 $\sqrt{\dfrac{(n-1)S^2}{\sigma^2}\Big/(n-1)}=\dfrac{S}{\sigma}$ 之商 $\dfrac{\sqrt{n}(\overline{X}-\mu)}{S}$ 服从自由度为 $n-1$ 的 t 分布.

t 分布的密度函数图像关于纵轴对称 (见图 1.4.4), 与标准正态分布的密度函数十分类似, 只是峰比标准正态分布低一些, 尾部的概率比标准正态分布大一些.

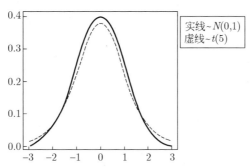

图 1.4.4　$t(5)$ 分布与 $N(0,1)$ 的密度函数

t 分布有以下性质:

(1) 自由度为 1 的 t 分布为柯西分布, 它的期望不存在.

(2) $n>1$ 时, t 分布的数学期望存在且为 0.

(3) $n>2$ 时, t 分布的方差存在且为 $n/(n-2)$.

(4) 自由度 n 越大, $t(n)$ 越接近 $N(0,1)$. 当 $n\to\infty$ 时, $t(n)$ 分布的极限分布为标准正态分布. 一般认为, 当 $n>30$ 时, $t(n)$ 可用标准正态分布近似.

t 分布与标准正态分布的微小差别是由英国统计学家戈塞特 (Gosset) 发现的. 他年轻时在牛津大学学习数学和化学, 1899 年开始在一家酿酒厂担任酿酒化学技师, 从事实验和数据分析工作. 他接触的样本量都很小, 通常只有四五个, 通过大量实验数据的积累, 他发现 $t=\sqrt{n}(\overline{X}-\mu)/S$ 的分布与传统的 $N(0,1)$ 分布不同, 特别是尾部概率相差很大. 表 1.4.1 显示了其差别. 在尾部概率 $P(|X|\geqslant c)$ 上, $t(4)$ 远大于 $N(0,1)$. 当 $c=2$ 时, $t(4)$ 的尾部概率是 $N(0,1)$ 的 2.5 倍; 当 $c=3$ 时, $t(4)$ 的尾部概率是 $N(0,1)$ 的 14.7 倍, 这不可能是随机误差导致的. 由此, 戈塞特怀疑有另一个分布族存在. 通过深入研究, 他于 1908 年以 "Student" 为笔名发表了此项研究成果, 因该酿酒厂不允许本厂职工发表自己的研究成果, 戈塞特只能用笔名发表, 故也称 t 分布为学生氏分布. t 分布的发现在统计学史上有划时代的意义, 它打破了正态分布一统天下的局面, 开创了小样本统计推断的新纪元.

表 1.4.1　$N(0,1)$ 与 $t(4)$ 的尾部概率 $P(|X|\geqslant c)$

分布	$c=2$	$c=2.5$	$c=3$	$c=3.5$
$X\sim N(0,1)$	0.045 5	0.012 4	0.002 7	0.000 465
$X\sim t(4)$	0.116 1	0.066 8	0.039 9	0.024 9

3. 两个独立正态样本方差比的 F 分布

有两个独立的正态总体 X 与 Y, 从中各抽取一个样本, 分别计算其偏差平方和 Q_X 与 Q_Y, 样本方差 S_X^2 与 S_Y^2, 具体是

$$X_1, X_2, \cdots, X_n, \quad Q_X = \sum_{i=1}^{n}(X_i - \overline{X})^2, \quad S_X^2 = \frac{Q_X}{n-1}$$

$$Y_1, Y_2, \cdots, Y_m, \quad Q_Y = \sum_{i=1}^{m}(Y_i - \overline{Y})^2, \quad S_Y^2 = \frac{Q_Y}{m-1}$$

实际中需要比较两个正态总体方差的大小, 若两个总体方差相等, 均为 σ^2, 又记 $n_1 = n-1$, $n_2 = m-1$, 则两个独立样本的方差之比可表示为两个独立 χ^2 变量之比:

$$F = \frac{S_X^2}{S_Y^2} = \frac{(Q_X/\sigma^2)/n_1}{(Q_Y/\sigma^2)/n_2} = \frac{\chi^2(n_1)/n_1}{\chi^2(n_2)/n_2}$$

这是因为 $Q_X/\sigma^2 \sim \chi^2(n_1), Q_Y/\sigma^2 \sim \chi^2(n_2)$. 其中, 分子与分母分别除以各自的自由度 n_1 与 n_2 是为了排除样本量对样本方差比的干扰, 这是合理的. 若能获得统计量 F 的分布, 对考察两个正态总体的方差比是很有益的. F 的分布由下面的定理给出.

定理 1.4.5 设 $X_1 \sim \chi^2(n_1), X_2 \sim \chi^2(n_2)$, 且 X_1 与 X_2 独立, 则统计量

$$F = \frac{X_1/n_1}{X_2/n_2} = \frac{n_2 X_1}{n_1 X_2}$$

的概率密度函数为:

$$f(x; n_1, n_2) = \begin{cases} \dfrac{\Gamma\left(\dfrac{n_1+n_2}{2}\right)}{\Gamma\left(\dfrac{n_1}{2}\right)\Gamma\left(\dfrac{n_2}{2}\right)} \left(\dfrac{n_1}{n_2}\right)^{n_1/2} x^{n_1/2-1} \left(1 + \dfrac{n_1}{n_2}x\right)^{-\frac{n_1+n_2}{2}}, & x > 0 \\ \\ 0, & x \leqslant 0 \end{cases}$$

证 我们分两步来证明这个定理.

第一步, 我们导出 $Z = X_1/X_2$ 的密度函数. 若记 $p_1(x)$ 和 $p_2(x)$ 分别为 $\chi^2(n_1)$ 和 $\chi^2(n_2)$ 的密度函数, 则根据独立随机变量商的分布的密度函数公式, Z 的密度函数为:

$$p_Z(z) = \int_0^{+\infty} x_2 p_1(z x_2) p_2(x_2) \mathrm{d}x_2$$

$$= \frac{z^{\frac{n_1}{2}-1}}{\Gamma\left(\dfrac{n_1}{2}\right)\Gamma\left(\dfrac{n_2}{2}\right)2^{\frac{n_1+n_2}{2}}} \int_0^{+\infty} x_2^{\frac{n_1+n_2}{2}-1} \mathrm{e}^{-\frac{x_2}{2}(1+z)}\mathrm{d}x_2$$

运用变换 $u = \dfrac{x_2}{2}(1+z)$, 可得

$$p_Z(z) = \frac{z^{\frac{n_1}{2}-1}(1+z)^{-\frac{n_1+n_2}{2}}}{\Gamma\left(\dfrac{n_1}{2}\right)\Gamma\left(\dfrac{n_2}{2}\right)} \int_0^{+\infty} u^{\frac{n_1+n_2}{2}-1}\mathrm{e}^{-u}\mathrm{d}u$$

最后的定积分为伽马函数 $\Gamma\left(\dfrac{n_1+n_2}{2}\right)$, 从而

$$p_Z(z)=\frac{\Gamma\left(\dfrac{n_1+n_2}{2}\right)}{\Gamma\left(\dfrac{n_1}{2}\right)\Gamma\left(\dfrac{n_2}{2}\right)}z^{\frac{n_1}{2}-1}(1+z)^{-\frac{n_1+n_2}{2}},\quad z>0$$

第二步, 我们导出 $F=\dfrac{n_2}{n_1}Z$ 的密度函数. 对于 $y>0$, 有

$$p_F(y)=p_Z\left(\frac{n_1}{n_2}y\right)\frac{n_1}{n_2}=\frac{\Gamma\left(\dfrac{n_1+n_2}{2}\right)}{\Gamma\left(\dfrac{n_1}{2}\right)\Gamma\left(\dfrac{n_2}{2}\right)}\left(\frac{n_1}{n_2}y\right)^{\frac{n_1}{2}-1}\left(1+\frac{n_1}{n_2}y\right)^{-\frac{n_1+n_2}{2}}\frac{n_1}{n_2}$$

$$=\frac{\Gamma\left(\dfrac{n_1+n_2}{2}\right)}{\Gamma\left(\dfrac{n_1}{2}\right)\Gamma\left(\dfrac{n_2}{2}\right)}\left(\frac{n_1}{n_2}\right)^{\frac{n_1}{2}}y^{\frac{n_1}{2}-1}\left(1+\frac{n_1}{n_2}y\right)^{-\frac{n_1+n_2}{2}}$$

证毕.

这个分布称为自由度为 n_1 和 n_2 的 F 分布, 记为 $F(n_1,n_2)$. 若将分子自由度 n_1 与分母自由度 n_2 分别用 $n-1$ 与 $m-1$ 代入, 就可得到两个独立正态样本方差比的分布.

F 分布的密度函数图形: 当分子的自由度为 1 或 2 时, 其密度函数是单调递减函数 (见图 1.4.5(a)), 在其他情况下密度函数呈单峰的右偏分布 (见图 1.4.5(b)).

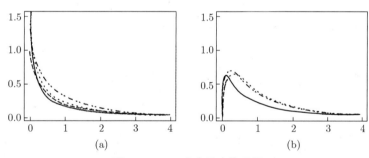

图 1.4.5 F 分布的密度函数

F 分布有以下性质:

(1) 当 $n_2>2$ 时, F 分布的数学期望存在, 且为 $n_2/(n_2-2)$.

(2) 当 $n_2>4$ 时, F 分布的方差存在, 且为 $\dfrac{2n_2^2(n_1+n_2-2)}{n_1(n_2-2)^2(n_2-4)}$.

(3) 若 $F\sim F(n_1,n_2)$, 则 $\dfrac{1}{F}\sim F(n_2,n_1)$.

(4) 若 $t\sim t(n)$, 则 $t^2\sim F(1,n)$.

类似于 χ^2 分布和 t 分布, 可以定义 F 分布的分位数 $F_{1-\alpha}(n_1,n_2)$, 且由性质 (3) 可知 $F_\alpha(n_2,n_1)=\dfrac{1}{F_{1-\alpha}(n_1,n_2)}$. 同样可以通过计算机软件计算得到 F 分布的分位数.

1.4.3 用随机模拟法寻找统计量的近似分布

有些统计量的抽样分布难以用精确方法获得, 在一些情况下可以用随机模拟的方法寻找统计量的分布, 此时所得的分布都用样本分位数来表示.

随机模拟法的基本思想如下: 设总体 X 的概率分布函数为 $F(x)$, 从中抽取一个容量为 n 的样本, 其观测值为 $x_1, x_2, \cdots, x_n$, 从而可得统计量 $T = T(x_1, x_2, \cdots, x_n)$ 的一个观测值 t. 将上述过程重复 N 次, 可得 T 的 N 个观测值 $t_1, t_2, \cdots, t_N$, 只要 N 充分大, 样本分位数的观测值便是 T 的分布的分位数的一个近似值, 并且 N 越大, 近似程度越高, 因而可将它作为 T 的分位数. 当改变样本容量 n 时, 可得到不同容量 n 下 T 的分布的分位数.

利用随机模拟法研究统计量的分布的关键在于如何产生分布函数为 $F(x)$ 的容量为 n 的样本. 这是统计计算课程的重点内容, 对于常用的概率分布族, 统计软件 (比如本书使用的 R 语言) 都已给出函数命令, 可以实现从指定的概率分布中随机抽样. 下面用一个例子演示如何使用随机模拟法寻找统计量的近似分布.

例 1.4.2 用随机模拟法求来自正态总体 $N(\mu, \sigma^2)$ 的样本峰度 $\widehat{\beta}_k$ 的分布.

理论上已经证明 $\widehat{\beta}_k$ 的渐近分布是 $N(0, 24)$, 由于其收敛速度很慢, 只有对很大的 n 才能应用, 因而这一渐近分布的应用价值不大. 下面用随机模拟法来求不同 n 下 $\widehat{\beta}_k$ 的分布的分位数. 为此需要做两项准备工作.

(1) 进行随机模拟的首要问题是要产生 $\widehat{\beta}_k$ 的 N 个观测值. 由于总体 $N(\mu, \sigma^2)$ 中含未知参数 μ 与 σ^2, 因而无法产生 $N(\mu, \sigma^2)$ 的随机数, 这时需要借用分布的性质, 首先把问题转化为可以大量产生随机数的分布. 幸好这里可以转化为标准正态分布.

设 $X_1, X_2, \cdots, X_n$ 是来自正态总体 $N(\mu, \sigma^2)$ 的样本, 则其标准化变换后的样本

$$X_i^* = \frac{X_i - \mu}{\sigma}, \quad i = 1, 2, \cdots, n$$

来自标准正态分布 $N(0, 1)$, 下证这两个样本峰度 $\widehat{\beta}_k$ 与 $\widehat{\beta}_k^*$ 相等. 因为两样本均值有如下关系:

$$\overline{X}^* = \frac{\overline{X} - \mu}{\sigma}, \quad X_i^* - \overline{X}^* = \frac{X_i - \overline{X}}{\sigma}$$

从而样本 $X_1^*, X_2^*, \cdots, X_n^*$ 的峰度为:

$$
\begin{aligned}
\widehat{\beta}_k^* &= \frac{\dfrac{1}{n}\sum_{i=1}^{n}(X_i^* - \overline{X}^*)^4}{\left[\dfrac{1}{n}\sum_{i=1}^{n}(X_i^* - \overline{X}^*)^2\right]^2} - 3 = \frac{\dfrac{1}{n}\sum_{i=1}^{n}\left(\dfrac{X_i - \overline{X}}{\sigma}\right)^4}{\left[\dfrac{1}{n}\sum_{i=1}^{n}\left(\dfrac{X_i - \overline{X}}{\sigma}\right)^2\right]^2} - 3 \\
&= \frac{\dfrac{1}{n}\sum_{i=1}^{n}(X_i - \overline{X})^4}{\left[\dfrac{1}{n}\sum_{i=1}^{n}(X_i - \overline{X})^2\right]^2} - 3 = \widehat{\beta}_k
\end{aligned}
$$

因而求 $\widehat{\beta}_k$ 的观测值时可以利用标准正态分布 $N(0,1)$ 的随机数.

(2) 产生 $N(0,1)$ 的观测值 (称为随机数) 有许多方法, 在此我们使用 R 语言中的 rnorm 命令.

有了上述两项准备, 下面用随机模拟法求 $\widehat{\beta}_k$ 的分位数, 步骤如下:

(1) 产生 n 个 $N(0,1)$ 的随机数 $x_1, x_2, \cdots, x_n$.

(2) 计算

$$\widehat{\beta}_k = \frac{\dfrac{1}{n}\sum_{i=1}^{n}(x_i - \overline{x})^4}{\left[\dfrac{1}{n}\sum_{i=1}^{n}(x_i - \overline{x})^2\right]^2} - 3$$

得到 $\widehat{\beta}_k$ 的一个观测值, 记为 $\widehat{\beta}_{k,1}$.

(3) 重复步骤 (1) $\sim$ (2) N 次, 可得 $\widehat{\beta}_k$ 的 N 个观测值:

$$\widehat{\beta}_{k,1}, \widehat{\beta}_{k,2}, \cdots, \widehat{\beta}_{k,N}$$

这里 N 是一个相当大的值, 最好是 10 000 以上.

(4) 将 $\widehat{\beta}_k$ 的 N 个值排序, 找出 $p = 0.01, 0.05, 0.10, \cdots$ 的样本分位数.

(5) 改变样本容量 n, 重复上述步骤 (1) $\sim$ (4), 可得不同 n 下 $\widehat{\beta}_k$ 的各种分位数.

表 1.4.2 列出了 $N = 10\,000$, 样本容量 n 为 15, 20, 25 时 $\widehat{\beta}_k$ 的分位数.

表 1.4.2　正态总体样本峰度 $\widehat{\beta}_k$ 的分位数 ($N = 10\,000$ 时的模拟结果)

概率 p	样本容量 n		
	15	20	25
0.01	−1.468	−1.360	−1.272
0.05	−1.278	−1.164	−1.081
0.10	−1.158	−1.045	−0.962
0.90	0.629	0.668	0.651
0.95	1.124	1.131	1.106
0.99	2.247	2.306	2.318

表 1.4.2 中的随机模拟结果表现出了很强的规律性, 是可信的.

· 批判性思考 ·

有些统计量的分布是在假设总体分布已知的情况下推导的, 但是进行实际数据分析时, 总体分布的确切形式有时很难确定, 统计量的分布也就很难判断对错.

· 习 题 1.4 ·

1. 设 $X_1, X_2, \cdots, X_{17}$ 是来自正态总体 $N(\mu, \sigma^2)$ 的一个样本，$\overline{X}$ 与 S^2 分别是其样本均值与样本方差，求常数 k，使得 $P(\overline{X} > \mu + kS) = 0.95$.

2. 从下列总体分布中各随机抽取容量为 n 的样本，其样本均值 $\overline{X}$ 的渐近分布各是多少？

(1) 二点分布 $b(1, p)$；

(2) 均匀分布 $U(a, b)$；

(3) 指数分布 $\mathrm{Exp}(\lambda)$.

3. 某药 100 片的平均重量 $\overline{X}$（单位：mg）服从正态分布 $N(20, 0.05^2)$，若每片重量 X 也服从正态分布.

(1) 求 X 的分布；

(2) 求每片重量在 $19 \sim 21\mathrm{mg}$ 之间的概率.

4. 利用 χ^2 分布求正态样本方差 S^2 的期望与方差.

5. 设随机变量 $X \sim F(n, n)$，证明：$P(X < 1) = 0.5$.

6. 设 X_1, X_2 是来自正态总体 $N(0, \sigma^2)$ 的样本，求 $Y = \left(\dfrac{X_1 + X_2}{X_1 - X_2} \right)^2$ 的分布.

7. 设 X_1, X_2 是来自总体 $N(0, 1)$ 的样本，求常数 k，使得

$$P\left(\frac{(X_1 + X_2)^2}{(X_1 - X_2)^2 + (X_1 + X_2)^2} > k \right) = 0.05$$

8. 设 $X_1, X_2, \cdots, X_n, X_{n+1}$ 是来自 $N(\mu, \sigma^2)$ 的样本，又设 $\overline{X}_n = \dfrac{1}{n} \sum_{i=1}^{n} X_i, S_n^2 = \dfrac{1}{n-1} \sum_{i=1}^{n} (X_i - \overline{X}_n)^2$，试求常数 c，使得 $T_c = c(X_{n+1} - \overline{X}_n)/S_n$ 服从 t 分布，并指出其自由度.

9. 设从两个方差相等且相互独立的正态总体中分别抽取容量为 15 与 20 的样本，若其样本方差分别为 S_1^2 与 S_2^2，试求 $P(S_1^2/S_2^2 > 2)$.

10. 设 $X_1, X_2, \cdots, X_n$ 是来自某连续总体的一个样本，总体的分布函数 $F(x)$ 是连续严增函数，证明：统计量 $T = -2 \sum_{i=1}^{n} \ln F(X_i) \sim \chi^2(2n)$.

11. 设总体分布为 $N(\mu, \sigma^2)$，从中抽取容量为 n 的样本 $X_1, X_2, \cdots, X_n$，记统计量

$$G = \frac{X_{(n)} - \overline{X}}{S}$$

其中，$\overline{X} = \dfrac{1}{n} \sum_{i=1}^{n} X_i$，$S = \sqrt{\dfrac{1}{n} \sum_{i=1}^{n} (X_i - \overline{X})^2}$. 拟用随机模拟法求 $n = 10$ 时 G 的 $p = 0.95$ 的分位数，设随机模拟次数为 10 000 次，写出模拟计算的步骤.

1.5 次序统计量

除了 1.3.3 节介绍的矩统计量外, 另一类常见的统计量是次序统计量, 用来表示样本中各分量大小次序的信息. 样本中位数、样本 $p\,(0 < p < 1)$ 分位数都是用次序统计量表示的统计量, 常用来估计总体中位数与总体 p 分位数. 本节将叙述次序统计量的概念及其应用.

1.5.1 次序统计量的概念

定义 1.5.1 设 $X_1, X_2, \cdots, X_n$ 是取自总体 X 的一个样本, 将其从小到大排序可得如下有序样本:

$$X_{(1)} \leqslant X_{(2)} \leqslant \cdots \leqslant X_{(k)} \leqslant \cdots \leqslant X_{(n)}$$

式中, $X_{(k)}$ 称为该样本的第 k 个次序统计量 $(k = 1, 2, \cdots, n)$, 其中 $X_{(1)} = \min(X_1, X_2, \cdots, X_n)$ 称为该样本的最小次序统计量, $X_{(n)} = \max(X_1, X_2, \cdots, X_n)$ 称为该样本的最大次序统计量.

我们知道, 样本 $X_1, X_2, \cdots, X_n$ 中各分量是独立同分布的, 而次序统计量 $X_{(1)}, X_{(2)}, \cdots,$ $X_{(n)}$ 中各分量既不独立, 也不同分布. 对下面例子的剖析可帮助我们理解次序统计量的概念.

例 1.5.1 设总体 X 的分布为仅取 $0, 1, 2$ 的离散均匀分布, 即

X	0	1	2
P	1/3	1/3	1/3

现从中随机抽取容量为 3 的样本, 该样本的一切可能取值有 $3^3 = 27$ 种, 现将它们都列在表 1.5.1 的左侧, 而相应的次序统计量的取值列在表 1.5.1 的右侧.

表 1.5.1 样本 X_1, X_2, X_3 及其次序统计量 $X_{(1)}$, $X_{(2)}$, $X_{(3)}$ 的取值

X_1	X_2	X_3	$X_{(1)}$	$X_{(2)}$	$X_{(3)}$
0	0	0	0	0	0
0	0	1	0	0	1
0	1	0	0	0	1
1	0	0	0	0	1
0	0	2	0	0	2
0	2	0	0	0	2
2	0	0	0	0	2
0	1	1	0	1	1
1	0	1	0	1	1
1	1	0	0	1	1
0	1	2	0	1	2

续表

X_1	X_2	X_3	$X_{(1)}$	$X_{(2)}$	$X_{(3)}$
0	2	1	0	1	2
1	0	2	0	1	2
2	0	1	0	1	2
1	2	0	0	1	2
2	1	0	0	1	2
0	2	2	0	2	2
2	0	2	0	2	2
2	2	0	0	2	2
1	1	2	1	1	2
1	2	1	1	1	2
2	1	1	1	1	2
1	2	2	1	2	2
2	1	2	1	2	2
2	2	1	1	2	2
1	1	1	1	1	1
2	2	2	2	2	2

由表 1.5.1 可见, 次序统计量 $X_{(1)}$, $X_{(2)}$, $X_{(3)}$ 与样本 X_1, X_2, X_3 的分布不相同, 具体表现在以下几个方面.

(1) $X_{(1)}$, $X_{(2)}$, $X_{(3)}$ 的分布是不同的.

$X_{(1)}$	0	1	2
P	$\frac{19}{27}$	$\frac{7}{27}$	$\frac{1}{27}$

$X_{(2)}$	0	1	2
P	$\frac{7}{27}$	$\frac{13}{27}$	$\frac{7}{27}$

$X_{(3)}$	0	1	2
P	$\frac{1}{27}$	$\frac{7}{27}$	$\frac{19}{27}$

(2) 任意两个次序统计量的联合分布也是不同的.

$X_{(2)}$ \ $X_{(1)}$	0	1	2
0	$\frac{7}{27}$	0	0
1	$\frac{9}{27}$	$\frac{4}{27}$	0
2	$\frac{3}{27}$	$\frac{3}{27}$	$\frac{1}{27}$

$X_{(3)}$ \ $X_{(1)}$	0	1	2
0	$\frac{1}{27}$	0	0
1	$\frac{6}{26}$	$\frac{1}{27}$	0
2	$\frac{12}{27}$	$\frac{6}{27}$	$\frac{1}{27}$

$X_{(3)}$ \ $X_{(2)}$	0	1	2
0	$\frac{1}{27}$	0	0
1	$\frac{3}{27}$	$\frac{4}{27}$	0
2	$\frac{3}{27}$	$\frac{9}{27}$	$\frac{7}{27}$

(3) 任意两个次序统计量不是相互独立的, 例如:

$$P(X_{(1)} = 0, X_{(2)} = 1) = \frac{9}{27} \neq \frac{19}{27} \times \frac{13}{27} = P(X_{(1)} = 0)P(X_{(2)} = 1)$$

我们要注意次序统计量 $X_{(1)}, X_{(2)}, \cdots, X_{(n)}$ 与样本 $X_1, X_2, \cdots, X_n$ 之间的差别, 这些差别都是由对样本观测值的排序引起的.

1.5.2 样本极差

样本极差是由样本次序统计量产生的一个统计量, 它的定义如下.

> **定义 1.5.2** 容量为 n 的样本的最大次序统计量 $X_{(n)}$ 与样本的最小次序统计量 $X_{(1)}$ 之差称为样本极差, 简称极差, 常用 $R = X_{(n)} - X_{(1)}$ 表示.

关于极差要注意两个方面 (优缺点). 极差含有总体标准差的信息, 因为极差表示样本取值范围的大小, 也反映了总体取值分散与集中的程度. 一般来说, 若总体的标准差 σ 较大, 那么从中取出的样本的极差也会大一些; 若总体标准差 σ 较小, 那么从中取出的样本的极差也会小一些. 反过来也如此, 若样本极差较大, 表明总体取值较分散, 那么相应总体的标准差也较大; 若样本极差较小, 表明总体取值相对集中, 那么该总体的标准差较小. 图 1.5.1 显示了这一现象.

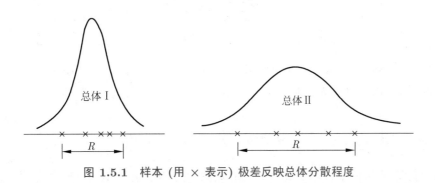

图 1.5.1 样本 (用 × 表示) 极差反映总体分散程度

极差受样本量影响较大. 一般来说, 样本量大, 极差也大. 在实际中极差常在小样本 ($n \leqslant 10$) 场合使用, 而在大样本场合很少使用. 这是因为极差使用了样本中两个极端点的信息, 而中间的信息利用不充分, 当样本量很大时, 丢弃的信息也就很多, 从而留下的信息过少, 其使用价值就不大了.

> **例 1.5.2** 设 $X_1, X_2, \cdots, X_n$ 为来自某一总体 (可以为非正态总体) 的一个样本, 为估计其方差 σ^2, 可仿照极差的做法, 从样本中任选两个分量 X_i 和 X_j $(i \neq j)$ 作其差的平方 $(X_i - X_j)^2$, 若令 $g(X_i, X_j) = \frac{1}{2}(X_i - X_j)^2$, 则其期望为:

$$E[g(X_i, X_j)] = \frac{1}{2}[E(X_i^2) + E(X_j^2) - 2E(X_i) \cdot E(X_j)] = \sigma^2$$

可见, $g(X_i, X_j)$ 是 σ^2 的无偏估计, $g(X_i, X_j)$ 含有总体方差的信息. 此种统计量 $g(X_i, X_j)$ 可有 $\binom{n}{2}$ 个, 若求它们的平均, 就能把分散在样本中的信息集中起来, 更好、更全面地反映总体方差 σ^2 的信息. 可以证明, 这个平均正是前面提到的样本方差 S^2, 原因如下:

$$
\begin{aligned}
\binom{n}{2}^{-1} \sum_{i<j} g(X_i, X_j) &= \frac{1}{n(n-1)} \sum_{i<j}(X_i - X_j)^2 \\
&= \frac{1}{n(n-1)}\left[\sum_{i<j}(X_i^2 + X_j^2) - 2\sum_{i<j} X_i X_j\right] \\
&= \frac{1}{n(n-1)}\left[(n-1)\sum_{i=1}^{n} X_i^2 - 2\sum_{i<j} X_i X_j\right] \\
&= \frac{1}{n(n-1)}\left[n\sum_{i=1}^{n} X_i^2 - \left(\sum_{i=1}^{n} X_i\right)^2\right] \\
&= \frac{1}{n-1}\left(\sum_{i=1}^{n} X_i^2 - n\overline{X}^2\right) \\
&= \frac{1}{n-1}\sum_{i=1}^{n}(X_i - \overline{X})^2 = S^2
\end{aligned}
$$

无论总体是什么分布 (正态或非正态、连续或离散), 只要其方差存在, 其样本方差 S^2 就是总体方差 σ^2 的很好的无偏估计.

1.5.3　样本中位数与样本 p 分位数

样本中位数是总体中位数的影子, 常用来估计总体中位数 $X_{0.5}$ (概率方程 $F(X_{0.5}) = 0.5$ 的解), 且样本量越大, 效果越好. 它的定义如下.

定义 1.5.3　设 $X_{(1)} \leqslant X_{(2)} \leqslant \cdots \leqslant X_{(n)}$ 是容量为 n 的样本的次序统计量, 则称如下统计量

$$
m_d = \begin{cases} X_{\left(\frac{n+1}{2}\right)}, & n \text{ 为奇数} \\ \frac{1}{2}\left[X_{\left(\frac{n}{2}\right)} + X_{\left(\frac{n}{2}+1\right)}\right], & n \text{ 为偶数} \end{cases}
$$

为样本中位数.

例 1.5.3 一批砖在交付客户之前要抽检其抗压强度 (单位: MPa), 现从中随机抽取 10 块砖, 测得其抗压强度为 (已排序):

$$4.7 \quad 5.4 \quad 6.0 \quad 6.5 \quad 7.3 \quad 7.7 \quad 8.2 \quad 9.0 \quad 10.1 \quad 17.2$$

其样本中位数为:

$$m_d = \frac{x_{(5)} + x_{(6)}}{2} = \frac{7.3 + 7.7}{2} = 7.5$$

后经复查发现, 样本中的异常值 17.2 属抄录之误, 原始记录为 11.2, 把 17.2 改正为 11.2 后, 样本中位数不变, 仍为 7.5. 可样本均值 $\bar{x}$ 在修正前后分别为 8.21 与 7.61, 两者相差 0.6. 可见, 当样本中出现异常值 (指样本中的个别值, 它明显偏离其余观测值) 时, 样本中位数比样本均值更具有抗异常值干扰的能力. 样本中位数的这种抗干扰性在统计学中称为稳健性.

样本中位数 m_d 表示在样本中有一半数据小于等于 m_d, 另一半数据大于等于 m_d. 譬如, 某班级有 50 位同学, 如果告诉我们该班学生身高的中位数为 1.61 米, 那么可知该班级中一半学生的身高高于 1.61 米, 另一半学生的身高低于 1.61 米. 可样本均值 $\bar{x}$ 没有这样的解释.

当分布右偏时, 数据存在极端大值, 将拉动均值向右靠近, 而中位数不受影响, 此时样本均值 > 样本中位数; 类似地, 当分布左偏时, 样本均值 < 样本中位数.

19 世纪末, 意大利经济学家帕累托在研究英国人的收入分配时发现, 绝大部分的社会财富最终总会流向少数人, 某部分人口占总人口的比例与这部分人所拥有的财富之间存在一定的计量经济学关系, 后来人们将这种社会财富的分布状态称为帕累托分布. 用概率的语言描述, 即随机变量 X 的分布函数为:

$$F(x) = P(X \leqslant x) = 1 - \left(\frac{x}{x_{\min}}\right)^{-\alpha}, \quad x \geqslant x_{\min} > 0, \quad \alpha > 0$$

帕累托分布是一个右偏厚尾型分布, 数据中的极大值对均值有更显著的影响. 因此, 我们在描述社会收入水平这样的偏态数据时, 中位数往往是比均值更好的选择.

比样本中位数更一般的概念是样本 p 分位数, 它的定义如下.

定义 1.5.4 设 $X_{(1)} \leqslant X_{(2)} \cdots \leqslant X_{(n)}$ 是容量为 n 的样本的次序统计量, 对给定的 p $(0 < p < 1)$, 称

$$m_p = \begin{cases} \frac{1}{2}[X_{([np])} + X_{([np]+1)}], & np \text{ 是整数} \\[2mm] X_{([np]+1)}, & np \text{ 不是整数} \end{cases}$$

为样本 p 分位数, 其中, $[np]$ 为 np 的整数部分. 样本 p 分位数 m_p 是总体 p 分位数 x_p (概率方程 $F(x_p) = p$ 的解) 的估计量.

例 1.5.4 轴承的寿命特征常用 0.1 分位数表示, 记为 L_{10}, 并称为基本额定寿命. L_{10} 可用样本的 0.1 分位数 $m_{0.1}$ 来估计. 譬如 $n = 20$, 可从一批轴承中随机抽取 20 个作寿命实验, 由于 $np = 20 \times 0.1 = 2$ 是整数, 按定义 1.5.4 可用第 2 个与第 3 个次序统计量的值的平均来估计, 即

$$\widehat{L}_{10} = m_{0.1} = \frac{1}{2}(x_{(2)} + x_{(3)})$$

若在 20 个轴承寿命实验中最早损坏的 3 个轴承的时间 (单位: 小时) 为:

$$705 \quad 1\ 079 \quad 1\ 873$$

则其基本额定寿命 L_{10} 的估计为:

$$\widehat{L}_{10} = \frac{1}{2}(1\ 079 + 1\ 873) = 1\ 476$$

用样本 0.1 分位数估计轴承基本额定寿命 L_{10} 可以节省大量实验时间, 这已成为轴承行业采用的统计方法.

1.5.4 箱线图和 Q-Q 图

样本的次序统计量不仅把样本观测值从小到大排序, 而且保留了每个观测值的大小. 若把样本全部观测值分为四段, 每段观测值个数大致相等, 约为 $n/4$, 则可用如下五个次序统计量表示:

$$x_{(1)}, \quad Q_1, \quad m_d, \quad Q_3, \quad x_{(n)}$$

其中, $Q_1 = m_{0.25}$ 和 $Q_3 = m_{0.75}$ 分别称为样本的第一和第三四分位数, m_d 为中位数.

从这五个数在数轴上的位置大致能看出样本观测值的分布状态, 从中也反映出总体分布的一些信息, 特别是在样本量 n 较大的场合, 反映的信息更为可信. 对不同的样本, 这五个数所概括出的信息也有些差别, 这一过程称为五数概括, 其图形称为箱线图. 该图由一个箱子和两条线段连接而成, 具体见图 1.5.2.

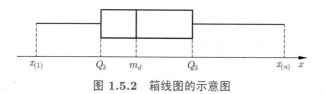

图 1.5.2 箱线图的示意图

箱线图可用来对总体的分布形状进行大致的判断. 图 1.5.3 给出了三种常见的箱线图, 分别对应左偏分布、对称分布和右偏分布.

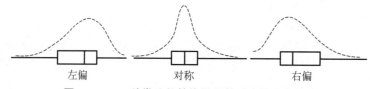

图 1.5.3 三种常见的箱线图及其对应的分布轮廓

如果我们要对多批数据进行比较, 则可以在一张纸上同时画出每批数据的箱线图. 图 1.5.4 是根据某厂 20 天生产的某种产品的直径数据画成的箱线图, 从图中可以清楚地看出第 18 天的产品出现了异常.

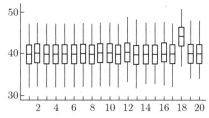

图 1.5.4　20 天生产的某产品的直径的箱线图

当我们想要比较两组数据的分布是否相似, 或者将一组数据与一个理论分布进行比较时, Q-Q 图是一个非常有用的工具. Q-Q 图通常是一个散点图, 图中每个点的横坐标和纵坐标分别是两组数据（或一组数据和一个理论分布）对应的分位数. 这种直观的图形表示可以让我们快速判断数据之间的相似性: 如果数据点分布在直线附近, 则表明两组数据的分布可能相似; 如果数据点不在直线附近, 则表明存在分布差异.

例 1.5.5　图 1.5.5 给出了例 1.3.5 中两个班级概率论成绩与正态分布的 Q-Q 图, 可以看出数据基本呈一条直线, 但 1 班在左下方、2 班在右上方, 偏差较大. 该数据是否服从正态分布还需要进一步检验, 可以参见 3.3.2 节将要介绍的理论方法.

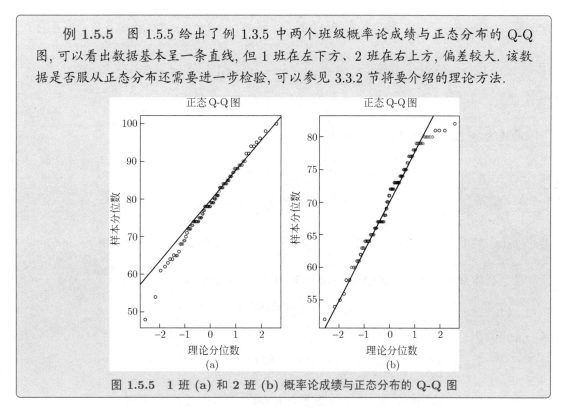

图 1.5.5　1 班 (a) 和 2 班 (b) 概率论成绩与正态分布的 Q-Q 图

1.5.5　次序统计量的分布

1. 第 k 个次序统计量的抽样分布

由于次序统计量常在连续总体的场合下使用, 下面对总体 X 是连续分布的场合讨论第 k 个次序统计量的抽样分布.

> **定理 1.5.1** 设总体 X 的密度函数为 $p(x)$, 分布函数为 $F(x)$, $X_1, X_2, \cdots, X_n$
> 为样本, 则第 k 个次序统计量 $X_{(k)}$ 的密度函数为:
> $$p_k(x) = \frac{n!}{(k-1)!(n-k)!}[F(x)]^{k-1}p(x)[1-F(x)]^{n-k}$$

证 对任意的实数 x, "次序统计量 $X_{(k)}$ 的取值落在小区间 $(x, x+\Delta x]$ 内" 这一事件, 等价于 "容量为 n 的样本中有 1 个观测值落在 $(x, x+\Delta x]$ 之间, 而有 $k-1$ 个观测值小于等于 x, 有 $n-k$ 个观测值大于 $x+\Delta x$", 其直观示意见图 1.5.6.

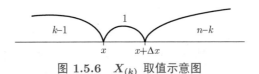

图 1.5.6 $X_{(k)}$ 取值示意图

样本的每个分量小于等于 x 的概率为 $F(x)$, 落入区间 $(x, x+\Delta x]$ 的概率为 $F(x+\Delta x) - F(x)$, 大于 $x+\Delta x$ 的概率为 $1 - F(x+\Delta x)$, 而将 n 个分量分成这样的三组, 总的分法有 $\dfrac{n!}{(k-1)!1!(n-k)!}$ 种. 于是, 若以 $F_k(x)$ 记 $X_{(k)}$ 的分布函数, 则由多项分布可得

$$F_k(x+\Delta x) - F_k(x) \approx \frac{n!}{(k-1)!(n-k)!}[F(x)]^{k-1}[F(x+\Delta x) - F(x)]$$
$$[1 - F(x+\Delta x)]^{n-k}$$

两边除以 Δx, 并令 $\Delta x \to 0$, 即有

$$\begin{aligned}
p_k(x) &= \lim_{\Delta x \to 0} \frac{F_k(x+\Delta x) - F_k(x)}{\Delta x}\\
&= \frac{n!}{(k-1)!(n-k)!}[F(x)]^{k-1}p(x)[1-F(x)]^{n-k}
\end{aligned}$$

其中 $p_k(x)$ 的非零区间与总体的非零区间相同. 这就完成了定理 1.5.1 的证明.

为求样本最大次序统计量 $X_{(n)}$ 的概率密度函数, 只需取 $k=n$, 即得

$$p_n(x) = np(x)[F(x)]^{n-1}$$

其分布函数为:

$$F_n(x) = [F(x)]^n$$

为求样本最小次序统计量 $X_{(1)}$ 的概率密度函数, 只需取 $k=1$, 即得

$$p_1(x) = np(x)[1-F(x)]^{n-1}$$

其分布函数为:

$$F_1(x) = 1 - [1-F(x)]^n$$

例 1.5.6 设 $X_1, X_2, \cdots, X_n$ 是取自如下指数分布的样本:

$$F(x) = 1 - \mathrm{e}^{-\lambda x}, \quad x > 0$$

求 $P(X_{(1)} > a)$ 与 $P(X_{(n)} < b)$, 其中 a, b 为给定的正数.

解 为求概率 $P(X_{(1)} > a)$ 与 $P(X_{(n)} < b)$, 可先求 $X_{(1)}$ 与 $X_{(n)}$ 的分布. $X_{(1)}$ 的分布函数为:

$$F_1(x) = 1 - [1 - F(x)]^n = 1 - \mathrm{e}^{-n\lambda x}, \quad x > 0$$

从而

$$P(X_{(1)} > a) = 1 - F_1(a) = \mathrm{e}^{-n\lambda a}$$

$X_{(n)}$ 的分布函数为:

$$F_n(x) = [F(x)]^n = [1 - \mathrm{e}^{-\lambda x}]^n, \quad x > 0$$

故

$$P(X_{(n)} < b) = F_n(b) = (1 - \mathrm{e}^{-\lambda b})^n$$

譬如, 某公司购买 5 台新设备, 若这些新设备都服从参数 $\lambda = 0.000\,5$ 的指数分布, 其分布函数为:

$$F(x) = 1 - \mathrm{e}^{-\lambda x}, \quad x > 0; \quad \lambda = 0.000\,5$$

则其失效时间 $X_1, X_2, \cdots, X_5$ 就是从该分布抽取的容量为 5 的样本. $X_{(1)}, X_{(2)}, \cdots, X_{(5)}$ 为其次序统计量. 现要求这 5 台设备中:

(1) 到 1 000 小时没有一台发生故障的概率 p_1, 这等价于这 5 台设备中最小的寿命 $X_{(1)} > 1\,000$ 的概率, 由上述结果可知

$$p_1 = P(X_{(1)} > 1\,000) = \mathrm{e}^{-5 \times 0.000\,5 \times 1\,000} = 0.082\,1$$

(2) 到 1 000 小时全部发生故障的概率 p_2. 这等价于这 5 台设备中最长的寿命 $X_{(5)} < 1\,000$ 的概率, 由上述结果可知

$$p_2 = P(X_{(5)} < 1\,000) = (1 - \mathrm{e}^{-0.000\,5 \times 1\,000})^5 = 0.009\,43$$

2. 任意两个次序统计量的分布以及 n 个次序统计量的联合分布

下面不加证明地给出任意两个次序统计量的分布以及 n 个次序统计量的联合分布.

定理 1.5.2 在定理 1.5.1 的记号下, 次序统计量 $(X_{(i)}, X_{(j)})(i < j)$ 的联合分布密度函数为:

$$p_{ij}(y, z) = \frac{n!}{(i-1)!(j-i-1)!(n-j)!}[F(y)]^{i-1}[F(z) - F(y)]^{j-i-1}$$

$$\cdot [1 - F(z)]^{n-j} p(y)p(z), \quad y \leqslant z$$

> **定理 1.5.3** 在定理 1.5.1 的记号下, n 个次序统计量的联合分布密度函数为:
> $$p(y_1, y_2, \cdots, y_n) = \begin{cases} n! \prod_{i=1}^{n} p(y_i), & y_1 < y_2 < \cdots < y_n \\ 0, & \text{其他} \end{cases}$$

· 批判性思考 ·

1. 思考样本均值、方差、p 分位数等统计量与总体期望、总体方差、总体分位数等总体分布的数字特征的不同. 文中有时会省略"样本"和"总体", 读者应能从上下文中正确区分.

2. 考虑某门课程成绩这个连续分布的次序统计量, 思考最大次序统计量和最小次序统计量的分布.

3. 有这样一首打油诗:"张家有财一千万,九个邻居穷光蛋,平均起来算一算,个个都是一百万."结合此诗理解在研究某地区居民收入、商品房价格等问题时, 中位数比均值更有实际意义和可解释性. 对于此类问题, 除了解总体的位置参数 (一阶矩) 之外, 总体的离散程度 (二阶矩) 也非常重要. 同时, 用均值来预测个体时, 要清楚其不确定性有多大.

· 习 题 1.5 ·

1. 一组工人合作完成某一部件的装配工序所需的时间 (单位: 分钟) 如下所示, 试作箱线图.

35	38	44	33	44	43	48	40	45	30
45	32	42	39	49	37	45	37	36	42
31	41	45	46	34	30	43	37	44	49
36	46	32	36	37	37	45	36	46	42
38	43	34	38	47	35	29	41	40	41

2. 用四种不同方法测量某种纸的光滑度, 所得数据如下所示, 请在同一坐标系中作四个箱线图. 从中可以看出什么?

方法	光滑度							
A	38.7	41.5	43.8	44.5	45.5	46.0	47.7	58.0
B	39.2	39.3	39.7	41.4	41.8	42.9	43.3	45.8
C	34.0	35.0	39.0	40.0	43.0	43.0	44.0	45.0
D	34.0	34.8	34.8	35.4	37.2	37.8	41.2	42.8

3. 设 $X_1, X_2, \cdots, X_n$ 是取自均匀分布 $U(0,1)$ 的样本, 求第 k 个次序统计量 $X_{(k)}$ 的期望, 其中 $1 \leqslant k \leqslant n$.

4. 设 $X_1, X_2, \cdots, X_n$ 是来自均匀分布 $U(0, \theta)$ 的样本, $X_{(1)} \leqslant X_{(2)} \leqslant \cdots \leqslant X_{(n)}$ 为其次序统计量, 若令

$$Y_i = \frac{X_{(i)}}{X_{(i+1)}}, \quad i = 1, 2, \cdots, n-1; \quad Y_n = X_{(n)}$$

证明: $Y_1, Y_2, \cdots, Y_n$ 相互独立.

5. 设 $X_1, X_2, \cdots, X_n$ 是来自指数分布 $\mathrm{Exp}(\lambda)$ 的样本, $X_{(1)} \leqslant X_{(2)} \leqslant \cdots \leqslant X_{(n)}$ 为其次序统计量, 若令

$$Y_i = X_{(i)} - X_{(i-1)}, \quad i = 1, 2, \cdots, n; \quad X_{(0)} = 0$$

证明:

(1) $Y_1, Y_2, \cdots, Y_n$ 是相互独立的随机变量.

(2) $Z_i = (n - i + 1)Y_i (i = 1, 2, \cdots, n)$ 为独立同分布的随机变量, 共同分布为指数分布 $\mathrm{Exp}(\lambda)$.

1.6 充分统计量

1.6.1 充分统计量的概念

构造一个统计量就是对样本 $X_1, X_2, \cdots, X_n$ 进行加工. 这种加工就是把原来为数众多且杂乱无章的数据转化为一个或少数几个统计量, 达到简化数据 (降低维数)、便于使用的目的, 这是加工样本的要求之一. 加工样本的要求之二是去粗取精, 不损失 (重要) 信息. 满足这两项要求的统计量在统计学中称为充分统计量. 下面用一个例子来直观地说明这个概念.

例 1.6.1 某厂要了解某产品的不合格品率 p, 按常规, 检验员随机抽检了 10 件产品, 检验结果如下 (0 表示合格品, 1 表示不合格品):

$$x_1 = 1, \quad x_2 = 0, \quad x_3 = 0, \quad x_4 = 0, \quad x_5 = 0$$
$$x_6 = 0, \quad x_7 = 0, \quad x_8 = 1, \quad x_9 = 0, \quad x_{10} = 0$$

检验员向厂长汇报检验结果时有如下几种选择:

(1) "第 1 件是不合格品, 第 2 件是合格品, 第 3 件是合格品, 第 4 件是合格品 ······ 第 10 件是合格品." 厂长听后觉得烦琐. 因为厂长关心的是不合格品率 p, 而估计 p 的最重要信息是不合格品总数, 至于不合格品是第几件产品对厂长而言并不重要, 检验员如此汇报虽没有损失任何样本信息, 但没有达到去粗取精、简化数据之目的.

(2) "10 件中共有 2 件不合格品", 即 $T_1 = \sum_{i=1}^{10} x_i = 2$. 厂长一听就明白, 觉得很好, 简单明了. 检验员抓住了样本中有关 p 的重要信息 (不合格品总数 $T_1 = 2$), 剔除

了与 p 无关的信息 (不合格品是哪个产品), 既简化数据, 又不损失重要信息, 达到了充分统计量的要求.

(3) "前两件有一件不合格", 即 $T_2 = x_1 + x_2 = 1$. 厂长听后疑惑, "后几件产品怎样?" 如此汇报不能使人满意, 因为这损失了有关 p 的重要信息.

上面我们用一个例子给出了充分统计量的直观含义, 下面将从分布层面对其做进一步分析. 具体分以下几点:

● 设总体的分布函数 $F_\theta(x)$ 已知, 但参数 θ 未知. 这样确定分布的问题归结为未知参数 θ 的估计问题. 为此, 从该总体中随机抽取一个样本 $\boldsymbol{X} = (X_1, X_2, \cdots, X_n)$, 该样本的分布函数

$$F_\theta(\boldsymbol{x}) = \prod_{i=1}^{n} F_\theta(x_i)$$

含有样本 $\boldsymbol{X}$ 中有关 θ 的信息.

● 为了估计 θ, 可构造一个统计量 $T = T(\boldsymbol{X})$, 使它尽量多地含有 θ 的信息. 假如 T 的抽样分布 $F_\theta^T(t)$ 与样本分布 $F_\theta(\boldsymbol{x})$ 所含有关 θ 的信息一样多, 就可用统计量 T 代替样本 $\boldsymbol{X}$ 进行统计推断, 达到简化数据和不损失信息之目的. 如何考察 "所含有关 θ 的信息一样多" 呢?

● 可以设想

$$\left\{ \begin{array}{c} \text{样本 } \boldsymbol{X} \text{ 中} \\ \text{所含有关 } \theta \text{ 的信息} \end{array} \right\} = \left\{ \begin{array}{c} \text{统计量 } T = T(\boldsymbol{X}) \text{ 中} \\ \text{所含有关 } \theta \text{ 的信息} \end{array} \right\} + \left\{ \begin{array}{c} \text{在 } T \text{ 取值为 } t \text{ 后样本 } \boldsymbol{X} \text{ 中} \\ \text{所含有关 } \theta \text{ 的信息} \end{array} \right\}$$

上式右端最后一项涉及条件分布 $F_\theta(\boldsymbol{x}|T = t)$ 中含有多少有关 θ 的信息. 这里可能有如下两种情况:

(1) 若 $F_\theta(\boldsymbol{x}|T = t)$ 依赖于参数 θ, 则此条件分布仍含有关 θ 的信息. 这表明统计量 T 没有把样本中有关 θ 的信息全部概括进去.

(2) 若 $F_\theta(\boldsymbol{x}|T = t)$ 不依赖于参数 θ, 则此条件分布已不含 θ 的任何信息. 这表明有关 θ 的信息都含在统计量 T 之中, 使用统计量 T 不会损失有关 θ 的信息. 这正是统计量 T 具有充分性的含义.

综上所述, 统计量 $T = T(\boldsymbol{X})$ 是否具有充分性, 关键在于考察条件分布 $F_\theta(\boldsymbol{x}|T = t)$ 是否与 θ 有关. 为了说明上述设想的可行性, 我们从分布层面对例 1.6.1 做进一步分析.

例 1.6.2 设 $X_1, X_2, \cdots, X_n$ 是来自二点分布 $b(1, p)$ 的一个样本, 其中 $0 < p < 1, n > 2$, 先考察如下两个统计量:

$$T_1 = \sum_{i=1}^{n} X_i, \quad T_2 = X_1 + X_2$$

这个例子实际上就是例 1.6.1 的一般化叙述.

该样本的联合分布是

$$P(X_1 = x_1, X_2 = x_2, \cdots, X_n = x_n) = p^{\sum\limits_{i=1}^{n} x_i} (1-p)^{n - \sum\limits_{i=1}^{n} x_i}$$

其中, 诸 x_i 非 0 即 1, 而统计量 $T_1 = \sum\limits_{i=1}^{n} X_i$ 的分布为二项分布 $b(n,p)$, 即

$$P(T_1 = t) = \binom{n}{t} p^t (1-p)^{n-t}, \quad t = 0, 1, \cdots, n$$

给定 $T_1 = t$ 时, 样本的条件分布为:

$$P(X_1 = x_1, X_2 = x_2, \cdots, X_n = x_n | T_1 = t)$$

$$= \frac{P\left(X_1 = x_1, X_2 = x_2, \cdots, X_{n-1} = x_{n-1}, X_n = t - \sum\limits_{i=1}^{n-1} x_i\right)}{P(T_1 = t)}$$

$$= \frac{p^t (1-p)^{n-t}}{\binom{n}{t} p^t (1-p)^{n-t}} = \binom{n}{t}^{-1}$$

计算结果表明, 这个条件分布与参数 p 无关, 即它不含参数 p 的信息, 这意味着样本中有关 p 的信息都含在统计量 T_1 中.

另外, 统计量 $T_2 = X_1 + X_2$ 的分布为 $b(2,p)$, 当 $T_2 = t$ 时, 样本的条件分布为:

$$P(X_1 = x_1, X_2 = x_2, \cdots, X_n = x_n | T_2 = t)$$

$$= \frac{P(X_1 = x_1, X_2 = t - x_1, X_3 = x_3, \cdots, X_n = x_n)}{P(T_2 = t)}$$

$$= \frac{p^{t + \sum\limits_{i=3}^{n} x_i} (1-p)^{n - t - \sum\limits_{i=3}^{n} x_i}}{\binom{2}{t} p^t (1-p)^{2-t}}$$

$$= \binom{2}{t}^{-1} p^{\sum\limits_{i=3}^{n} x_i} (1-p)^{n - 2 - \sum\limits_{i=3}^{n} x_i}$$

这表明此条件分布与参数 p 有关, 即它还有参数 p 的信息, 而样本中有关 p 的信息没有完全包含在统计量 T_2 之中.

从这个例子可见, 用条件分布与未知参数无关来表示不损失样本中未知参数的信息是妥当的. 一般充分统计量的定义正是这样给出的.

> **定义 1.6.1**　设有一个分布族 $\mathfrak{F} = \{F\}$, $X_1, X_2, \cdots, X_n$ 是从某分布 $F \in \mathfrak{F}$ 中抽取的一个样本. $T = T(X_1, X_2, \cdots, X_n)$ 是一个统计量 (也可以是向量统计量). 若给定 $T = t$ 时, 样本 $\boldsymbol{X}$ 的条件分布与总体分布 F 无关, 则称 T 为此分布族 $\mathfrak{F}$ 的充分

统计量. 假如 $\mathfrak{F} = \{F_\theta; \theta \in \Theta\}$ 是参数分布族 (θ 可以是向量), 在给定 $T = t$ 时, 样本 $\boldsymbol{X}$ 的条件分布与参数 θ 无关, 则称 T 为参数 θ 的充分统计量.

在上述定义中, 我们把充分统计量适用于参数分布族扩展到任一分布族上. 在实际应用中, 定义中的条件分布可用条件分布列 (在离散场合) 或条件密度函数 (在连续场合) 来代替. 按此定义, 在例 1.6.2 中, 统计量 $T_1 = \sum_{i=1}^{n} X_i$ 是二点分布族 $\{b(1,p); 0 < p < 1\}$ 的一个充分统计量, 也可以说 T_1 是成功概率 p 的充分统计量.

由此定义立即可推得下面的结果.

> **定理 1.6.1** 设 $T = T(X)$ 是参数 θ 的充分统计量, $S = \Psi(T)$ 是严格单调函数, 则 $S = \Psi(T(X)) = \Psi'(X)$ 也是 θ 的一个充分统计量.

证 由于 $s = \Psi(t)$ 是严格单调函数, 事件 "$S = s$" 与事件 "$T = t$" 是相等的, 故其条件分布有 $F_\theta(x|T = t) = F_\theta(x|S = s)$, 由此即可推得此定理成立.

按此定理, $T_1 = \sum_{i=1}^{n} X_i$ 是成功概率 p 的充分统计量, 则 $\overline{X} = \dfrac{1}{n} \sum_{i=1}^{n} X_i$ 也是 p 的充分统计量.

下面的引理将在连续分布场合给出条件密度函数的一种表示形式, 这为讨论充分统计量提供了方便.

> **引理 1.6.1** 设 $\boldsymbol{X} = (X_1, X_2, \cdots, X_n)$ 是来自密度函数 $p_\theta(\boldsymbol{x})$ 的一个样本, $T = T(\boldsymbol{X})$ 是一个统计量, 则在 $T = t$ 下, 样本 $\boldsymbol{X}$ 的条件密度函数 $p_\theta(\boldsymbol{x}|t)$ 可表示为:
> $$p_\theta(\boldsymbol{x}|t) = \frac{p_\theta(\boldsymbol{x})I\{T(\boldsymbol{X}) = t\}}{p_\theta(t)}$$
> 式中, $I\{T(\boldsymbol{X}) = t\}$ 是事件 "$T(\boldsymbol{X}) = t$" 的示性函数.

证 由于 $\boldsymbol{X}$ 与 T 的联合密度函数可分解为:
$$p_\theta(\boldsymbol{x}, t) = p_\theta(\boldsymbol{x})p_\theta(t|\boldsymbol{x}) = p_\theta(t)p_\theta(\boldsymbol{x}|t)$$

式中, $p_\theta(t|\boldsymbol{x})$ 是退化分布, 因为 T 是 $\boldsymbol{X}$ 的函数, 当样本 $\boldsymbol{X}$ 给定时, T 只能取 t, 即 $P(T(\boldsymbol{X}) = t|\boldsymbol{x}) = 1$, 而 $P(T(\boldsymbol{X}) \neq t|\boldsymbol{x}) = 0$, 或简记为:

$$I\{T(\boldsymbol{X}) = t\} = p_\theta(t|\boldsymbol{x}) = \begin{cases} 1, & T(\boldsymbol{X}) = t \\ 0, & T(\boldsymbol{X}) \neq t \end{cases}$$

由此可得联合分布:
$$p_\theta(\boldsymbol{x}, t) = p_\theta(\boldsymbol{x})I\{T(\boldsymbol{X}) = t\}$$

最后可得:

$$p_\theta(\boldsymbol{x}|t) = \frac{p_\theta(\boldsymbol{x},t)}{p_\theta(t)} = \frac{p_\theta(\boldsymbol{x})I\{T(\boldsymbol{X}) = t\}}{p_\theta(t)}$$

这就证明了此引理.

例 1.6.3 设 $\boldsymbol{X} = (X_1, X_2, \cdots, X_n)$ 是来自正态分布 $N(\mu, 1)$ 的一个样本, 则 $T = \sum_{i=1}^{n} X_i$ 是参数 μ 的充分统计量.

解 由正态分布的可加性知 $T \sim N(n\mu, n)$, 其密度函数为:

$$p_\mu(t) = \frac{1}{\sqrt{2\pi}\sqrt{n}} \exp\left\{-\frac{(t - n\mu)^2}{2n}\right\}$$

由引理 1.6.1 知, 在 $T = t$ 下, 样本 $\boldsymbol{X}$ 的条件密度为:

$$p_\mu(\boldsymbol{x}|t) = \frac{p_\mu(\boldsymbol{x})I\{T(\boldsymbol{X}) = t\}}{p_\mu(t)}$$

$$= \frac{\left(\frac{1}{\sqrt{2\pi}}\right)^n \exp\left\{-\frac{1}{2}\sum_{i=1}^{n}(x_i - \mu)^2\right\} I\{T(\boldsymbol{X}) = t\}}{\frac{1}{\sqrt{2n\pi}} \exp\left\{-\frac{1}{2n}(t - n\mu)^2\right\}}$$

$$= \frac{\sqrt{n}}{(\sqrt{2\pi})^{n-1}} \exp\left\{-\frac{1}{2}\left[\sum_{i=1}^{n}(x_i - \mu)^2 - \frac{1}{n}(t - n\mu)^2\right]\right\} I\{T(\boldsymbol{X}) = t\}$$

$$= \frac{\sqrt{n}}{(\sqrt{2\pi})^{n-1}} \exp\left\{-\frac{1}{2}\left[\sum_{i=1}^{n}x_i^2 - \frac{t^2}{n}\right]\right\}$$

最后的结果与参数 μ 无关, 这表明 $T = \sum_{i=1}^{n} X_i$ 是 μ 的充分统计量.

例 1.6.4 讨论次序统计量的充分性, 分连续分布族和离散分布族进行.

(1) 设 $\boldsymbol{X} = (X_1, X_2, \cdots, X_n)$ 是来自某密度函数 $p(\boldsymbol{x})$ 的一个样本, 该样本的联合密度函数为:

$$p(\boldsymbol{x}) = p(x_1, x_2, \cdots, x_n) = \prod_{i=1}^{n} p(x_i)$$

由连续性假定知, 可以概率 1 使 $X_1, X_2, \cdots, X_n$ 是可区分的, 因此可排除诸 X_i 可能相等的情况. 又设 $X_{(1)} < X_{(2)} < \cdots < X_{(n)}$ 为该样本的次序统计

量, 且记为 $\boldsymbol{T} = (X_{(1)}, X_{(2)}, \cdots, X_{(n)})$. 若设 $\boldsymbol{T}$ 的取值为 $\boldsymbol{t} = (t_1, t_2, \cdots, t_n)$, 其中 $t_1 < t_2 < \cdots < t_n$, 则 $\boldsymbol{T}$ 的联合密度函数为:

$$p^{\boldsymbol{T}}(\boldsymbol{t}) = p(x_{(1)} = t_1, x_{(2)} = t_2, \cdots, x_{(n)} = t_n) = n! \prod_{i=1}^{n} p(x_i = t_i)$$

由引理 1.6.1 知, 在 $\boldsymbol{T} = \boldsymbol{t}$ 下, 样本 $\boldsymbol{X}$ 的条件密度函数为:

$$p(\boldsymbol{x}|\boldsymbol{t}) = \frac{p(\boldsymbol{x})I\{\boldsymbol{T} = \boldsymbol{t}\}}{p^{\boldsymbol{T}}(\boldsymbol{t})} = \frac{\prod_{i=1}^{n} p(x_i = t_i)I\{\boldsymbol{T} = \boldsymbol{t}\}}{n! \prod_{i=1}^{n} p(x_i = t_i)} = \frac{1}{n!}$$

这个条件分布与总体分布 $p(x)$ 无关, 故 $\boldsymbol{T} = (X_{(1)}, X_{(2)}, \cdots, X_{(n)})$ 是该连续分布族的充分统计量. 从直观上看, 当给定 $\boldsymbol{T} = \boldsymbol{t} = (t_1, t_2, \cdots, t_n)$ 后, 样本 $\boldsymbol{X} = (X_1, X_2, \cdots, X_n)$ 的可能取值是 $t_1, t_2, \cdots, t_n$ 的 $n!$ 个排列之一. 由对称性, 取到其中之一的条件概率为 $1/n!$.

(2) 设 $\boldsymbol{X} = (X_1, X_2, \cdots, X_n)$ 是来自某分布的一个样本, 该分布至多可取可列个值. 为确定起见, 可设总体分布为:

$$P(X = a_i) = p_i, \quad i = 1, 2, \cdots$$

于是样本 $\boldsymbol{X}$ 的联合分布为:

$$P(X_1 = a_{j_1}, X_2 = a_{j_2}, \cdots, X_n = a_{j_n}) = p_{j_1} p_{j_2} \cdots p_{j_n}$$

若在样本的取值 $a_{j_1}, a_{j_2}, \cdots, a_{j_n}$ 中有某些相同的值 (在离散场合很有可能发生), 譬如其中只有 m 个不同的值 $a_{i_1} < a_{i_2} < \cdots < a_{i_m}$, 且有 k_1 个 a_{i_1}, k_2 个 a_{i_2}, $\cdots$, k_m 个 $a_{i_m}, k_1 + k_2 + \cdots + k_m = n$, 令

$$a = (\underbrace{a_{i_1}, \cdots, a_{i_1}}_{k_1}, \underbrace{a_{i_2}, \cdots, a_{i_2}}_{k_2}, \cdots, \underbrace{a_{i_m}, \cdots, a_{i_m}}_{k_m})$$

则样本 $\boldsymbol{X}$ 的联合分布为 $p_{i_1}^{k_1} p_{i_2}^{k_2} \cdots p_{i_m}^{k_m}$. 又设样本 $\boldsymbol{X}$ 的次序统计量为 $\boldsymbol{T} = (X_{(1)}, X_{(2)}, \cdots, X_{(n)})$, 其联合分布为:

$$P(\boldsymbol{T} = \boldsymbol{a}) = P(X_{(1)} = a_{i_1}, \cdots, X_{(n)} = a_{i_m}) = \frac{n!}{k_1! k_2! \cdots k_m!} p_{i_1}^{k_1} p_{i_2}^{k_2} \cdots p_{i_m}^{k_m}$$

在给定 $\boldsymbol{T} = \boldsymbol{a}$ 下, 样本 $\boldsymbol{X}$ 的取值为 $\boldsymbol{b}$ 时, 条件概率

$$P(\boldsymbol{X} = \boldsymbol{b}|\boldsymbol{T} = \boldsymbol{a}) = \frac{P(\boldsymbol{X} = \boldsymbol{b}, \boldsymbol{T} = \boldsymbol{a})}{P(\boldsymbol{T} = \boldsymbol{a})}$$

当 $\boldsymbol{b}$ 是 $\boldsymbol{a}$ 的各分量的某个排列时, 上式分子为 $p_{i_1}^{k_1} p_{i_2}^{k_2} \cdots p_{i_m}^{k_m}$, 从而上述条件概率为 $k_1! k_2! \cdots k_m!/n!$; 当 $\boldsymbol{b}$ 不是 $\boldsymbol{a}$ 的各分量的某个排列时, 上式分子为 0, 从而其余条件概率也为 0. 无论哪种情况发生, 上述条件概率都与总体分布 $\{p_i, i = 1, 2, \cdots\}$ 无关. 这表明次序统计量也是离散分布族的充分统计量.

综上所述, 当总体分布形式未知, 只知其为离散分布或连续分布时 (又称非参数分布族), 次序统计量总是其充分统计量, 使用它不会损失样本中的任何信息, 但不能降低数据维数. 这都是由于对总体分布知之甚少.

1.6.2 因子分解定理

充分性是数理统计中最重要的概念之一, 也是数理统计这一学科所特有的基本概念. 它是费希尔在 1925 年提出的. 但从定义 1.6.1 出发来论证一个统计量的充分性涉及条件分布的计算, 因而常常是烦琐的. 奈曼 (J.Neyman) 和哈尔莫斯 (P.R.Halmos) 在 20 世纪 40 年代提出并严格证明了一个判定充分统计量的法则——因子分解定理. 这个定理适用面广且应用方便, 是一个很重要的结果.

> **定理 1.6.2 (因子分解定理)** 设有一个参数分布族
> $$\mathfrak{F} = \{p_\theta(x); \theta \in \Theta\}$$
> 式中, $p_\theta(x)(x \in \Omega)$ 在离散总体的情况下表示样本的分布列, 在连续总体的情况下表示样本的密度函数, 则在样本空间 Ω 上取值的统计量 $T(x)$ 是充分的, 当且仅当存在这样两个函数:
> (1) $\mathfrak{X}$ 上的非负函数 $h(\boldsymbol{X})$;
> (2) 在统计量 $T(\boldsymbol{X})$ 取值空间 $\mathfrak{T}$ 上的函数 $g_\theta(t)$, 使得
> $$p_\theta(\boldsymbol{X}) = g_\theta[T(\boldsymbol{X})]h(\boldsymbol{X}), \quad \theta \in \Theta, \quad x \in \Omega$$

这个定理表明, 假如存在充分统计量 $T(\boldsymbol{X})$, 那么样本分布 $p_\theta(\boldsymbol{X})$ 一定可以分解为两个因子的乘积, 其中一个因子与 θ 无关, 仅与样本 $\boldsymbol{X}$ 有关; 另一个因子与 θ 有关, 但与样本 $\boldsymbol{X}$ 的关系一定要通过充分统计量 $T(\boldsymbol{X})$ 表现出来. 应该指出, 这个定理中的 $T(\boldsymbol{X})$ 可以是向量统计量.

证 由于数学工具的限制, 下面只给出离散场合下的证明. 这时
$$p_\theta(\boldsymbol{x}) = P_\theta(\boldsymbol{X} = \boldsymbol{x})$$
对于任意固定的 $t \in \mathfrak{T}$, 令集合
$$A(t) = \{\boldsymbol{x} : T(\boldsymbol{x}) = t\}$$
充分性: 设 $p_\theta(\boldsymbol{x})$ 有上述因子分解形式, 对任意的 $\boldsymbol{x} \in A(t)$, 有 $\{\boldsymbol{X} = \boldsymbol{x}\} \subset \{T = t\}$, 且
$$P_\theta(\boldsymbol{X} = \boldsymbol{x}|T = t) = \frac{P_\theta(\boldsymbol{X} = \boldsymbol{x}, T = t)}{P_\theta(T = t)} = \frac{P_\theta(\boldsymbol{X} = \boldsymbol{x})}{P_\theta(T = t)} = \frac{p_\theta(\boldsymbol{x})}{\sum_{\boldsymbol{y} \in A(t)} p_\theta(\boldsymbol{y})}$$
因为对 $\boldsymbol{y} \in A(t)$, 有 $T(\boldsymbol{y}) = t$, 故可用因子分解形式代入上式, 得
$$P_\theta(\boldsymbol{X} = \boldsymbol{x}|T = t) = \frac{g_\theta(t)h(\boldsymbol{x})}{\sum_{\boldsymbol{y} \in A(t)} g_\theta(t)h(\boldsymbol{y})} = \frac{h(\boldsymbol{x})}{\sum_{\boldsymbol{y} \in A(t)} h(\boldsymbol{y})}$$

最后的结果与参数 θ 无关.

另外, 当 $\boldsymbol{x} \notin A(t)$ 时, $T(\boldsymbol{X}) \neq t$, 于是事件 "$\boldsymbol{X} = \boldsymbol{x}$" 与事件 "$T(\boldsymbol{X}) = t$" 不可能同时出现. 所以当 $\boldsymbol{x} \notin A(t)$ 时, $P_\theta(\boldsymbol{X} = \boldsymbol{x}, T = t) = 0$, 从而 $P_\theta(\boldsymbol{X} = \boldsymbol{x} | T = t) = 0$, 这也与参数 θ 无关. 这就证明了 $T(x)$ 是充分统计量.

必要性: 设 $T(x)$ 是参数 θ 的充分统计量, 则在给定 $T = t$ 下, 条件概率 $P_\theta(\boldsymbol{X} = \boldsymbol{x} | T = t)$ 与参数 θ 无关, 它只可能是 $\boldsymbol{x}$ 的函数, 记为 $h(\boldsymbol{x})$. 另外, 对给定的 t 及 $\boldsymbol{x} \in A(t)$, 我们有 $\{\boldsymbol{X} = \boldsymbol{x}\} \subset \{T = t\}$, 且

$$
\begin{aligned}
p_\theta(\boldsymbol{x}) &= P_\theta(\boldsymbol{X} = \boldsymbol{x}) \\
&= P_\theta(\boldsymbol{X} = \boldsymbol{x}, T = t) \\
&= P_\theta(\boldsymbol{X} = \boldsymbol{x} | T = t) P_\theta(T = t) \\
&= h(\boldsymbol{x}) g_\theta(t)
\end{aligned}
$$

这就是 $p_\theta(\boldsymbol{x})$ 的因子分解形式. 证毕.

例 1.6.5 设 $\boldsymbol{X} = (X_1, X_2, \cdots, X_n)$ 是取自均匀分布 $U(0, \theta)$ 的一个样本, 则其样本的联合密度函数为 $p_\theta(\boldsymbol{x}) = \theta^{-n} I_{\{X_{(n)} < \theta\}}(\boldsymbol{X}) \cdot I_{\{X_{(1)} > 0\}}(\boldsymbol{X})$, 其中 $I_A(\boldsymbol{X})$ 表示集合 A 的示性函数. 设 $T(\boldsymbol{X}) = X_{(n)}$, 若取 $h(\boldsymbol{x}) = 1, g_\theta(t) = \theta^{-n} I_{\{0 < X_{(n)} < \theta\}}(\boldsymbol{X})$, 则由因子分解定理知, $T(\boldsymbol{X}) = X_{(n)}$ 是 θ 的充分统计量.

例 1.6.6 设 $\boldsymbol{X} = (X_1, X_2, \cdots, X_n)$ 是取自正态分布 $N(\mu, \sigma^2)$ 的一个样本, 则其样本联合密度函数为:

$$
\begin{aligned}
p_{\mu, \sigma^2}(\boldsymbol{x}) &= (2\pi\sigma^2)^{-\frac{n}{2}} \exp\left\{-\frac{1}{2\sigma^2} \sum_{i=1}^{n}(x_i - \mu)^2\right\} \\
&= (2\pi\sigma^2)^{-\frac{n}{2}} \exp\left\{-\frac{Q}{2\sigma^2} - \frac{n(\overline{x} - \mu)^2}{2\sigma^2}\right\}
\end{aligned}
$$

式中, $\overline{x} = \sum_{i=1}^{n} x_i / n$, $Q = \sum_{i=1}^{n}(x_i - \overline{x})^2$. 若取 $h(\boldsymbol{x}) = 1$, 就可以用因子分解定理看出, $(\overline{X}, Q)$ 是 (μ, σ^2) 的充分统计量.

根据一一对应关系, 也可以说 $(\overline{X}, S^2)$ 是 (μ, σ^2) 的充分统计量, 其中 $S^2 = Q/(n-1)$, 还可以说 $\left(\sum_{i=1}^{n} X_i, \sum_{i=1}^{n} X_i^2\right)$ 是 (μ, σ^2) 的充分统计量.

特别地, 当 σ^2 已知时, 可取

$$
g_\mu(\overline{x}) = (2\pi\sigma^2)^{-n/2} \exp\left\{-\frac{n(\overline{x} - \mu)^2}{2\sigma^2}\right\}, \quad h(x) = \exp\left\{-\frac{Q}{2\sigma^2}\right\}
$$

则可看出 $\overline{X}$ 是 μ 的充分统计量, 这与例 1.6.3 的结果一致. 另外, 当 μ 已知时, 可取

$$
g_{\sigma^2}(\overline{x}, Q) = p_{\mu, \sigma^2}(\boldsymbol{x}), \quad h(\boldsymbol{x}) = 1
$$

则可看出 $\overline{X}$ 与 Q 是 σ^2 的充分统计量, 或者说, $\overline{X}$ 与 Q (或 $\sum_{i=1}^{n} X_i$ 与 $\sum_{i=1}^{n} X_i^2$) 都含有 σ^2 的信息, 故不能说 μ 已知时 Q 是 σ^2 的充分统计量.

• 批判性思考 •

仔细体会条件概率分布的含义.

• 习 题 1.6 •

1. 设 $X_1, X_2, \cdots, X_n$ 是来自如下分布的一个样本, 分别寻求它们的充分统计量.

(1) $p_\theta(x) = \theta x^{\theta-1}$, $0 < x < 1$, $\theta > 0$.

(2) $p_\theta(x) = \theta a^\theta x^{-(\theta+1)}$, $x > a$, $\theta > 0, a$ 已知.

(3) $p_\theta(x) = \dfrac{1}{2\theta} \mathrm{e}^{-|x|/\theta}$, $-\infty < x < +\infty$, $\theta > 0$.

2. 设 $X_1, X_2, \cdots, X_n$ 是来自双参数指数分布

$$p_{\mu,\theta}(x) = \frac{1}{\theta} \exp\left\{ -\frac{x-\mu}{\theta} \right\}, \quad x > \mu, \quad \theta > 0$$

的一个样本, 证明 $(\overline{X}, X_{(1)})$ 是该分布的充分统计量.

3. 设 Y_i 是来自正态总体 $N(a + bX_i, \sigma^2)(i = 1, 2, \cdots, n)$ 的容量为 n 的样本, 其中诸 X_i 已知, 诸 Y_i 相互独立, 证明 $\left(\sum_{i=1}^{n} Y_i, \sum_{i=1}^{n} X_i Y_i, \sum_{i=1}^{n} Y_i^2 \right)$ 是 (a, b, σ^2) 的充分统计量.

4. 设 $X_1, X_2, \cdots, X_n$ 是来自密度函数

$$p_\theta(x) = \theta/x^2, \quad 0 < \theta < x < +\infty$$

的一个样本, 寻求参数 θ 的充分统计量.

1.7 常用的概率分布族

1.7.1 常用的概率分布族表

表 1.7.1 列出了一些常用的概率分布族, 其中分布与参数空间两列可组成一个 (概率) 分布族, 如:

- 二项分布族 $\{b(n, p); 0 < p < 1\}$;
- 泊松分布族 $\{P(\lambda); \lambda > 0\}$;
- 正态分布族 $\{N(\mu, \sigma^2); -\infty < \mu < +\infty, \sigma > 0\}$;
- 均匀分布族 $\{U(a, b); -\infty < a < b < +\infty\}$;
- 指数分布族 $\{\mathrm{Exp}(\lambda); \lambda > 0\}$.

表 1.7.1　常用的概率分布族

分布	分布列 p_k 或密度函数 $p(x)$	期望	方差	参数空间
0-1 分布	$p_k = p^k(1-p)^{1-k}, k=0,1$	p	$p(1-p)$	$0<p<1$
二项分布 $b(n,p)$	$p_k = \binom{n}{k}p^k(1-p)^{n-k},$ $k=0,1,\cdots,n$	np	$np(1-p)$	$0<p<1$
泊松分布 $P(\lambda)$	$p_k = \frac{\lambda^k}{k!}e^{-\lambda}, k=0,1,\cdots$	λ	λ	$\lambda>0$
超几何分布 $h(n,N,M)$	$p_k = \frac{\binom{M}{k}\binom{N-M}{n-k}}{\binom{N}{n}},$ $k=0,1,\cdots,r; r=\min\{M,n\}$	$n\frac{M}{N}$	$\frac{nM(N-M)(N-n)}{N^2(N-1)}$	N,M,n 为自然数; $N>M$
几何分布 $Ge(p)$	$p_k = (1-p)^{k-1}p,$ $k=1,2,\cdots$	$\frac{1}{p}$	$\frac{1-p}{p^2}$	$0<p<1$
负二项分布 $Nb(r,p)$	$p_k = \binom{k-1}{r-1}(1-p)^{k-r}p^r,$ $k=r,r+1,\cdots$	$\frac{r}{p}$	$\frac{r(1-p)}{p^2}$	$0<p<1,$ r 为实数
正态分布 $N(\mu,\sigma^2)$	$p(x)=\frac{1}{\sqrt{2\pi}\sigma}\exp\left\{-\frac{(x-\mu)^2}{2\sigma^2}\right\},$ $-\infty<x<+\infty$	μ	σ^2	$-\infty<\mu<+\infty,$ $\sigma>0$
标准正态分布 $N(0,1)$	$p(x)=\frac{1}{\sqrt{2\pi}}\exp\left\{-\frac{x^2}{2}\right\},$ $-\infty<x<+\infty$	0	1	
对数正态分布 $LN(\mu,\sigma^2)$	$p(x)=\frac{1}{\sqrt{2\pi}\sigma x}$ $\cdot\exp\left\{-\frac{1}{2\sigma^2}(\ln x-\mu)^2\right\}, x>0$	$\exp\left\{\mu+\frac{\sigma^2}{2}\right\}$	$e^{2\mu+\sigma^2}(e^{\sigma^2}-1)$	$-\infty<\mu<+\infty,$ $\sigma>0$
均匀分布 $U(a,b)$	$p(x)=\frac{1}{b-a},$ $a<x<b$	$\frac{a+b}{2}$	$\frac{(b-a)^2}{12}$	$-\infty<a<b<+\infty$

续表

分布	分布列 p_k 或密度函数 $p(x)$	期望	方差	参数空间
指数分布 Exp(λ)	$p(x)=\lambda e^{-\lambda x}, x\geqslant 0$	$\dfrac{1}{\lambda}$	$\dfrac{1}{\lambda^2}$	$\lambda>0$
伽马分布 Ga(α,λ)	$p(x)=\dfrac{\lambda^\alpha}{\Gamma(\alpha)}x^{\alpha-1}e^{-\lambda x}, x\geqslant 0$	$\dfrac{\alpha}{\lambda}$	$\dfrac{\alpha}{\lambda^2}$	$\alpha>0,$ $\lambda>0$
$\chi^2(n)$ 分布	$p(x)=\dfrac{x^{n/2-1}e^{-x/2}}{\Gamma(n/2)2^{n/2}}, x\geqslant 0$	n	$2n$	$n>0$
倒伽马分布 IGa(α,λ)	$p(x)=\dfrac{\lambda^\alpha}{\Gamma(\alpha)x^{\alpha+1}}e^{-\lambda/x}, x>0$	$\dfrac{\lambda}{\alpha-1}$	$\dfrac{\lambda^2}{(\alpha-1)^2(\alpha-2)}$	$\alpha>0,$ $\lambda>0$
贝塔分布 Be(a,b)	$p(x)=\dfrac{\Gamma(a+b)}{\Gamma(a)\Gamma(b)}x^{a-1}(1-x)^{b-1},$ $0<x<1$	$\dfrac{a}{a+b}$	$\dfrac{ab}{(a+b)^2(a+b+1)}$	$a>0,$ $b>0$
柯西分布 Cau(μ,λ)	$p(x)=\dfrac{1}{\pi}\dfrac{\lambda}{\lambda^2+(x-\mu)^2},$ $-\infty<x<+\infty$	不存在	不存在	$\lambda>0,$ $-\infty<\mu<+\infty$
威布尔分布 Wei(m,η)	$p(x)=\dfrac{mx^{m-1}}{\eta}\exp\left\{-\dfrac{x^m}{\eta}\right\},$ $x>0$	$\eta\Gamma\left(1+\dfrac{1}{m}\right)$	$\eta^2\left[\Gamma\left(1+\dfrac{2}{m}\right)-\Gamma^2\left(1+\dfrac{1}{m}\right)\right]$	$m>0,$ $\eta>0$
t 分布 $t(n)$	$p(x)=\dfrac{\Gamma\left(\frac{n+1}{2}\right)}{\sqrt{n\pi}\Gamma\left(\frac{n}{2}\right)}$ $\cdot\left(1+\dfrac{x^2}{n}\right)^{-(n+1)/2},$ $-\infty<x<+\infty$	$0 \quad (n>1)$	$\dfrac{n}{n-2},\ n>2$	$n>0$
F 分布 $F(n_1,n_2)$	$p(x)=\dfrac{\Gamma\left(\frac{n_1+n_2}{2}\right)}{\Gamma\left(\frac{n_1}{2}\right)\Gamma\left(\frac{n_2}{2}\right)}\left(\dfrac{n_1}{n_2}\right)^{n_1/2}$ $\cdot x^{n_1/2-1}\left(1+\dfrac{n_1}{n_2}x\right)^{-\frac{n_1+n_2}{2}},\ x>0$	$\dfrac{n_2}{(n_2-2)},\ n_2>2$	$\dfrac{2n_2^2(n_1+n_2-2)}{n_1(n_2-2)^2(n_2-4)},$ $n_2>4$	$n_2>0,$ $n_1>0$

注: 表中仅列出各分布密度函数的非零区域.

这些分布族都是大家熟悉的, 后面将对表 1.7.1 中的伽马分布族和贝塔分布族做一些介绍, 最后概括出更一般的指数型分布族.

表 1.7.1 所列的分布族又称为参数分布族, 这类分布族中的分布能被有限个参数唯一确定. 此外, 还有一类非参数分布族, 该族内的分布都不能被有限个参数确定, 譬如:

- $\mathfrak{P}_1 = \{p(x); p(x)$ 是连续分布$\}$
- $\mathfrak{P}_2 = \{F(x); F(x)$ 的一、二阶矩存在$\}$
- $\mathfrak{P}_3 = \{p(x); p(x)$ 是对称的连续分布$\}$

非参数分布族是非参数统计研究的出发点, 它的内涵比参数分布族少得多, 其外延却很大, 即非参数分布族的已知信息很少, 但其所含分布多得很.

分布族是统计研究的出发点, 明确地指出分布族就是明确了一项统计研究的已知条件, 所得结果适用于该分布族中的所有分布. 概率研究的出发点是概率空间 $(\Omega, \mathfrak{P}, P)$, 其中 P 是定义在 $(\Omega, \mathfrak{P})$ 上的一个概率分布, 它所含的参数都假设已知. 这就是两种研究在出发点上的差别.

1.7.2 伽马分布族

1. 伽马函数

称以下函数

$$\Gamma(\alpha) = \int_0^{+\infty} x^{\alpha-1} e^{-x} dx$$

为伽马函数, 其中参数 $\alpha > 0$. 伽马函数具有如下性质:

(1) $\Gamma(1) = 1, \Gamma\left(\dfrac{1}{2}\right) = \sqrt{\pi}$.

(2) $\Gamma(\alpha + 1) = \alpha\Gamma(\alpha)$ (可用分部积分法证得). 当 α 为自然数 n 时, 有

$$\Gamma(n + 1) = n\Gamma(n) = n!$$

2. 伽马分布

若随机变量 X 的密度函数为:

$$p(x) = \begin{cases} \dfrac{\lambda^{\alpha}}{\Gamma(\alpha)} x^{\alpha-1} e^{-\lambda x}, & x \geqslant 0 \\ 0, & x < 0 \end{cases}$$

则称 X 服从伽马分布, 记作 $X \sim \mathrm{Ga}(\alpha, \lambda)$, 其中 $\alpha > 0$ 为形状参数, $\lambda > 0$ 为尺度参数, 伽马分布族记为 $\{\mathrm{Ga}(\alpha, \lambda); \alpha > 0, \lambda > 0\}$. 图 1.7.1 给出了三条 λ 固定、α 不同的伽马密度函数曲线, 从图中可以看出:

- 当 $0 < \alpha < 1$ 时, $p(x)$ 是严格下降函数, 且在 $x = 0$ 处有奇异点.
- 当 $\alpha = 1$ 时, $p(x)$ 是严格下降函数, 且在 $x = 0$ 处 $p(0) = \lambda$.
- 当 $1 < \alpha \leqslant 2$ 时, $p(x)$ 是单峰函数, 先上凸、后下凸.

• 当 $\alpha > 2$ 时, $p(x)$ 是单峰函数, 先下凸、中间上凸、后下凸, 且 α 越大, $p(x)$ 越近似于正态密度函数.

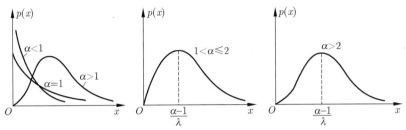

图 1.7.1　λ 固定、α 不同的伽马密度函数曲线

伽马分布 $\mathrm{Ga}(\alpha, \lambda)$ 的 k 阶矩为:

$$\mu_k = E(X^k) = \frac{\Gamma(\alpha + k)}{\lambda^k \Gamma(\alpha)} = \frac{\alpha(\alpha + 1) \cdots (\alpha + k - 1)}{\lambda^k} \tag{1.7.1}$$

由此算得其期望、方差、偏度 β_s 与峰度 β_k 分别为:

$$E(X) = \frac{\alpha}{\lambda}, \quad \mathrm{Var}(X) = \frac{\alpha}{\lambda^2}, \quad \beta_s = \frac{2}{\sqrt{\alpha}}, \quad \beta_k = \frac{6}{\alpha}$$

可见, 影响伽马分布形状的偏度 β_s 与峰度 β_k 只与 α 有关, 这就是称 α 为形状参数的原因, 且随着 α 增大, β_s 与 β_k 越来越小, 最后趋于正态分布的状态: $\beta_s = 0$ 与 $\beta_k = 0$.

3. 伽马分布的两个特例

伽马分布有两个常用的特例.

(1) $\alpha = 1$ 时的伽马分布就是指数分布, 即

$$\mathrm{Ga}(1, \lambda) = \mathrm{Exp}(\lambda)$$

(2) 称 $\alpha = n/2, \lambda = 1/2$ 时的伽马分布是自由度为 n 的 χ^2 分布, 记为 $\chi^2(n)$, 即

$$\mathrm{Ga}\left(\frac{n}{2}, \frac{1}{2}\right) = \chi^2(n)$$

其密度函数为:

$$p(x) = \begin{cases} \dfrac{1}{2^{\frac{n}{2}} \Gamma\left(\dfrac{n}{2}\right)} \mathrm{e}^{-\frac{x}{2}} x^{\frac{n}{2} - 1}, & x > 0 \\ 0, & x \leqslant 0 \end{cases}$$

这里 n 是 χ^2 分布的唯一参数, 称为自由度, 它可以是正实数, 但更多的是取正整数, 这时卡方变量 $\chi^2(n)$ 可解释为 n 个相互独立标准正态变量的平方和 (见定理 1.7.3). 自由度为 n 的卡方变量 $\chi^2(n)$ 的期望与方差分别为:

$$E[\chi^2(n)] = n$$
$$\mathrm{Var}[\chi^2(n)] = 2n$$

4. 伽马分布的性质

> **定理 1.7.1** 设 $X_1 \sim \mathrm{Ga}(\alpha_1, \lambda), X_2 \sim \mathrm{Ga}(\alpha_2, \lambda)$, 且 X_1 与 X_2 独立, 则
>
> $$X_1 + X_2 \sim \mathrm{Ga}(\alpha_1 + \alpha_2, \lambda)$$

证 伽马分布 $\mathrm{Ga}(\alpha_j, \lambda)$ 的特征函数为:

$$\phi_j(t) = \left(1 - \frac{\mathrm{i}t}{\lambda}\right)^{-\alpha_j}, \quad j = 1, 2$$

从而尺度参数 λ 相同的伽马变量和的特征函数为:

$$\phi(t) = \phi_1(t)\phi_2(t) = \left(1 - \frac{\mathrm{i}t}{\lambda}\right)^{-(\alpha_1 + \alpha_2)}$$

这正是 $\mathrm{Ga}(\alpha_1 + \alpha_2, \lambda)$ 的特征函数.

> **定理 1.7.2** 设 $X \sim \mathrm{Ga}(\alpha, \lambda)$, 则
>
> $$Y = kX \sim \mathrm{Ga}(\alpha, \lambda/k), \quad k \neq 0$$

由随机变量线性变换即可得到此定理的证明. 这表明任一伽马变量都可通过线性变换转化为卡方变量, 即 $X \sim \mathrm{Ga}(\alpha, \lambda)$, 则

$$Y = 2\lambda X \sim \chi^2(2\alpha)$$

> **定理 1.7.3** 设 $X_1, X_2, \cdots, X_n$ 是正态总体 $N(0, \sigma^2)$ 的一个样本, 则
>
> $$\sum_{i=1}^{n} X_i^2 / \sigma^2 \sim \chi^2(n)$$

证 先求 $y = X_1^2$ 的分布函数 $F_y(y)$. 当 $y \leqslant 0$ 时有 $F_y(y) = 0$; 当 $y > 0$ 时有

$$F_Y(y) = P(X_1^2 \leqslant y) = P(-\sqrt{y} \leqslant X_1 \leqslant \sqrt{y})$$

则其密度函数为:

$$p_Y(y) = [p_X(\sqrt{y}) + p_X(-\sqrt{y})]/(2\sqrt{y}) = \frac{1}{\sqrt{2\pi}\sigma} y^{-\frac{1}{2}} \mathrm{e}^{-y/(2\sigma^2)}, \quad y > 0$$

这就是 $\mathrm{Ga}\left(\dfrac{1}{2}, \dfrac{1}{2\sigma^2}\right)$ 的密度函数. 利用伽马分布的可加性, 可得

$$\sum_{i=1}^{n} X_i^2 \sim \mathrm{Ga}\left(\frac{n}{2}, \frac{1}{2\sigma^2}\right)$$

再由定理 1.7.2, 又可得

$$\sum_{i=1}^{n} X_i^2 / \sigma^2 \sim \mathrm{Ga}\left(\frac{n}{2}, \frac{1}{2}\right) = \chi^2(n)$$

定理得证.

例 1.7.1 电子产品的失效常由外界的"冲击"引起. 若在 $(0,t)$ 内发生冲击的次数 $N(t)$ 服从参数为 λt 的泊松分布, 试证第 n 次冲击来到的时间 S_n 服从伽马分布 $\mathrm{Ga}(n,\lambda)$.

证 因为事件"第 n 次冲击来到的时间 S_n 小于等于 t"等价于事件"$(0,t)$ 内发生冲击的次数 $N(t)$ 大于等于 n", 即

$$\{S_n \leqslant t\} = \{N(t) \geqslant n\}$$

于是, S_n 的分布函数为:

$$F(t) = P(S_n \leqslant t) = P(N(t) \geqslant n) = \sum_{k=n}^{\infty} \frac{(\lambda t)^k}{k!} \mathrm{e}^{-\lambda t}$$

用分部积分法可以验证下列等式:

$$\sum_{k=0}^{n-1} \frac{(\lambda t)^k}{k!} \mathrm{e}^{-\lambda t} = \frac{\lambda^n}{\Gamma(n)} \int_t^{+\infty} x^{n-1} \mathrm{e}^{-\lambda x} \mathrm{d}x \tag{1.7.2}$$

所以

$$F(t) = \frac{\lambda^n}{\Gamma(n)} \int_0^t x^{n-1} \mathrm{e}^{-\lambda x} \mathrm{d}x$$

这就表明 $S_n \sim \mathrm{Ga}(n,\lambda)$. 证毕.

1.7.3 贝塔分布族

1. 贝塔函数

称以下函数

$$\mathrm{B}(a,b) = \int_0^1 x^{a-1}(1-x)^{b-1} \mathrm{d}x \tag{1.7.3}$$

为贝塔函数, 其中参数 $a > 0, b > 0$. 贝塔函数具有如下性质:

(1) $\mathrm{B}(a,b) = \mathrm{B}(b,a)$.

证 在式 (1.7.3) 的积分中令 $y = 1-x$, 即得

$$\mathrm{B}(a,b) = \int_1^0 (1-y)^{a-1} y^{b-1}(-\mathrm{d}y) = \int_0^1 (1-y)^{a-1} y^{b-1} \mathrm{d}y = \mathrm{B}(b,a) \tag{1.7.4}$$

(2) 贝塔函数与伽马函数间有如下关系:

$$\mathrm{B}(a,b) = \frac{\Gamma(a)\Gamma(b)}{\Gamma(a+b)} \tag{1.7.5}$$

证　由伽马函数的定义知:

$$\Gamma(a)\Gamma(b) = \int_0^{+\infty} \int_0^{+\infty} x^{a-1}y^{b-1}\mathrm{e}^{-(x+y)}\mathrm{d}x\mathrm{d}y$$

作变量变换 $x = uv, y = u(1-v)$, 其雅可比行列式 $J = -u$, 故

$$\Gamma(a)\Gamma(b) = \int_0^{+\infty} \int_0^1 (uv)^{a-1}[u(1-v)]^{b-1}\mathrm{e}^{-u}u\mathrm{d}u\mathrm{d}v$$

$$= \int_0^{+\infty} u^{a+b-1}\mathrm{e}^{-u}\mathrm{d}u \int_0^1 v^{a-1}(1-v)^{b-1}\mathrm{d}v$$

$$= \Gamma(a+b)\mathrm{B}(a,b)$$

由此证得式 (1.7.5).

2. 贝塔分布

若随机变量 X 的密度函数为:

$$p(x) = \begin{cases} \dfrac{\Gamma(a+b)}{\Gamma(a)\Gamma(b)}x^{a-1}(1-x)^{b-1}, & 0 < x < 1 \\ 0, & \text{其他} \end{cases}$$

则称 X 服从贝塔分布, 记作 $X \sim \mathrm{Be}(a,b)$, 其中 $a > 0, b > 0$ 都是形状参数, 故贝塔分布族可表示为 $\{\mathrm{Be}(a,b); a > 0, b > 0\}$. 图 1.7.2 给出了几种典型的贝塔分布密度函数曲线.

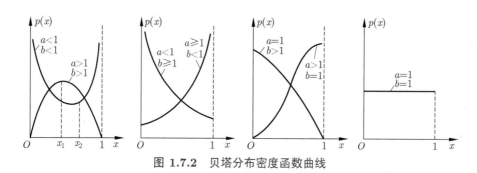

图 1.7.2　贝塔分布密度函数曲线

从图 1.7.2 可以看出:

- 当 $a < 1, b < 1$ 时, $p(x)$ 是下凸函数.
- 当 $a > 1, b > 1$ 时, $p(x)$ 是上凸的单峰函数.
- 当 $a < 1, b \geqslant 1$ 时, $p(x)$ 是下凸的单调减函数.
- 当 $a \geqslant 1, b < 1$ 时, $p(x)$ 是下凸的单调增函数.
- 当 $a = 1, b = 1$ 时, $p(x)$ 是常数函数, 且 $\mathrm{Be}(1,1) = U(0,1)$.

因为服从贝塔分布 $\mathrm{Be}(a,b)$ 的随机变量仅在区间 $(0,1)$ 内取值, 所以不合格率、机器的维修率、市场占有率、射击的命中率等各种比率选用贝塔分布作为它们的概率分布是可能的, 只要选择适合的参数 a 和 b 即可.

贝塔分布 $\mathrm{Be}(a,b)$ 的 k 阶矩为:

$$E(x^k) = \frac{\Gamma(a+b)}{\Gamma(a)\Gamma(b)} \int_0^1 x^{a+k-1}(1-x)^{b-1}\mathrm{d}x = \frac{\Gamma(a+b)\Gamma(a+k)}{\Gamma(a+b+k)\Gamma(a)} \tag{1.7.6}$$

由此可得 $\mathrm{Be}(a,b)$ 的期望与方差分别为:

$$E(X) = \frac{a}{a+b}, \quad \mathrm{Var}(X) = \frac{ab}{(a+b)^2(a+b+1)}$$

类似可算得 $\mathrm{Be}(a,b)$ 的偏度与峰度, 它们都依赖 a 和 b. 可见, 参数 a 与 b 对贝塔分布的位置、离散程度、形状都有影响, 很难区分个别参数的特殊贡献.

1.7.4 指数型分布族

定义 1.7.1 一个概率分布族 $\mathfrak{P} = \{p_\theta(x); \theta \in \Theta\}$ 又称为指数型分布族, 假如 $\mathfrak{P}$ 中的分布 (分布列或密度函数) 都可表示为如下形式:

$$p_\theta(x) = c(\theta)\exp\left\{\sum_{j=1}^k c_j(\theta)T_j(x)\right\}h(x) \tag{1.7.7}$$

式中, k 为自然数; 分布的支撑 $\{x : p_\theta(x) > 0\}$ 与参数 θ 无关; $c_1(\theta), c_2(\theta), \cdots, c_k(\theta)$ 是定义在参数空间 Θ 上的函数; $h(x), T_1(x), T_2(x), \cdots, T_k(x)$ 是 x 的函数, 但 $h(x) > 0, T_1(x), T_2(x), \cdots, T_k(x)$ 线性无关.

从上述定义可知, 一个分布族是不是指数型分布族的关键在于其概率分布能否改写为式 (1.7.7) 的形式, 其中主要有两点: 一是 "分布的支撑与 θ 无关"; 二是 "$T_1(x), T_2(x), \cdots, T_k(x)$ 线性无关", 若其线性相关, 如 $T_1(x) = 2T_2(x) + 3T_3(x)$, 则把 $T_1(x)$ 合并到 $T_2(x)$ 和 $T_3(x)$ 中即可, 这样可减少式 (1.7.7) 中指数上的项数, 简化式 (1.7.7).

例 1.7.2 很多常用的概率分布族都是指数型分布族.

(1) 正态分布族是指数型分布族, 因为其密度函数可表示为:

$$p_{\mu,\sigma}(x) = \frac{1}{\sqrt{2\pi}\sigma}\exp\left\{-\frac{\mu^2}{2\sigma^2}\right\}\exp\left\{\frac{\mu}{\sigma^2}\cdot x - \frac{1}{2\sigma^2}\cdot x^2\right\}$$

其支撑为 $(-\infty, +\infty)$, 且

$$c(\mu,\sigma) = \frac{1}{\sqrt{2\pi}\sigma}\exp\left\{-\frac{\mu^2}{2\sigma^2}\right\}, \quad h(x) = 1$$

$$c_1(\mu,\sigma) = \mu/\sigma^2, \quad c_2(\mu,\sigma) = -1/(2\sigma^2)$$

$$T_1(x) = x, \quad T_2(x) = x^2$$

(2) 二项分布族是指数型分布族, 因为其分布列可表示为:

$$P(X=x) = \binom{n}{x} p^x (1-p)^{n-x} = \binom{n}{x} \left(\frac{p}{1-p}\right)^x (1-p)^n$$

$$= c(p) \exp\left\{x \ln \frac{p}{1-p}\right\} \binom{n}{x}$$

其支撑为 $\{0, 1, \cdots, n\}$，与参数 p 无关，且

$$c(p) = (1-p)^n, \quad h(x) = \binom{n}{x}$$

$$c_1(p) = \ln \frac{p}{1-p}, \quad T_1(x) = x$$

(3) 伽马分布族是指数型分布族，因其密度函数可表示为：

$$p_{\alpha,\lambda}(x) = \frac{\lambda^\alpha}{\Gamma(\alpha)} x^{\alpha-1} e^{-\lambda x} = \frac{\lambda^\alpha}{\Gamma(\alpha)} \exp\{(\alpha-1)\ln x - \lambda x\}$$

其支撑为 $\{x > 0\}$，与参数 α, λ 无关，且

$$c(\alpha, \lambda) = \lambda^\alpha / \Gamma(\alpha), \quad h(x) = 1$$

$$c_1(\alpha, \lambda) = \alpha - 1, \quad T_1(x) = \ln x$$

$$c_2(\alpha, \lambda) = -\lambda, \quad T_2(x) = x$$

(4) 多项分布族是指数型分布族，因其分布列可表示为：

$$P(X_1 = x_1, X_2 = x_2, \cdots, X_r = x_r) = \frac{n!}{x_1! x_2! \cdots x_r!} p_1^{x_1} p_2^{x_2} \cdots p_r^{x_r}$$

$$= \frac{n!}{x_1! x_2! \cdots x_r!} \exp\left\{\sum_{j=1}^r x_j \ln p_j\right\}$$

$$\left(\text{注意}, \sum_{i=1}^r x_i = n\right)$$

其支撑为 $\{x_1 + x_2 + \cdots + x_r = n\}$，与诸参数 p_j 无关，且

$$c(\boldsymbol{p}) = 1, \quad h(\boldsymbol{x}) = n! / (x_1! x_2! \cdots x_r!)$$

$$c_j(\boldsymbol{p}) = \ln p_j, \quad T_j(\boldsymbol{x}) = x_j, j = 1, 2, \cdots, r$$

但由于 $\sum_{j=1}^r T_j(\boldsymbol{x}) = \sum_{j=1}^r x_j = n$，诸 x_j 间存在线性相关关系，$x_1 + x_2 + \cdots + x_r = n$，若取 $x_r = n - x_1 - x_2 - \cdots - x_{r-1}$，上式可改写为：

$$P(X_1 = x_1, X_2 = x_2, \cdots, X_r = x_r) = \frac{n!}{x_1! x_2! \cdots x_r!} \exp\{n \ln p_r\} \exp\left\{\sum_{j=1}^{r-1} x_j \ln \frac{p_j}{p_r}\right\}$$

其支撑不变，但函数有变化，即

$$c(\boldsymbol{p}) = \exp\{n \ln p_r\}, \quad h(\boldsymbol{x}) = n! / (x_1! x_2! \cdots x_r!)$$

$$c_j(\boldsymbol{p}) = \ln(p_j/p_r), \quad T_j(\boldsymbol{x}) = x_j, j = 1, 2, \cdots, r-1$$

其中 $\boldsymbol{x} = (x_1, x_2, \cdots, x_r), \boldsymbol{p} = (p_1, p_2, \cdots, p_r)$.

例 1.7.3 有的常用分布族不是指数型分布族, 如:

(1) 均匀分布族 $\{U(0,\theta);\theta>0\}$ 不是指数型分布族, 因为其支撑 $\{x:0<x<\theta\}$ 与参数 θ 有关.

(2) 单参数指数分布族

$$\mathfrak{P}_1=\left\{p(x)=\frac{1}{\theta}\exp\left\{-\frac{x}{\theta}\right\};x\geqslant 0,\theta>0\right\}$$

是指数型分布族, 但双参数指数分布族

$$\mathfrak{P}_2=\left\{p(x)=\frac{1}{\theta}\exp\left\{-\frac{x-\mu}{\theta}\right\};x\geqslant\mu,-\infty<\mu<+\infty,\theta>0\right\}$$

不是指数型分布族, 因为其支撑 $\{x:x\geqslant\mu\}$ 依赖于参数 μ.

(3) 威布尔分布族

$$\mathfrak{P}=\left\{p(x)=\frac{mx^{m-1}}{\eta}\exp\left\{-\frac{x^m}{\eta}\right\},m>0,\eta>0\right\}$$

不是指数型分布族, 因为 $\exp\{-(x^m/\eta)\}$ 不能分解为有限项之和 $\sum_{j=1}^{k}c_j(m,\eta)T_j(x)$.

设 $x_1,x_2,\cdots,x_n$ 是来自指数型分布族 (1.7.7) 中某分布的一个样本, 则其样本的联合分布仍是指数型分布:

$$p_\theta(\boldsymbol{x})=\prod_{i=1}^{n}p_\theta(x_i)=[c(\theta)]^n\exp\left\{\sum_{j=1}^{k}c_j(\theta)\sum_{i=1}^{n}T_j(x_i)\right\}\left[\prod_{i=1}^{n}h(x_i)\right]$$

从而由因子分解定理知, 其中

$$\sum_{i=1}^{n}T_1(x_i),\sum_{i=1}^{n}T_2(x_i),\cdots,\sum_{i=1}^{n}T_k(x_i)$$

为该指数型分布族的充分统计量.

例 1.7.4 在例 1.7.2 中若设 $x_1,x_2,\cdots,x_n$ 是来自其中一个分布的样本, 则有

(1) 正态分布族的充分统计量为 $\left(\sum_{i=1}^{n}x_i,\sum_{i=1}^{n}x_i^2\right)$.

(2) 二项分布族的充分统计量为 $\sum_{i=1}^{n}x_i$.

(3) 伽马分布族的充分统计量为 $\left(\sum_{i=1}^{n}\ln x_i,\sum_{i=1}^{n}x_i\right)$.

(4) 多项分布族的充分统计量为 $\left(\sum_{i=1}^{n}x_{1i},\cdots,\sum_{i=1}^{n}x_{(r-1)i}\right)$, 其中, x_{ji} 为其第 j 个变量的第 i 个观测值 $(j=1,2,\cdots,r-1;i=1,2,\cdots,n)$.

研究指数型分布族的意义在于同时研究若干指数型分布, 所得结论适用于指数型分布族. 理论上讲很多重要问题在指数型分布族的前提下都可以获得很好的结论, 比如后面提出的完备统计量在指数型分布族下能很快确定.

• 批判性思考 •

深刻理解指数型分布族的优良性质.

• 习 题 1.7 •

1. 设 $X_1, X_2, \cdots, X_n$ 是来自泊松分布 $P(\lambda)$ 的一个样本, 证明:

(1) $T = \sum\limits_{i=1}^{n} X_i$ 是 λ 的充分统计量.

(2) 依据条件分布 $P(X = x | T = t)$ 设计一个随机实验, 使其产生的样本与原样本同分布.

(3) 当 $n = 2$ 时, $X_1 + 2X_2$ 是统计量, 但不是 λ 的充分统计量.

2. 设 $X \sim \mathrm{Be}(a, b)$, 证明: $Y = X/(1 - X)$ 的密度函数为

$$p(y; a, b) = \frac{\Gamma(a + b)}{\Gamma(a)\Gamma(b)} \cdot \frac{y^{a-1}}{(1 + y)^{a+b}}, \quad y > 0$$

这个分布常称为 Fisher-Z 分布, 记为 $Z(a, b)$, 其中 $a > 0, b > 0$. 再设 $a = n_1/2, b = n_2/2, n_1$ 与 n_2 为自然数, 证明:

$$Z = \frac{n_2}{n_1} y \sim F(n_1, n_2)$$

式中, $F(n_1, n_2)$ 是自由度为 n_1 与 n_2 的 F 分布.

3. 设随机变量 $X \sim F(n, m)$, 证明 $Z = \frac{n}{m} X / \left(1 + \frac{n}{m} X\right)$ 服从贝塔分布, 并指出其参数; 反之, 若 $Z \sim \mathrm{Be}(a, b)$, 经过什么变换 $X = \phi(Z)$, 使 X 服从 F 分布?

4. 考察下列分布族是不是指数型分布族, 若是, 请指出其充分统计量.

(1) 泊松分布族

$$\{P(\lambda); \lambda > 0\}$$

(2) 对数正态分布族

$$\{\mathrm{LN}(\mu, \sigma^2); -\infty < \mu < +\infty, \sigma > 0\}$$

(3) 柯西分布族

$$\left\{p(x) = \frac{\lambda}{\pi(\lambda^2 + x^2)}; -\infty < x < +\infty, \lambda > 0\right\}$$

(4) 拉普拉斯分布族

$$\left\{p(x) = \frac{1}{2\theta} \exp\left\{-\frac{|x|}{\theta}\right\}; -\infty < x < +\infty, \theta > 0\right\}$$

(5) 三参数伽马分布族

$$\left\{p(x) = \frac{\lambda^{\alpha}}{\Gamma(\alpha)}(x-\mu)^{\alpha-1}\mathrm{e}^{-\lambda(x-\mu)}; x > \mu, -\infty < \mu < +\infty, \alpha > 0, \lambda > 0\right\}$$

(6) 极值分布族

$$\left\{p(x) = F'(x), F(x) = 1 - \exp\{-\mathrm{e}^{(x-\mu)/\sigma}\}; -\infty < x < +\infty, -\infty < \mu < +\infty, \sigma > 0\right\}$$

1.8 与本章相关的 R 语言操作

1.8.1 基本统计量的计算

1. 数据介绍

本例中所用的数据是某个班级的概率论成绩, 数据中包含两个变量, 分别为性别和成绩. 该班级共有 50 名学生, 其中男生 24 名、女生 26 名. 该数据存放在 myData.txt 这一文本文件中, 变量名有 gender (性别) 和 score (成绩).

在 R 语言中进行数据分析时, 需要将数据集导入 R 中, 输入数据和查看前几行数据的代码及输出如下:

```
> myData=read.table('myData.txt',header=T)
> head(myData) # 查看前几行数据
  gender score
1   female   79
2     male   96
3     male   76
4     male   85
5   female   86
6   female   77
```

为了能够不涉及数据名称, 直接引用变量名称, 把变量名装入内存.

```
attach(myData)
```

2. 简单统计量的计算

在对数据进行整体分析时, 往往需要对数据的基本情况形成一定的认知, 这时我们需要一些基本的统计量对数据进行基础的描述统计. 经常用到的基本统计量有均值、标准差、中位数及其他分位数等. 在 R 语言中, 有一些函数可以实现对这些统计量的计算.

(1) 均值及标准差、方差的计算.

```
> mean(score)  # 计算成绩的均值
[1] 81.06
> for(i in levels(gender))
```

```
+ print(mean(score[gender==i]))   # 分别计算男女生成绩的均值
[1] 80.57692
[1] 81.58333
> var(score);sd(score)   # 计算成绩的方差和标准差
[1] 71.52694
[1] 8.45736
```

(2) 分位数的计算. 在对数据进行描述性分析时, 需要计算其中位数及其他分位数. 在 R 语言中, 常用函数 median() 来计算样本的中位数, 用函数 quantile() 来计算样本的分位数.

```
> median(score) # 计算成绩的中位数
[1] 80
> quantile(score,probs=0.25) # 计算成绩的四分之一分位数
  25%
77.25
> quantile(score,probs=0.75) # 计算成绩的四分之三分位数
75%
85
```

在 R 中, 有一个功能更多的函数 summary(), 它可同时给出最小值、四分之一分位数、中位数、均值、四分之三分位数及最大值的计算结果.

```
> summary(score)
   Min.   1st Qu.   Median     Mean   3rd Qu.     Max.
  43.00     77.25    80.00    81.06     85.00   100.00
```

(3) 其他常用统计量函数.

表 1.8.1 列出了很多常用的计算统计量的函数, 供读者在需要时查阅.

表 1.8.1 常用统计量函数

函数	解释
$\max(x)$	返回样本 x 中最大元
$\min(x)$	返回样本 x 中最小元
$\mathrm{mean}(x)$	计算样本 x 的均值
$\mathrm{median}(x)$	计算样本 x 的中位数
$\mathrm{mad}(x)$	计算中位数绝对离差
$\mathrm{var}(x)$	计算样本 x 的方差
$\mathrm{sd}(x)$	计算样本 x 的标准差
$\mathrm{range}(x)$	返回向量 $c(\min(x), \max(x))$
$\mathrm{IQR}(x)$	计算样本 x 的四分位数极差
$\mathrm{quantile}(x)$	计算样本 x 的常用分位数
$\mathrm{sum}(x)$	给出样本 x 的总和
$\mathrm{cumsum}(x)$	返回样本 x 的累积和
$\mathrm{cumin}(x)$	返回样本 x 的累积最小值
$\mathrm{cummax}(x)$	返回样本 x 的累积最大值
$\mathrm{skewness}(x)$	样本的偏度系数 (需加载 fBasics 程序包)
$\mathrm{kurtosis}(x)$	样本的峰度系数 (需加载 fBasics 程序包)

(4) 二维样本的样本线性相关系数的计算.

```
> a=c(12.5,15.3,23.2,26.4,33.5,34.4,39.4,45.2,55.4,60.9)
> b=c(21.2,23.9,32.9,34.1,42.5,43.2,49.0,52.8,59.4,63.5)
> cor(a,b)  # 计算两样本a,b的样本相关系数
[1] 0.9941984
```

1.8.2 图表

1. 频数表

对数据进行整体分析时, 往往需要查看样本的频数分布. 在 R 语言中, 可以用 table() 函数生成分类变量的频数统计表, 用 prop.table() 函数给出每个频数所对应的百分比. 示例如下:

```
> (genderTable=table(gender))  # 计算男女生人数
gender
  female    male
      26      24
> prop.table(genderTable)  # 计算男女生比例
gender
  female    male
    0.52    0.48
```

2. 直方图

直方图能够直观地反映连续型变量的分布, 在 R 语言中可使用 hist() 函数来创建直方图, 用代码 "?hist" 可以查看各种细节: 该函数的参数 x 是一个数值型向量, 参数 freq=FALSE 表示根据概率密度绘图 ("=TRUE" 表示根据频数绘图), 参数 breaks 用于控制直方图中分组的数量. 该函数默认设置是等距间隔, 其中参数 right=TRUE 表示只包含右端点, 不包含左端点 (第一个单元格除外), right=FALSE 则反之. 示例如下:

```
hist(score,main="",breaks=10)
par(mfrow=c(1,2))  # 设置两图片输出形式
hist(score[gender=="female"],main="",xlab="female score",breaks=10)
hist(score[gender=="male"],main="",xlab="male score",breaks=10)
```

从图 1.8.1 和图 1.8.2 中可以看出, 无论是总体成绩的分布, 还是男女生各自成绩的分布, 都展现出偏态分布的特点. 当然, 读者可根据自己的需要添加或改变 hist() 函数的各种参数以改变直方图的输出形式.

3. Q-Q 图

Q-Q 图 (quantile-quantile plots) 是利用样本数据的分位数与所指定分布的分位数之间的关系绘制出的图形, 是一种非常直观的检验数据分布的图形. R 语言中可使用 qqnorm()

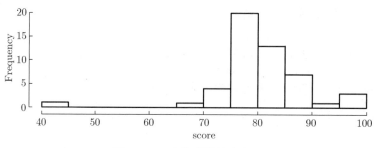

图 1.8.1 全体成绩的直方图

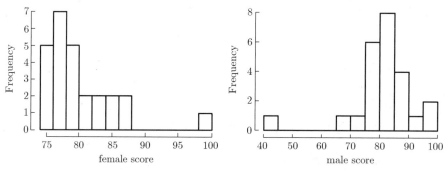

图 1.8.2 女生成绩与男生成绩的直方图

函数及 qqplot() 函数等绘制 Q-Q 图. 其中 qqnorm() 默认绘制正态 Q-Q 图, qqplot() 可绘制两个数据集的 Q-Q 图. 在绘图时, 运用 scale() 函数可对数据进行标准化. 示例如下:

```
par(mfrow=c(1,2))  # 设置两图片输出格式
qqnorm(scale(score),main="",xlab="Theoretical Quantiles",ylab="score")
# scale()标准化
qqline(scale(score))
qqplot(scale(score[gender=="female"]),scale(score[gender=="male"]),
      xlab="female score",ylab="male score",main="")
```

图 1.8.3(a) 显示总体成绩尤其是两端数据偏离正态分布, 图 1.8.3(b) 显示男生成绩的分布与女生成绩的分布存在一定的差异.

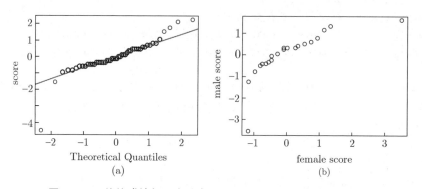

图 1.8.3 总体成绩与正态分布 Q-Q 图、男女生成绩 Q-Q 图

4. 经验分布图

经验分布图是在经验分布函数的基础上绘制的, 能够直观地展示某组数据的累积分布情况. 在 R 语言中, 可用 plot.ecdf() 函数绘制经验分布图, 当然也可以直接使用 plot(ecdf(),···) 来进行经验分布图的绘制. 图 1.8.4 展示了男女生成绩的对比经验分布, 所用 R 语言代码如下:

```
plot.ecdf(score[gender=="female"],main="",xlab="score",
          lwd=2, xlim=c(min(score),max(score))) # 参数lwd表示图中线的粗细程度
lines(ecdf(score[gender=="male"]),lty=3) # 在原图中再添加一个图像
legend(43,.95,c("female","male"),lty=c(1,3),lwd=c(2,1)) # 设置图例
```

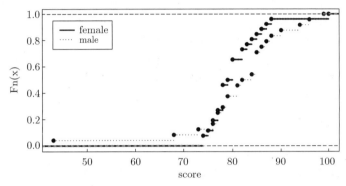

图 1.8.4 男女生成绩的经验分布图

5. 箱线图

箱线图可用于直观感知样本的分布情况, 在对不同类别的样本进行比较时, 分组箱线图也是不错的选择. 在 R 语言中, 可用 boxplot() 函数绘制所需的箱线图.

```
par(mfrow=c(1,2))
boxplot(score) # 绘制总体成绩的箱线图
boxplot(score~gender) # 绘制男女生成绩的分组箱线图
```

图 1.8.5(b) 显示女生成绩中的离群值是最大值 100, 男生成绩中的离群值是最小值 43.

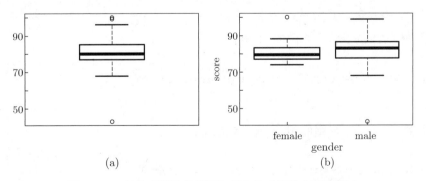

(a) (b)

图 1.8.5 总体成绩的箱线图与男女生成绩的分组箱线图

6. 高维图

1.3.4 节图 1.3.5 展示的高维数据图的 R 语言代码如下.

输入并组合数据:

```
x1<-c(101,119,143,162,98,122,135,144,141,180,
      135,130,154,88,107,125,114,157,142,155,
      100,168,143,122,111,167,189,147,99,156,
      131,101,118,176,133,100,157,97,103,109)
x2<-c(25,27,33,35,25,29,32,33,33,42,32,32,34,
      23,26,27,27,34,33,34,25,37,33,30,28,38,
      43,33,23,38,30,25,27,40,32,25,36,24,25,26)
x3<-c("女","女","男","男","女","男","男","男","男","男",
      "男","女","男","女","女","男","女","男","男","男",
      "女","男","男","男","女","男","男","男","女","男",
      "男","女","女","男","男","女","男","女","女","女")
x4<-c("A","A","C","B","A","B","B","B","A","B",
      "C","A","B","A","A","B","A","C","A","C",
      "A","A","B","B","C","B","C","B","C","B",
      "C","C","B","C","C","B","C","A","A","C")
DATA1<-data.frame(x1,x2)
DATA2<-data.frame(x3,x1)
DATA3<-data.frame(x3,x2)
DATA4<-data.frame(x1)
DATA5<-data.frame(x2)
DATA6<-data.frame(x3)
DATA7<-data.frame(x3,x4)
```

绘制体重 (x1) 的直方图的 R 语言代码如下:

```
library(ggplot2)
p1<- ggplot(DATA4,aes(x=x1,y=..density..))+
    geom_histogram(binwidth=20,fill="lightblue")+
    geom_density()
p1
```

绘制腰围 (x2) 的经验分布图的 R 语言代码如下:

```
p2<- ggplot(DATA5,aes(x=x2))+stat_ecdf(aes(x2))
p2
```

绘制性别 (x3) 的条形图的 R 语言代码如下:

```
p3<-ggplot(DATA6,aes(x=x3))+geom_bar(stat="count")
p3
```

绘制腰围 (x2) 和体重 (x1) 的带拟合直线的散点图的 R 语言代码如下：

```
p4<- ggplot(DATA1,aes(x1,x2))+geom_point()+geom_smooth(method="lm")
p4
```

绘制体重 (x1) 和腰围 (x2) 的点图与二维等高线图的 R 语言代码如下：

```
p5<- ggplot(DATA1,aes(x=x1,y=x2))+geom_point()+stat_density2d()
p5
```

绘制体重 (x1) 和腰围 (x2) 的 Q-Q 图的 R 语言代码如下：

```
m=qqplot(scale(x1),scale(x2),xlab="x1",ylab="x2")
X1=m$x
X2=m$y
p6=ggplot()+stat_qq(aes(sample=X2))+stat_qq_line(aes(sample=X2))
p6=p6+xlab("x1")+ylab("x2")
p6
```

绘制性别 (x3) 和班级 (x4) 的分组条形图的 R 语言代码如下：

```
p7<- ggplot(data=DATA7,mapping=aes(x=x4,fill=x3))+
    geom_bar(stat="count",width=0.5,position="dodge")+
    geom_text(stat="count",aes(label=..count..),color="black",
            size=3.5,position=position_dodge(0.5),vjust=-0.5)+
    scale_fill_manual(values=c("#999999","black"))
p7
```

绘制体重 (x1) 和性别 (x3) 的点图与箱线图的 R 语言代码如下：

```
p8<- ggplot(DATA2,aes(x=x3,y=x1))+
    geom_boxplot(aes(x=x3,group=x3),width=.25,
            fill="cornsilk",colour="grey60")+ # 设置箱线图填充色、边框色
    geom_dotplot(aes(x=x3,group=x3),
    binaxis="y",binwidth=.5,stackdir="center", # 以Y轴堆叠，设置宽度、类型
    fill="red") # 设置填充色
p8
```

绘制腰围 (x2) 和班级 (x4) 的点图与箱线图的 R 语言代码如下：

```
p9<- ggplot(DATA2,aes(x=x4,y=x2))+
    geom_boxplot(aes(x=x4,group=x4),width=.25,
            fill="cornsilk",colour="grey60")+ # 设置箱线图填充色、边框色
    geom_dotplot(aes(x=x4,group=x4),
    binaxis="y",binwidth=.25,stackdir="center", # 以Y轴堆叠，设置宽度、类型
    fill="red") # 设置填充色
p9
```

将九幅图绘制在同一个画板上的 R 语言代码如下:

```
library("gridExtra")
grid.arrange(p1,p2,p3,p4,p5,p6,p7,p8,p9,ncol=3,nrow=3)
```

1.8.3 随机模拟统计量的抽样分布

1. 有限离散总体样本均值的抽样分布

在 1.4.1 节中, 例 1.4.1 给出了一个利用随机模拟法进行样本均值估计的方案, 以下给出 R 语言的实现结果.

(1) 对总体 X 进行介绍, 并计算其均值及方差. R 语言代码及结果如下:

```
> X=c(rep(8,4),rep(9,3),rep(10,4),rep(11,5),rep(12,2),rep(13,2))
> table(X)
X
 8   9   10   11   12   13
 4   3   4   5   2   2
> mean(X);var(X);sd(X) # 计算总体的均值、方差、标准差
[1] 10.2
[1] 2.589474
[1] 1.609184
```

(2) 在 X 中随机抽取 4 组样本量为 5 的样本, 分别计算其样本均值, 并与总体均值相比较. R 语言代码及结果如下:

```
> set.seed(2)
> R1=X[sample(1:20,5)]
> R2=X[sample(1:20,5)]
> R3=X[sample(1:20,5)]
> R4=X[sample(1:20,5)]
> R=cbind(R1,R2,R3,R4)
> R
         R1  R2  R3  R4
 [1,]    11  12   8   8
 [2,]     9  11  11  10
 [3,]    13  10  12  11
 [4,]    10  10  10   8
 [5,]     8   8   9  10
> apply(R,2,mean)
  R1    R2    R3    R4
10.2  10.2  10.0  9.4
```

从程序实现结果来看, 由于抽样的随机性, 所有样本的均值不全相同. 一个可行的办法是获取更多样本, 使所有被抽出的样本所得的均值构成一个新的总体, 这个总体的分布即可

认为是样本均值的抽样分布.

(3) 利用上述方式获取 500 个样本, 计算各个样本的均值并将其与总体均值比较. R 语言代码如下:

```
set.seed(1010)
MeanSample=vector()
for(i in 1:500){
  temp=X[sample(1:20,5]
  MeanSample[i]=mean(temp)}
hist(MeanSample,main="",xlab="")
mean(MeanSample)
```

输出的总体均值为 10.174 4, 样本均值的抽样分布直方图显示在图 1.8.6 中.

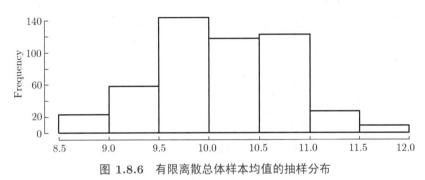

图 1.8.6　有限离散总体样本均值的抽样分布

2. 均匀分布样本均值的抽样分布

我们从 $(0, 1)$ 上的均匀分布中抽样, 样本量 $n = 1, 3, 10, 100$. 对每种样本量, 抽样次数 $m = 600$, 每次抽样后都计算其均值, 得到每种样本量下的 600 个均值, 然后绘制出对应的直方图 (见图 1.8.7).

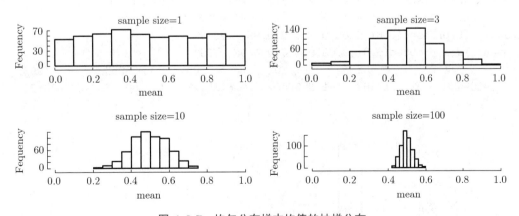

图 1.8.7　均匀分布样本均值的抽样分布

从图 1.8.7 中可以看出, 样本量越大, 均值的直方图越近似正态变量的直方图, 数据的分散程度也越小. 本例也是对中心极限定理的简单展示, 中心极限定理是概率论中非常重要的定理, 读者也可采用其他分布对其进行检验.

相应的 R 语言代码如下:

```
m=600
n <- c(1,3,10,100)
meanSample <- vector()
par(mfrow=c(2,2))
set.seed(123)
for(i in 1:length(n)){
  for(j in 1:m){
    temp=runif(n[i])
    meanSample[j]=mean(temp)
}
hist(meanSample,main=paste0("sample size=",n[i]),
    xlab="mean",xlim=c(0,1))
}
```

3. 正态总体样本峰度的抽样分布

在 1.4.3 节中, 例 1.4.2 利用随机模拟法求正态总体样本的峰度的分布, 首先从标准正态分布中生成 10 000 个样本, 样本量为 15, 计算每个样本的峰度, 便可得到 10 000 个峰度的估计值, 然后使用 quantile() 函数计算各个分位数, 即可得到峰度分布的分位数估计值. 峰度值的直方图见图 1.8.8. 相应的 R 语言代码及结果如下:

```
set.seed(123)
b=vector()
n=15
for (i in 1:10000){
  s=rnorm(n,mean=0,sd=1)
  numerator=sum((s-mean(s))^4)/n          # 峰度公式中的分子
  denominator=(sum((s-mean(s))^2)/n)^2    # 峰度公式中的分母
  b[i]=numerator/denominator-3}           # 计算峰度
quantile(b,probs=c(0.01,0.05,0.1,0.9,0.95,0.99))
> quantile(b,probs=c(0.01,0.05,0.1,0.9,0.95,0.99))
        1%          5%         10%         90%         95%         99%
 -1.4669439   -1.2717488   -1.1507462   0.6129028   1.1380778   2.2828720
```

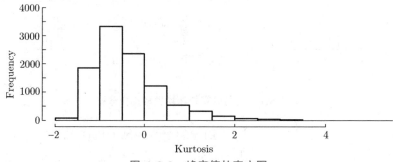

图 1.8.8　峰度值的直方图

第2章 参数估计

本章导读

在经典统计学中, 费希尔 (R.A.Fisher, 1890—1962) 把统计推断归为三类: 第 1 章介绍过的抽样分布, 以及本章介绍的参数估计和下一章要介绍的假设检验. 在大数据时代, 在更一般的数据分析的意义下, 我们把统计方法的研究与应用分为两步: 第一步, 提出模型, 给出求解算法 (实质是构造统计量); 第二步, 评价模型 (理论和实践中保证方法有效).

统计学是一门讲解方法论的学科, 在解决实际问题时, 首先对总体分布做出一些假定 (第 1 章已经详细说明, 这个假定有时很强, 比如总体是某一具体形式的分布, 如正态分布、指数分布等; 有时也可以很弱, 比如总体只是来自一个概率分布, 不要求其具体形式或特性. 假定的强弱要视具体情况而定, 符合实际情况, 不能因为数学推导、理论证明的需要而做出违反事实的假定. 对任何理论假定都需要设法用实际数据检验其合理性, 讨论可能存在的局限性和问题), 然后根据样本 (数据) 对总体的某些特征做出一些推理, 这本质上是构造一些统计量, 而构造统计量的过程就是在提出数据分析的统计方法. 有时可以提出很多种方法, 这就需要用一些客观的、科学的准则来评价方法的优劣, 从而保证方法在不同场合下多次使用时的效果. 这种解决问题的方式称为统计推断 (statistical inference).

我们可以在以上框架下理解本章要介绍的参数估计. 由于当前知识的局限性, 我们只能从很简单的问题开始, 假定我们要分析的数据来自一个简单的参数分布的总体, 如正态分布或者二项分布等, 也可以假定数据符合这个分布模型. 通过数据推断总体, 一个直接的问题就是估计总体分布的参数 (也是对模型求解). 我们可以使用多种方法构造统计量来估计参数, 比如 2.2 节介绍的矩估计和 2.3 节介绍的最大似然估计. 那么如何评价这些方法呢? 多次重复使用这些方法的效果如何呢? 我们需要一定的理论体系来对方法进行评价, 2.1~2.4 节介绍的无偏性、有效性、相合性、渐近正态性、均方误差准则、一致最小无偏估计等都是理论评价的标准, 2.5 节的 C-R 不等式是经典最小方差无偏估计理论的一个延伸. 当然, 对于更复杂的模型的参数估计, 寻找一致最小方差无偏估计已经是不可能的事情了.

在以后的专业课学习中, 研究的总体更为复杂, 这时我们可以假定它符合某个模型 (回归模型、随机森林模型、时间序列模型、深度学习模型等), 然后估计这个模型的系数或者模型的预测误差, 这些都是参数估计问题. 同样我们需要使用一些方法构造统计量来进行点估计, 这些方法可能是最小二乘法、梯度优化算法等, 无偏性、均方误差准则等都会被用来评价这些方法. 本章介绍的是基本思想和原则, 是以后各课程的基础. 需要说明的是, 以前统计学家花了很大力气研究相合性, 证明统计量的大样本性质. 如果仅仅为了数学公式看起来更高深而设置太多数学假定, 以致模型已经不符合实际数据, 就有些本末倒置了.

2.6 节和 2.7 节介绍的区间估计是希望对参数可能的范围给出一个估计, 并且使用置信度和平均区间长度作为方法的评价指标. 由于目前知识的局限性, 区间估计的例子仅局限于正态、二项等简单总体. 第 5 章数据重利用方法可以在更大程度上拓展置信区间的应用范围. 区间估计与下一章的假设检验有着密切的联系, 它们被视为一个问题的两个方面, 具有一定的等价性. 使用区间估计以及任何其他统计方法时都要了解方法的适用范围和局限性, 注意数据是否符合该方法的假定, 不能因为要使用某方法而套用该方法.

2.1　点估计与无偏性

> **定义 2.1.1**　用于估计未知参数的统计量称为点估计 (量), 或简称估计 (量). 参数 θ 的估计量常用 $\widehat{\theta}(X_1, X_2, \cdots, X_n)$ 表示, 参数 θ 的取值范围称为参数空间, 记为 $\Theta = \{\theta\}$.

参数通常指如下几种, 它们都可以表示为总体概率分布的函数, 记为 $\theta = t(f)$ 或 $\theta = t(F)$.

- 分布中所含的未知常数.
- 分布中的期望、方差、标准差、分位数等特征数.
- 某事件的概率等.

一个参数的估计量常常不止一个, 如何评价其优劣呢? 常用的评价标准有多个, 如无偏性、有效性、均方误差准则与相合性. 本节先讲无偏性, 其他几个评价标准以后再介绍.

> **定义 2.1.2**　设 $\widehat{\theta} = \widehat{\theta}(X_1, X_2, \cdots, X_n)$ 是参数 θ 的一个估计, 若对于参数空间 $\Theta = \{\theta\}$ 中的任一个 θ 都有
>
> $$E(\widehat{\theta}) = \theta, \quad \forall \theta \in \Theta \tag{2.1.1}$$
>
> 则称 $\widehat{\theta}$ 为 θ 的无偏估计, 否则称为 θ 的有偏估计.
>
> 当估计 $\widehat{\theta}$ 随着样本量 n 的增加而逐渐趋于其真值 θ 时, 记 $\widehat{\theta} = \widehat{\theta}_n$, 则有
>
> $$\lim_{n \to \infty} E(\widehat{\theta}_n) = \theta, \quad \forall \theta \in \Theta$$
>
> 此时, 称 $\widehat{\theta}_n$ 为 θ 的渐近无偏估计.

无偏性要求式 (2.1.1) 可以改写为 $E(\widehat{\theta} - \theta) = 0$, 这里的期望是对 $\widehat{\theta}$ 的分布求的, 因为 $\widehat{\theta}$ 是一个随机变量. 当我们用无偏估计 $\widehat{\theta}$ 估计 θ 时, 每次的实现值 $\widehat{\theta}$ 对 θ 的偏差 $\widehat{\theta} - \theta$ 总是存在的. 由于样本的随机性, 这种偏差时大时小、时正时负, 而把这些偏差平均起来得到

的值为 0, 这就是无偏估计 $\widehat{\theta}$ 的含义 (见图 2.1.1(a)), 所以无偏是指无系统偏差. 若一个估计不具有无偏性, 估计均值 $E(\widehat{\theta})$ 与参数真值 θ 总有一定距离, 这个距离就是系统偏差 (见图 2.1.1(b)), 这就是有偏估计的缺点.

(a) 无偏估计（无系统偏差）　　　　(b) 有偏估计（有系统偏差）

图 2.1.1　无偏估计与有偏估计示意图

渐近无偏估计是指系统偏差会随着样本量 n 的增大而逐渐减小, 最后趋于 0, 所以在大样本场合此种有偏估计 $\widehat{\theta}_n$ 可以近似当作无偏估计使用. (注意: 估计的无偏性不具有变换的不变性.) 一般而言, 若 $\widehat{\theta}$ 是 θ 的无偏估计, 其函数 $g(\widehat{\theta})$ 不一定是 $g(\theta)$ 的无偏估计, 除非 $g(\theta)$ 是 θ 的线性函数. 譬如, $\overline{X}$ 是 μ 的无偏估计, 但 $\overline{X}^2$ 不是 μ^2 的无偏估计, 而 $a\overline{X}+b$ 是 $a\mu+b$ 的无偏估计; S^2 是 σ^2 的无偏估计, 但 S 不是 σ 的无偏估计. 在正态总体场合, 对 S 作适当修正可得正态标准差 σ 的无偏估计, 请看下面的例子.

例 2.1.1　设 $X_1, X_2, \cdots, X_n$ 是来自正态总体 $N(\mu, \sigma^2)$ 的一个样本, S^2 是其样本方差, 第 1 章已经证明了 $y = \dfrac{(n-1)S^2}{\sigma^2} = \dfrac{Q}{\sigma^2}$ 服从自由度为 $n-1$ 的卡方分布, 即 $y \sim \chi^2(n-1)$, 其密度函数是:

$$p(y) = \frac{1}{2^{\frac{n-1}{2}} \cdot \Gamma\left(\dfrac{n-1}{2}\right)} y^{\frac{n-1}{2}-1} \mathrm{e}^{-\frac{y}{2}}, \quad y > 0$$

这里将利用这个结果来计算样本标准差的期望 $E(S)$, 由于 $E(S) = \dfrac{\sigma}{\sqrt{n-1}} E\left(y^{\frac{1}{2}}\right)$, 我们先计算

$$E(y^{\frac{1}{2}}) = \int_0^{+\infty} y^{\frac{1}{2}} p(y)\mathrm{d}y = \frac{1}{2^{\frac{n-1}{2}}\Gamma\left(\dfrac{n-1}{2}\right)} \int_0^{+\infty} y^{\frac{n}{2}-1} \mathrm{e}^{-\frac{y}{2}}\mathrm{d}y$$

$$= \frac{2^{\frac{n}{2}}\Gamma\left(\dfrac{n}{2}\right)}{2^{\frac{n-1}{2}}\Gamma\left(\dfrac{n-1}{2}\right)} = \sqrt{2}\,\frac{\Gamma\left(\dfrac{n}{2}\right)}{\Gamma\left(\dfrac{n-1}{2}\right)}$$

由此可得:

$$E(S) = \sqrt{\frac{2}{n-1}}\frac{\Gamma\left(\dfrac{n}{2}\right)}{\Gamma\left(\dfrac{n-1}{2}\right)} \cdot \sigma = c_n\sigma, \quad \text{其中 } c_n = \sqrt{\frac{2}{n-1}} \cdot \frac{\Gamma\left(\dfrac{n}{2}\right)}{\Gamma\left(\dfrac{n-1}{2}\right)}$$

这表明在正态总体场合:

- 样本标准差 S 不是 σ 的无偏估计.

- 利用修偏系数 c_n (部分值见表 2.1.1) 可得 σ 的无偏估计:

$$\widehat{\sigma}_s = \frac{S}{c_n}$$

- 可以证明, 当 $n \to \infty$ 时有 $c_n \to 1$, 这表明 S 是 σ 的渐近无偏估计, 从而在样本量较大时, 不经修正的 S 也是 σ 的一个很好的估计.

表 2.1.1 正态标准差的修偏系数表

n	c_n	n	c_n	n	c_n
		11	0.975 4	21	0.987 6
2	0.797 9	12	0.977 6	22	0.988 2
3	0.886 2	13	0.979 4	23	0.988 7
4	0.921 3	14	0.981 0	24	0.989 2
5	0.940 0	15	0.982 3	25	0.989 6
6	0.951 5	16	0.983 5	26	0.990 1
7	0.959 4	17	0.984 5	27	0.990 4
8	0.965 0	18	0.985 4	28	0.990 8
9	0.969 3	19	0.986 2	29	0.991 1
10	0.972 7	20	0.986 9	30	0.991 4

· 批判性思考 ·

1. 样本量为 1 时, 样本均值是总体均值的无偏估计吗?
2. 无偏估计看似是对一个估计量最基本的要求, 那么有偏估计就一定很差吗?

· 习 题 2.1 ·

设 $X_1, X_2, \cdots, X_n$ 是来自正态总体 $N(\mu, \sigma^2)$ 的一个样本.

(1) 求 c, 使 $c \sum\limits_{i=1}^{n-1} (X_{i+1} - X_i)^2$ 是 σ^2 的无偏估计.

(2) 求 c', 使 $c' \sum\limits_{i=1}^{n-1} \sum\limits_{j=i+1}^{n} (X_i - X_j)^2$ 是 σ^2 的无偏估计.

(3) 证明: $c' \sum\limits_{i=1}^{n-1} \sum\limits_{j=i+1}^{n} (X_i - X_j)^2 = \dfrac{1}{n-1} \sum\limits_{i=1}^{n} (X_i - \overline{X})^2 = S^2$.

(4) 若删去正态性, 以上三条结论仍成立吗?

2.2 矩估计与相合性

2.2.1 矩估计

矩估计是 种具体的寻找点估计的方法, 它的基本思想是 "替代", 具体是:

- 用样本矩 (矩统计量) 估计总体矩.
- 用样本矩的函数估计总体矩的相应函数.

这里的矩可以是各阶原点矩, 也可以是各阶中心矩. 这一思想是英国统计学家皮尔逊 (K.Pearson) 在 1900 年提出的, 该思想合理, 方法简单, 使用方便, 只要总体矩存在的场合都可使用. 后人将该思想称为矩法, 所得估计称为矩估计.

例 2.2.1 设 $X_1, X_2, \cdots, X_n$ 是来自某总体的一个样本, 只要该总体的各阶矩存在, 就可对总体的若干参数用矩法获得矩估计, 常用的矩估计有:

- 总体均值 $\mu = E(X)$ 的矩估计为 $\widehat{\mu} = \overline{X}$, 它是 μ 的无偏估计.

- 总体方差 $\sigma^2 = E(X-\mu)^2$ 与标准差 σ 的矩估计分别为 $\widehat{\sigma}^2 = S_n^2 = \frac{1}{n}\sum_{i=1}^{n}(X_i - \overline{X})^2$ 与 $\widehat{\sigma} = S_n$. 它们分别是 σ^2 与 σ 的渐近无偏估计.

若记 $v_k = E(X-\mu)^k$ 为总体的 k 阶中心矩, $B_k = \frac{1}{n}\sum_{i=1}^{n}(X_i - \overline{X})^k$ 为样本的 k 阶中心矩, 则有:

- 总体偏度 $\beta_s = v_3/v_2^{3/2}$ 的矩估计为 $\widehat{\beta}_s = B_3/B_2^{3/2}$.
- 总体峰度 $\beta_k = v_4/v_2^2 - 3$ 的矩估计为 $\widehat{\beta}_k = B_4/B_2^2 - 3$.
- 二维总体的相关系数 $\rho = \text{Cov}(X,Y)/\sqrt{\text{Var}(X) \cdot \text{Var}(Y)}$ 的矩估计是二维样本 $(X_1, Y_1), (X_2, Y_2), \cdots, (X_n, Y_n)$ 的样本相关系数

$$r = \frac{\sum_{i=1}^{n}(X_i - \overline{X})(Y_i - \overline{Y})}{\sqrt{\sum_{i=1}^{n}(X_i - \overline{X})^2 \cdot \sum_{i=1}^{n}(Y_i - \overline{Y})^2}}$$

当总体分布形式已知但含有未知参数时, 只要这些参数可表示为总体矩的函数, 就可做出这些参数的矩估计, 下面的例子将告诉我们如何操作.

例 2.2.2 设 $X_1, X_2, \cdots, X_n$ 是来自均匀分布 $U(a,b)$ 的一个样本, 试求 a,b 的矩估计.

解 (1) 由于总体 $X \sim U(a,b)$, 故

$$\mu = E(X) = \frac{a+b}{2}, \quad \sigma^2 = \text{Var}(X) = \frac{(b-a)^2}{12}$$

(2) 从上面两个方程可解得 a 与 b:

$$\begin{cases} a+b = 2\mu \\ b-a = \sqrt{12\sigma^2} \end{cases} \Rightarrow \begin{cases} a = \mu - \sqrt{3}\sigma \\ b = \mu + \sqrt{3}\sigma \end{cases}.$$

(3) 分别用 $\overline{X}$ 和 S_n 替代 μ 与 σ, 可得 a 与 b 的矩估计:

$$\widehat{a} = \overline{X} - \sqrt{3}S_n$$

$$\widehat{b} = \overline{X} + \sqrt{3}S_n$$

例 2.2.3 设样本 $X_1, X_2, \cdots, X_n$ 来自正态总体 $N(\mu, \sigma^2)$, μ 与 σ 未知, 求 $p = P(X < 1)$ 的估计.

解 (1) 对正态分布来讲, $\mu = E(X)$, $\sigma^2 = \mathrm{Var}(X)$.

(2) μ 与 σ 的矩估计分别是 $\widehat{\mu} = \overline{X}$, $\widehat{\sigma}^2 = S_n^2$.

(3) $p = P(X < 1) = \Phi\left(\dfrac{1-\mu}{\sigma}\right)$, 其矩估计为 $\widehat{p} = \Phi\left(\dfrac{1-\overline{X}}{S_n}\right)$.

譬如, 我们从正态总体中获得一个容量为 $n = 25$ 的样本, 由样本观测值得到样本均值与样本标准差分别为 $\overline{X} = 0.95$, $S_n = 0.04$, 则 $p = P(X < 1)$ 的估计为:

$$\widehat{p} = \Phi\left(\frac{1-\overline{X}}{S_n}\right) = \Phi\left(\frac{1-0.95}{0.04}\right) = \Phi(1.25) = 0.894\,4$$

矩估计的优点是其统计思想简单明确, 易为人们所接受, 且在总体分布未知的场合也可使用. 它的缺点是不唯一, 譬如泊松分布 $P(\lambda)$, 由于其均值和方差都是 λ, 因而可以用 $\overline{X}$ 估计 λ, 也可以用 S_n^2 估计 λ. 此时尽量使用样本低阶矩, 用 $\overline{X}$ 估计 λ, 而不用 S_n^2 估计 λ. 此外, 样本高阶矩的观测值受异常值影响较大, 不够稳健, 实际中要尽量避免使用样本的高阶矩.

2.2.2 相合性

设 $\widehat{\theta}_n = \widehat{\theta}_n(X_1, X_2, \cdots, X_n)$ 是参数 θ 的一个估计量, 加下标 n 后的 $\widehat{\theta}_n$ 可看作 θ 的估计量序列 $\{\widehat{\theta}_n\}$ 的一个成员. 在样本量 n 给定的情形下, 由于样本的随机性, 我们不能要求 $\widehat{\theta}_n$ 等同于 θ, 因为随机偏差 $|\widehat{\theta}_n - \theta|$ 总是存在的, 不可避免. 但是作为一个好的估计, 当样本量不断增大时, 较大偏差 (如 $|\widehat{\theta}_n - \theta| > \varepsilon$) 发生的机会应逐渐减小. 这项要求在概率论中称为随机变量序列 $\{\widehat{\theta}_n\}$ 依概率收敛于 θ, 常记为 $\widehat{\theta}_n \overset{P}{\to} \theta$, 在估计理论中称为相合性, 其定义如下.

定义 2.2.1 设 $\theta \in \Theta$ 为未知参数, 对每个自然数 n, $\widehat{\theta}_n = \widehat{\theta}_n(X_1, X_2, \cdots, X_n)$ 是 θ 的一个估计量. 若 $\widehat{\theta}_n$ 依概率收敛于 θ, 即对任意给定的 $\varepsilon > 0$, 有

$$P(|\widehat{\theta}_n - \theta| > \varepsilon) \to 0 \quad (n \to \infty) \tag{2.2.1}$$

则称 $\widehat{\theta}_n$ 为 θ 的相合估计.

图 2.2.1 给出了随机变量序列 $\{\widehat{\theta}_n\}$ 具有相合性的示意图, 它表明随着 n 的增大, 事件 $\{|\widehat{\theta}_n - \theta| \leqslant \varepsilon\}$ 的概率逐渐收敛到 1. 这就表明在样本量不断增大时, 该估计量可以把被估参数估计到任意指定精度. 注意, 即使是这种情况, 我们也不能说某个 $\widehat{\theta}_n$ 等于 θ, 只能是有很大的信心 (概率保证) $\widehat{\theta}_n$ 的实现值与真值 θ 的差距足够小 (任意指定精度).

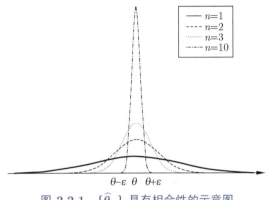

图 2.2.1 $\{\widehat{\theta}_n\}$ 具有相合性的示意图

相合性是对估计量的另一个基本要求, 它表明随着样本量的增大, 数据包含总体的信息越来越多, 那么我们基于数据构造的估计量就应该越来越好.

下面我们来考察矩估计的相合性. 为此需要如下两个定理.

定理 2.2.1 (辛钦大数定律) 设 $X_1, X_2, \cdots, X_n$ 是一独立同分布的随机变量序列, 若其数学期望 μ 有限, 则对任意给定的 $\varepsilon > 0$, 有

$$P\left(\left|\frac{1}{n}\sum_{i=1}^{n} X_i - \mu\right| > \varepsilon\right) \to 0 \quad (n \to \infty)$$

这个定理的证明在很多概率论教材中都可找到, 这里就省略了. 由于简单随机样本 $X_1,$ $X_2, \cdots, X_n$ 都独立同分布, 故其 k 次方 $X_1^k, X_2^k, \cdots, X_n^k$ 亦独立同分布. 若其 k 阶矩 $\mu_k = E(X^k)$ 有限, 则根据辛钦大数定律, 样本 k 阶矩 $\dfrac{1}{n}\sum_{i=1}^{n} X_i^k$ 一定是总体 k 阶矩 μ_k 的相合估计. 特别地, 样本均值 $\overline{X}$ 是总体均值 μ 的相合估计.

定理 2.2.2 设 $\widehat{\theta}_{n1}, \widehat{\theta}_{n2}, \cdots, \widehat{\theta}_{nk}$ 分别是 $\theta_1, \theta_2, \cdots, \theta_k$ 的相合估计, 若 $g(\theta_1, \theta_2, \cdots, \theta_k)$ 是 k 元连续函数, 则 $\widehat{g}_n = g(\widehat{\theta}_{n1}, \widehat{\theta}_{n2}, \cdots, \widehat{\theta}_{nk})$ 是 $g = g(\theta_1, \theta_2, \cdots, \theta_k)$ 的相合估计.

证 由函数 g 的连续性可知, 对任意给定的 $\varepsilon > 0$, 存在一个 $\delta > 0$, 当 $|\widehat{\theta}_{nj} - \theta_j| < \delta$ $(j = 1, 2, \cdots, k)$, 有

$$|\widehat{g}_n - g| = |g(\widehat{\theta}_{n1}, \widehat{\theta}_{n2}, \cdots, \widehat{\theta}_{nk}) - g(\theta_1, \theta_2, \cdots, \theta_k)| < \varepsilon$$

又由诸 $\widehat{\theta}_{n1}, \widehat{\theta}_{n2}, \cdots, \widehat{\theta}_{nk}$ 的相合性可知, 对已给定的 δ 和任意给定的 $\tau > 0$, 存在一个正整数 N, 使得当 $n > N$ 时, 有

$$P(|\widehat{\theta}_{nj} - \theta_j| \geqslant \delta) < \tau/k, \quad j = 1, 2, \cdots, k$$

考虑到在此场合下, 如下事件关系总成立:

$$\bigcap_{j=1}^{k} \{|\widehat{\theta}_{nj} - \theta_j| < \delta\} \subset \{|\widehat{g}_n - g| < \varepsilon\}$$

故有

$$P(|\widehat{g}_n - g| < \varepsilon) \geqslant P\left(\bigcap_{j=1}^{k} \{|\widehat{\theta}_{nj} - \theta_j| < \delta\}\right)$$

$$= 1 - P\left(\bigcup_{j=1}^{k} \{|\widehat{\theta}_{nj} - \theta_j| \geqslant \delta\}\right)$$

$$\geqslant 1 - \sum_{j=1}^{k} P(|\widehat{\theta}_{nj} - \theta_j| \geqslant \delta)$$

$$\geqslant 1 - k \cdot \tau/k = 1 - \tau$$

由 τ 的任意性, 定理得证.

例 2.2.4 常用的矩估计都具有相合性. 从上述两个定理立即可以得出以下结论:

- 样本 k 阶矩 $A_k = \dfrac{1}{n} \sum_{i=1}^{n} X_i^k$ 是总体 k 阶矩 $\mu_k = E(X^k)$ 的相合估计.

- 样本 k 阶中心矩 $B_k = \dfrac{1}{n} \sum_{i=1}^{n} (X_i - \overline{X})^k$ 是总体 k 阶中心矩 $v_k = E(X - \mu)^k$ 的相合估计, 因为总体 k 阶中心矩总可展开成若干 k 阶矩和低于 k 阶矩的多项式. 譬如, 两个样本方差 S_n^2 与 S^2 都是总体方差 σ^2 的相合估计, 它们的开方 S_n 与 S 也都是总体标准差 σ 的相合估计.

- 样本变异系数 $\widehat{c}_v = S/\overline{X}$ (或 $S_n/\overline{X}$), 样本偏度 $\widehat{\beta}_s = B_3/B_2^{3/2}$, 样本峰度 $\widehat{\beta}_k = B_4/B_2^2 - 3$ 分别是相应总体参数 c_v, β_s, β_k 的相合估计.

- 在例 2.2.3 中, $\Phi\left(\dfrac{1 - \overline{X}}{S_n}\right)$ 是正态概率 $P(X < 1) = \Phi\left(\dfrac{1 - \mu}{\sigma}\right)$ 的相合估计.

这表明在样本量较大时, 矩估计 $\Phi\left(\dfrac{1-\overline{X}}{S_n}\right)$ 偏离 $\Phi\left(\dfrac{1-\mu}{\sigma}\right)$ 较大的可能性会很小.

- 相合性不只在矩估计场合可以使用, 在其他场合亦可使用.

• 批判性思考 •

1. 相合性和无偏性的关系是什么?
2. 理解式 (2.2.1) 是一个数列的收敛.
3. 注意参数和统计量的区别, 看到均值、方差等词语时, 要注意其隐含的定语是 "总体" 还是 "样本", 这会有很大的不同.

• 习 题 2.2 •

1. 设 $X_1, X_2, \cdots, X_n$ 是来自伽马分布 $\mathrm{Ga}(\alpha, \lambda)$ 的一个样本, 求参数 α 与 λ 的矩估计.
2. 设 $X_1, X_2, \cdots, X_n$ 是从如下密度函数中抽取的一个样本:

$$p(x) = \sqrt{\theta}x^{\sqrt{\theta}-1}, \quad 0 < x < 1$$

求 $\theta(\theta > 0)$ 的矩估计.

3. 甲、乙两位校对员彼此独立地校对同一本书的样稿, 校完后, 甲发现 A 个错字, 乙发现 B 个错字, 其中相同错字有 C 个. 试求该书错字总数 N 与未被甲、乙发现的错字数 M 的矩估计. 若 $A = 80, B = 70, C = 50$, $\widehat{N}$ 与 $\widehat{M}$ 各为多少?

4. 设 $\widehat{\theta}_n = \widehat{\theta}_n(X_1, X_2, \cdots, X_n)$ 是 θ 的一个估计, 若

$$\lim_{n\to\infty} E(\widehat{\theta}_n) = \theta, \quad \lim_{n\to\infty} \mathrm{Var}(\widehat{\theta}_n) = 0$$

证明: $\widehat{\theta}_n$ 是 θ 的相合估计.

5. 设 $X_1, X_2, \cdots, X_n$ 是来自指数分布 $\mathrm{Exp}(\lambda)$ 的一个样本, 求 λ 的矩估计, 并讨论其无偏性与相合性.

2.3　最大似然估计与渐近正态性

最大似然法是一种常用的参数估计方法, 它最初是由德国数学家高斯 (C.F.Gauss) 在 1821 年提出的. 然而这个方法的建立常归功于英国统计学家费希尔, 因为后者在 1922 年重新发掘了这个方法, 并研究了这一方法所得最大似然估计的一些优良性质. 这一节将探究这个方法及其所得的估计.

2.3.1　最大似然估计

最大似然估计 (maximum likelihood estimation, MLE) 是对似然函数最大化所获得的

一种估计, 其关键是从样本 $\boldsymbol{X}$ 和含有未知参数 θ 的分布 $p(\boldsymbol{x};\theta)$ 中获得似然函数. 下面来讨论它.

设 $\boldsymbol{X} = (X_1, X_2, \cdots, X_n)$ 是来自含有未知参数 θ 的某分布 $p(\boldsymbol{x};\theta)$ 的一个样本, 其联合分布为:

$$p(\boldsymbol{x};\theta) = \prod_{i=1}^{n} p(x_i;\theta)$$

式中, $p(x_i;\theta)$ 在连续场合为密度函数在 x_i 处的值, 在离散场合是分布列中的一个概率 $P_\theta(X_i = x_i)$. 对样本分布 $p(\boldsymbol{x};\theta)$ 有如下两个考察角度, 其中后一个角度有新意.

- 样本是怎么产生的? 回答是 "先有 θ, 后有 $\boldsymbol{x}$", 即先给出 θ 的一个值 θ_0, 然后由分布 $p(\boldsymbol{x};\theta_0)$ 经简单随机抽样产生样本的观测值 $\boldsymbol{x}$.
- 如今有了样本观测值 $\boldsymbol{x}$, 如何追溯 (确定) 产生此样本观测值 $\boldsymbol{x}$ 的参数 θ_0 呢? 大家知道, 当给定样本观测值 $\boldsymbol{x}$ 时样本分布 $p(\boldsymbol{x};\theta)$ 仅是 θ 的函数, 特记为 $L(\theta;\boldsymbol{x})$ 或 $L(\theta)$, 并称为似然函数. 这个函数 $L(\theta)$ 表明: 不同的 θ (如 $\theta_1, \theta_2 \in \Theta$) 可使同一组样本观测值 $\boldsymbol{x}$ 出现的机会不同. 若 $L(\theta_1) > L(\theta_2)$, 表明 θ_1 使 $\boldsymbol{x}$ 出现的机会比 θ_2 使同一个 $\boldsymbol{x}$ 出现的机会更大一些. 但 $L(\theta)$ 不是 θ 的分布, 对 θ 无概率可言, 用机会描述不恰当, 英国统计学家费希尔建议改用 "似然", 即 θ_1 比 θ_2 更像 θ 的真值 θ_0, 从而似然函数 $L(\theta)$ 就成为度量 θ 像真值的程度的量, 其值越大, 越像真值. 按此思路, 在参数空间 Θ 中使 $L(\theta)$ 达到最大的 $\widehat{\theta}$ 就是最像 θ 的真值的量, 这个 $\widehat{\theta}$ 就是 θ 的最大似然估计. 它的定义如下.

定义 2.3.1 设 $\boldsymbol{X} = (X_1, X_2, \cdots, X_n)$ 是来自某分布 $p(\boldsymbol{x};\theta)$ (密度函数或分布列) 的一个样本. 在给定样本观测值 $\boldsymbol{x}$ 时, 该样本 $\boldsymbol{x}$ 的联合分布 $p(\boldsymbol{X} = \boldsymbol{x};\theta)$ 是 θ 的函数, 称为 θ 的似然函数, 记为 $L(\theta;\boldsymbol{x})$, 有时还把 $\boldsymbol{x}$ 省略, 记为:

$$L(\theta) = L(\theta;\boldsymbol{x}) = p(\boldsymbol{x};\theta) = \prod_{i=1}^{n} p(X_i = x_i;\theta)$$

若在参数空间 $\Theta = \{\theta\}$ 上存在一个 $\widehat{\theta}$, 使 $L(\widehat{\theta})$ 达到最大, 即

$$L(\widehat{\theta}) = \max_{\theta \in \Theta} L(\theta)$$

则称 $\widehat{\theta}$ 为 θ 的最大似然估计 (MLE).

例 2.3.1 设 $\boldsymbol{X} = (X_1, X_2, \cdots, X_n)$ 是来自二点分布 $b(1,\theta)$ 的一个样本, 其中诸 X_i 非 0 即 1, $\theta \in [0,1]$ 是成功概率, 该样本的联合分布为:

$$p(\boldsymbol{X};\theta) = \prod_{i=1}^{n} [\theta^{X_i}(1-\theta)^{1-X_i}] = \theta^t (1-\theta)^{n-t}$$

式中, $t = \sum_{i=1}^{n} X_i$ 是 θ 的充分统计量. 当给定样本 $\boldsymbol{X}$ (等价于给定充分统计量 t) 后,

譬如, 给定 $n = 10$, $t = 2$, 就得到一个成功概率 θ 的似然函数 (见图 2.3.1), 即

$$L(\theta) = \theta^2(1-\theta)^8, \quad \theta \in [0,1]$$

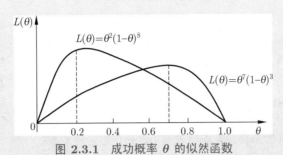

图 2.3.1　成功概率 θ 的似然函数

这是一个上凸函数, 先增后减, 有一个 $\widehat{\theta}$ 使 $L(\theta)$ 达到最大, 它最像产生样本 ($n = 10$, $t = 2$) 的参数真值, 它就是 θ 的最大似然估计.

如何求出最大似然估计 $\widehat{\theta}$ 呢? 大家知道 $\ln L(\theta)$ 与 $L(\theta)$ 在同一处达到最大值, 其中 $\ln L(\theta)$ 称为对数似然函数. 在本例中

$$\ln L(\theta) = t \ln \theta + (n-t) \ln(1-\theta)$$

对其求导, 并令导函数为零可得对数似然方程, 在本例中

$$\frac{\partial \ln L(\theta)}{\partial \theta} = \frac{t}{\theta} - \frac{n-t}{1-\theta} = 0$$

解之可得 $\widehat{\theta} = t/n$. 由于在 $\widehat{\theta}$ 处 $\dfrac{\partial^2 \ln L(\theta)}{\partial \theta^2} < 0$, 故确认 $\widehat{\theta}$ 可使似然函数 $L(\theta)$ 达到最大值. 在本例中 $\widehat{\theta} = 0.2$.

假如重新抽样, 样本观测值变化了, 譬如 $n = 10, t = 7$, 则成功概率 θ 的似然函数也随之改变 (见图 2.3.1), 即

$$L(\theta) = \theta^7(1-\theta)^3$$

这时 θ 的最大似然估计也移至 $\widehat{\theta} = 0.7$ (见图 2.3.1). 需要说明的是, 真实的 θ 既不是 0.2, 也不是 0.7, 它是一个未知的常数. 最大似然估计是一个统计量, 它是样本的函数.

在上述定义和例子中还应该强调以下几点:

(1) 最大似然估计的基本思想是: 用 "最像" θ 的统计量估计 θ, 这一统计思想在我们的日常生活中经常用到.

(2) 当参数分布族存在充分统计量 $T(\boldsymbol{X})$ 时, 其最大似然估计一定是该充分统计量的函数, 因为由因子分解定理知, 其样本分布 $p(\boldsymbol{X};\theta)$ 一定可以表示为:

$$p(\boldsymbol{X};\theta) = g(T(\boldsymbol{X});\theta)h(\boldsymbol{X})$$

使该式对 θ 达到最大的充要条件是使 $g(T(\boldsymbol{X});\theta)$ 对 θ 达到最大, 而由后者求得的 θ 的最大似然估计必有形式 $\widehat{\theta} = \widehat{\theta}[T(\boldsymbol{X})]$.

(3) 对似然函数添加或剔去一个与参数 θ 无关的量 $c(x) > 0$, 不影响寻求最大似然估计的最终结果, 故 $c(x)L(\theta; x)$ 仍称为 θ 的似然函数. 换句话说, 保留样本分布的核就足够了.

(4) $l(\theta) = \ln L(\theta)$ 与 $L(\theta)$ 的最大似然值是相同的.

下面用例子来说明各种场合下最大似然估计的求法.

例 2.3.2 设某机床加工的轴的直径与图纸规定的尺寸的偏差服从 $N(\mu, \sigma^2)$, 其中 μ, σ^2 未知. 为估计 μ 与 σ^2, 从中随机抽取 $n = 100$ 根轴, 测得其偏差为 $X_1, X_2, \cdots, X_{100}$. 试求 μ, σ^2 的最大似然估计.

解 (1) 写出似然函数, 略去与 $\theta = (\mu, \sigma^2)$ 无关的常数:

$$L(\mu, \sigma^2) = \prod_{i=1}^{n} \frac{1}{\sqrt{2\pi}\sigma} e^{-\frac{(X_i - \mu)^2}{2\sigma^2}} \propto (\sigma^2)^{-\frac{n}{2}} \exp\left\{-\frac{1}{2\sigma^2} \sum_{i=1}^{n} (X_i - \mu)^2\right\}$$

(2) 写出对数似然函数:

$$l(\mu, \sigma^2) = -\frac{n}{2} \ln \sigma^2 - \frac{1}{2\sigma^2} \sum_{i=1}^{n} (X_i - \mu)^2$$

(3) 分别对 μ 与 σ^2 求偏导, 并令它们都为 0, 得到对数似然方程为:

$$\begin{cases} \dfrac{\partial l(\mu, \sigma^2)}{\partial \mu} = \dfrac{1}{\sigma^2} \sum_{i=1}^{n} (X_i - \mu) = 0 \\[3mm] \dfrac{\partial l(\mu, \sigma^2)}{\partial \sigma^2} = -\dfrac{n}{2\sigma^2} + \dfrac{1}{2\sigma^4} \sum_{i=1}^{n} (X_i - \mu)^2 = 0 \end{cases}$$

(4) 解对数似然方程, 得

$$\widehat{\mu} = \overline{X}, \quad \widehat{\sigma}^2 = \frac{1}{n} \sum_{i=1}^{n} (X_i - \overline{X})^2$$

(5) 经验证, $\widehat{\mu}, \widehat{\sigma}^2$ 使 $l(\mu, \sigma^2)$ 达到最大.

由于上述过程对一切正态样本观测值都成立, 故上面各式中把诸观测值看成样本也成立. 上述五个步骤对初学者是有益的提醒, 当熟悉全过程后, 有些步骤并不总是需要的.

如果由 100 个正态样本观测值求得 $\sum\limits_{i=1}^{100} X_i = 26$ (mm), $\sum\limits_{i=1}^{100} X_i^2 = 7.04$ (mm), 则可求得 μ 与 σ^2 的最大似然估计值:

$$\widehat{\mu} = \frac{1}{100} \sum_{i=1}^{100} X_i = 0.26$$

$$S_n^2 = \frac{1}{100} \left[\sum_{i=1}^{100} X_i^2 - \frac{1}{100} \left(\sum_{i=1}^{100} X_i\right)^2\right] = \frac{7.04 - 26^2/100}{100} = 0.002\,8$$

从 2.1 节的讨论可知 $\widehat{\mu} = \overline{X}$ 是 μ 的无偏估计, 但 $\widehat{\sigma}^2 = S_n^2$ 不是 σ^2 的无偏估计. 所以未知参数的最大似然估计不一定具有无偏性.

例 2.3.3 设 $\boldsymbol{X} = (X_1, X_2, \cdots, X_n)$ 是来自均匀分布 $U(0, \theta)$ 的一个样本, 求 θ 的 MLE.

解 首先写出似然函数 (见图 2.3.2):
$$L(\theta) = \begin{cases} \theta^{-n}, & 0 < X_{(n)} \leqslant \theta \\ 0, & \text{其他} \end{cases}$$

其中, $X_{(n)}$ 是样本的最大次序统计量.

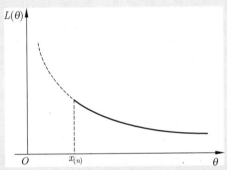

图 2.3.2 均匀分布 $U(0, \theta)$ 中 θ 的似然函数

这里不能使用一阶条件求函数极值, 因此使用 MLE 的定义求 θ 的 MLE. 为使 $L(\theta)$ 达到最大, 就必须使 θ 尽可能小, 但 θ 不能小于 $X_{(n)}$, 因而 θ 取 $X_{(n)}$ 可使 $L(\theta)$ 达到最大, 故 θ 的 MLE 为:
$$\widehat{\theta} = X_{(n)}$$

容易看出, 均匀分布 $U(0, \theta)$ 中 θ 的矩估计 $\widehat{\theta}_1 = 2\overline{X}$ (因 $E(\overline{X}) = \theta/2$), 可见同一参数 θ 的 MLE 和矩估计可能是不同的. 在这里矩估计 $\widehat{\theta}_1 = 2\overline{X}$ 是 θ 的无偏估计, 而 MLE $\widehat{\theta} = X_{(n)}$ 不是 θ 的无偏估计.

为了说明这一点, 我们可求得最大次序统计量 $X_{(n)}$ 的密度函数:
$$p_\theta(y) = n[F(y)]^{n-1} p(y) = \frac{ny^{n-1}}{\theta^n}, \quad 0 < y < \theta$$
$$E(\widehat{\theta}) = E(X_{(n)}) = \int_0^\theta y p_\theta(y) \mathrm{d}y = \int_0^\theta \frac{ny^n}{\theta^n} \mathrm{d}y = \frac{n}{n+1}\theta \neq \theta$$

这说明 θ 的最大似然估计 $\widehat{\theta} = X_{(n)}$ 不是 θ 的无偏估计, 但对 $\widehat{\theta}$ 作一修正可得 θ 的无偏估计为:
$$\widehat{\theta}_2 = \frac{n+1}{n} X_{(n)}$$

可见, 同一参数的无偏估计不止一个, 它们的进一步比较将在下一节讨论. 在第二次世界大战中, 从战场上缴获的德国枪支上都有一个编号, 对最大编号作一修正便获得了德国枪支生产能力的无偏估计.

例 2.3.4 设 $\boldsymbol{X} = (X_1, X_2, \cdots, X_n)$ 是来自均匀分布 $U(\theta, \theta+1)$ 的一个样本, 其中 θ 可为任意实数, 求 θ 的 MLE.

解 先写出 θ 的似然函数:

$$L(\theta) = \begin{cases} 1, & \theta \leqslant X_{(1)} \leqslant X_{(n)} \leqslant \theta+1 \\ 0, & \text{其他} \end{cases}$$

该似然函数在其不为零的区域上是常数, 只要 θ 不超过 $X_{(1)}$ 或 $\theta+1$ 不小于 $X_{(n)}$, 都可使 $L(\theta)$ 达到极大, 即

$$\widehat{\theta}_1 = X_{(1)}, \quad \widehat{\theta}_2 = X_{(n)} - 1$$

都是 θ 的 MLE. 另外, 对任意 $\alpha\ (0 < \alpha < 1)$, $\widehat{\theta}_1$ 与 $\widehat{\theta}_2$ 的凸组合

$$\widehat{\theta}_\alpha = \alpha\widehat{\theta}_1 + (1-\alpha)\widehat{\theta}_2 = \alpha X_{(1)} + (1-\alpha)(X_{(n)} - 1)$$

都是 θ 的 MLE. 可见参数的 MLE 可能不唯一.

例 2.3.5 设 $\boldsymbol{X} = (X_1, X_2, \cdots, X_n)$ 是来自双参数指数分布 $\mathrm{Exp}(\mu, \sigma)$ 的一个样本, 该分布的密度函数为:

$$p(x; \mu, \sigma) = \frac{1}{\sigma}\exp\left\{-\frac{x-\mu}{\sigma}\right\}, \quad \mu \leqslant x$$

它有两个参数, μ 可取任意实数, 称为位置参数; $\sigma > 0$ 称为尺度参数. 求 μ 与 σ 的 MLE.

解 先写出 μ 与 σ 的似然函数, 在非零区域上有

$$L(\mu, \sigma) = \frac{1}{\sigma^n}\exp\left\{-\frac{1}{\sigma}\sum_{i=1}^n (X_i - \mu)\right\}, \quad \mu \leqslant X_{(1)}$$

这个似然函数 L 的非零区域依赖于 μ, 且是 μ 的增函数, 故要使 L 达到最大就要使 μ 尽量大, 但 μ 不能超过 $X_{(1)}$, 故 μ 的 MLE 为 $\widehat{\mu} = X_{(1)}$, 这虽是在固定 σ 下寻求 μ 的最大值, 但没有具体规定 σ 的值, 即 σ 为任意值时 μ 的 MLE 都为 $X_{(1)}$.

下一步把 $\widehat{\mu} = X_{(1)}$ 代入似然函数得 $L(X_{(1)}, \sigma)$, 这仅是 σ 的函数 (在 $\sigma > 0$ 上), 可对其对数使用微分法. 即有

$$l(\sigma) = \ln L(X_{(1)}, \sigma) = -n\ln\sigma - \frac{1}{\sigma}\sum_{i=1}^n (X_i - X_{(1)})$$

$$\frac{\partial l(\sigma)}{\partial\sigma} = -\frac{n}{\sigma} + \frac{1}{\sigma^2}\sum_{i=1}^n (X_i - X_{(1)}) = 0$$

解此对数似然方程, 可得 σ 的 MLE 为:

$$\widehat{\sigma} = \frac{1}{n}\sum_{i=1}^{n}(X_i - X_{(1)}) = \overline{X} - X_{(1)}$$

这是因为对任意的 μ 和 σ, 有

$$L(\widehat{\mu}, \widehat{\sigma}) \geqslant L(\widehat{\mu}, \sigma) \geqslant L(\mu, \sigma)$$

例 2.3.6 设 $\begin{pmatrix} X_1 \\ Y_1 \end{pmatrix}$, $\begin{pmatrix} X_2 \\ Y_2 \end{pmatrix}$, $\cdots$, $\begin{pmatrix} X_n \\ Y_n \end{pmatrix}$ 是来自二元正态总体 $N\left(\begin{pmatrix} 0 \\ 0 \end{pmatrix},\right.$

$\left.\sigma^2 \begin{pmatrix} 1 & \rho \\ \rho & 1 \end{pmatrix}\right)$ 的一个二维样本, 求 σ^2 与 ρ 的 MLE.

解 由二元正态密度函数可以写出 σ^2 与 ρ 的似然函数:

$$L(\sigma^2, \rho) \propto (\sigma^2)^{-n}(1-\rho^2)^{-\frac{n}{2}}\exp\left\{-\frac{1}{2\sigma^2(1-\rho^2)}\left(\sum_i X_i^2 - 2\rho\sum_i X_i Y_i + \sum_i Y_i^2\right)\right\}$$

式中, $\sum_i$ 表示 i 从 1 到 n 求和. 取其对数, 并对 σ^2 和 ρ 分别求导, 可得如下对数似然方程:

$$\frac{\partial l}{\partial \sigma^2} = -\frac{n}{\sigma^2} + \frac{1}{2\sigma^4(1-\rho^2)}\left(\sum_i X_i^2 - 2\rho\sum_i X_i Y_i + \sum_i Y_i^2\right) = 0$$

$$\frac{\partial l}{\partial \rho} = \frac{n\rho}{1-\rho^2} - \frac{\rho}{\sigma^2(1-\rho^2)^2}\left(\sum_i X_i^2 - 2\rho\sum_i X_i Y_i + \sum_i Y_i^2\right) + \frac{\sum_i X_i Y_i}{2\sigma^2(1-\rho^2)} = 0$$

解之可得:

$$\widehat{\rho} = \frac{2\sum_i X_i Y_i}{\sum_i X_i^2 + \sum_i Y_i^2}, \quad \widehat{\sigma}^2 = \frac{1}{2n}\left(\sum_i X_i^2 + \sum_i Y_i^2\right)$$

经验证, 它们确实使似然函数 $L(\sigma^2, \rho)$ 达到最大值, 故它们分别是 σ^2 与 ρ 的 MLE.

2.3.2 最大似然估计的不变原理

对某个分布 $p(x;\theta)$ 而言, 设 $\widehat{\theta}$ 是 θ 的 MLE, 若 $g(\theta)$ 是定义在参数空间 $\Theta = \theta$ 上的一个函数, 试问 $g(\widehat{\theta})$ 是不是 $g(\theta)$ 的 MLE? 当 $g(\theta)$ 是严格单调 (增或减) 函数时, 答案是肯定的. 在一般场合下, 答案也是肯定的, 这个肯定的结论称为最大似然估计的不变原理. 这里不加证明地给出这个结论.

定理 2.3.1 (不变原理) 设 $X \sim p(x; \theta), \theta \in \Theta$, 若 θ 的最大似然估计为 $\widehat{\theta}$, 则对任意函数 $\gamma = g(\theta), \gamma$ 的最大似然估计为 $\widehat{\gamma} = g(\widehat{\theta})$.

这个定理条件很宽松, 使得最大似然估计的应用也很广泛.

例 2.3.7 某产品生产现场有多台设备, 设备故障的维修时间 T 服从对数正态分布 $\mathrm{LN}(\mu, \sigma^2)$. 现在一周内共发生了 24 次故障, 其维修时间 t (单位: 分) 为:

$$55 \quad 28 \quad 125 \quad 47 \quad 58 \quad 53 \quad 36 \quad 88 \quad 51 \quad 110 \quad 40 \quad 75$$
$$64 \quad 115 \quad 48 \quad 52 \quad 60 \quad 72 \quad 87 \quad 105 \quad 55 \quad 82 \quad 66 \quad 65$$

求: (1) 平均维修时间 μ_T 与维修时间的标准差 σ_T 的 MLE.

(2) 可完成 95% 的故障的维修时间 $t_{0.95}$ (0.95 分位数) 的 MLE.

解 这个问题的一般提法是: 设 $t_1, t_2, \cdots, t_n$ 是一个来自对数正态分布 $\mathrm{LN}(\mu, \sigma^2)$ 的样本, 现要分别给出其均值 μ_T、标准差 σ_T 和 0.95 分位数 $t_{0.95}$ 的 MLE.

(1) 对数正态分布 $\mathrm{LN}(\mu, \sigma^2)$ 的均值和方差分别为:

$$\mu_T = \exp\left\{\mu + \frac{\sigma^2}{2}\right\}, \quad \sigma_T^2 = \mu_T^2(\mathrm{e}^{\sigma^2} - 1)$$

若能获得 μ 与 σ^2 的 MLE, 由不变原理立即可得 μ_T 与 σ_T 的 MLE.

当 $T \sim \mathrm{LN}(\mu, \sigma^2)$ 时, 有 $X = \ln T \sim N(\mu, \sigma^2)$. 由此可知, $\ln t_1, \ln t_2, \cdots, \ln t_n$ 是一个来自正态分布 $N(\mu, \sigma^2)$ 的样本, 由此可得 μ 与 σ^2 的 MLE 分别为 (见例 2.3.2):

$$\widehat{\mu} = \frac{1}{24} \sum_{i=1}^{24} \ln t_i = 4.156\,0$$

$$\widehat{\sigma}^2 = \frac{1}{24} \sum_{i=1}^{24} (\ln t_i - \widehat{\mu})^2 = 0.366\,9^2$$

从而可得对数正态分布的均值 μ_T 与方差 σ_T^2 的 MLE 分别为:

$$\widehat{\mu}_T = \exp\left\{4.156\,0 + \frac{0.366\,9^2}{2}\right\} = 68.258\,9$$

$$\widehat{\sigma}_T^2 = 68.258\,9^2 \times (\mathrm{e}^{0.366\,9^2} - 1) = 671.387\,5$$

$$\widehat{\sigma}_T = \sqrt{671.387\,5} = 25.91$$

这表明该生产现场设备的平均维修时间约为 68 分钟, 维修时间的标准差约为 26 分钟.

(2) 为了给出 $t_{0.95}$ 的 MLE, 我们先对对数正态分布 $\mathrm{LN}(\mu, \sigma^2)$ 的 p 分位数 t_p 给出一般表达式, 记维修时间 T 的分布函数为 $F(t)$, 则有

$$F(t_p) = p$$

或

$$P(T \leqslant t_p) = p$$

由于 $\ln T \sim N(\mu, \sigma^2)$, 故有

$$P(\ln T \leqslant \ln t_p) = \Phi\left(\frac{\ln t_p - \mu}{\sigma}\right) = u_p$$

式中, Φ 为标准正态分布函数. 它的 p 分位数记为 u_p, 则有

$$\frac{\ln t_p - \mu}{\sigma} = u_p$$

或

$$t_p = \exp\{\mu + \sigma u_p\}$$

在本例中已获得 μ 与 σ 的 MLE, 而 $u_{0.95} = 1.645$, 故 $t_{0.95}$ 的 MLE 为:

$$t_{0.95} = \exp\{4.156\,0 + 0.366\,9 \times 1.645\} = 116.69$$

即可完成 95% 的故障的维修时间大约为 117 分钟, 即近 2 小时.

例 2.3.8 设某电子设备的寿命 (从开始工作到首次发生故障的连续工作时间, 单位: 小时) 服从指数分布 $\mathrm{Exp}(\lambda)$. 现任取 15 台进行寿命实验, 按规定到第 7 台发生故障时实验停止, 所得 7 个寿命数据为:

$$500 \quad 1\,350 \quad 2\,130 \quad 2\,500 \quad 3\,120 \quad 3\,500 \quad 3\,800$$

这是一个不完全样本, 常称为定数截尾样本, 求平均寿命 $\theta = 1/\lambda$ 的 MLE.

解 这个问题的一般提法是: 从指数分布 $\mathrm{Exp}(\lambda)$ 中随机抽取容量为 n 的样本参加寿命实验, 实验到有 r 个产品发生故障为止, 所得数据常表现为前 r 个次序统计量的观测值, 即

$$t_{(1)} \leqslant t_{(2)} \leqslant \cdots \leqslant t_{(r)}, \quad r \leqslant n$$

求该产品的平均寿命 $\theta = \dfrac{1}{\lambda}$ 的 MLE.

对于不完全样本要尽量使用总体分布的信息, 以作补偿. 首先用指数分布获得前 r 个次序统计量的联合密度函数:

$$p(t_{(1)}, t_{(2)}, \cdots, t_{(r)}; \lambda) = \frac{n!}{(n-r)!} \prod_{i=1}^{r} p(t_{(i)}; \lambda)[1 - F(t_{(r)}; \lambda)]^{n-r}$$

式中, p 与 F 分别为指数分布的密度函数与分布函数:

$$p(t_{(i)}; \lambda) = \lambda \mathrm{e}^{-\lambda t_{(i)}}, \quad t_{(i)} > 0$$
$$F(t_{(i)}; \lambda) = 1 - \mathrm{e}^{-\lambda t_{(i)}}, \quad t_{(i)} > 0$$

代入后, 略去与参数无关的量, 即得 λ 的似然函数:

$$L(\lambda) = \lambda^r \mathrm{e}^{-\lambda s_r}$$

式中, $s_r = \sum_{i=1}^{r} t_{(i)} + (n-r)t_{(r)}$ 为总实验时间, 其对数似然函数为:

$$l(\lambda) = \ln L(\lambda) = r \ln \lambda - \lambda s_r$$

用微分法可得对数似然方程:

$$\frac{\partial l(\lambda)}{\partial \lambda} = \frac{r}{\lambda} - s_r = 0$$

由此可得参数 λ 及其平均寿命 $\theta = \frac{1}{\lambda}$ 的 MLE.

$$\widehat{\lambda} = \frac{r}{s_r}, \quad \widehat{\theta} = \frac{s_r}{r}$$

在本例中, $n = 15, r = 7, t(r) = 3\,800$, 首先算得总实验时间:

$$s_r = 500 + 1\,350 + 2\,130 + 2\,500 + 3\,120 + 3\,500 + 3\,800 + (15 - 7) \times 3\,800$$
$$= 47\,300 \ (小时)$$

由此可得平均寿命的 MLE 为:

$$\widehat{\theta} = \frac{47\,300}{7} \approx 6\,757 \ (小时)$$

2.3.3 最大似然估计的渐近正态性

渐近正态性与相合性一样, 也是某些估计的大样本性质, 但它们之间还是有区别的. 相合性是对估计的一种较低要求, 它只要求估计序列 $\widehat{\theta}_n$ 将随样本量 n 的增大以越来越大的概率接近被估参数 θ, 但没有告诉人们, 对相对大的 n, 误差 $\widehat{\theta}_n - \theta$ 将以什么速度 (如 $1/n$、$1/\sqrt{n}$ 或 $1/\ln n$ 等) 收敛于标准正态分布 $N(0,1)$, 而渐近正态性正补充了这一点, 它是在相合性的基础上讨论收敛速度的问题. 下面先给出渐近正态性的定义, 然后展开讨论.

> **定义 2.3.2** 设 $\widehat{\theta}_n = \widehat{\theta}(X_1, X_2, \cdots, X_n)$ 是 θ 的一个相合估计序列, 若存在一个趋于零的正数列 $\sigma_n(\theta)$, 使得规范变量 $y_n = (\widehat{\theta}_n - \theta)/\sigma_n(\theta)$ 的分布函数 $F_n(y)$ 收敛于标准正态分布函数 $\Phi(y)$, 即
>
> $$F_n(y) = P\left(\frac{\widehat{\theta}_n - \theta}{\sigma_n(\theta)} \leqslant y\right) \to \Phi(y) \quad (n \to \infty) \qquad (2.3.1)$$
>
> 或用依分布收敛的符号 L 记为:
>
> $$\frac{\widehat{\theta}_n - \theta}{\sigma_n(\theta)} \xrightarrow{L} N(0,1) \quad (n \to \infty)$$
>
> 则称 $\widehat{\theta}_n$ 是 θ 的渐近正态估计, 或称 $\widehat{\theta}_n$ 具有渐近正态性, 即
>
> $$\widehat{\theta}_n \sim \text{AN}(\theta, \sigma_n^2(\theta))$$

式中, $\sigma_n^2(\theta)$ 称为 $\widehat{\theta}_n$ 的渐近方差.

此定义中的数列 $\sigma_n^2(\theta)$ 表示什么? 使极限式 (2.3.1) 成立的关键在于使括号中的分母 $\sigma_n(\theta)$ 趋于零的速度与分子中的 $\widehat{\theta}_n$ 依概率收敛于 θ 的速度相当 (同阶), 因为只有这样才有可能使分子与分母之比的概率分布收敛于正态分布. 式 (2.3.1) 中的 $\sigma_n(\theta)$ 是人们很关心的量, 它表示 $\widehat{\theta}_n$ 依概率收敛于 θ 的速度, $\sigma_n(\theta)$ 越小, 收敛速度越快; $\sigma_n(\theta)$ 越大, 收敛速度越慢. 故把 $\sigma_n^2(\theta)$ 称为渐近方差是恰当的.

还应指出, 满足式 (2.3.1) 的 $\sigma_n(\theta)$ 并不唯一, 若有另一个 $\tau_n(\theta)$ 可使

$$\frac{\tau_n(\theta)}{\sigma_n(\theta)} \to 1 \quad (n \to \infty)$$

则由依概率收敛的性质可知, 必有

$$\frac{\widehat{\theta}_n - \theta}{\tau_n(\theta)} \xrightarrow{L} N(0,1)$$

此时 $\tau_n^2(\theta)$ 亦称为 $\widehat{\theta}_n$ 的渐近方差.

例 2.3.9 设 $X_1, X_2, \cdots, X_n$ 是来自某总体的一个样本, 该总体的均值 μ 与方差 σ^2 均存在. 大家知道, 其样本均值 $\overline{X}$ 是 μ 的无偏估计、相合估计. 按照中心极限定理, $\overline{X}$ 还是 μ 的渐近正态估计, 因为有

$$\frac{\overline{X} - \mu}{\sigma/\sqrt{n}} \sim N(0,1)$$

这表明 $\overline{X}$ 依概率收敛于 μ 的速度是 $1/\sqrt{n}$, 渐近方差为 σ^2/n, 上式常改写为:

$$\sqrt{n}(\overline{X} - \mu) \sim N(0, \sigma^2)$$

或

$$\overline{X} \sim \mathrm{AN}\left(\mu, \frac{\sigma^2}{n}\right)$$

以后会看到, 大多数渐近正态估计都是以 $1/\sqrt{n}$ 的速度收敛于被估参数.

例 2.3.10 设 $X_1, X_2, \cdots, X_n$ 是来自正态总体 $N(\mu, \sigma^2)$ 的一个样本, $S^2 = \dfrac{1}{n-1}\displaystyle\sum_{i=1}^{n}(X_i - \overline{X})^2$ 是正态方差 σ^2 的无偏估计、相合估计. 用中心极限定理证明 S^2 还是 σ^2 的渐近正态估计.

证 前面已经指出:

$$\frac{(n-1)S^2}{\sigma^2} \sim \chi^2(n-1)$$

$\chi^2(n-1)$ 又可用 $n-1$ 个独立同分布的标准正态变量 $u_1, u_2, \cdots, u_{n-1}$ 的平方和产

生，即 $(n-1)S^2/\sigma^2$ 与 $\displaystyle\sum_{i=1}^{n-1} u_i^2$ 同分布，或 $(n-1)S^2$ 与 $\displaystyle\sigma^2\sum_{i=1}^{n-1} u_i^2$ 同分布. 由于诸 $\sigma^2 u_i^2$ 独立同分布，其期望与方差分别为：

$$E(\sigma^2 u_i^2) = \sigma^2, \quad \mathrm{Var}(\sigma^2 u_i^2) = 2\sigma^4$$

则由中心极限定理知：

$$\frac{(n-1)S^2 - (n-1)\sigma^2}{\sqrt{n-1}\sqrt{2\sigma^4}} \sim N(0,1)$$

或

$$\sqrt{n-1}(S^2 - \sigma^2) \sim N(0, 2\sigma^4)$$

考虑到 $n/(n-1) \to 1$，又有

$$\sqrt{n}(S^2 - \sigma^2) = \sqrt{\frac{n}{n-1}}\sqrt{n-1}(S^2 - \sigma^2) \sim N(0, 2\sigma^4)$$

这表明 S^2 是 σ^2 的渐近正态估计，其渐近方差为 $2\sigma^4/n$. 综上所述，有

$$S^2 \sim \mathrm{AN}\left(\sigma^2, \frac{2\sigma^4}{n}\right)$$

该题目还有另外一种解法：

$$S^2 = \frac{1}{n-1}\sum_{i=1}^{n}(X_i - \mu + \mu - \overline{X})^2$$

$$= \frac{1}{n-1}\left[\sum_{i=1}^{n}(X_i - \mu)^2 - n(\overline{X} - \mu)^2\right]$$

$$= \frac{n}{n-1}\frac{1}{n}\sum_{i=1}^{n}(X_i - \mu)^2 - \frac{n}{n-1}(\overline{X} - \mu)^2$$

由大数定律可知：

$$\overline{X} \xrightarrow{p} \mu$$

且有

$$\frac{n}{n-1} \to 1$$

由于 $(\overline{X} - \mu)^2$ 为 $\overline{X}$ 的连续函数，故可知：

$$\frac{n}{n-1}(\overline{X} - \mu)^2 \xrightarrow{P} 0$$

由于

$$E[(X_i - \mu)^2] = \sigma^2, \quad \mathrm{Var}[(X_i - \mu)^2] = 2\sigma^4$$

根据中心极限定理可知：

$$\frac{1}{n}\sum_{i=1}^{n}(X_i-\mu)^2 \xrightarrow{L} N\left(\sigma^2,\frac{2\sigma^4}{n}\right)$$

根据 Slutsky 定理可知:

$$S^2 \sim \mathrm{AN}\left(\sigma^2,\frac{2\sigma^4}{n}\right)$$

上述证明方法运用了 Slutsky 定理, 下面给出 Slutsky 定理的内容, 具体证明可以参考相关文献.

定理 2.3.2 (Slutsky 定理) 设 $\{X_n\}$ 和 $\{Y_n\}$ 为两个随机变量序列, 若有 $\{X_n\}$ 依分布收敛于随机变量 X, $\{Y_n\}$ 依概率收敛于常数 c, 即

$$\{X_n\} \xrightarrow{L} X,\quad \{Y_n\} \xrightarrow{P} c$$

则有下述三个结论成立:

(1) $X_n + Y_n \xrightarrow{L} X + c$.

(2) $Y_n X_n \xrightarrow{L} cX$.

(3) $X_n/Y_n \xrightarrow{L} X/c$, 其中 $c \neq 0$.

其中, X 为一个随机变量, c 为一个常数.

最后指出一个重要结果: 在一定条件下, 最大似然估计具有渐近正态性. 其渐近正态分布在大样本场合对构造置信区间和寻找检验统计量的拒绝域都有帮助. 下面的定理虽然只对密度函数进行叙述, 但对离散分布仍成立.

定理 2.3.3 设 $p(x;\theta)$ 是某密度函数, 其参数空间 $\Theta = \{\theta\}$ 是直线上的非退化区间, 假如:

(1) 对一切 $\theta \in \Theta$, $p = p(x;\theta)$ 对 θ 的如下偏导数

$$\frac{\partial \ln p}{\partial \theta},\quad \frac{\partial^2 \ln p}{\partial \theta^2},\quad \frac{\partial^3 \ln p}{\partial \theta^3}$$

都存在.

(2) 对一切 $\theta \in \Theta$, 有

$$\left|\frac{\partial \ln p}{\partial \theta}\right| < F_1(x),\quad \left|\frac{\partial^2 \ln p}{\partial \theta^2}\right| < F_2(x),\quad \left|\frac{\partial^3 \ln p}{\partial \theta^3}\right| < H(x)$$

成立, 其中 $F_1(x)$ 与 $F_2(x)$ 在实数轴上可积, 而 $H(x)$ 满足:

$$\int_{-\infty}^{+\infty} H(x)p(x;\theta)\mathrm{d}x < M$$

这里 M 与 θ 无关.

(3) 对一切 $\theta \in \Theta$, 有

$$0 < I(\theta) = E\left(\frac{\partial \ln p}{\partial \theta}\right)^2 < +\infty$$

则在参数真值 θ 为参数空间 Θ 的内点的情况下, 其似然方程有一个解存在, 此解 $\widehat{\theta}_n = \widehat{\theta}(X_1, X_2, \cdots, X_n)$ 依概率收敛于真值 θ, 且

$$\widehat{\theta}_n \sim \mathrm{AN}(\theta, [nI(\theta)]^{-1})$$

式中, $I(\theta)$ 称为费希尔信息量, 有时简称信息量.

在 2.5 节中还将看到, $I(\theta)$ 将影响 θ 的无偏估计 $\widehat{\theta}$ 的方差下界, $I(\theta)$ 越大, 可能达到的方差下界就越小, 这反映了 θ 更容易做出精度高的估计, 或者说, 样本所含 θ 的信息量越多. 因此 $I(\theta)$ 可以作为样本所含信息量的一种度量.

此外, 称 $S(\theta) = \dfrac{\partial \ln p}{\partial \theta}$ 为得分函数 (score function), 若将其看成 x 的函数, 可验证其期望是 0. 因此 $I(\theta)$ 可看作 S^2 的期望或 S 的方差, 还可以证明:

$$I(\theta) = -E\left(\frac{\partial^2 \ln p}{\partial \theta^2}\right)$$

当参数空间为 $\Theta \subseteq \mathbf{R}^k$, 且参数 $\boldsymbol{\theta} = (\theta_1, \cdots, \theta_k) \in \Theta$ 时, 最大似然估计在一定的正则性条件下也有上述相似的结论, 也就是说:

$$\widehat{\boldsymbol{\theta}}_n \sim \mathrm{AN}(\boldsymbol{\theta}, (n\boldsymbol{I}(\boldsymbol{\theta}))^{-1})$$

式中, $\boldsymbol{I}(\boldsymbol{\theta})$ 为费希尔信息阵, 即

$$\boldsymbol{I}(\boldsymbol{\theta}) = E_{\boldsymbol{\theta}}[\boldsymbol{S}_{\boldsymbol{\theta}}(X)\boldsymbol{S}'_{\boldsymbol{\theta}}(X)], \quad \boldsymbol{S}_{\boldsymbol{\theta}}(X) = \left(\frac{\partial \ln p}{\partial \theta_1}, \cdots, \frac{\partial \ln p}{\partial \theta_k}\right)'$$

此外, 称 $\boldsymbol{S}_{\boldsymbol{\theta}}(X)$ 为得分矩阵, 并且可验证其期望是 0.

这个定理最大的贡献是在一定条件下给出了最大似然估计的渐近正态分布, 其中渐近方差完全由费希尔信息量 $I(\theta)$ 决定, 且费希尔信息量 $I(\theta)$ 越大 (分布中含参数 θ 的信息越多), 渐近方差就越小, 从而最大似然估计的效果就越好. 费希尔信息量是统计学中的一个重要概念. 2.6.3 节将进一步讨论基于此定理的区间估计, 2.8.2 节将给出数值计算方法. 由于这个定理的重要性, 在后续的统计研究中, 很多模型的参数估计都会使用最大似然法. 使用时首先证明模型的分布满足定理 2.3.3 的条件, 然后应用此定理说明模型的解具有渐近正态性. 当然, 如果为了证明结论而多加了不合理的假设, 就违背了统计研究的初衷, 是不可取的.

使用这个定理时还需注意费希尔信息量是否存在. 对于此, 众所周知的结论是: Cramer-Rao 正则分布族中的费希尔信息量都存在. 该正则分布族定义如下.

定义 2.3.3 分布 $p(x; \theta), \theta \in \Theta$ 属于 Cramer-Rao 正则分布族 (简记为 C-R 正则分布族), 如果该分布满足如下五个条件:

(1) 参数空间 Θ 是直线上的开区间.

(2) $\dfrac{\partial \ln p(x; \theta)}{\partial \theta}$ 对所有 $\theta \in \Theta$ 都存在.

(3) 分布的支撑 $\{x : p(x;\theta) > 0\}$ 与 θ 无关.

(4) $p(x;\theta)$ 的微分与积分运算可交换.

(5) 对所有 $\theta \in \Theta$, 期望 $0 < E\left(\dfrac{\partial \ln p(x;\theta)}{\partial \theta}\right)^2 < +\infty$.

常用的分布大多为 C-R 正则分布族, 但是均匀分布 $U(0,\theta)$ 不是 C-R 正则分布族, 因为其支撑与 θ 有关.

例 2.3.11 求二点分布 $b(1,\theta)$ 中参数 θ 的费希尔信息量, 其分布列为:
$$p(x;\theta) = \theta^x(1-\theta)^{1-x}, \quad x = 0,1; \quad 0 < \theta < 1$$

解 可以验证, 二点分布属于 C-R 正则分布族. 为求其费希尔信息量, 要进行如下运算:
$$\ln p(x;\theta) = x\ln\theta + (1-x)\ln(1-\theta)$$
$$\frac{\partial \ln p}{\partial \theta} = \frac{x}{\theta} - \frac{1-x}{1-\theta} = \frac{x-\theta}{\theta(1-\theta)}$$
$$I(\theta) = E\left[\frac{x-\theta}{\theta(1-\theta)}\right]^2 = \frac{1}{\theta(1-\theta)}$$

这就是二点分布的费希尔信息量. 若 $X_1, X_2, \cdots, X_n$ 是来自该二点分布的一个样本, 则 $\overline{X}$ 是 θ 的最大似然估计, 其渐近正态分布为:
$$\overline{X} \sim \mathrm{AN}\left(\theta, \frac{\theta(1-\theta)}{n}\right)$$

这与中心极限定理的结果完全一致.

例 2.3.12 设 $X_1, X_2, \cdots, X_n$ 是来自正态总体 $N(\mu,\sigma^2)$ 的一个样本, 可以验证, 正态分布属于 C-R 正则分布族.

在已知 σ^2 的条件下, μ 的 MLE 是 $\hat{\mu} = \overline{X}$, 而 μ 的费希尔信息量 $I(\mu)$ 的计算如下:
$$\ln p(x;\mu) = -\ln(\sqrt{2\pi}\sigma) - \frac{(x-\mu)^2}{2\sigma^2}$$
$$\frac{\partial \ln p}{\partial \mu} = \frac{x-\mu}{\sigma^2}$$
$$I(\mu) = E\left(\frac{x-\mu}{\sigma^2}\right)^2 = \frac{1}{\sigma^2}$$

从而 $\hat{\mu} = \overline{X}$ 的渐近正态分布为 $N(\mu,\sigma^2/n)$, 这与 $\overline{X}$ 的精确分布一致.

在已知 μ 的条件下, σ^2 的 MLE 是 $\hat{\sigma}^2 = \dfrac{1}{n}\sum_{i=1}^{n}(X_i - \mu)^2$, 而 σ^2 的费希尔信息

量 $I(\sigma^2)$ 的计算如下：

$$\ln p(x;\sigma^2) = -\ln(\sqrt{2\pi}) - \frac{1}{2}\ln\sigma^2 - \frac{(x-\mu)^2}{2\sigma^2}$$

$$\frac{\partial \ln p}{\partial \sigma^2} = -\frac{1}{2\sigma^2} + \frac{(x-\mu)^2}{2\sigma^4}$$

$$I(\sigma^2) = E\left[-\frac{1}{2\sigma^2} + \frac{(x-\mu)^2}{2\sigma^4}\right] = \frac{1}{2\sigma^4}$$

从而 $\hat{\sigma}^2 \sim \mathrm{AN}(\sigma^2, 2\sigma^4/n)$.

在已知 μ 的条件下，σ 的 MLE 是 $\hat{\sigma} = \sqrt{\hat{\sigma}^2} = \left(\frac{1}{n}\sum_{i=1}^{n}(X_i - \mu)^2\right)^{1/2}$，而 σ 的费希尔信息量的计算如下：

$$\ln p(x,\sigma) = -\ln\sqrt{2\pi} - \ln\sigma - \frac{(x-\mu)^2}{2\sigma^2}$$

$$\frac{\partial \ln p}{\partial \sigma} = -\frac{1}{\sigma} + \frac{(x-\mu)^2}{\sigma^3}$$

$$I(\sigma) = E\left(-\frac{1}{\sigma} + \frac{(x-\mu)^2}{\sigma^3}\right)^2 = \frac{2}{\sigma^2}$$

从而 $\hat{\sigma} \sim \mathrm{AN}(\sigma, \sigma^2/(2n))$.

2.3.4 EM 算法

1. EM 算法的步骤

最大似然估计 (MLE) 是一种非常有效的参数估计方法，但是当分布中有多余参数或数据有截尾或缺失时，其 MLE 的求取是比较困难的. 于是 Dempster 等人于 1977 年提出了 EM 算法，即期望最大算法，这是一种迭代算法，它是受缺失思想的激发，在考虑给定观测数据下缺失项的条件分布时产生的，能用于含有潜在变量的概率模型参数的最大似然估计或最大后验概率估计.

假设样本 $\boldsymbol{X} = (X_1, X_2, \cdots, X_n)$ 的联合密度函数为 $f(\boldsymbol{X};\theta) = \prod_{i=1}^{n} f(X_i;\theta)$，样本 $\boldsymbol{X}$ 包括两部分——观测数据 $\boldsymbol{Y}$ 和未观测数据 (缺失或潜在变量) $\boldsymbol{Z}$，因此我们把 $\boldsymbol{X}$ 记为 $\boldsymbol{X} = (\boldsymbol{Y}, \boldsymbol{Z})$，称为完全数据. 我们可以得到完全数据的对数似然函数：

$$l_c(\theta;\boldsymbol{X}) = \ln f(\boldsymbol{X};\theta) = \ln f(\boldsymbol{Y}, \boldsymbol{Z};\theta)$$

基于观测数据的对数似然函数为：

$$l_{obs}(\theta;\boldsymbol{Y}) = \ln \int_{\boldsymbol{Z}} f(\boldsymbol{Y}, \boldsymbol{Z};\theta)\mathrm{d}\boldsymbol{Z}$$

对未知参数 θ 的估计可采用基于观测数据的最大似然法，即

$$\hat{\theta} = \arg\max l_{obs}(\theta;\boldsymbol{Y})$$

但最大化该似然函数时需要计算积分, 计算过程复杂, 我们可能仍无法得到 $l_{obs}(\theta; \boldsymbol{Y})$ 的显式表达式.

EM 算法通过迭代求解 MLE, 其出发点就是把每次迭代的步骤分为两步: 第一步 (E 步) 求期望; 第二步 (M 步) 求最大值. 其具体迭代步骤如下:

(1) 首先, 人为设一个 θ 的初始值 $\theta_{(0)}$.

(2) E 步: 在已知观测数据 $\boldsymbol{Y} = \boldsymbol{y}$ 和第 i 步估计值 $\theta_{(i)}$ 的条件下, 求基于完全数据的对数似然函数 (关于潜在变量 $\boldsymbol{Z}$) 的期望, 称为 Q 函数:

$$Q(\theta|\boldsymbol{y}, \theta_{(i)}) = E_{\theta_{(i)}}[l_c(\theta; \boldsymbol{X})|\boldsymbol{Y} = \boldsymbol{y}]$$

上述条件期望是关于潜在变量 $\boldsymbol{Z}$ 在条件分布 $f(\boldsymbol{Z}|\boldsymbol{Y} = \boldsymbol{y}; \theta_{(i)})$ 下计算得到的, 具体可参见例 2.3.13 中的式 (2.3.2).

(3) M 步: 求 $Q(\theta|\boldsymbol{y}, \theta_{(i)})$ 关于 θ 的最大值, 记录对应的 θ 值并进行更新:

$$\theta_{(i+1)} = \arg\max_{\theta} Q(\theta|\boldsymbol{y}, \theta_{(i)})$$

(4) 重复以上两步直到收敛, 即可得到 θ 的 MLE.

下面关于 EM 算法做几点说明:

(1) 参数的初始值可以任意选择, 但 EM 算法对初始值是敏感的.

(2) 停止迭代的条件一般是, 对于较小的正数 ε, 满足

$$\left|\theta_{(i+1)} - \theta_{(i)}\right| < \varepsilon$$

(3) EM 算法是一种引入潜在变量的方法, 相比其他同类方法, 如缺失数据填补法等, EM 算法较为简单和稳定, 其原因是每次迭代都会使似然函数增大或达到局部极值 (参考2.3.4节).

(4) EM 算法只能保证收敛到一个稳定点, 并不能保证达到全局最优. 可采用跨度很大的初始值进行迭代, 看初始值的选择是否影响迭代结果.

例 2.3.13 设一次实验可能有 4 种结果, 发生的概率分别为 $1/2 - \theta/4$, $(1-\theta)/4$, $(1+\theta)/4$, $\theta/4$, $\theta \in (0,1)$. 现进行了 197 次实验, 4 种结果的发生次数分别为 75, 18, 70, 34, 试求 θ 的 MLE.

解 以 y_1, y_2, y_3, y_4 表示 4 种结果发生的次数, 此时总体分布为多项分布, 其似然函数为:

$$L(\theta; \boldsymbol{y}) \propto \left(\frac{1}{2} - \frac{\theta}{4}\right)^{y_1} \left(\frac{1-\theta}{4}\right)^{y_2} \left(\frac{1+\theta}{4}\right)^{y_3} \left(\frac{\theta}{4}\right)^{y_4}$$

$$\propto (2-\theta)^{y_1}(1-\theta)^{y_2}(1+\theta)^{y_3}\theta^{y_4}$$

我们可以通过最大化对数似然函数的方式求解 θ 的 MLE.

EM 算法在引入两个潜在变量 z_1, z_2 后, 通过迭代计算方式求解. 假设第一种结果可以分成两部分, 发生的概率分别为 $(1-\theta)/4$ 和 $1/4$, 令 z_1 和 $y_1 - z_1$ 分别表示落入这两部分的次数; 再假设第三种结果也可分成两部分, 发生的概率分别

为 $\theta/4$ 和 $1/4$, 令 z_2 和 $y_3 - z_2$ 分别表示落入这两部分的次数, z_1, z_2 是不可观测的. $(\boldsymbol{y}, \boldsymbol{z})$ 是完全数据, 而只有观测数据 $\boldsymbol{y}$ 时为不完全数据. 此时完全数据的似然函数用 L_c 表示:

$$L_c(\theta; \boldsymbol{y}, \boldsymbol{z}) \propto \left(\frac{1}{4}\right)^{y_1-z_1} \left(\frac{1-\theta}{4}\right)^{z_1+y_2} \left(\frac{1}{4}\right)^{y_3-z_2} \left(\frac{\theta}{4}\right)^{z_2+y_4}$$

$$\propto \theta^{z_2+y_4}(1-\theta)^{z_1+y_2}$$

其对数似然函数为:

$$l_c(\theta; \boldsymbol{y}, \boldsymbol{z}) \propto (z_2+y_4)\ln\theta + (z_1+y_2)\ln(1-\theta)$$

然而此时由于 z_1 和 z_2 未知, 上式无法直接求解, 但我们注意到, 当给定 $\boldsymbol{y}, \theta$ 时, $z_1 \sim b\left(y_1, \frac{1-\theta}{2-\theta}\right)$, $z_2 \sim b(y_3, \frac{\theta}{\theta+1})$, 于是 Dempster 等建议分如下两步进行迭代求解, 首先, 人为设一个 θ 的初始值 $\theta_{(0)}$.

第一步 (E 步), 在已知观测数据 $\boldsymbol{y}$ 和第 i 步估计值 $\theta_{(i)}$ 的条件下, 求基于完全数据的对数似然函数 (关于潜在变量 $\boldsymbol{z}$) 的期望, 称为 Q 函数:

$$Q(\theta|\boldsymbol{y}, \theta_{(i)}) = E_{\boldsymbol{z}} l_c(\theta; \boldsymbol{y}, \boldsymbol{z})$$

第二步 (M 步), 求 $Q(\theta|\boldsymbol{y}, \theta_{(i)})$ 关于 θ 的最大值, 记录对应的 θ 值进行更新:

$$\theta_{(i+1)} = \arg\max_{\theta} Q(\theta|\boldsymbol{y}, \theta_{(i)})$$

重复以上两步直到收敛, 即可得到 θ 的 MLE.

对于本例, 可得到:

$$Q(\theta|\boldsymbol{y}, \theta_{(i)}) = (E(z_2; \theta_{(i)}) + y_4)\ln\theta + (E(z_1; \theta_{(i)}) + y_2)\ln(1-\theta) \tag{2.3.2}$$

所以

$$\theta_{(i+1)} = \frac{E(z_2; \theta_{(i)}) + y_4}{E(z_1; \theta_{(i)}) + E(z_2; \theta_{(i)}) + y_2 + y_4}$$

又知

$$E(z_1; \theta_{(i)}) = \frac{1-\theta_{(i)}}{2-\theta_{(i)}} y_1, \quad E(z_2; \theta_{(i)}) = \frac{\theta_{(i)}}{1+\theta_{(i)}} y_3$$

所以

$$\theta_{(i+1)} = \frac{\dfrac{\theta_{(i)}}{1+\theta_{(i)}} y_3 + y_4}{\dfrac{1-\theta_{(i)}}{2-\theta_{(i)}} y_1 + y_2 + \dfrac{\theta_{(i)}}{1+\theta_{(i)}} y_3 + y_4}$$

取 $\theta_{(0)} = 0.5$, 则 13 次迭代后可求得 θ 的 MLE 为 $0.606\,7$.

作参数估计值与迭代次数的图像, 如图 2.3.3 所示.

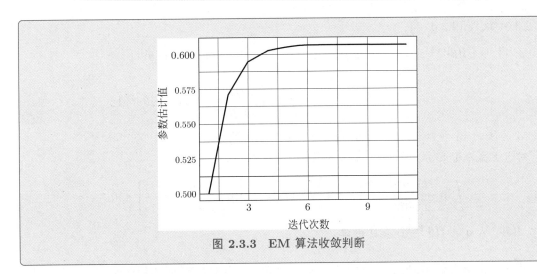

图 **2.3.3** EM 算法收敛判断

2. EM 算法的单调性

定理 **2.3.4** 对于上述 EM 算法, 我们有
$$l(\theta^{(i+1)}; \boldsymbol{y}) \geqslant l(\theta^{(i)}; \boldsymbol{y})$$
式中, $l(\theta; \boldsymbol{y})$ 为观测数据的对数似然函数, 即 $l(\theta; \boldsymbol{y}) = \ln L(\theta; \boldsymbol{y})$.

证 记观测数据 $\boldsymbol{Y}$ 的对数似然函数和概率密度函数分别为 $l(\theta; \boldsymbol{y})$ 和 $f(\boldsymbol{y}|\theta)$, 完全数据 $(\boldsymbol{Y}, \boldsymbol{Z})$ 的对数似然函数和概率密度函数分别为 $l_c(\theta; \boldsymbol{y})$ 和 $f(\boldsymbol{y}, \boldsymbol{z}|\theta)$, 于是由条件概率公式知, 在 $(\boldsymbol{Y}, \theta)$ 已知的情况下, $\boldsymbol{Z}$ 的概率密度函数为
$$f(\boldsymbol{z}|\boldsymbol{y}, \theta) = \frac{f(\boldsymbol{y}, \boldsymbol{z}|\theta)}{f(\boldsymbol{y}|\theta)}$$
因此
$$f(\boldsymbol{y}|\theta) = \frac{f(\boldsymbol{y}, \boldsymbol{z}|\theta)}{f(\boldsymbol{z}|\boldsymbol{y}, \theta)}$$

两边取对数
$$l(\theta; \boldsymbol{y}) = l_c(\theta; \boldsymbol{y}, \boldsymbol{z}) - \ln f(\boldsymbol{z}|\boldsymbol{y}, \theta)$$

对上式两边求 $\boldsymbol{z}$ 在 $(\boldsymbol{Y}, \theta = \theta^{(i)})$ 已知的条件下的期望, 有
$$l(\theta; \boldsymbol{y}) = Q(\theta|\boldsymbol{y}, \theta^{(i)}) - \int f(\boldsymbol{z}|\boldsymbol{y}, \theta^{(i)}) \ln f(\boldsymbol{z}|\boldsymbol{y}, \theta) \mathrm{d}\boldsymbol{z} \tag{2.3.3}$$

式 (2.3.3) 分别取 $\theta = \theta^{(i)}$ 和 $\theta^{(i+1)}$, 得
$$l(\theta^{(i)}; \boldsymbol{y}) = Q(\theta^{(i)}|\boldsymbol{y}, \theta^{(i)}) - \int f(\boldsymbol{z}|\boldsymbol{y}, \theta^{(i)}) \ln f(\boldsymbol{z}|\boldsymbol{y}, \theta^{(i)}) \mathrm{d}\boldsymbol{z} \tag{2.3.4}$$

$$l(\theta^{(i+1)}; \boldsymbol{y}) = Q(\theta^{(i+1)}|\boldsymbol{y}, \theta^{(i)}) - \int f(\boldsymbol{z}|\boldsymbol{y}, \theta^{(i)}) \ln f(\boldsymbol{z}|\boldsymbol{y}, \theta^{(i+1)}) \mathrm{d}\boldsymbol{z} \tag{2.3.5}$$

式 (2.3.5) 减式 (2.3.4) 得

$$l(\theta^{(i+1)}; \boldsymbol{y}) - l(\theta^{(i)}; \boldsymbol{y}) = Q(\theta^{(i+1)}|\boldsymbol{y}, \theta^{(i)}) - Q(\theta^{(i)}|\boldsymbol{y}, \theta^{(i)})$$

$$- \int \ln \frac{f(\boldsymbol{z}|\boldsymbol{y}, \theta^{(i+1)})}{f(\boldsymbol{z}|\boldsymbol{y}, \theta^{(i)})} f(\boldsymbol{z}|\boldsymbol{y}, \theta^{(i)}) \mathrm{d}\boldsymbol{z}$$

由 EM 算法的 M 步知, $Q(\theta^{(i+1)}|\boldsymbol{y}, \theta^{(i)}) - Q(\theta^{(i)}|\boldsymbol{y}, \theta^{(i)}) \geqslant 0$.

对于上式积分部分, 由 Jensen 不等式知

$$\int \ln \frac{f(\boldsymbol{z}|\boldsymbol{y}, \theta^{(i+1)})}{f(\boldsymbol{z}|\boldsymbol{y}, \theta^{(i)})} f(\boldsymbol{z}|\boldsymbol{y}, \theta^{(i)}) \mathrm{d}\boldsymbol{z} = E\left[\ln \frac{f(\boldsymbol{z}|\boldsymbol{y}, \theta^{(i+1)})}{f(\boldsymbol{z}|\boldsymbol{y}, \theta^{(i)})}\right] \leqslant 0$$

因此, $l(\theta^{(i+1)}; \boldsymbol{y}) - l(\theta^{(i)}; \boldsymbol{y}) \geqslant 0$ 得证.

此定理告诉我们 EM 算法得到的估计序列 $\theta^{(i)}$ 会使观察数据的似然函数值单调增加, 但并不保证收敛到全局最优. 不同的初始值可能会使其达到局部最优, 因此要注重尝试不同的初始值.

如果 E 步的期望很难用解析方法得到精确解, 就可用随机模拟方法计算. 如果 M 步的最大值难以计算, 那么设计相应的算法找到下一个 $\theta^{(i+1)}$, 满足 $Q(\theta^{(i+1)}|\boldsymbol{y}, \theta^{(i)}) > Q(\theta^{(i)}|\boldsymbol{y}, \theta^{(i)})$ 即可.

例 2.3.14 给定数据 $\boldsymbol{X}$ 是 n 行 p 列的矩阵, 每行是一个样本点, 每列是一个变量, 我们的目标是根据列变量的取值对样本点进行聚类, 假定一共有 K 类. 在 EM 算法中假定每行观测数据中有一个潜在的 (未观测到的) 指标向量 $\boldsymbol{Z}_i = (Z_{i1}, Z_{i2}, \cdots, Z_{iK})$, 其中 $Z_{ik} = 0$ 或 1 $(k = 1, 2, \cdots, K)$, 并且 K 个分量中只有一个等于 1. 如果 $Z_{ik} = 1$, 那么表示第 i 个样本点属于第 k 类. 向量 $\boldsymbol{Z}_i$ 服从多项分布, 其概率分布列为 $(\pi_1, \pi_2, \cdots, \pi_K)$. 此外, 假定 $Z_{ik} = 1$ 时, 第 i 行观测值 $\boldsymbol{X}_i$ 服从 p 维正态分布 $N(\boldsymbol{\mu}_k, \boldsymbol{\Sigma}_k)$, 则

$$P(\boldsymbol{X}_i|\boldsymbol{Z}_i) = \prod_{k=1}^{K} \{N(\boldsymbol{X}_i|\boldsymbol{\mu}_k, \boldsymbol{\Sigma}_k)\}^{Z_{ik}}$$

注意, 在应用这个方法进行聚类时, 首先要检查数据是否符合正态分布.

本例所要估计的参数为 $(\boldsymbol{\mu}_k, \boldsymbol{\Sigma}_k, \pi_k)$ $(k = 1, 2, \cdots, K)$. 下面介绍 EM 算法的步骤.

首先, 数据 $(\boldsymbol{X}, \boldsymbol{Z})$ 的完全似然函数可以写成:

$$L_c(\boldsymbol{X}, \boldsymbol{Z}; \boldsymbol{\mu}_k, \boldsymbol{\Sigma}_k, \pi_k) = \prod_{i=1}^{n} \prod_{k=1}^{K} [\pi_k N(\boldsymbol{X}_i; \boldsymbol{\mu}_k, \boldsymbol{\Sigma}_k)]^{Z_{ik}}$$

完全对数似然函数为:

$$l_c \triangleq \ln L_c(\boldsymbol{X}, \boldsymbol{Z}; \boldsymbol{\mu}_k, \boldsymbol{\Sigma}_k, \pi_k) = \sum_{i=1}^{n} \sum_{k=1}^{K} Z_{ik} (\ln \pi_k + \ln N(\boldsymbol{X}_i; \boldsymbol{\mu}_k, \boldsymbol{\Sigma}_k)) \tag{2.3.6}$$

为了得到该问题的 Q 函数, 需要计算给定 $\boldsymbol{X}_i$ 时 $\boldsymbol{Z}_i$ 的期望, 也就是要得到如下概率值 $P(Z_{ik}=1|\boldsymbol{X}_i)$. 根据全概率公式, 有

$$E(\boldsymbol{Z}_i|\boldsymbol{X}_i)=P(Z_{ik}=1|\boldsymbol{X}_i)=\frac{\pi_k N(\boldsymbol{X}_i;\boldsymbol{\mu}_k,\boldsymbol{\Sigma}_k)}{\sum\limits_{j=1}^{K}\pi_j N(\boldsymbol{X}_i;\boldsymbol{\mu}_j,\boldsymbol{\Sigma}_j)}\triangleq\gamma(Z_{ik}) \tag{2.3.7}$$

所以将式 (2.3.6) 中的 Z_{ik} 替换为 $\gamma(Z_{ik})$, 即为 Q 函数.

　　EM 算法的参数估计步骤如下:

(1) 初始化: 初始参数为 $\boldsymbol{\mu}_k,\boldsymbol{\Sigma}_k,\pi_k\ (k=1,2,\cdots,K)$.

(2) E 步: 计算式 (2.3.7).

(3) M 步: 将式 (2.3.7) 的值代入式 (2.3.6), 最大化该公式, 求得更新的参数估计:

$$\widehat{\mu}_k=\frac{1}{\widehat{n}_k}\sum_{i=1}^{n}\gamma(Z_{ik})\boldsymbol{X}_i$$

$$\widehat{\boldsymbol{\Sigma}}_k=\frac{1}{\widehat{n}_k}\sum_{i=1}^{n}\gamma(Z_{ik})(\boldsymbol{X}_i-\widehat{\mu}_k)(\boldsymbol{X}_i-\widehat{\mu}_k)'$$

$$\widehat{\pi}_k=\widehat{n}_k/n$$

其中 $\widehat{n}_k=\sum\limits_{i=1}^{n}\gamma(Z_{ik})$.

(4) 重复 (2) 和 (3) 两步直至收敛.

最后将第 i 个样本点归入 $\gamma(Z_{ik})\ (k=1,2,\cdots,K)$ 中取值最大的那一类.

· 批判性思考 ·

1. 费希尔曾说: "似然并不是概率." 这句话应该如何理解?

2. 理解样本联合分布函数 (2.3.1) 的含义, 它是一个 n 维函数, 不能写成 $f^n(x)$.

3. 理解最大似然估计是统计量, 它不含未知参数, 是样本的函数.

4. 理解 EM 算法可以保证找到一个局部最优解, 但并不能保证找到全局最优解.

5. 思考 EM 估计的标准差如何计算.

6. EM 算法在实际应用中通常会出现收敛速度慢的问题. 查阅更多相关文献或书籍, 学习一些 EM 算法的加速方法.

· 习 题 2.3 ·

1. 设总体 X 具有密度函数 (拉普拉斯分布):

$$p(x;\sigma)=\frac{1}{2\sigma}\mathrm{e}^{-|x|/\sigma},\quad -\infty<x<+\infty$$

从中获得样本 $X_1,X_2,\cdots,X_n$, 其中未知参数 $\sigma>0$, 求 σ 的最大似然估计.

2. 设样本 $X_1, X_2, \cdots, X_n$ 来自 Pareto 分布, 其密度函数为:

$$p(x; \alpha, \theta) = \theta \alpha^{\theta} x^{-(\theta+1)}, \quad x > \alpha > 0, \quad \theta > 0$$

求 α 与 θ 的 MLE.

3. 设 $p(x; \theta)$ 为 C-R 正则分布族, 若其二阶偏导数 $\partial^2 \ln p(x; \theta)/\partial \theta^2$ 对一切 θ 都存在, 证明其费希尔信息量为:

$$I(\theta) = -E\left(\frac{\partial^2 \ln p(x; \theta)}{\partial \theta^2}\right)$$

在某些场合, 这个公式可简化费希尔信息量的计算.

4. 设 Z 服从瑞利分布, 其倒数 $U = 1/Z$ 的分布称为倒瑞利分布, 其密度函数为:

$$p(u; \sigma, \mu) = \frac{1}{\sigma^2 u^3} \exp\left\{-\frac{1}{2\sigma^2 u^2}\right\}, \quad u > 0$$

(1) 设 $U_1, U_2, \cdots, U_n$ 为来自倒瑞利分布的一个样本, 求 σ^2 的 MLE.

(2) 求倒瑞利分布中 σ^2 的费希尔信息量 $I(\sigma^2)$.

(3) 写出 MLE $\hat{\sigma}^2$ 的渐近正态分布.

5. 设 $X_1, X_2, \cdots, X_n$ 是来自如下伽马分布 $\mathrm{Ga}(\alpha, \lambda)$ 的一个样本:

$$p(x; \alpha, \lambda) = \frac{\lambda^{\alpha}}{\Gamma(\alpha)} x^{\alpha-1} \mathrm{e}^{-\lambda x}, \quad x > 0$$

当 α 已知时求其中参数 λ 的 MLE 及其渐近分布.

6. 设某种电器的寿命 (单位: 小时) 服从指数分布 $\mathrm{Exp}(1/\theta)$. 现有 10 件此种电器同时参加寿命实验, 已知 2 件先后在 110 小时和 170 小时失效, 其余的在 200 小时停止实验前没有失效, 试求其平均失效时间的最大似然估计.

7. 假设存在来自多项分布的样本, 样本量为 $n = 435$, 存在 4 类可能的结果, 概率结构如下表所示, 同时表中给出各类的样本量:

种类	概率	样本量
O	r^2	$n_{\mathrm{O}} = 176$
A	$p^2 + 2pr$	$n_{\mathrm{A}} = 182$
B	$q^2 + 2qr$	$n_{\mathrm{B}} = 60$
AB	$2pq$	$n_{\mathrm{AB}} = 17$

观测数据样本量使用向量 $\boldsymbol{y} = (n_{\mathrm{O}}, n_{\mathrm{A}}, n_{\mathrm{B}}, n_{\mathrm{AB}})'$ 表示, 向量中的未知参数为 $\boldsymbol{\Psi} = (p, q)'$, 表中 $r = 1 - p - q$. 使用 EM 算法估计参数.

8. 假设有 3 枚硬币, 分别记作 A, B, C. 抛这些硬币正面出现的概率分别是 π, p 和 q. 进行如下抛硬币实验: 先抛硬币 A, 根据其结果选出硬币 B 或硬币 C, 正面选硬币 B, 反面选硬币 C; 然后抛选出的硬币, 抛硬币的结果出现正面记作 1, 出现反面记作 0. 独立地重复实验 n 次 (这里, $n = 10$), 观测结果如下:

$$1, 1, 0, 1, 0, 0, 1, 0, 1, 1$$

假设只能观测到抛硬币的结果, 不能观测抛硬币的过程. 使用 EM 算法估计 3 枚硬币正面出现的概率, 即 3 枚硬币模型的参数.

9. 假设灯泡的寿命服从均值为 θ 的指数分布. 为估计 θ, 工厂进行了如下实验: 打开 n 个灯泡, 观察时长为 t, 记录灯泡损坏的时间. 因此只有 t 时间内损坏的部分灯泡的寿命已知, 其他仍在工作的灯泡的寿命未知. 利用 EM 算法估计灯泡的平均寿命 θ.

10. 假设灯泡的寿命服从均值为 θ 的指数分布. 为估计 θ, 工厂进行了如下两个实验:

(1) 记录 n 个灯泡的寿命, 记作 $x_1, \cdots, x_n$.

(2) 在 t 时刻对 m 个灯泡的工作情况进行检查, 发现有 r 个灯泡已经损坏.

请写出利用 EM 算法估计 θ 的步骤.

2.4　最小方差无偏估计

设 $\widehat{\theta}_n = \widehat{\theta}(X_1, X_2, \cdots, X_n)$ 是参数 θ 的一个估计. 评价估计 $\widehat{\theta}_n$ 优劣的标准在前面已提出三个, 分别是:

(1) 无偏性, 见定义 2.1.2.

(2) 相合性, 见定义 2.2.1.

(3) 渐近正态性, 见定义 2.3.2.

其中, (2) 和 (3) 是估计的大样本性质. 常用的评价标准还有两个, 分别是:

(4) 无偏估计的有效性.

(5) 有偏估计的均方误差准则.

后两个标准是用二阶矩定义的, 故又称为二阶矩准则, 它们也是估计的小样本性质. 在本节将给出这两个标准. 注意, 一个标准只能刻画出估计的一个侧面. 要使一个估计在多个侧面都很好是罕见的, 根据实际情况选用一个或两个标准对估计提出要求是适当的.

2.4.1　无偏估计的有效性

参数 θ 的无偏估计常有多个, 如何在诸无偏估计中做出选择呢?

估计量 $\widehat{\theta}$ 的无偏性只涉及 $\widehat{\theta}$ 的抽样分布的一阶矩 (期望), 它考察的只是位置特征. 进一步的评价标准需要考察其二阶矩 (方差), 这涉及 $\widehat{\theta}$ 的散布特征. 图 2.4.1 中显示了 θ 的两个无偏估计 $\widehat{\theta}_1$ 与 $\widehat{\theta}_2$ 及其密度函数曲线, 从图中看, 估计量 $\widehat{\theta}_1$ 的取值比 $\widehat{\theta}_2$ 的取值集中一

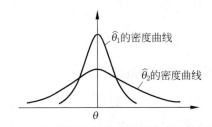

图 2.4.1　θ 的两个无偏估计的密度函数示意图

些, 即 $\mathrm{Var}(\widehat{\theta}_1) < \mathrm{Var}(\widehat{\theta}_2)$. 因而我们可以用估计量的方差去衡量两个无偏估计的好坏, 从而引入无偏估计有效性的标准.

定义 2.4.1 设 $\widehat{\theta}_1 = \widehat{\theta}_1(X_1, X_2, \cdots, X_n)$ 与 $\widehat{\theta}_2 = \widehat{\theta}_2(X_1, X_2, \cdots, X_n)$ 都是参数 θ 的无偏估计, 如果

$$\mathrm{Var}(\widehat{\theta}_1) \leqslant \mathrm{Var}(\widehat{\theta}_2), \quad \forall \theta \in \Theta$$

且至少对一个 $\theta_0 \in \Theta$ 严格不等号成立, 则称 $\widehat{\theta}_1$ 比 $\widehat{\theta}_2$ 有效.

例 2.4.1 设 $X_1, X_2, \cdots, X_n$ 是取自总体 X 的样本, 且 $E(X) = \mu, \mathrm{Var}(X) = \sigma^2$ 均有限, 则

$$\widehat{\mu}_1 = \overline{X}, \quad \widehat{\mu}_2 = X_1$$

都是 μ 的无偏估计, 但

$$\mathrm{Var}(\widehat{\mu}_1) = \frac{\sigma^2}{n}, \quad \mathrm{Var}(\widehat{\mu}_2) = \sigma^2$$

故当 $n \geqslant 2$ 时, $\mathrm{Var}(\widehat{\mu}_1) < \mathrm{Var}(\widehat{\mu}_2)$, 因而 $\widehat{\mu}_1$ 比 $\widehat{\mu}_2$ 有效.

从这一例子可见, 要尽量用样本中所有数据的均值估计总体均值, 而不要用部分数据估计总体均值, 这样可提高估计的有效性.

下面继续讨论这类问题, 若从同一总体 X 中获得两个相互独立的样本, 其容量分别为 n_1 与 n_2, 则其样本均值 $\overline{X}_1$ 与 $\overline{X}_2$ 都是总体均值 μ 的无偏估计. 相对来说, 容量大的样本均值比容量小的样本均值有效. 但其合样本的均值 $\overline{\overline{X}}$ 更有效, 因为

$$\overline{\overline{X}} = \frac{n_1 \overline{X}_1 + n_2 \overline{X}_2}{n_1 + n_2}, \quad \mathrm{Var}(\overline{\overline{X}}) = \frac{\sigma^2}{n_1 + n_2} < \min\left\{\frac{\sigma^2}{n_1}, \frac{\sigma^2}{n_2}\right\}$$

还可以证明: 在 $\overline{X}_1$ 与 $\overline{X}_2$ 的一切凸组合 $\alpha \overline{X}_1 + (1 - \alpha)\overline{X}_2 \ (0 \leqslant \alpha \leqslant 1)$ 中, $\overline{\overline{X}}$ 是最有效的.

例 2.4.2 例 2.3.3 指出, 均匀分布 $U(0, \theta)$ 中 θ 的最大似然估计为 $X_{(n)}$, 由于 $E[X_{(n)}] = \frac{n}{n+1}\theta$, 所以 $X_{(n)}$ 不是 θ 的无偏估计, 但修偏后可得 θ 的一个无偏估计 $\widehat{\theta}_1 = \frac{n+1}{n}X_{(n)}$, 且

$$\mathrm{Var}(\widehat{\theta}_1) = \left(\frac{n+1}{n}\right)^2 \mathrm{Var}(X_{(n)}) = \left(\frac{n+1}{n}\right)^2 \cdot \frac{n\theta^2}{(n+1)^2(n+2)} = \frac{\theta^2}{n(n+2)}$$

用矩法可得 θ 的另一个无偏估计 $\widehat{\theta}_2 = 2\overline{X}$, 且

$$\mathrm{Var}(\widehat{\theta}_2) = 4\mathrm{Var}(\overline{X}) = 4 \times \frac{\theta^2}{12n} = \frac{\theta^2}{3n}$$

比较这两个方差可见, 当 $n \geqslant 2$ 时, $\widehat{\theta}_1$ 比 $\widehat{\theta}_2$ 有效.

2.4.2　有偏估计的均方误差准则

无偏性是估计的一个优良性质, 但不能由此认为无偏估计已是十全十美的估计, 而有偏估计无可取之处. 为深入考察这个问题, 需要对有偏估计引入均方误差准则.

大家知道, 在样本量一定时, 评价一个点估计 $\hat\theta$ 的优劣要看 $\hat\theta$ 与参数 θ 的距离 $|\hat\theta - \theta|$ 的期望或其函数的期望, 最常用和最简单的函数是此种距离的平方 $(\hat\theta - \theta)^2$, 由于 $\hat\theta$ 具有随机性, 对其求数学期望即得到均方误差 $E(\hat\theta - \theta)^2$, 用此尺度可对任一估计的优劣做出评价, 既可对无偏估计做出评价, 也可对有偏估计做出评价, 具体如下.

> **定义 2.4.2**　设 $\hat\theta_1$ 与 $\hat\theta_2$ 是参数 θ 的两个估计量, 如果
>
> $$E(\hat\theta_1 - \theta)^2 \leqslant E(\hat\theta_2 - \theta)^2, \quad \theta \in \Theta$$
>
> 且至少对一个 $\theta_0 \in \Theta$ 有严格不等式成立, 则称在均方误差的意义下, $\hat\theta_1$ 优于 $\hat\theta_2$. 其中, $E(\hat\theta_i - \theta)^2$ 称为 $\hat\theta_i$ 的均方误差, 常记为 $\mathrm{MSE}(\hat\theta_i)$.

若 $\hat\theta$ 是 θ 的无偏估计, 则其均方误差即为方差, 即 $\mathrm{MSE}(\hat\theta) = \mathrm{Var}(\hat\theta)$.

均方误差还有如下分解: 设 $\hat\theta$ 是 θ 的任一估计, 则有

$$
\begin{aligned}
\mathrm{MSE}(\hat\theta) = E(\hat\theta - \theta)^2 &= E\{[\hat\theta - E(\hat\theta)] + [E(\hat\theta) - \theta]\}^2 \\
&= E[\hat\theta - E(\hat\theta)]^2 + [E(\hat\theta) - \theta]^2 \\
&= \mathrm{Var}(\hat\theta) + \delta^2
\end{aligned}
$$

式中, $\delta = |E(\hat\theta) - \theta|$ 称为 (绝对) 偏差, 它是用 $\hat\theta$ 估计 θ 引起的系统误差部分. 此外, 均方误差 $\mathrm{MSE}(\hat\theta)$ 还含有随机误差部分, 用 $\hat\theta$ 的方差 $\mathrm{Var}(\hat\theta)$ 来表示. 由此可见, 均方误差 $\mathrm{MSE}(\hat\theta)$ 包括系统误差和随机误差两部分. 无偏性可使 $\delta = 0$ (系统误差为 0), 有效性要求方差 $\mathrm{Var}(\hat\theta)$ 尽量小 (随机误差尽量小), 而均方误差准则要求两者 (方差和偏差平方) 之和越小越好. 假如有一个有偏估计的均方误差比任一个无偏估计的方差还要小, 则此有偏估计应予以肯定. 图 2.4.2 给出了一个示意图, $\hat\theta_2$ 是有偏估计, 方差较小, 其抽样密度函数曲线用虚线表示; $\hat\theta_1$ 是无偏估计, 方差较大, 其抽样密度函数曲线用实线表示. 在多次使用两种

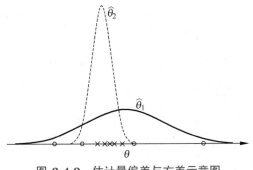

图 2.4.2　估计量偏差与方差示意图

方法的情况下, 虽然 $\widehat{\theta}_2$ 的实现值 (图中用 $\times$ 表示) 有系统偏差, 但总体来讲, 更接近真实值. $\widehat{\theta}_1$ 的实现值 (图中用 $\circ$ 表示) 虽无系统偏差, 但离散程度较大且不稳定、不准确. 下面就是这方面的例子.

例 2.4.3 设 $X_1, X_2, \cdots, X_n$ 是来自正态分布 $N(\mu, \sigma^2)$ 的一个样本, 利用 χ^2 分布的性质可知该样本的偏差平方和

$$Q = \sum_{i=1}^{n}(X_i - \overline{X})^2$$

的期望与方差分别为:

$$E(Q) = (n-1)\sigma^2, \quad \mathrm{Var}(Q) = 2(n-1)\sigma^4$$

现对总体方差 σ^2 构造如下三个估计:

$$S^2 = \frac{Q}{n-1}, \quad S_n^2 = \frac{Q}{n}, \quad S_{n+1}^2 = \frac{Q}{n+1}$$

式中, S^2 是 σ^2 的无偏估计, S_n^2 与 S_{n+1}^2 都是 σ^2 的有偏估计. 下面比较这三个估计的优劣. 这三个估计的偏差平方 δ^2、方差 $\mathrm{Var}(\cdot)$ 和均方误差 $\mathrm{MSE}(\cdot)$ 可由 Q 的期望与方差算得. 现把它们列于表 2.4.1 的上半部分, 而表的下半部分是在 $n = 10$ 时算得的具体值.

表 2.4.1　三个估计的偏差平方、方差与均方误差

	S^2	S_n^2	S_{n+1}^2
δ^2/σ^4	0	$1/n^2$	$4/(n+1)^2$
$\mathrm{Var}(\cdot)/\sigma^4$	$2/(n-1)$	$2(n-1)/n^2$	$2(n-1)/(n+1)^2$
$\mathrm{MSE}(\cdot)/\sigma^4$	$2/(n-1)$	$(2n-1)/n^2$	$2/(n+1)$
以下数据是在 $n = 10$ 时算得的:			
δ^2/σ^4	0	0.010 0	0.033 1
$\mathrm{Var}(\cdot)/\sigma^4$	0.222 2	0.180 0	0.148 8
$\mathrm{MSE}(\cdot)/\sigma^4$	0.222 2	0.190 0	0.181 8

根据表 2.4.1 可以对三个估计的优劣做出评价.

- 仅从偏差大小来看, 无偏估计 S^2 是最优的, 因为

$$\delta = 0 < \delta_n < \delta_{n+1}, \quad n > 1$$

式中, δ 表示无偏估计 S^2 的偏差, 另外两个偏差用 δ 加下标来区分.

- 仅从方差大小来看, 有偏估计 S_{n+1}^2 的方差是最小的, 因为

$$\mathrm{Var}(S_{n+1}^2) < \mathrm{Var}(S_n^2) < \mathrm{Var}(S^2), \quad n > 1$$

- 从均方误差大小来看, 有偏估计 S_{n+1}^2 的 MSE 是最小的, 而无偏估计 S^2 的 MSE 相对大一些, 因为

$$\mathrm{MSE}(S_{n+1}^2) < \mathrm{MSE}(S_n^2) < \mathrm{MSE}(S^2)$$

从这个例子可以看出, 在均方误差准则下, 有偏估计并不总是最差的, 在有些场合有偏估计会比最好的无偏估计还要好, 尤其是在当下的大数据、高维总体的场合.

可惜的是, 参数 θ 的一切可能的 (无偏的或有偏的) 估计组成的估计类 $\mathfrak{G}_\theta$ 中一致最小均方误差估计是不存在的. 这是因为, 倘若 $\widehat{\theta}^* = \widehat{\theta}^*(X_1, X_2, \cdots, X_n)$ 是 θ 的一致最小均方误差估计, 那么对任一固定值 θ_0, 可做如下估计 $\widehat{\theta}_0$, 它对任一样本都保持不变, 恒为 θ_0:

$$\widehat{\theta}_0(X_1, X_2, \cdots, X_n) \equiv \theta_0$$

它在 $\theta = \theta_0$ 处能够确保其均方误差为零, 从而达到最小, 但是在 $\theta \neq \theta_0$ 处可能有较大的均方误差. 这种只顾一点而不顾其他点的估计谁也不会采用, 但是 θ 的一致最小均方误差估计 $\widehat{\theta}^*$ 在 $\theta = \theta_0$ 处的均方误差也应该为零.

由于此种 θ_0 可以是参数空间 Θ 中的任一点, 所以 $\widehat{\theta}^*$ 的均方误差在 $\theta \in \Theta$ 上必须处处为零, 即

$$\mathrm{MSE}(\widehat{\theta}^*) = E(\widehat{\theta}^* - \theta)^2 = 0, \quad \theta \in \Theta$$

这意味着无论 θ 为何值, $\widehat{\theta}^*$ 必须完美地估计 θ, 这在充满随机性的世界里是不可能做到的, 故此种估计是不存在的.

在大的估计类 $\mathfrak{G}_\theta$ 中不存在一致最小均方误差估计. 那怎么办呢? 通常的想法是把估计类缩小后再去寻找. 譬如, 正态方差 σ^2 的一致最小均方误差估计不存在, 但在如下估计类

$$\mathfrak{G}_{\sigma^2} = \left\{ cQ : c \text{ 为正实数}, Q = \sum_{i=1}^n (X_i - \overline{X})^2 \right\}$$

中可以找到 σ^2 的一致最小均方误差估计.

2.4.3　一致最小方差无偏估计

这里我们将参数 θ 用其函数 $g(\theta)$ 代替, $g(\theta)$ 的估计用 $\widehat{g} = \widehat{g}(\boldsymbol{X}) = \widehat{g}(X_1, X_2, \cdots, X_n)$ 表示. 参数 $g(\theta)$ 的一切可能的无偏估计组成的类称为 $g(\theta)$ 的无偏估计类, 记为 $\mathfrak{U}_g$, 即

$$\mathfrak{U}_g = \{ \widehat{g}(\boldsymbol{X}) : E(\widehat{g}) = g(\theta), \theta \in \Theta \}$$

下面我们将在无偏估计类 $\mathfrak{U}_g$ 中寻找方差最小的估计. 首先指出, $\mathfrak{U}_g$ 有可能是空的, 因为存在这样的参数, 它没有无偏估计, 而对空类做研究是没有意义的.

例 2.4.4　考察二项分布族 $\{b(m,p); 0 < p < 1\}$. 不管样本容量 n 多大, 参数 $g(p) = 1/p$ 的无偏估计都不存在. 以 $n = 1$ 为例证明这个结论. 倘若不然, $1/p$ 有无偏估计 $\widehat{g}(X_1)$, 于是应有

$$\sum_{x=0}^m \widehat{g}(X_1 = x) \binom{m}{x} p^x (1-p)^{m-x} = 1/p, \quad 0 < p < 1$$

于是

$$\sum_{x=0}^m \widehat{g}(X_1 = x) \binom{m}{x} p^{x+1} (1-p)^{m-x} - 1 = 0, \quad 0 < p < 1$$

> 上式左端是 p 的 $m+1$ 次多项式, 它最多有 $m+1$ 个实根, 可无偏性要求对 $(0,1)$ 中任一个实数 p 上式都成立. 这个矛盾说明了 $1/p$ 的无偏估计不存在.

今后的讨论把不存在无偏估计的参数除外, 为此引进可估参数的概念.

> **定义 2.4.3** 假如参数的无偏估计存在, 则称此参数为可估参数.

可估参数 $g(\theta)$ 的无偏估计可能只有一个, 也可能有多个. 在只有一个无偏估计的场合就没有选择的余地; 在有多个无偏估计的场合, 常用其方差作为进一步选择的指标. 这就引出如下一致最小方差无偏估计的概念.

> **定义 2.4.4** 设 $\mathfrak{F} = \{p(x;\theta); \theta \in \Theta\}$ 是一个参数分布族. $g(\theta)$ 是 Θ 上的一个可估参数, $\mathfrak{U}_g$ 是 $g(\theta)$ 的无偏估计类. 假如对一切 $\hat{g}(\boldsymbol{X}) \in \mathfrak{U}_g$, 有
> $$\mathrm{Var}_\theta[\hat{g}^*(\boldsymbol{X})] \leqslant \mathrm{Var}_\theta[\hat{g}(\boldsymbol{X})], \quad \theta \in \Theta$$
> 则称 $\hat{g}^*(\boldsymbol{X})$ 是 $g(\theta)$ 的一致最小方差无偏估计, 记为 UMVUE.

对给定的参数分布族, 如何寻找可估参数的 UMVUE? 这是人们很关心的问题, Blackwell、Rao、Lehmann、Scheffe 等统计学家几乎同时研究了这个问题, 获得了一系列寻求 UMVUE 的理论和方法. 下面我们来叙述其主要结果.

我们首先指出 $g(\theta)$ 的 UMVUE 存在的一个充要条件, 它揭示了 $g(\theta)$ 的无偏估计 $\hat{g}(\boldsymbol{X})$ 与零的无偏估计 $U(\boldsymbol{X})$ 间的联系.

设参数 $g(\theta)$ 是可估的, $\hat{g}(\boldsymbol{X})$ 是 $g(\theta)$ 的一个无偏估计, 则 $g(\theta)$ 的任一无偏估计 $\hat{g}^*(\boldsymbol{X})$ 的通式是

$$\hat{g}^*(\boldsymbol{X}) = \hat{g}(\boldsymbol{X}) + aU(\boldsymbol{X}) \tag{2.4.1}$$

式中, a 为任一实数; $U(\boldsymbol{X})$ 为零的任一无偏估计. 原因是任一无偏估计 $\hat{g}^*(\boldsymbol{X})$ 都可以改写为 $\hat{g}^*(\boldsymbol{X}) = \hat{g}(\boldsymbol{X}) + (\hat{g}^*(\boldsymbol{X}) - \hat{g}(\boldsymbol{X}))$ 的形式, 而括号内正是零的无偏估计.

进一步的讨论需要假设估计量 $\hat{g}(\boldsymbol{X})$ 与 $U(\boldsymbol{X})$ 的方差有限, 否则无法使方差极小化问题有意义. 在此假设下, 我们来考察上述通式 (2.4.1) 的方差.

$$\mathrm{Var}_\theta(\hat{g} + aU) = \mathrm{Var}_\theta(\hat{g}) + a^2\mathrm{Var}_\theta(U) + 2a\mathrm{Cov}_\theta(\hat{g}, U) \tag{2.4.2}$$

若某一个 $\theta = \theta_0$ 可使 $\mathrm{Cov}_{\theta_0}(\hat{g}, U) \neq 0$, 则必存在一个

$$a = -\frac{\mathrm{Cov}_{\theta_0}(\hat{g}, U)}{\mathrm{Var}_{\theta_0}(U)}$$

使得

$$\mathrm{Var}_{\theta_0}(\hat{g} + aU) < \mathrm{Var}_{\theta_0}(\hat{g})$$

从而使得 $g(\theta)$ 的无偏估计 $\widehat{g}$ 在 $\theta = \theta_0$ 处的方差得以改进. 假如 Θ 中的每个 θ 都使协方差 $\mathrm{Cov}_\theta(\widehat{g}, U) = 0$, 则由式 (2.4.2) 可得

$$\mathrm{Var}_\theta(\widehat{g} + aU) \geqslant \mathrm{Var}_\theta(\widehat{g}), \quad \theta \in \Theta$$

这使得 $\widehat{g}$ 在 $g(\theta)$ 的无偏估计类中方差最小.

下面的定理清晰地阐述了上述讨论的含义.

定理 2.4.1　设 $\mathfrak{F} = \{p(x; \theta); \theta \in \Theta\}$ 是一个参数分布族, $\mathfrak{U}_g$ 是可估参数 $g(\theta)$ 的无偏估计类, $\mathfrak{U}_0$ 是零的无偏估计类, 在各估计量方差均有限的场合下, $\widehat{g}(\boldsymbol{x}) \in \mathfrak{U}_g$ 是 $g(\theta)$ 的 UMVUE 的充要条件为:

$$\mathrm{Cov}_\theta(\widehat{g}, U) = E_\theta(\widehat{g} \cdot U) = 0, \quad U \in U_0, \quad \theta \in \Theta \tag{2.4.3}$$

式 (2.4.3) 等价于 $g(\theta)$ 的 UMVUE $\widehat{g}(x)$ 与任何一个 $U \in \mathfrak{U}_0$ 不相关.

证　必要性: 设 $\widehat{g}(\boldsymbol{X})$ 是 $g(\theta)$ 的 UMVUE, 则对任何一个由 $U \in \mathfrak{U}_0$ 和实数 a 所表示的 $g(\theta)$ 的无偏估计 $g' = \widehat{g} + aU$, 有

$$\mathrm{Var}_\theta(\widehat{g} + aU) \geqslant \mathrm{Var}_\theta(\widehat{g})$$

展开左边后, 可得

$$a^2 \mathrm{Var}_\theta(U) + 2a\mathrm{Cov}_\theta(\widehat{g}, U) \geqslant 0$$

由上述 a 的二次三项式的判别式可知, 必有 $[\mathrm{Cov}_\theta(\widehat{g}, U)]^2 \leqslant 0$, 故只有 $\mathrm{Cov}_\theta(\widehat{g}, U) = 0$ 才能使上式成立, 这就证明了必要性.

充分性: 设 $\widehat{g}(\boldsymbol{X})$ 对任何一个 $U \in U_0$ 都有 $\mathrm{Cov}_\theta(\widehat{g}, U) = 0$, 则对 $g(\theta)$ 的另一个无偏估计 $\widetilde{g}(x)$, 令 $U_0 = \widehat{g} - \widetilde{g}$, 则有 $E(U_0) = 0$, 且 $\widetilde{g}(x)$ 的方差为:

$$\begin{aligned}
\mathrm{Var}_\theta(\widetilde{g}) &= E_\theta(\widetilde{g} - g)^2 \\
&= E_\theta[(\widetilde{g} - \widehat{g}) + (\widehat{g} - g)]^2 \\
&= E_\theta(U_0^2) + \mathrm{Var}_\theta(\widehat{g}) + 2\mathrm{Cov}_\theta(U_0, \widehat{g}) \\
&\geqslant \mathrm{Var}_\theta(\widehat{g})
\end{aligned}$$

上式对任一 $\theta \in \Theta$ 和任一 $\widetilde{g} \in \mathfrak{U}_g$ 都成立, 故 $\widehat{g}$ 是 g 的 UMVUE. 这就完成了证明.

例 2.4.5　设 $X_1, X_2, \cdots, X_n$ 是来自指数分布 $\mathrm{Exp}(1/\theta)$ 的样本, 其中 $\theta = E(X)$. 可见样本均值 $\overline{X}$ 是 θ 的无偏估计. 设 $\varphi(X_1, X_2, \cdots, X_n)$ 是零的无偏估计, 即对 $\theta \in (0, +\infty)$ 有

$$E(\varphi) = \int_0^{+\infty} \cdots \int_0^{+\infty} \varphi(X_1, X_2, \cdots, X_n) \prod_{i=1}^n \left\{ \frac{1}{\theta} \mathrm{e}^{-X_i/\theta} \right\} \mathrm{d}X_1 \mathrm{d}X_2 \cdots \mathrm{d}X_n = 0$$

或

$$\int_0^{+\infty} \cdots \int_0^{+\infty} \varphi(X_1, X_2, \cdots, X_n) e^{-(X_1+X_2+\cdots+X_n)/\theta} dX_1 dX_2 \cdots dX_n = 0$$

两边对 θ 求导, 得

$$\int_0^{+\infty} \cdots \int_0^{+\infty} \frac{n\overline{X}}{\theta^2} \varphi(X_1, X_2, \cdots, X_n) e^{-(X_1+X_2+\cdots+X_n)/\theta} dX_1 dX_2 \cdots dX_n = 0$$

这表明 $E(\overline{X}\varphi) = 0$, 从而 $\mathrm{Cov}(\overline{X}, \varphi) = 0$. 由定理 2.4.1 知 $\overline{X}$ 是 θ 的 UMVUE.

从定理 2.4.1 的内容和例 2.4.5 来看, 该定理主要是用来验证某个特定的估计量 $\hat{g}(x)$ 是否为 $g(\theta)$ 的 UMVUE. 至于此特定统计量从何而来的问题, 该定理不能提供任何帮助, 因此它不是 UMVUE 的构造性定理. 此种估计量的构造可以从矩估计或最大似然估计得到启发, 再用此定理加以验证. 下面介绍一种构造无偏估计的新方法, 它与 UMVUE 的联系更为直接, 具体如下.

定理 2.4.2 设 $T(\boldsymbol{X})$ 是参数分布族 $\mathfrak{F} = \{p(x;\theta); \theta \in \Theta\}$ 的一个充分统计量, 设 $\varphi(\boldsymbol{X})$ 是可估参数 $g(\theta)$ 的一个无偏估计, 则

$$\hat{g}(T) = E[\varphi(\boldsymbol{X})|T]$$

亦是 $g(\theta)$ 的无偏估计, 并且

$$\mathrm{Var}_\theta[\hat{g}(T)] \leqslant \mathrm{Var}_\theta[\varphi(\boldsymbol{X})], \quad \theta \in \Theta$$

其中等号成立的充要条件是

$$P_\theta(\varphi(\boldsymbol{X}) = \hat{g}(T)) = 1$$

即 $\varphi(\boldsymbol{X})$ 是 $T = T(\boldsymbol{X})$ 的函数的概率为 1.

证 由于 T 是充分统计量, 故其条件分布与 θ 无关, 从而其条件期望 $\hat{g}(T) = E[\varphi(\boldsymbol{X})|T]$ 与 θ 无关, 所以 $\hat{g}(T)$ 可以作为 $g(\theta)$ 的估计量, 且

$$E_\theta[\hat{g}(T)] = E_\theta\{E[\varphi(\boldsymbol{X})|T]\} = E[\varphi(\boldsymbol{X})] = g(\theta)$$

所以 $\hat{g}(T)$ 是 $g(\theta)$ 的无偏估计. 这就证明了第一个结论. 为了证明第二个结论, 我们指出

$$\begin{aligned}
\mathrm{Var}_\theta[\varphi(\boldsymbol{X})] &= E_\theta[\varphi(\boldsymbol{X}) - g(\theta)]^2 \\
&= E_\theta[\varphi(\boldsymbol{X}) - \hat{g}(T) + \hat{g}(T) - g(\theta)]^2 \\
&= E_\theta[\varphi(\boldsymbol{X}) - \hat{g}(T)]^2 + \mathrm{Var}_\theta[\hat{g}(T)] \\
&\quad + 2E_\theta\{[\varphi(\boldsymbol{X}) - \hat{g}(T)][\hat{g}(T) - g(\theta)]\}
\end{aligned}$$

其中

$$E_\theta\{[\varphi(\boldsymbol{X}) - \widehat{g}(T)][\widehat{g}(T) - g(\theta)]\} = E_\theta\{E_\theta\{[\varphi(\boldsymbol{X}) - \widehat{g}(T)][\widehat{g}(T) - g(\theta)]|T\}\}$$
$$= E_\theta\{[\widehat{g}(T) - g(\theta)]E_\theta[\varphi(\boldsymbol{X}) - \widehat{g}(T)|T]\}$$
$$= E_\theta\{[\widehat{g}(T) - g(\theta)][E_\theta[\varphi(\boldsymbol{X})|T] - \widehat{g}(T)]\}$$
$$= 0$$

故得

$$\mathrm{Var}_\theta[\varphi(\boldsymbol{X})] = E_\theta[\varphi(\boldsymbol{X}) - \widehat{g}(T)]^2 + \mathrm{Var}_\theta[\widehat{g}(T)]$$
$$\geqslant \mathrm{Var}_\theta[\widehat{g}(T)]$$

上式对一切 $\theta \in \Theta$ 都成立, 且等号成立的条件是

$$E_\theta[\varphi(\boldsymbol{X}) - \widehat{g}(T)]^2 = 0$$

从而得到 $P_\theta(\varphi(\boldsymbol{X}) = \widehat{g}(T)) = 1$. 这表明 $\varphi(\boldsymbol{X})$ 是 $T = T(\boldsymbol{X})$ 的函数的概率是 1. 这就证明了第二个结论.

这个定理提供了一种改善无偏估计的方法, 即一个无偏估计 $\varphi(\boldsymbol{X})$ 对充分统计量 $T(\boldsymbol{X})$ 的条件期望 $E[\varphi(\boldsymbol{X})|T]$ 能导出一个新的无偏估计, 且它的方差不会超过原估计 $\varphi(\boldsymbol{X})$ 的方差. 假如 $\varphi(\boldsymbol{X})$ 不是 T 的函数, 那么新的无偏估计 $E[\varphi(\boldsymbol{X})|T]$ 一定比原估计 $\varphi(\boldsymbol{X})$ 具有更小的方差. 这个定理还表明: 一致最小方差无偏估计一定是充分统计量的函数, 否则可以通过充分统计量, 按上述定理提出的方法, 求出具有更小方差的无偏估计.

例 2.4.6 设 $X_1, X_2, \cdots, X_n$ 是来自二点分布 $b(1, p)$ 的一个样本, 其中 $0 < p < 1$, 下面我们来讨论参数 p 的无偏估计.

首先指出, $T = X_1 + X_2 + \cdots + X_n$ 是二点分布族的充分统计量, 而 X_1 是 p 的一个无偏估计, 因为 X_1 不是 T 的函数, 故用条件期望的方法一定能获得比 X_1 的方差更小的无偏估计. 下面来计算这个条件期望.

$$g(t) = E(X_1|T = t)$$
$$= 1 \cdot P(X_1 = 1|T = t) + 0 \cdot P(X_1 = 0|T = t)$$
$$= P(X_1 = 1|T = t) = \frac{P(X_1 = 1, T = t)}{P(T = t)}$$
$$= \frac{P(X_1 = 1, X_2 + \cdots + X_n = t - 1)}{P(T = t)}$$
$$= \frac{p \cdot \binom{n-1}{t-1} p^{t-1}(1-p)^{n-t}}{\binom{n}{t} p^t (1-p)^{n-t}}$$
$$= \frac{t}{n} = \frac{1}{n}\sum_{i=1}^{n} X_i = \overline{X}$$

显然, 样本均值 $\overline{X}$ 的方差比 X_1 的方差要小 (当 $n \geqslant 2$ 时).

经过上述改进后的无偏估计 $\overline{X}$ 是否为 p 的 UMVUE 呢? 这可用定理 2.4.1 进行验证.

众所周知, $t = X_1 + X_2 \cdots + X_n$ 是 p 的充分统计量, 且 $t \sim b(n, p)$. 由于 $\overline{X} = t/n$, $\mathrm{Var}(\overline{X}) = p(1-p)/n$ 有限, 故可用充分统计量的分布进行验证. 设 $\varphi(t)$ 是零的任一个无偏估计, 故对 $0 < p < 1$ 有

$$E[\varphi(t)] = \sum_{t=0}^{n} \varphi(t) \binom{n}{t} p^t (1-p)^{n-t} = 0$$

若约去因子 $(1-p)^n$, 并记 $\theta = p/(1-p)$, 则上式可以改写为:

$$\sum_{t=0}^{n} \varphi(t) \binom{n}{t} \theta^t = 0, \quad 0 < \theta < +\infty$$

上式是 θ 的 n 次多项式, 最多只有 n 个实根, 现要使上式在 $0 < \theta < +\infty$ 上恒为零, 必有 $\varphi(t) \binom{n}{t}$ 恒为零, 从而有 $\varphi(t) = 0$, 这导致 $E[t\varphi(t)] = 0$, 从而式 (2.4.3) 成立, 这表明 $\overline{X}$ 是 p 的 UMVUE.

上述推理只说明了例 2.4.6 中提出的问题. 在一般场合, 经上述改进后的无偏估计是否为 $g(\theta)$ 的 UMVUE 呢? 要回答这个问题就要考察充分统计量 $T(\boldsymbol{X})$ 是否具有完备性. 下面就来讨论完备统计量的概念.

2.4.4 完备性及其应用

我们考察一个参数分布族 $\mathfrak{F} = \{p(x; \theta); \theta \in \Theta\}$, 设 $\varphi(\boldsymbol{X})$ 是定义在样本空间 Ω 上的一个实函数, 一般来说, 积分 (如果存在)

$$E_\theta[\varphi(\boldsymbol{X})] = \int_\Omega \varphi(\boldsymbol{x}) p(\boldsymbol{x}; \theta) \mathrm{d}\boldsymbol{x}, \quad \theta \in \Theta$$

是参数 θ 的函数. 因此, 上述积分 (数学期望) 可以看作一个变换, 它把样本空间 Ω 上的一个函数 $\varphi(\boldsymbol{X})$ 变换到参数空间 Θ 上的一个函数 $E_\theta[\varphi(\boldsymbol{X})]$. 在这个观点下, $E_\theta[\varphi(\boldsymbol{X})]$ 可看作在这个积分变换下 $\varphi(\boldsymbol{X})$ 的像.

这个变换在概率论与数理统计中经常用到, 因此人们还希望这个积分变换是一对一的变换, 即对任意的 $\theta \in \Theta$, 有

$$P_\theta(\varphi_1(\boldsymbol{X}) = \varphi_2(\boldsymbol{X})) = 1 \Leftrightarrow E_\theta[\varphi_1(\boldsymbol{X})] = E_\theta[\varphi_2(\boldsymbol{X})] \tag{2.4.4}$$

其中关键在于

$$E_\theta[\varphi(\boldsymbol{X})] = 0 \Rightarrow P_\theta(\varphi(\boldsymbol{X}) = 0) = 1 \tag{2.4.5}$$

因为 $\varphi_1(\boldsymbol{X})$ 和 $\varphi_2(\boldsymbol{X})$ 的像相同, 势必导致

$$\int_\Omega [\varphi_1(\boldsymbol{X}) - \varphi_2(\boldsymbol{X})] p(\boldsymbol{x}; \theta) \mathrm{d}\boldsymbol{x} = 0$$

于是由式 (2.4.5) 可推得

$$P_\theta(\varphi_1(\boldsymbol{X}) = \varphi_2(\boldsymbol{X})) = 1$$

或者说, $\varphi_1(\boldsymbol{X})$ 与 $\varphi_2(\boldsymbol{X})$ 几乎处处相等. 式 (2.4.5) 成立与否与分布族 $\mathfrak{F}$ 有极大的关系. 并非任何一个分布族都具有式 (2.4.5) 这个性质, 具有这个性质的分布族称为完备分布族.

> **定义 2.4.5** 设 $\mathfrak{F} = \{p(x;\theta); \theta \in \Theta\}$ 是一个参数分布族. 又设 $t = t(\boldsymbol{X}) = t(X_1, X_2, \cdots, X_n)$ 是一个统计量, 其诱导分布族记为 $\mathfrak{F}' = \{p'(t;\theta); \theta \in \Theta\}$, 若对任一 t 的函数 $\varphi(t) = \varphi[t(\boldsymbol{X})]$ 的期望, 有
>
> $$E'_\theta[\varphi(t)] = 0, \quad \forall \theta \in \Theta$$
>
> 总可导出 $\varphi(t)$ 在分布 p' 下几乎处处为零, 即
>
> $$P'_\theta(\varphi(t) = 0) = 1, \quad \forall \theta \in \Theta$$
>
> 则称分布族 $\mathfrak{F}'$ 是完备的, 又称 $t(\boldsymbol{X})$ 为完备统计量.

> **例 2.4.7** 正态分布族 $\{N(0, \sigma^2); \sigma > 0\}$ 是不完备的.
>
> 要说明一个分布族是不完备的, 只要能找到一个函数 $\varphi(\boldsymbol{X})$, 它能使 $E_\theta[\varphi(\boldsymbol{X})] = 0(\theta \in \Theta)$, 但 $P_\theta(\varphi(\boldsymbol{X}) = 0) \neq 1$. 在我们的例子中, 总体的密度函数是偶函数, 故对任一奇函数, 譬如 $\varphi(\boldsymbol{X}) = \boldsymbol{x}$, 就有 $E_\sigma[\varphi(\boldsymbol{X})] = 0(\sigma > 0)$, 但 $P_\sigma(x = 0) \neq 1$. 所以这个正态分布族是不完备的.
>
> 又设 $X_1, X_2, \cdots, X_n$ 是来自正态总体 $N(0, \sigma^2)$ 的一个样本, 那么 $T_n = \sum\limits_{i=1}^{n} X_i^2$ 是 σ^2 的充分统计量. 由 1.7 节可知:
>
> $$T_n = \sum_{i=1}^{n} X_i^2 \sim \text{Ga}\left(\frac{n}{2}, \frac{1}{2\sigma^2}\right)$$
>
> 其密度函数为:
>
> $$p(t; \sigma) = \frac{1}{(2\sigma^2)^{\frac{n}{2}} \Gamma\left(\frac{n}{2}\right)} t^{\frac{n}{2}-1} e^{-t/(2\sigma^2)}, \quad t > 0$$
>
> 现考察由统计量 T_n 诱导产生的分布族
>
> $$\left\{\text{Ga}\left(\frac{n}{2}, \frac{1}{2\sigma^2}\right); \sigma > 0\right\}$$
>
> 的完备性. 假如 $\varphi(t)$ 满足 $E_\sigma[\varphi(t)] = 0(\sigma > 0)$, 即
>
> $$\int_0^{+\infty} \varphi(t) t^{\frac{n}{2}-1} e^{-t/(2\sigma^2)} dt = 0, \quad \sigma > 0$$
>
> 上式左边是函数 $\varphi(t) t^{\frac{n}{2}-1}$ 的单边拉普拉斯变换, 由单边拉普拉斯变换的唯一性可知
>
> $$P_\sigma(\varphi(t) t^{\frac{n}{2}-1} = 0) = 1$$
>
> 当 $t > 0$ 时, $t^{\frac{n}{2}-1}$ 不恒为零, 所以
>
> $$P_\sigma(\varphi(t) = 0) = 1$$

因此, 由统计量 T_n 诱导出的伽马分布族是完备的. 此时, 我们称 T_n 是完备统计量.

从定义 2.4.5 可以看出, 完备统计量的定义中没有要求原参数分布族 $\mathfrak{F}$ 具有完备性. 因此就可能会出现上述现象: 原分布族是不完备的, 但其诱导分布族是完备的. 这是完备统计量本身的构造所决定的.

应该指出, 简单随机样本 $X_1, X_2, \cdots, X_n$ 的联合分布族 $\left\{ \prod_{i=1}^{n} p(x_i; \theta); \theta \in \Theta \right\}$ 总是不完备的, 因为若取 $\varphi(\boldsymbol{X}) = X_1 - X_2$, 可使 $E_\theta[\varphi(\boldsymbol{X})] = 0$, 但 $\varphi(\boldsymbol{X})$ 不恒为零, 这并不排除其间会产生很多完备统计量. 最后我们不加证明地指出三个结果.

- 设 $X_1, X_2, \cdots, X_n$ 是来自指数型分布族 (见 1.7.4 节) 的一个样本, 则其充分统计量都是完备的.
- 当分布族满足一定条件时, 次序统计量 $X_{(1)} \leqslant X_{(2)} \leqslant \cdots \leqslant X_{(n)}$ 是完备的.
- 完备统计量的函数亦是完备的, 但反之不真.

这些结果的证明可见陈希孺所著的《数理统计引论》一书.

在统计中有多处要用到完备性. 这里将应用完备性来寻求可估参数的 UMVUE. 具体见如下定理.

> **定理 2.4.3** 设 $T(\boldsymbol{X})$ 是参数分布族 $\mathfrak{F} = \{p(x; \theta); \theta \in \Theta\}$ 的完备充分统计量, 则每个可估参数 $g(\theta)$ 有且仅有一个依赖于 T 的无偏估计 $\hat{g}(T)$, 它就是 $g(\theta)$ 的 UMVUE. 这里的唯一性是指 $g(\theta)$ 的任何两个这样的估计几乎处处相等.

证 因为 $g(\theta)$ 是可估参数, 则必存在 $g(\theta)$ 的无偏估计, 记为 $\varphi(\boldsymbol{X})$. 假如 $\varphi(\boldsymbol{X})$ 不是 $T(\boldsymbol{X})$ 的函数, 则按定理 2.4.2 作 $\varphi(\boldsymbol{X})$ 对 T 的条件期望, 得 $g(\theta)$ 的另一个无偏估计

$$\hat{g}(T) = E[\varphi(\boldsymbol{X})|T]$$

则 $\hat{g}(T)$ 就是 $g(\theta)$ 的 UMVUE. 倘若不然, 还有一个依赖于 T 的 $h(T)$ 是 $g(\theta)$ 的 UMVUE, 那么其差

$$f(T) = \hat{g}(T) - h(T)$$
$$E_\theta[f(T)] = 0, \quad \theta \in \Theta$$

因此由 T 的完备性, $\hat{g}(T)$ 与 $h(T)$ 几乎处处相等. 若 $\varphi(\boldsymbol{X})$ 还是通过 $T(\boldsymbol{X})$ 与样本 $\boldsymbol{X}$ 发生联系, 即 $\varphi(\boldsymbol{X}) = \varphi[T(\boldsymbol{X})] = \varphi(T)$, 再由 T 的完备性 (唯一性) 可知, $\varphi(\boldsymbol{X})$ 就是 $g(\theta)$ 的 UMVUE. 这就完成了定理的证明.

根据这个定理, 立即可以看出, 在例 2.4.6 中, 样本均值 $\overline{X}$ 是 p 的 UMVUE. 又如由正态总体 $N(\mu, \sigma^2)$ 的样本 $X_1, X_2, \cdots, X_n$ 构造的样本均值 $\overline{X}$ 与样本方差 S^2 都是 μ 与 σ^2 的无偏估计, 又是完备充分统计量, 故 $\overline{X}$ 与 S^2 一定是 μ 与 σ^2 的 UMVUE. 为此, 我们要有一个完备充分统计量和一个无偏估计, 然后计算这个无偏估计关于这个完备充分统计量的条件期望. 那么这个条件期望就是所求的 UMVUE. 使用这个方法的最大困难在于条件期望的计算. 为简化计算, 所选的无偏估计应尽量简单一些.

例 2.4.8 设 $X_1, X_2, \cdots, X_n$ 是来自参数为 $\lambda(\lambda > 0)$ 的泊松分布的一个样本, 现要求泊松概率

$$P_\lambda(k) = \frac{\lambda^k}{k!} \mathrm{e}^{-\lambda}, \quad k = 0, 1, 2, \cdots$$

的 UMVUE.

解 大家知道, $T_n = \sum_{i=1}^{n} X_i$ 是泊松分布族的完备充分统计量, 因泊松分布是指数型分布族的成员, 由泊松分布的可加性, T_n 服从参数为 $n\lambda$ 的泊松分布, 即

$$P(T_n = t) = \frac{(n\lambda)^t}{t!} \mathrm{e}^{-n\lambda}, \quad t = 0, 1, 2, \cdots$$

容易看出, 统计量

$$\varphi_k(X_1, X_2, \cdots, X_n) = \begin{cases} 1, & x_1 = k \\ 0, & x_1 \neq k \end{cases}$$

是 $P_\lambda(k)$ 的无偏估计. 所以 $P_\lambda(k)$ 的 UMVUE 应是

$$\widehat{P}_\lambda(k) = E_\lambda\{\varphi_k(X_1, X_2, \cdots, X_n) | T_n = t\}$$

$$= P(X_1 = k | T_n = t) = \frac{P(X_1 = k, T_n = t)}{P(T_n = t)}$$

$$= \frac{P(X_1 = k, X_2 + X_3 + \cdots + X_n = t - k)}{P(T_n = t)}$$

考虑到诸 $X_1, X_2, \cdots, X_n$ 是相互独立的, 且 $X_2 + X_3 + \cdots + X_n$ 服从参数为 $(n-1)\lambda$ 的泊松分布, 所以

$$\widehat{P}_\lambda(k) = \frac{\dfrac{\lambda^k \mathrm{e}^{-\lambda}}{k!} \cdot \dfrac{[(n-1)\lambda]^{t-k}}{(t-k)!} \mathrm{e}^{-(n-1)\lambda}}{\dfrac{(n\lambda)^t}{t!} \mathrm{e}^{-n\lambda}}$$

$$= \binom{t}{k} \left(\frac{1}{n}\right)^k \left(1 - \frac{1}{n}\right)^{t-k}, \quad k = 0, 1, 2, \cdots$$

这就表明, 泊松概率 $P_\lambda(k)$ 的 UMVUE 为:

$$\widehat{P}_\lambda(k) = \binom{t}{k} \left(\frac{1}{n}\right)^k \left(1 - \frac{1}{n}\right)^{t-k}, \quad k = 0, 1, 2, \cdots$$

在可靠性理论中, 泊松概率 $P_\lambda(0) = \mathrm{e}^{-\lambda}$ 是一个重要的参数, 它是在单位时间内泊松过程不发生事故的概率, 由上面的讨论可知, $P_\lambda(0)$ 的 UMVUE 为:

$$\widehat{P}_\lambda(0) = \left(1 - \frac{1}{n}\right)^t = \left(1 - \frac{1}{n}\right)^{\sum\limits_{i=1}^{n} X_i}$$

例 2.4.9 某厂生产一种产品，这种产品包装好后按一定数量放在盒子里. 在检验产品时，检验员从每个盒子里随机选出一个容量为 n 的样本，并逐个检查样品的质量. 假如样本中有 2 个或更多个不合格品，那么这一盒被认为是不合格品，需退回工厂，因此工厂要求检验员把每盒查出的废品数通报给厂方.

解 因为产品都是在相同条件下生产的，所以可认为产品的不合格品率 p $(0 < p < 1)$ 是不变的. 又因为从每盒中抽取的 n 个产品中的不合格品数服从二项分布，因此，任一盒产品通过检验的概率 (接受概率) 为：

$$\theta = g(p) = q^n + npq^{n-1}$$

式中，$q = 1 - p$. 厂方很关心 θ 的估计，因为 $1 - \theta$ 是产品被退回的概率，而厂方的损失与 θ 有关. 现要求 θ 的 UMVUE.

假如检验员通报给厂方的数据是：在检验的 r 盒产品中，发现的不合格品数分别为 $X_1, X_2, \cdots, X_r$. $T = \sum_{i=1}^{r} X_i$ 是二项分布族的完备充分统计量，且

$$P(T = t) = \binom{nr}{t} p^t q^{nr-t}, \quad t = 0, 1, 2, \cdots, nr$$

另外，我们考察如下统计量：

$$U(X_1) = \begin{cases} 1, & \text{第一盒被接受} \\ 0, & \text{第一盒被拒绝} \end{cases}$$

由于 $P(U = 0) = 1 - \theta, P(U = 1) = \theta$，所以 $E(U) = \theta$，即 $U(X_1)$ 是 θ 的无偏估计. 显然，这是一个很坏的估计，但它可以用来计算 $E[U(X_1)|T]$，即可作为寻求 θ 的 UMVUE 的桥梁.

第一盒被接受仅在下述两种情况下发生：

- B_0：第一盒中无不合格品，
- B_1：第一盒中仅有一个不合格品，

并且这两个事件是互不相容的，记 $B = B_0 + B_1$，于是

$$E\{U(X_1)|T = t\} = P(B|T = t) = P(B_0|T = t) + P(B_1|T = t)$$

$$= \frac{P(X_1 = 0, T = t)}{P(T = t)} + \frac{P(X_1 = 1, T = t)}{P(T = t)}$$

$$= \frac{\binom{nr-n}{t} p^t q^{nr-t} + \binom{n}{1}\binom{nr-n}{t-1} p^t q^{nr-t}}{\binom{nr}{t} p^t q^{nr-t}}$$

$$= \frac{\binom{nr-n}{t} + \binom{n}{1}\binom{nr-n}{t-1}}{\binom{nr}{t}}$$

这就是任一盒产品通过检验的概率 θ 的 UMVUE.

若取 $n = 100$, $r = 5$, $t = 4$, 则算得合格品率 $\widehat{\theta} = 0.8198$.

类似地, 若取 $n = 100$, $r = 5$, $t = 2$, 则算得合格品率 $\widehat{\theta} = 0.9603$.

上述计算条件期望是寻求 UMVUE 的一种常用方法, 而下面介绍的求解方程是寻求 UMVUE 的另一种方法.

若 T 是一个完备充分统计量, 则任何一个可估参数 $g(\theta)$ 的 UMVUE $\widehat{g}(T)$ 可唯一地由如下方程

$$E_\theta[\widehat{g}(T)] = g(\theta), \quad \theta \in \Theta$$

决定. 此方程可直接求解, 也可先设定一个完备充分统计量 T 的函数 $f(T)$, 然后逐步修正.

例 2.4.10 寻求二点分布 $b(1, p)$ 的可估参数 $p(1-p)$ 的 UMVUE.

解 来自二点分布 $b(1, p)$ 的样本和 $T = X_1 + X_2 + \cdots + X_n$ 是充分统计量, 且 $T \sim b(n, p)$, 故 T 又是完备的. 设 $\widehat{g}(t)$ 是 $p(1-p)$ 的无偏估计, 则有

$$\sum_{t=0}^{n} \binom{n}{t} \widehat{g}(t) p^t (1-p)^{n-t} = p(1-p), \quad 0 < p < 1$$

令 $\rho = p/(1-p)$, 则 $p = \rho/(1+\rho)$, 代入上式可得

$$\sum_{t=0}^{n} \binom{n}{t} \widehat{g}(t) \rho^t = \rho(1+\rho)^{n-2}, \quad 0 < \rho < +\infty$$

$$\sum_{t=0}^{n} \binom{n}{t} \widehat{g}(t) \rho^t = \sum_{t=1}^{n-1} \binom{n-2}{t-1} \rho^t, \quad 0 < \rho < +\infty$$

比较左右两端的系数可得 $p(1-p)$ 的 UMVUE 为:

$$\widehat{g}(t) = \frac{t(n-t)}{n(n-1)}, \quad t = 0, 1, 2, \cdots, n$$

例 2.4.11 设 $X_1, X_2, \cdots, X_n$ 是取自均匀分布 $U(0, \theta)(\theta > 0)$ 的一个样本, 求参数 θ 的 UMVUE.

解 前面已指出 $T = X_{(n)} = \max(X_1, X_2, \cdots, X_n)$ 是此均匀分布族的充分统计量, 现在证明它是完备统计量. 因为 $X_{(n)}$ 的密度函数为:

$$p_\theta(t) = \frac{n}{\theta^n} t^{n-1}, \quad 0 < t < \theta, \quad \theta > 0$$

如果对任一可积函数 $\varphi(t)$, 有 $E_\theta[\varphi(t)] = 0$, 即

$$\int_0^\theta \varphi(t) t^{n-1} \mathrm{d}t = 0, \quad \theta > 0$$

在等式两边对 θ 求导, 则有

$$\varphi(\theta) \theta^{n-1} = 0, \quad \theta > 0$$

所以 $\varphi(\theta)=0$, 这表明

$$\varphi(t)=0, \quad t>0$$

这就证明了 $X_{(n)}$ 是完备统计量.

由于 $E[X_{(n)}]=\dfrac{n}{n+1}\theta$, 所以 $\widehat{\theta}(X_{(n)})=\left(1+\dfrac{1}{n}\right)X_{(n)}$ 是 θ 的无偏估计. 因为它是完备统计量 $X_{(n)}$ 的函数, 所以它是 θ 的 UMVUE.

• 批判性思考 •

1. 了解均方误差准则在现代统计学习方法中的重要性.

2. 理解完备性实质上就是一个定义, 即满足既定条件的分布族或统计量.

3. 虽然正态分布族 $\{N(0,\sigma^2);\sigma>0\}$ 是不完备的, 但 $\{N(\mu,1);\mu\in\mathbf{R}\}$, $\{N(\mu,\sigma^2);\mu\in\mathbf{R},\sigma^2>0\}$ 是完备的.

• 习 题 2.4 •

1. 设 $X_1,X_2,\cdots,X_n$ 是来自正态总体 $N(\mu_1,1)$ 的一个样本, 又设 $Y_1,Y_2,\cdots,Y_m$ 是来自另一个正态总体 $N(\mu_2,4)$ 的一个样本, 且两个样本独立.

(1) 寻求 $\mu=\mu_1-\mu_2$ 的无偏估计 $\widehat{\mu}$.

(2) 若 $n+m=N$ 固定, 试问 n 与 m 如何配置才能使 $\widehat{\mu}$ 的方差达到最小 (其中 $n>0$, $m>0$)?

2. 设有 k 台仪器各自独立地测量某物理量 θ 各一次, 得 $X_1,X_2,\cdots,X_k$. 若各仪器测量都无系统误差, 但各台仪器的标准差 $\sigma_i>0$ $(i=1,2,\cdots,k)$ 不全相同, 现要确定 $c_1,c_2,\cdots,c_k$ 使 $\widehat{\theta}=\displaystyle\sum_{i=1}^{k}c_iX_i$ 为 θ 的无偏估计, 且方差达到最小.

3. 设 $X_1,X_2,\cdots,X_n$ 是来自均匀分布 $U(\theta,\theta+1)$ 的一个样本.

(1) 验证 $\widehat{\theta}_1=\overline{X}-1/2, \widehat{\theta}_2=X_{(1)}-1/(n+1), \widehat{\theta}_3=X_{(n)}-n/(n+1)$ 都是 θ 的无偏估计.

(2) 比较这三个估计的有效性.

4. 设 $X_1,X_2,\cdots,X_n$ 是来自指数分布 $\mathrm{Exp}(1/\theta)$ 的一个样本, 试证 $\widehat{\theta}_1=\overline{X}$ 与 $\widehat{\theta}_2=nX_{(1)}$ 都是 θ 的无偏估计, 并比较其有效性.

5. 设 $X_1,X_2,\cdots,X_n$ 是来自指数分布 $\mathrm{Exp}(1/\theta)$ 的一个样本, 求 c 使 $c\overline{X}$ 在均方误差准则下是 θ 的最优估计.

6. 考察均匀分布族 $\{U(0,\theta);\theta>0\}$, 不管样本容量 n 为多大, $g(\theta)=1/\theta$ 都不是可估参数. 试以 $n=1$ 为例证明这个结论.

7. 检验下列分布族的完备性:

(1) 泊松分布族.

(2) 几何分布族.

(3) 均匀分布族 $\{U(0,\theta);\theta>0\}$.

(4) 伽马分布族 $\{\mathrm{Ga}(\alpha,\lambda);\alpha>0,\lambda>0\}$.

8. 设 $X_1, X_2, \cdots, X_n$ 是来自伽马分布 $\mathrm{Ga}(\alpha, \lambda)$ 的一个样本, 若 α 已知, 求 λ 和 λ^{-1} 的 UMVUE.

9. 设 T 是 $g(\theta)$ 的 UMVUE, $\hat{g}$ 是 $g(\theta)$ 的无偏估计, 证明: 若 $\mathrm{Var}(\hat{g}) < +\infty$, 则 $\mathrm{Cov}(T, \hat{g}) \geqslant 0$.

2.5　C-R 不等式

瑞典统计学家克莱姆 (H.Cramér) 和印裔美国统计学家拉奥 (C.R.Rao) 分别在 1945 年和 1946 年针对单参数正则分布族证明了一个重要不等式, 后人称为 Cramer-Rao 不等式, 简称 C-R 不等式 (式 (2.5.1)). 这个不等式给出了可估参数的无偏估计的方差下界, 这个下界与下列三个量有关:

- 样本量 n;
- 费希尔信息量 $I(\theta)$ (参见 2.3.3 节);
- 可估参数 $g(\theta)$ 的变化率 $g'(\theta)$.

C-R 不等式成立的条件是总体为 C-R 正则分布族 (参见定义 2.3.3).

2.5.1　C-R 不等式简介

> **定理 2.5.1**　设 $\mathfrak{F} = \{p(x; \theta); \theta \in \Theta\}$ 是 C-R 正则分布族, 可估参数 $g(\theta)$ 是 Θ 上的可微函数, 又设 $\boldsymbol{X} = (X_1, X_2, \cdots, X_n)$ 是取自总体分布 $p(x; \theta) \in \mathfrak{F}$ 的一个样本, 假如 $\hat{g}(\boldsymbol{X})$ 是 $g(\theta)$ 的无偏估计, 且满足下述条件:
>
> $$\int \cdots \int \hat{g}(x_1, x_2, \cdots, x_n) \cdot p(x_1, x_2, \cdots, x_n; \theta) \mathrm{d}x_1 \mathrm{d}x_2 \cdots \mathrm{d}x_n$$
>
> 可在积分号下对 θ 求导, 则有
>
> $$\mathrm{Var}_\theta[\hat{g}(\boldsymbol{X})] \geqslant \frac{[g'(\theta)]^2}{n I(\theta)}, \quad \theta \in \Theta \tag{2.5.1}$$
>
> 式中, $I(\theta)$ 为该分布族 $\mathfrak{F}$ 的费希尔信息量.

证　样本是简单样本, 又记

$$s(\boldsymbol{X}; \theta) = \frac{\partial}{\partial \theta} \ln p(x_1, x_2, \cdots, x_n; \theta) = \sum_{i=1}^{n} \frac{\partial}{\partial \theta} \ln p(x_i; \theta)$$

由于

$$
\begin{aligned}
E_\theta\left[\frac{\partial}{\partial \theta} \ln p(x_i; \theta)\right] &= \int \frac{\partial}{\partial \theta} \ln p(x_i; \theta) \cdot p(x_i; \theta) \mathrm{d}x_i \\
&= \int \frac{\partial}{\partial \theta} p(x_i; \theta) \mathrm{d}x_i \\
&= \frac{\mathrm{d}}{\mathrm{d}\theta} \int p(x_i; \theta) \mathrm{d}x_i = 0
\end{aligned}
$$

因此

$$E_\theta[s(\boldsymbol{X};\theta)] \quad = \sum_{i=1}^{n} E_\theta\left[\frac{\partial}{\partial\theta}\ln p(x_i;\theta)\right] = 0$$

$$\mathrm{Var}_\theta[s(\boldsymbol{X};\theta)] = \mathrm{Var}_\theta\left[\sum_{i=1}^{n}\frac{\partial}{\partial\theta}\ln p(x_i;\theta)\right]$$

$$= \sum_{i=1}^{n}\mathrm{Var}_\theta\left[\frac{\partial}{\partial\theta}\ln p(x_i;\theta)\right]$$

$$= \sum_{i=1}^{n}E_\theta\left[\frac{\partial}{\partial\theta}\ln p(x_i;\theta)\right]^2 = nI(\theta)$$

再利用协方差性质 (施瓦茨不等式)

$$\{\mathrm{Cov}[s(\boldsymbol{X},\theta),\widehat{g}(\boldsymbol{X})]\}^2 \leqslant \mathrm{Var}_\theta[s(\boldsymbol{X},\theta)] \cdot \mathrm{Var}_\theta[\widehat{g}(\boldsymbol{X})]$$

上述不等式右端为 $nI(\theta) \cdot \mathrm{Var}_\theta[\widehat{g}(\boldsymbol{X})]$，而左端为：

$$\mathrm{Cov}[s(\boldsymbol{X},\theta),\widehat{g}(\boldsymbol{X})] = E_\theta\{s(\boldsymbol{X},\theta)[\widehat{g}(\boldsymbol{X}) - g(\theta)]\}$$

$$= E_\theta[s(\boldsymbol{X},\theta)\widehat{g}(\boldsymbol{X})] - g(\theta)E_\theta[s(\boldsymbol{X},\theta)]$$

$$= \int\cdots\int\widehat{g}(\boldsymbol{X})\frac{\partial}{\partial\theta}\ln p(x_1,x_2,\cdots,x_n;\theta)$$

$$\cdot p(x_1,x_2,\cdots,x_n;\theta)\mathrm{d}x_1\mathrm{d}x_2\cdots\mathrm{d}x_n$$

$$= \int\cdots\int\widehat{g}(\boldsymbol{X})\frac{\partial}{\partial\theta}p(x_1,x_2,\cdots,x_n;\theta)\mathrm{d}x_1\mathrm{d}x_2\cdots\mathrm{d}x_n$$

$$= \frac{\mathrm{d}}{\mathrm{d}\theta}\int\cdots\int\widehat{g}(\boldsymbol{X})p(x_1,x_2,\cdots,x_n;\theta)\mathrm{d}x_1\mathrm{d}x_2\cdots\mathrm{d}x_n = g'(\theta)$$

将上述结果代回原式, 即得 C-R 不等式.

C-R 不等式 (式 (2.5.1)) 的右端是一个不依赖于无偏估计量 $\widehat{g}(\boldsymbol{X})$ 的量. 这个量与参数 $g(\theta)$ 的变化率的平方成正比, 与总体所在的分布族的费希尔信息量的 n 倍成反比. 这表明, 当参数 $g(\theta)$ 和总体分布族给定时, 要构造一个方差无限小的无偏估计, 只有当样本容量 n 无限大时才有可能, 而要做到这一点是不现实的. 所以当样本容量 n 给定时, $g(\theta)$ 的无偏估计的方差不可能任意小, 它的下界是 $[g'(\theta)]^2/[nI(\theta)]$. 这个下界也称 C-R 下界, C-R 不等式的意义就在于此.

2.5.2 有效估计

定义 2.5.1 设 $\widehat{g}(\boldsymbol{X})$ 是 $g(\theta)$ 的无偏估计, 在 C-R 正则分布族下, 比值

$$e_n = \frac{[g'(\theta)]^2/[nI(\theta)]}{\mathrm{Var}_\theta[\widehat{g}(\boldsymbol{X})]}$$

称为无偏估计 $\widehat{g}(\boldsymbol{X})$ 的效率 (显然, $0 < e_n \leqslant 1$). 假如 $e_n = 1$, 则称 $\widehat{g}(\boldsymbol{X})$ 是 $g(\theta)$ 的有效 (无偏) 估计. 假如 $\lim\limits_{n \to \infty} e_n = 1$, 则称 $\widehat{g}(\boldsymbol{X})$ 是 $g(\theta)$ 的渐近有效 (无偏) 估计.

人们当然希望使用有效估计, 因为它是无偏估计类 $\mathfrak{U}_g$ 中最好的估计. 可惜有效估计并不多, 但渐近有效估计略多一些. 从有效估计的定义可见, 有效估计一定是 UMVUE, 但很多 UMVUE 不是有效估计, 这是因为 C-R 下界偏小, 在很多场合达不到. 因此, 有些统计学家提出改进 C-R 下界, 使其能达到或者能接近.

例 2.5.1 设 $X_1, X_2, \cdots, X_n$ 是取自正态总体 $N(\mu, 1)$ 的一个样本, 可以验证这个正态分布族 $\{N(\mu, 1); -\infty < \mu < +\infty\}$ 是 C-R 正则分布族, 其费希尔信息量 $I(\mu) = 1$. 由 C-R 不等式知, 假如 $\widehat{\mu}$ 是 $g(\mu) = \mu$ 的任一无偏估计, 则有 $g'(\mu) = 1$ 和 $\operatorname{Var}(\widehat{\mu}) \geqslant 1/n$. 容易看到, 若取 $\widehat{\mu} = \overline{X}$, 则等号可以取到, 这表明样本均值是 μ 的有效估计.

例 2.5.2 设 $X_1, X_2, \cdots, X_n$ 是取自正态总体 $N(0, \sigma^2)$ 的一个样本, 可以验证, 正态分布族 $\{N(0, \sigma^2); \sigma > 0\}$ 是 C-R 正则分布族. 下面来求参数 $g(\sigma^2) = \sigma^2$ 的 C-R 下界. 由于

$$p(x; \sigma^2) = (2\pi\sigma^2)^{-\frac{1}{2}} \cdot \mathrm{e}^{-\frac{x^2}{2\sigma^2}}$$

$$\frac{\mathrm{d}}{\mathrm{d}\sigma^2} \ln p(x; \sigma^2) = \frac{x^2}{2\sigma^4} - \frac{1}{2\sigma^2}$$

利用 $E(x^{2k}) = \sigma^{2k}(2k - 1) \cdot (2k - 3) \cdot \cdots \cdot 1$, 可算得费希尔信息量:

$$
\begin{aligned}
I(\sigma^2) &= E\left[\frac{\mathrm{d}}{\mathrm{d}\sigma^2} \ln p(x; \sigma^2)\right]^2 \\
&= E\left(\frac{x^2}{2\sigma^4} - \frac{1}{2\sigma^2}\right)^2 \\
&= \frac{1}{4\sigma^8} E(x^4) + \frac{1}{4\sigma^4} - \frac{1}{2\sigma^6} E(x^2) \\
&= \frac{3}{4\sigma^4} + \frac{1}{4\sigma^4} - \frac{1}{2\sigma^4} = \frac{1}{2\sigma^4}
\end{aligned}
$$

假如 $\widehat{\sigma^2}$ 是 σ^2 的任一无偏估计, 则有 $g'(\sigma^2) = 1$ 和 $\operatorname{Var}_{\sigma^2}(\widehat{\sigma^2}) \geqslant \dfrac{1}{nI(\sigma^2)} = \dfrac{2\sigma^4}{n}$. 容易验证下面两个估计

$$S^2 = \frac{1}{n-1} \sum_{i=1}^{n} (X_i - \overline{X})^2, \quad \widehat{\sigma^2} = \frac{1}{n} \sum_{i=1}^{n} X_i^2$$

都是 σ^2 的无偏估计, 其方差分别为:

$$\operatorname{Var}_{\sigma^2}(S^2) = \frac{2\sigma^4}{n-1}, \quad \operatorname{Var}_{\sigma^2}(\widehat{\sigma^2}) = \frac{2\sigma^4}{n}$$

所以, $\widehat{\sigma}^2$ 是 σ^2 的有效估计, 而 S^2 不是 σ^2 的有效估计, 但其效率 $e_n = \dfrac{n-1}{n} \to 1 (n \to \infty)$, 所以 S^2 是 σ^2 的渐近有效估计.

利用上述结果, 还可以求出参数 σ (标准差) 的无偏估计的方差下界. 设 $g_1(\sigma^2) = (\sigma^2)^{1/2} = \sigma$, 于是 $\dfrac{\mathrm{d}}{\mathrm{d}\sigma^2} g_1(\sigma^2) = \dfrac{1}{2\sigma}$, 而对任一个 σ 的无偏估计 $\widehat{\sigma}$, 有

$$\mathrm{Var}_{\sigma^2}(\widehat{\sigma}) \geqslant \frac{[g'(\sigma^2)]^2}{nI(\sigma^2)} = \frac{1/(4\sigma^2)}{n/(2\sigma^4)} = \frac{\sigma^2}{2n}$$

由 C-R 不等式知, 在正则条件下, 若 $g'(\theta) \neq 0$, 则 C-R 下界为 $O\left(\dfrac{1}{n}\right)$. 这就是说, 在正则条件下, 随着样本容量 n 的增大, 无偏估计的方差至多与 $\dfrac{1}{n}$ 同阶. 但是, 在非正则条件下, 无偏估计的方差有可能低于 $O\left(\dfrac{1}{n}\right)$.

例 2.5.3 仅含有位置参数的指数分布族 $\{p(x;\alpha) = \mathrm{e}^{-(x-\alpha)}; x \geqslant \alpha, -\infty < \alpha < +\infty\}$ 不是 C-R 正则分布族, 其支撑 $\{x : p(x;\alpha) > 0\} = \{x : x \geqslant \alpha\}$ 依赖于未知参数 α.

假设 $X_1, X_2, \cdots, X_n$ 是取自上述指数分布的一个样本, 则样本的最小次序统计量 $X_{(1)}$ 是 α 的完备充分统计量. $X_{(1)}$ 的密度函数为:

$$p(y;\alpha) = n \cdot \mathrm{e}^{-n(y-\alpha)}, \quad y \geqslant \alpha$$

于是

$$E(X_{(1)}) = n \int_{\alpha}^{+\infty} y \cdot \mathrm{e}^{-n(y-\alpha)} \mathrm{d}y = \alpha + \frac{1}{n}$$

故 $\widehat{\alpha}(\boldsymbol{X}) = X_{(1)} - \dfrac{1}{n}$ 是 α 的一致最小方差无偏估计. $\widehat{\alpha}(\boldsymbol{X})$ 的方差为:

$$\mathrm{Var}[\widehat{\alpha}(\boldsymbol{X})] = n \int_{\alpha}^{+\infty} \left(y - \frac{1}{n} - \alpha\right)^2 \cdot \mathrm{e}^{-n(y-\alpha)} \mathrm{d}y = \frac{1}{n^2}$$

可见 $\widehat{\alpha}(\boldsymbol{X})$ 的方差为 $O\left(\dfrac{1}{n^2}\right)$.

这个例子说明, 在使用 C-R 不等式时, 要注意 C-R 正则分布族的条件.

· 批判性思考 ·

理解估计量方差收敛的阶数所代表的含义.

· 习 题 2.5 ·

1. 设 $X_1, X_2, \cdots, X_n$ 是来自如下密度函数的一个样本

$$p(x;\theta) = \theta x^{\theta-1}, \quad 0 < x < 1, \quad \theta > 0$$

(1) 求 $g(\theta) = 1/\theta$ 的最大似然估计 $\widehat{g}(\boldsymbol{X})$.

(2) 验证 $\widehat{g}(\boldsymbol{X})$ 是 $g(\theta)$ 的无偏估计.

(3) 求该分布的费希尔信息量 $I(\theta)$.

(4) 考察 $\widehat{g}(\boldsymbol{X})$ 的方差是否达到 C-R 下界.

2. 设 $X_1, X_2, \cdots, X_n$ 是来自如下几何分布的一个样本

$$P(x = i) = \theta(1-\theta)^{i-1}, \quad i = 1, 2, \cdots; \quad 0 < \theta < 1$$

(1) 证明: $T = \sum_{i=1}^{n} X_i$ 是 θ 的完备充分统计量, 且服从负二项分布

$$P_\theta(T = t) = \binom{t-1}{n-1} \theta^n (1-\theta)^{t-n}, \quad t = n, n+1, \cdots$$

(2) 计算 $E_\theta(T)$, 并由此求 θ^{-1} 的 UMVUE.

(3) 证明:

$$\varphi(X_1) = \begin{cases} 1, & X_1 = 1 \\ 0, & X_1 = 2, 3, \cdots \end{cases}$$

是 θ 的无偏估计, 计算 $E_\theta[\varphi(X_1)|T = t]$, 并由此求 θ 的 UMVUE.

3. 设 $X_1, X_2, \cdots, X_n$ 是来自正态总体 $N(\theta, 1)$ 的一个样本, 求 θ^2 的 UMVUE, 并指出它不是 θ^2 的有效估计.

2.6 置信区间

2.6.1 置信区间的概念

除了点估计, 我们对参数还可以进行区间估计.

1. 区间估计及其置信度与置信系数

设 $\widehat{\theta} = \widehat{\theta}(X_1, X_2, \cdots, X_n)$ 为参数 θ 的一个点估计, 有了样本观测值后就可算得 $\widehat{\theta}$ 的一个值, 比如 $\widehat{\theta}_0$, 这个值实际上很有用, 它告诉人们: θ 的真值可能就在 $\widehat{\theta}_0$ 附近, 但没有告知 $\widehat{\theta}_0$ 离 θ 的真值是近是远. 众所周知, 要使 $\widehat{\theta}_0$ 恰好为 θ 的真值是几乎不可能的. 特别在连续总体场合, 点估计 $\widehat{\theta}$ 恰好为 θ 的真值的概率为 0, 即 $P(\widehat{\theta} = \theta) = 0$. 因此人们想再设置一个区间 $[\widehat{\theta}_L, \widehat{\theta}_U]$, 使这个区间尽可能地以较大概率覆盖 (包含) θ 的真值, 这就形成了如下区间估计的概念.

> **定义 2.6.1** 设 $\boldsymbol{X} = (X_1, X_2, \cdots, X_n)$ 是取自某总体 $F_\theta(x)$ 的一个样本, 假如 $\widehat{\theta}_L(\boldsymbol{X})$ 与 $\widehat{\theta}_U(\boldsymbol{X})$ 是在参数空间 Θ 上取值的两个统计量, 且 $\widehat{\theta}_L(\boldsymbol{X}) < \widehat{\theta}_U(\boldsymbol{X})$, 则称随机区间 $[\widehat{\theta}_L, \widehat{\theta}_U]$ 为参数 θ 的一个区间估计. 该区间覆盖参数 θ 的概率 $P_\theta(\widehat{\theta}_L \leqslant$

$\theta \leqslant \widehat{\theta}_U)$ 称为置信度. 该置信度在参数空间 Θ 上的下确界 $\inf\limits_{\theta \in \Theta} P_\theta(\widehat{\theta}_L \leqslant \theta \leqslant \widehat{\theta}_U)$ 称为该区间估计的置信系数.

注 1: 从上述定义可知, 构造一个未知参数的区间估计并不难. 譬如, 要构造某总体均值 θ 的区间估计, 可以以样本均值 $\overline{X}$ 为中心, 以样本标准差 S 的 2 倍为半径, 形成一个随机区间 $\overline{X} \pm 2S = [\overline{X} - 2S, \overline{X} + 2S]$, 这就是总体均值 θ 的一个区间估计. 若把其中的 $2S$ 改为 $2.5S$ 或 $3S$, 则可获得 θ 的其他区间估计. 参数的区间估计可以给出多个, 但要给出一个好的区间估计就需要有丰富的统计思想和熟练的统计技巧.

注 2: 当置信度所示的概率与参数 θ 无关时, 置信度就是置信系数, 以后我们将努力寻求置信度与 θ 无关的区间估计.

注 3: 上述定义中区间估计用闭区间给出, 也可用开区间或半开区间给出, 根据实际需要而定.

一个未知参数的区间估计有多个, 如何评价其好坏呢? 常用的标准有如下两个.

• 置信度 (或置信系数) 越大越好, 因为人们对给出的区间估计可覆盖未知参数的概率越大越放心. 但不宜一味追求高置信度的区间估计, 置信度最高为 1, 而置信度为 1 的区间估计 (如人的平均身高在 $0 \sim 10$ 米之间) 没有任何用处, 因为它没有给出对人们有用的信息.

• 随机区间 $[\widehat{\theta}_L, \widehat{\theta}_U]$ 的平均长度 $E_\theta(\widehat{\theta}_U - \widehat{\theta}_L)$ 越短越好, 因为平均长度越短表示区间估计的精度越高.

在下面的例子中将具体讨论这两个标准.

例 2.6.1 设 $X_1, X_2, \cdots, X_n$ 是来自正态总体 $N(\mu, \sigma^2)$ 的一个样本. 用样本均值 $\overline{X}$ 和样本方差 S^2 可以给出正态均值 μ 的对称区间估计:

$$\overline{X} \pm kS/\sqrt{n} = [\overline{X} - kS/\sqrt{n}, \overline{X} + kS/\sqrt{n}] \tag{2.6.1}$$

它的置信度可用 t 分布算得, 具体如下:

$$P_{\mu,\sigma}(\overline{X} - kS/\sqrt{n} \leqslant \mu \leqslant \overline{X} + kS/\sqrt{n}) = P\left(\left|\frac{\sqrt{n}(\overline{X} - \mu)}{S}\right| \leqslant k\right)$$
$$= P(|t| \leqslant k)$$

其中

$$t = \frac{\sqrt{n}(\overline{X} - \mu)}{S} \sim t(n-1)$$

由于 t 分布只依赖于其自由度 $n-1$, 而不依赖于未知参数 μ 与 σ, 所以用 t 分布算得的置信度就是置信系数. 当 $n = 20$ 时, 对 $k = 1, 2, 3$ 可算出其置信系数如下:

$$P(\overline{X} - S/\sqrt{n} \leqslant \mu \leqslant \overline{X} + S/\sqrt{n}) = 0.671$$
$$P(\overline{X} - 2S/\sqrt{n} \leqslant \mu \leqslant \overline{X} + 2S/\sqrt{n}) = 0.941$$
$$P(\overline{X} - 3S/\sqrt{n} \leqslant \mu \leqslant \overline{X} + 3S/\sqrt{n}) = 0.993$$

正态均值 μ 的三个区间估计的置信系数一个比一个高, 第三个区间的置信系数达到 0.99. 现考察这三个区间估计的平均长度, 由式 (2.6.1) 可知, 其平均长度为:

$$l_k = E(2kS/\sqrt{n}) = \frac{2k}{\sqrt{n(n-1)}}E(\sqrt{Q})$$

其中

$$Q = \sum_{i=1}^{n}(X_i - \overline{X})^2 \sim \mathrm{Ga}\left(\frac{n-1}{2}, \frac{1}{2\sigma^2}\right)$$

利用伽马分布可算得

$$E(\sqrt{Q}) = \frac{\sigma\sqrt{2}\Gamma\left(\dfrac{n}{2}\right)}{\Gamma\left(\dfrac{n-1}{2}\right)}$$

由此可得平均长度为:

$$l_k = \frac{2\sqrt{2}k\sigma}{\sqrt{(n(n-1))}} \cdot \frac{\Gamma\left(\dfrac{n}{2}\right)}{\Gamma\left(\dfrac{n-1}{2}\right)}, \quad k = 1, 2, 3$$

容易看出, 在固定样本量 n 的场合, 有 $l_1 < l_2 < l_3$, 即 $k = 1$ 时的区间估计的平均长度 l_1 较短, 但其置信度较小. 这一矛盾现象在寻求区间估计时普遍存在, 也是容易理解的. 为了提高置信系数, 应把区间放大, 这将导致区间过长, 丧失精确度; 反之, 为提高精确度, 应把区间缩小, 这又导致丧失置信系数. 面对这对相互制约的标准, 英国统计学家奈曼建议采取折中方案: 在保证置信系数达到指定要求的前提下, 尽可能提高精确度. 这一建议被广大实际工作者和统计学家接受, 这就引出了置信区间的概念.

2. 置信区间

定义 2.6.2 设 θ 是总体的一个参数, 其参数空间为 Θ, 又设 $X_1, X_2, \cdots, X_n$ 是来自该总体的一个样本, 对给定的 $\alpha\ (0 < \alpha < 1)$, 确定两个统计量 $\widehat{\theta}_L = \widehat{\theta}_L(X_1, X_2, \cdots, X_n)$ 与 $\widehat{\theta}_U = \widehat{\theta}_U(X_1, X_2, \cdots, X_n)$, 若有

$$P_\theta(\widehat{\theta}_L \leqslant \theta \leqslant \widehat{\theta}_U) \geqslant 1 - \alpha, \quad \forall \theta \in \Theta \tag{2.6.2}$$

则称随机区间 $[\widehat{\theta}_L, \widehat{\theta}_U]$ 是 θ 的置信水平为 $1 - \alpha$ 的置信区间, 或简称 $[\widehat{\theta}_L, \widehat{\theta}_U]$ 是 θ 的 $1 - \alpha$ 置信区间, $\widehat{\theta}_L$ 与 $\widehat{\theta}_U$ 分别称为 $1 - \alpha$ 置信区间的 (双侧) 置信下限与 (双侧) 置信上限.

置信水平 $1 - \alpha$ 的本意是: 设法构造一个随机区间 $[\widehat{\theta}_L, \widehat{\theta}_U]$, 它能覆盖未知参数 θ 的概率至少为 $1 - \alpha$. 这个区间会随着样本观测值的不同而不同, 但运用这个区间估计 100 次, 约有 $100(1 - \alpha)$ 个区间能覆盖 θ, 或者说约有 $100(1 - \alpha)$ 个区间含有 θ, 言下之意, 大约还有 100α 个区间不含 θ. 图 2.6.1 中每条竖线表示由容量为 20 的一个样本按给定

的 $\widehat{\theta}_L(X_1, X_2, \cdots, X_{20})$ 和 $\widehat{\theta}_U(X_1, X_2, \cdots, X_{20})$ 算得的一个区间, 重复 100 次, 得 100 个这种区间. 在图 2.6.1(a) 中, 100 个区间中有 51 个包含真实参数 $\theta = 0$, 这对 50% 置信区间 ($\alpha = 0.5$) 来说是一个合理的偏离. 在图 2.6.1(b) 中, 100 个区间中有 90 个包含真实参数 $\theta = 0$, 这与 90% 置信区间一致.

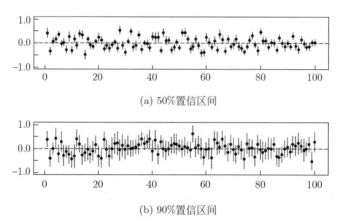

(a) 50%置信区间

(b) 90%置信区间

图 2.6.1 对从 $\theta = 0, \sigma = 1$ 的正态总体中随机取出 100 个容量为 20 的样本计算得到的置信区间

3. 同等置信区间

定义 2.6.3 在定义 2.6.2 的记号下, 如果对给定的 α $(0 < \alpha < 1)$ 恒有

$$P_\theta(\widehat{\theta}_L \leqslant \theta \leqslant \widehat{\theta}_U) = 1 - \alpha, \quad \forall \theta \in \Theta \tag{2.6.3}$$

则称随机区间 $[\widehat{\theta}_L, \widehat{\theta}_U]$ 为 θ 的 $1 - \alpha$ 同等置信区间.

从此定义可以看出, θ 的 $1 - \alpha$ 同等置信区间是用足了给定的置信水平 $1 - \alpha$, 且置信度与参数无关, 恒为 $1 - \alpha$, 因此实际工作者都喜欢使用它. 我们在构造置信区间时, 首选的就是设法构造同等置信区间, 特别是在总体分布连续的场合, 实现起来并不难.

4. 置信限

在一些实际问题中, 我们往往只关心某些未知参数的上限或下限. 例如, 对某种合金钢的强度来讲, 人们总希望其强度越大越好 (又称望大特性), 这时平均强度的下限是一个很重要的指标. 对某种药物的毒性来讲, 人们总希望其毒性越小越好 (又称望小特性), 这时药物平均毒性的上限便成了一个重要指标. 这些问题都可以归结为寻求未知参数的单侧置信限问题.

定义 2.6.4 设 θ 是总体的某一未知参数, 对给定的 α $(0 < \alpha < 1)$, 由来自该总体的样本 $X_1, X_2, \cdots, X_n$ 确定的统计量 $\widehat{\theta}_L = \widehat{\theta}_L(X_1, X_2, \cdots, X_n)$ 满足

$$P_\theta(\theta \geqslant \widehat{\theta}_L) \geqslant 1 - \alpha, \quad \forall \theta \in \Theta \tag{2.6.4}$$

则称 $\widehat{\theta}_L$ 为 θ 的置信水平是 $1 - \alpha$ 的单侧置信下限, 简称 $1 - \alpha$ 单侧置信下限. 若等号对一切 $\theta \in \Theta$ 成立, 则称 $\widehat{\theta}_L$ 为 θ 的 $1 - \alpha$ 单侧同等置信下限.

类似地, 若由样本确定的统计量 $\widehat{\theta}_U = \widehat{\theta}_U(X_1, X_2, \cdots, X_n)$ 满足

$$P_\theta(\theta \leqslant \widehat{\theta}_U) \geqslant 1 - \alpha, \quad \forall \theta \in \Theta \tag{2.6.5}$$

则称 $\widehat{\theta}_U$ 为 θ 的置信水平是 $1 - \alpha$ 的单侧置信上限, 简称 θ 的 $1 - \alpha$ 单侧置信上限. 若等号对一切 $\theta \in \Theta$ 成立, 则称 $\widehat{\theta}_U$ 为 θ 的 $1 - \alpha$ 单侧同等置信上限.

容易看出, 单侧置信下限与单侧置信上限都是置信区间的特殊情况 (一端被固定), 它们的置信水平的解释类似, 寻求方法也是相通的. 若已知

- θ 的 $1 - \alpha_1$ 单侧置信下限为 $\widehat{\theta}_L$, 即 $P_\theta(\theta \geqslant \widehat{\theta}_L) \geqslant 1 - \alpha_1$, 或 $P_\theta(\theta < \widehat{\theta}_L) < \alpha_1$,
- θ 的 $1 - \alpha_2$ 单侧置信上限为 $\widehat{\theta}_U$, 即 $P_\theta(\theta \leqslant \widehat{\theta}_U) \geqslant 1 - \alpha_2$, 或 $P_\theta(\theta > \widehat{\theta}_U) < \alpha_2$,

只要对每一个样本 $\boldsymbol{X} = (X_1, X_2, \cdots, X_n)$ 都有 $\widehat{\theta}_L(x) < \widehat{\theta}_U(x)$, 则利用概率性质立即可知: $[\widehat{\theta}_L, \widehat{\theta}_U]$ 是 θ 的 $1 - (\alpha_1 + \alpha_2)$ 置信区间.

5. 置信域

置信区间的概念可以推广到多维参数场合, 形成置信域.

定义 2.6.5 设 $\boldsymbol{X} = (X_1, X_2, \cdots, X_n)$ 是来自某总体分布 $F_\theta(x)$ 的一个样本, 其中 $\boldsymbol{\theta} = (\theta_1, \theta_2, \cdots, \theta_k)$ 是 k 维参数, 其参数空间为 $\Theta \subset \mathbf{R}^k$. 假如对 Θ 的一个子集 $R(\boldsymbol{X})$, 有

(1) $R(\boldsymbol{X})$ 仅是样本 $\boldsymbol{X}$ 的函数,

(2) 对给定的 α $(0 < \alpha < 1)$, 有概率不等式

$$P_\theta(\boldsymbol{\theta} \in R(\boldsymbol{X})) \geqslant 1 - \alpha, \quad \forall \boldsymbol{\theta} \in \Theta \tag{2.6.6}$$

则称 $R(\boldsymbol{X})$ 是 $\boldsymbol{\theta}$ 的置信水平为 $1 - \alpha$ 的置信域 (或置信集). 概率 $P_\theta(\boldsymbol{\theta} \in R(\boldsymbol{X}))$ 在参数空间 Θ 上的下确界称为该置信域的置信系数. 假如式 (2.6.6) 中等号成立且不依赖于 $\boldsymbol{\theta}$, 则称 $R(\boldsymbol{X})$ 为 $\boldsymbol{\theta}$ 的 $1 - \alpha$ 同等置信域.

在多维参数场合, 置信域的形状可以多种多样, 但实际上只限于一些有规则的几何图形, 如长方体、球、椭球等. 特别是当置信域 $R(\boldsymbol{X})$ 为由若干平行于坐标平面的平面所围成的长方体时, 称 $R(\boldsymbol{X})$ 为联合置信区间. 此定义也适用于一维场合, 此时置信域可以是区间, 也可以由不相连的若干区间组成.

2.6.2 枢轴量法

构造未知参数 θ 的置信区间的一种常用方法是枢轴量法, 它的具体步骤是:

(1) 从 θ 的一个点估计 $\widehat{\theta}$ 出发, 构造 $\widehat{\theta}$ 与 θ 的一个函数 $G(\widehat{\theta}, \theta)$, 使得 G 的分布 (在大样本场合, 可以是 G 的渐近分布) 是已知的, 而且与 θ 无关. 通常称这种函数 $G(\widehat{\theta}, \theta)$ 为枢轴量.

（2）适当选取两个常数 c 与 d, 使对给定的 α 有

$$P(c \leqslant G(\widehat{\theta}, \theta) \leqslant d) \geqslant 1 - \alpha \tag{2.6.7}$$

这里概率的大于等于号是专门为离散分布设置的, 当 $G(\widehat{\theta}, \theta)$ 的分布是连续分布时, 选择的 c 与 d 应使式 (2.6.7) 中概率的等号成立, 这样就能充分地使用置信水平 $1 - \alpha$, 并获得同等置信区间.

（3）利用不等式运算, 将不等式 $c \leqslant G(\widehat{\theta}, \theta) \leqslant d$ 进行等价变形, 以便最后能得到形如 $\widehat{\theta}_L \leqslant \theta \leqslant \widehat{\theta}_U$ 的不等式, 若这一切可能, 则 $[\widehat{\theta}_L, \widehat{\theta}_U]$ 就是 θ 的 $1 - \alpha$ 置信区间. 因为这时有

$$P(\widehat{\theta}_L \leqslant \theta \leqslant \widehat{\theta}_U) = P(c \leqslant G(\widehat{\theta}, \theta) \leqslant d) \geqslant 1 - \alpha$$

上述三步中, 关键是第一步, 即构造枢轴量 $G(\widehat{\theta}, \theta)$. 为了使后面两步可行, G 的分布不能含有未知参数, 譬如标准正态分布 $N(0,1)$、t 分布等都不含未知参数. 因此在构造枢轴量时, 首先要尽量使其分布为一些常用的分布. 第二步是如何确定 c 与 d. 在 G 的分布为单峰时常用如下两种方法确定.

第一种, 当 G 的分布对称时 (如标准正态分布), 可取 d, 使得

$$P(-d \leqslant G \leqslant d) = P(|G| \leqslant d) = 1 - \alpha \tag{2.6.8}$$

这时 $c = -d$ (d 为 G 的分布的 $1 - \alpha/2$ 分位数, 见图 2.6.2(a)). 这样获得的 $1 - \alpha$ 同等置信区间的长度最短.

第二种, 当 G 的分布非对称时 (如 χ^2 分布), 选取的 c 与 d 应使得左右两个尾部概率均为 $\alpha/2$, 即

$$P(G < c) = \alpha/2, \quad P(G > d) = \alpha/2 \tag{2.6.9}$$

即取 c 为 G 的分布的 $\alpha/2$ 分位数, d 为 G 的分布的 $1 - \alpha/2$ 分位数 (见图 2.6.2(b)). 这样得到的置信区间称为等尾置信区间.

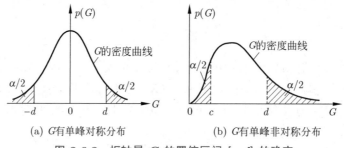

图 2.6.2　枢轴量 G 的置信区间 $[c, d]$ 的确定

例 2.6.2　设 $X_1, X_2, \cdots, X_n$ 是来自均匀分布 $U(0, \theta)$ 的一个样本, 对给定的 $\alpha\,(0 < \alpha < 1)$, 寻求 θ 的 $1 - \alpha$ 置信区间.

解　用枢轴量法来寻求 θ 的置信区间, 分以下几步进行.

(1) 样本的最大次序统计量 $X_{(n)}$ 是参数 θ 的充分统计量, 且 $G = X_{(n)}/\theta$ 的密度函数与分布函数分别为:

$$p_\theta(y) = ny^{n-1}, \quad 0 < y < 1$$

$$F_\theta(y) = y^n, \qquad 0 < y < 1$$

它们都与 θ 无关, 故可取 $G = X_{(n)}/\theta$ 为枢轴量. 其密度函数曲线见图 2.6.3.

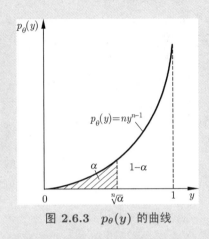

图 2.6.3 $p_\theta(y)$ 的曲线

(2) 对给定的置信水平 $1 - \alpha$, 适当选择 c 与 d, 使

$$P_\theta(c \leqslant X_{(n)}/\theta \leqslant d) = d^n - c^n = 1 - \alpha \tag{2.6.10}$$

(3) 利用不等式等价变形, 可得 θ 的 $1 - \alpha$ 同等置信区间为:

$$P_\theta\left(\frac{X_{(n)}}{d} \leqslant \theta \leqslant \frac{X_{(n)}}{c}\right) = 1 - \alpha$$

满足上述置信水平的 c 与 d 有很多, 这给人们更多自由去选取 c 与 d, 使该区间的长度 $X_{(n)}\left(\dfrac{1}{c} - \dfrac{1}{d}\right)$ 最短.

一个直观的方法是: 把具有高密度值的点归入区间, 使区间外的点的密度值不超过区间内的点的密度值, 这种最大密度点形成的区间 (若可能) 称为最大密度区间, 此种区间的长度应是最短的. 从图 2.6.3 所示的密度曲线可见, 其最大密度点集中在右侧, 故最大密度区间的右端点为 1, 即 $d = 1$, 另一端点可由式 (2.6.10) 给出, $c = \sqrt[n]{\alpha}$. 最后得到的区间 $[X_{(n)}, X_{(n)}/\sqrt[n]{\alpha}]$ 是最优置信区间, 这里最优是指其置信系数达到置信水平且平均长度最短.

若 (2.9, 3.0, 0.9, 1.7, 0.7) 是取自均匀分布 $U(0, \theta)$ 的一个样本, 其 $x_{(5)} = 3.0$. 若取 $\alpha = 0.1$, 则 θ 的最优置信区间为:

$$[3, 3/\sqrt[5]{0.1}] = [3, 4.75]$$

说明一下, 这里的区间 $[3, 4.75]$ 是随机区间 $[X_{(5)}, X_{(5)}/\sqrt[n]{\alpha}]$ 在一个具体样本上的一次实现, 虽然这两个区间都可称为 θ 的 0.9 置信区间, 但解释上还是有差别的. 随机区

间 $[X_{(5)}, X_{(5)}/\sqrt[n]{\alpha}]$ 包含 θ 的概率为 0.9, 而区间 [3, 4.75] 不能作此解释, 因为区间 [3, 4.75] 要么包含 θ, 要么不包含 θ, 两者必居其一, 对此无概率可言. 那么如何解释区间 [3, 4.75] 与 θ 的关系呢? 可以这样理解: 随机区间 $[X_{(5)}, X_{(5)}/\sqrt[n]{\alpha}]$ 使用 100 次大约有 90 次会包含 θ, 至于区间 [3, 4.75] 是否包含 θ 则不太清楚. 此种解释虽不能令人十分满意, 但不至于影响其使用. 因为实践中人们对一次实现赋予一定概率是常见的事. 如两个人约定在某时间段会合, 甲认为乙会按时到达的概率为 0.9, 又如在一次球赛中观众认为甲队胜的概率为 0.7, 都是在一次实现中使用概率的实例.

例 2.6.3 设 $X_1, X_2, \cdots, X_n$ 是从指数分布 $\mathrm{Exp}(1/\theta)$ 中抽取的一个样本. 其密度函数为:

$$p_\theta(x) = \frac{1}{\theta}\mathrm{e}^{-x/\theta}, \quad x \geqslant 0$$

式中, $\theta > 0$ 为总体均值, 即 $E(x) = \theta$. 现要求 θ 的 $1 - \alpha$ 置信区间 $(0 < \alpha < 1)$.

解 在指数分布场合, $T_n = X_1 + X_2 + \cdots + X_n$ 是 θ 的充分统计量. 由于指数分布是伽马分布的特例, 即 $X_i \sim \mathrm{Ga}(1, 1/\theta)$, 故由伽马分布的性质可知

$$T_n \sim \mathrm{Ga}(n, 1/\theta)$$

$$2T_n/\theta \sim \mathrm{Ga}\left(n, \frac{1}{2}\right) = \chi^2(2n)$$

可见, $2Tn/\theta$ 的分布不依赖于 θ, 可取其为枢轴量. 对给定的置信水平 $1 - \alpha$, 利用 χ^2 分布的 $\alpha/2$ 和 $1 - \alpha/2$ 分位数可得

$$P(\chi^2_{\alpha/2}(2n) \leqslant 2T_n/\theta \leqslant \chi^2_{1-\alpha/2}(2n)) = 1 - \alpha$$

再利用不等式等价变形可得

$$P\left(\frac{2T_n}{\chi^2_{1-\alpha/2}(2n)} \leqslant \theta \leqslant \frac{2T_n}{\chi^2_{\alpha/2}(2n)}\right) = 1 - \alpha$$

这样就得到了 θ 的 $1 - \alpha$ 同等置信区间 $\left[\dfrac{2T_n}{\chi^2_{1-\alpha/2}(2n)}, \dfrac{2T_n}{\chi^2_{\alpha/2}(2n)}\right]$. 这里的分位数在解概率等式中起了关键作用.

譬如, 某产品的寿命服从指数分布 $\mathrm{Exp}(1/\theta)$, 如今从中随机抽取 9 个样品进行寿命试验, 获得如下 9 个寿命数据 (单位: 小时):

$$152 \quad 457 \quad 505 \quad 531 \quad 607 \quad 645 \quad 707 \quad 822 \quad 903$$

可算得 $T_n = 5\,329$. 若取 $\alpha = 0.1$, 可由 Excel 中的函数得到 χ^2 分布的 α 分位数:

$$\chi^2_{0.05}(18) = 9.39, \quad \chi^2_{0.95}(18) = 28.87$$

于是平均寿命 θ 的 0.9 同等置信区间为 $\left[\dfrac{2 \times 5\,329}{28.87}, \dfrac{2 \times 5\,329}{9.39}\right] = [369.17, 1\,135.04]$.

由于平均寿命 θ 是望大特性, 越大越好, 因此人们更关心其单侧置信下限. 我们仍可用上述枢轴量 $2T_n/\theta$ 寻求 θ 的 $1-\alpha$ 单侧置信下限. 由 $\chi^2(2n)$ 的 $1-\alpha$ 分位数 $\chi^2_{1-\alpha}(2n)$ 可得

$$P_\theta(2T_n/\theta \leqslant \chi^2_{1-\alpha}(2n)) = 1-\alpha$$

$$P_\theta\left(\theta \geqslant \frac{2T_n}{\chi^2_{1-\alpha}(2n)}\right) = 1-\alpha$$

可见, θ 的 $1-\alpha$ 单侧置信下限 $\widehat{\theta}_L = 2T_n/\chi^2_{1-\alpha}(2n)$. 如今 $n=9$, $\alpha = 0.1$, 可查得 $\chi^2_{0.90}(18) = 25.99$. 代入可算得

$$\widehat{\theta}_L = \frac{2 \times 5\,329}{25.99} = 410.08 \text{ (小时)}$$

例 2.6.4 设 $X_1, X_2, \cdots, X_n$ 是来自某分布函数 $F(x;\theta)$ 的一个样本, 若此分布函数 $F(x;\theta)$ 既是 x 的连续函数, 又是 θ 的严格单调函数, 则可构造枢轴量, 获得 θ 的置信区间.

在 $X \sim F(x;\theta)$, F 是 x 的连续函数的场合, 可利用如下分布间的关系:

(1) $F(X;\theta) \sim U(0,1)$

(2) $-\ln F(X;\theta) \sim \text{Exp}(1) = \text{Ga}(1,1)$

(3) $-2\ln F(X;\theta) \sim \text{Ga}\left(1,\frac{1}{2}\right) = \chi^2(2)$

(4) $-2\sum_{i=1}^n \ln F(X_i;\theta) = -2\ln\prod_{i=1}^n F(X_i;\theta) \sim \chi^2(2n)$

若取 $-2\sum_{i=1}^n \ln F(X_i;\theta)$ 作为枢轴量, 对给定的 α $(0<\alpha<1)$, 取 $c = \chi^2_{\alpha/2}(2n)$, $d = \chi^2_{1-\alpha/2}(2n)$, 可使

$$P\left(c \leqslant -2\ln\prod_{i=1}^n F(X_i;\theta) \leqslant d\right) = 1-\alpha$$

$$P\left(\mathrm{e}^{-d/2} \leqslant \prod_{i=1}^n F(X_i;\theta) \leqslant \mathrm{e}^{-c/2}\right) = 1-\alpha$$

由于 $F(x;\theta)$ 是 θ 的严格单调函数, 故 $\prod_{i=1}^n F(X_i;\theta)$ 仍是 θ 的严格单调函数, 从而可设法从括号内的不等式中解出 $\widehat{\theta}_L \leqslant \theta \leqslant \widehat{\theta}_U$, $[\widehat{\theta}_L, \widehat{\theta}_U]$ 就是 θ 的 $1-\alpha$ 置信区间.

譬如, 取 $F(x;\theta) = x^\theta (0<x<1)$, 则 F 既是 x 的连续函数, 又是 θ 的严减函数, 从而 $\prod_{i=1}^n F(x_i;\theta) = \left(\prod_{i=1}^n x_i\right)^\theta$ 亦是 θ 的严减函数. 代回原式可得

$$P\left(\mathrm{e}^{-d/2} \leqslant \left(\prod_{i=1}^n X_i\right)^\theta \leqslant \mathrm{e}^{-c/2}\right) = 1-\alpha$$

再取对数即得 θ 的 $1-\alpha$ 置信区间为:

$$\left[\frac{c}{-2\ln\prod\limits_{i=1}^{n}X_i}, \frac{d}{-2\ln\prod\limits_{i=1}^{n}X_i}\right] = \left[\frac{\chi^2_{\alpha/2}(2n)}{-2\ln\prod\limits_{i=1}^{n}X_i}, \frac{\chi^2_{1-\alpha/2}(2n)}{-2\ln\prod\limits_{i=1}^{n}X_i}\right]$$

这个例子表明: 在一定的条件下, 枢轴量是广泛存在的.

2.6.3 大样本置信区间

有时, 要获得某参数的精确置信区间很难, 因为有关统计量的精确抽样分布很难得到. 但在大样本场合借用其渐近分布就较容易获得大样本置信区间.

1. 基于 MLE 的近似置信区间

在最大似然估计场合, 密度函数 $p(x;\theta)$ 中的参数 θ 常有一列估计量 $\widehat{\theta}_n = \widehat{\theta}_n(X_1, X_2, \cdots, X_n)$, 并且有渐近正态分布 $N(\theta, \sigma_n^2(\theta))$, 其中渐近方差 $\sigma_n^2(\theta)$ 是参数 θ 和样本量 n 的函数. 譬如, 在很一般的条件下 (见定理 2.3.3), $\widehat{\theta}_n$ 的渐近方差可用总体分布的费希尔信息量 $I(\theta)$ 算得, 即

$$\sigma_n^2(\theta) = [nI(\theta)]^{-1}$$

其中

$$I(\theta) = E_\theta\left(\frac{\partial}{\partial\theta}\ln p(x;\theta)\right)^2 = -E_\theta\left(\frac{\partial^2}{\partial\theta^2}\ln p(x;\theta)\right)$$

由此可得:

$$\frac{\widehat{\theta}_n - \theta}{\sigma_n(\theta)} \sim N(0,1), \quad n \to \infty$$

在一般场合, 若用 MLE $\widehat{\theta}_n$ 代替 $\sigma_n(\theta)$ 中的 θ, 上式仍然成立, 因为 MLE $\widehat{\theta}_n$ 还是 θ 的相合估计. 此时对给定的置信水平 $1-\alpha$ $(0 < \alpha < 1)$, 利用标准正态分布的分位数, 可得:

$$P\left(-u_{1-\alpha/2} < \frac{\widehat{\theta}_n - \theta}{\sigma_n(\widehat{\theta}_n)} < u_{1-\alpha/2}\right) = 1 - \alpha$$

从而可得 θ 的近似 $1-\alpha$ 等尾置信区间为:

$$\widehat{\theta}_n \pm u_{1-\alpha/2}\sigma_n(\widehat{\theta}_n)$$

例 2.6.5 设 $X_1, X_2, \cdots, X_n$ 是来自指数分布 $p(x;\theta) = 1/\theta e^{-x/\theta}(x > 0)$ 的一个样本. 该总体的费希尔信息量为:

$$I(\theta) = \theta^{-2}$$

参数 θ 的 MLE $\widehat{\theta}_n = \overline{X}$, 它的渐近正态分布为:

$$\overline{X} \stackrel{\cdot}{\sim} N\left(\theta, \frac{1}{nI(\theta)}\right) = N\left(\theta, \frac{\theta^2}{n}\right)$$

若其渐近方差中的 θ 用 MLE $\widehat{\theta}_n$ 替代, 则可得 θ 的近似 $1 - \alpha$ 等尾置信区间为:

$$\overline{X} \pm u_{1-\alpha/2}\widehat{\theta}_n/\sqrt{n} = \overline{X}(1 \pm u_{1-\alpha/2}/\sqrt{n})$$

2. 基于中心极限定理的近似置信区间

在独立同分布样本场合, 只要总体均值 μ 与总体方差 σ^2 存在, 无论总体分布是什么, 根据中心极限定理, 其样本均值 $\overline{X}$ 都有渐近正态分布, 即

$$\overline{X} \stackrel{\cdot}{\sim} N(\mu, \sigma^2/n)$$

由此立即可得总体均值 μ 的近似 $1 - \alpha$ 等尾置信区间:

$$\overline{X} \pm u_{1-\alpha/2}\sigma/\sqrt{n}$$

若其中 σ 未知, 用 σ^2 的相合估计 (譬如样本方差 S^2) 替代即可.

• 批判性思考 •

1. 深刻理解置信区间是一个随机区间, 置信度是在概率意义下对该方法的评价.

2. 了解二项分布成功概率 p 的大样本近似置信区间, 以及更多精确方法和改进思路.

• 习 题 2.6 •

1. 设 $X_1, X_2, \cdots, X_n$ 是来自正态总体 $N(\mu, 1)$ 的一个样本.

(1) 若 $n = 4$, 求 μ 的区间估计 $[\overline{X} - 1, \overline{X} + 1]$ 的置信系数.

(2) 要使 μ 的区间估计 $[\overline{X} - 1, \overline{X} + 1]$ 的置信系数为 0.99, 问至少需要多少样本量.

2. 设 X_1 是从指数分布 $\text{Exp}(\lambda)$ 中随机抽得的单个观测值, 若取 $[X_1, 2X_1]$ 为 $1/\lambda$ 的区间估计, 求该区间的置信系数.

3. 设样本 $X_1, X_2, \cdots, X_n$ 来自如下密度函数:

$$p(x; \theta) = \begin{cases} \mathrm{e}^{-(x-\theta)}, & x \geqslant \theta \\ 0, & x < \theta \end{cases}$$

(1) 试证明 $n(X_{(1)} - \theta)$ 是枢轴量.

(2) 求 θ 的 $1 - \alpha$ 置信区间.

4. 设样本 $X_1, X_2, \cdots, X_n$ 来自如下密度函数:

$$p(x; \theta) = \frac{\theta}{x^2}, \quad 0 < \theta < x < +\infty$$

试求 θ 的 $1 - \alpha$ 置信区间, 并使区间长度最短.

5. 设 $X_1, X_2, \cdots, X_n$ 是来自指数分布 $\mathrm{Exp}(\lambda)$ 的一个样本.

(1) 求总体均值的 $1-\alpha$ 置信区间.

(2) 求总体方差的 $1-\alpha$ 置信区间.

(3) 求 $\mathrm{e}^{-\lambda}$ 的 $1-\alpha$ 置信区间.

6. 在只知总体分布连续的场合, 总体中位数 $X_{0.5}$ 的区间估计可用次序统计量 $X_{(1)} \leqslant X_{(2)} \leqslant \cdots \leqslant X_{(n)}$ 给出.

(1) $[X_{(1)}, X_{(n)}]$ 为 $X_{0.5}$ 的区间估计的置信系数为多少?

(2) $[X_{(2)}, X_{(n-1)}]$ 为 $X_{0.5}$ 的区间估计的置信系数为多少?

(3) $[X_{(k)}, X_{(n-k+1)}](k < n/2)$ 为 $X_{0.5}$ 的区间估计的置信系数为多少?

2.7 正态总体参数的置信区间

2.7.1 一维参数的置信区间

正态总体参数的置信区间可以通过枢轴量法获得, 其中枢轴量的分布在 2.6.2 节介绍过. 为了节省篇幅, 不再详细叙述, 仅以表格形式给出有关结果. 对于初学者, 这些结果仍需要自行推导, 一一验证. 对于单侧置信限的情况, 同样请读者自行推导. 表 2.7.1 给出了单正态总体均值、方差、标准差的置信区间.

表 2.7.1　一个正态总体参数的置信区间

编号	参数	条件	枢轴量	$1-\alpha$ 置信区间
1	μ	σ 已知	$U = \dfrac{\overline{X} - \mu}{\sigma/\sqrt{n}}$	$\overline{X} \pm u_{1-\alpha/2} \dfrac{\sigma}{\sqrt{n}}$
2	μ	σ 未知	$t = \dfrac{\overline{X} - \mu}{S/\sqrt{n}}$	$\overline{X} \pm t_{1-\alpha/2}(n-1) \dfrac{S}{\sqrt{n}}$
3	σ^2	μ 未知	$\chi^2 = \dfrac{(n-1)S^2}{\sigma^2}$	$\left[\dfrac{(n-1)S^2}{\chi^2_{1-\alpha/2}(n-1)}, \dfrac{(n-1)S^2}{\chi^2_{\alpha/2}(n-1)} \right]$
4	σ	μ 未知	$\chi^2 = \dfrac{(n-1)S^2}{\sigma^2}$	$\left[\dfrac{\sqrt{n-1}S}{\sqrt{\chi^2_{1-\alpha/2}(n-1)}}, \dfrac{\sqrt{n-1}S}{\sqrt{\chi^2_{\alpha/2}(n-1)}} \right]$

对于两个正态总体, 设 $X_1, X_2, \cdots, X_n$ 是来自正态总体 $X \sim N(\mu_1, \sigma_1^2)$ 的一个样本, $Y_1, Y_2, \cdots, Y_m$ 是来自正态总体 $Y \sim N(\mu_2, \sigma_2^2)$ 的一个样本, n 和 m 是样本量, $\overline{X}, \overline{Y}, S_X^2, S_Y^2,$ S_X, S_Y 分别是样本均值、样本方差、样本标准差. 我们感兴趣的参数是均值差 $\mu_1 - \mu_2$、方差比 $\dfrac{\sigma_1^2}{\sigma_2^2}$ 以及标准差之比 $\dfrac{\sigma_1}{\sigma_2}$, 在不同情况下, 它们的置信区间见表 2.7.2.

表 2.7.2 两个正态总体参数的置信区间

编号	参数	条件	枢轴量	$1-\alpha$ 置信区间
1	$\mu_1 - \mu_2$	X 与 Y 独立 σ_1, σ_2 已知	$U = \dfrac{(\overline{X} - \overline{Y}) - (\mu_1 - \mu_2)}{\sqrt{\dfrac{\sigma_1^2}{n} + \dfrac{\sigma_2^2}{m}}}$	$(\overline{X} - \overline{Y}) \pm u_{1-\alpha/2}\sqrt{\dfrac{\sigma_1^2}{n} + \dfrac{\sigma_2^2}{m}}$
2	$\mu_1 - \mu_2$	X 与 Y 独立 $\sigma_1 = \sigma_2$ 未知	$t = \dfrac{(\overline{X} - \overline{Y}) - (\mu_1 - \mu_2)}{S_W\sqrt{\dfrac{1}{n} + \dfrac{1}{m}}}$	$(\overline{X} - \overline{Y}) \pm$ $t_{1-\alpha/2}(n+m-2)S_W\sqrt{\dfrac{1}{n} + \dfrac{1}{m}}$
3	$\mu_1 - \mu_2$	X 与 Y 独立 σ_1, σ_2 未知, 不相等 n, m 充分大	$T = \dfrac{(\overline{X} - \overline{Y}) - (\mu_1 - \mu_2)}{\sqrt{\dfrac{S_X^2}{n} + \dfrac{S_Y^2}{m}}}$	$(\overline{X} - \overline{Y}) \pm u_{1-\alpha/2}\sqrt{\dfrac{S_X^2}{n} + \dfrac{S_Y^2}{m}}$
4	$\mu_1 - \mu_2$	X 与 Y 独立 σ_1, σ_2 未知, 不相等 n, m 较小	$t^* = \dfrac{(\overline{X} - \overline{Y}) - (\mu_1 - \mu_2)}{\sqrt{\dfrac{S_X^2}{n} + \dfrac{S_Y^2}{m}}},$ 且 $t^* \overset{\cdot}{\sim} t(l)$	$(\overline{X} - \overline{Y}) \pm t_{1-\alpha/2}(l)\sqrt{\dfrac{S_X^2}{n} + \dfrac{S_Y^2}{m}}$
5	$\mu_d = \mu_1 - \mu_2$	X 与 Y 不独立 数据成对出现 σ_1, σ_2 未知, 不相等 $n = m$	$t = \dfrac{\overline{d} - (\mu_1 - \mu_2)}{S_d/\sqrt{n}}$	$\overline{d} \pm t_{1-\alpha/2}(n-1)S_d/\sqrt{n}$
6	$\dfrac{\sigma_1^2}{\sigma_2^2}$	X 与 Y 独立 μ_1, μ_2 未知	$F = \dfrac{S_X^2/\sigma_1^2}{S_Y^2/\sigma_2^2}$	$\left[\dfrac{S_X^2/S_Y^2}{F_{1-\alpha/2}(n-1, m-1)},\right.$ $\left.\dfrac{S_X^2/S_Y^2}{F_{\alpha/2}(n-1, m-1)}\right]$
7	$\dfrac{\sigma_1}{\sigma_2}$	X 与 Y 独立 μ_1, μ_2 未知	$F = \dfrac{S_X^2/\sigma_1^2}{S_Y^2/\sigma_2^2}$	$\left[\dfrac{S_X/S_Y}{\sqrt{F_{1-\alpha/2}(n-1, m-1)}},\right.$ $\left.\dfrac{S_X/S_Y}{\sqrt{F_{\alpha/2}(n-1, m-1)}}\right]$

说明: 其中, $S_W^2 = \dfrac{(n-1)S_X^2 + (m-1)S_Y^2}{n+m-2}$, $\overline{d} = \dfrac{1}{n}\sum_{i=1}^{n} d_i$, $S_d^2 = \dfrac{1}{n-1}\sum_{i=1}^{n}(d_i - \overline{d})^2$. 需要注意的是第 4 种情况, 即当 σ_1, σ_2 未知、不相等, 并且 m, n 不太大时, 使用 S_X^2, S_Y^2 代替 σ_1^2, σ_2^2 后, t^* 分布未知, 人们称其为 t 化统计量, 并设法用 t 统计量去拟合, 结果发现, t^* 近似服从自由度为 l 的 t 分布, 即 $t^* \overset{\cdot}{\sim} t(l)$. 其中, $l = \left(\dfrac{S_X^2}{n} + \dfrac{S_Y^2}{m}\right)^2 \bigg/ \left[\dfrac{S_X^4}{n^2(n-1)} + \dfrac{S_Y^4}{m^2(m-1)}\right]$, 当 l 为非整数时取最接近的整数.

需要说明的几点:

(1) 第 2 行假设方差未知但相等, 用合样本方差进行估计, 枢轴量服从 t 分布.

(2) 第 3 行是大样本正态近似的结果.

(3) 第 4 行假设方差未知且不相等, 小样本下, 枢轴量的分布未知, 使用 t 分布近似. 当 l 为非整数时, 取最接近的整数.

(4) 第 5 行假设 X 与 Y 不独立, 数据成对出现, $d = X - Y$ 服从一维正态分布, 记为 $N(\mu_d, \sigma_d^2)$, $d_i = X_i - Y_i$ $(i = 1, 2, \cdots, n)$ 是来自该分布的样本, $\mu_d = \mu_1 - \mu_2$ 的置信区间按照一维情况处理. 3.2.3 节将进一步讨论.

2.7.2 二维参数 (μ, σ^2) 的置信域

在正态总体下, 样本均值 $\overline{X}$ 与偏差平方和 Q 是 μ 与 σ^2 的充分统计量, 且

$$\frac{\overline{X} - \mu}{\sigma/\sqrt{n}} \sim N(0, 1)$$

$$\frac{Q}{\sigma^2} \sim \chi^2(n-1)$$

取这两个量作为枢轴量, 对给定的置信水平 $1 - \alpha$, 可以通过标准正态分布的分位数与 $\chi^2(n-1)$ 的分位数确定三个数 c, d_1, d_2, 使得

$$P_{\mu, \sigma^2}\left(\frac{|\overline{X} - \mu|}{\sigma/\sqrt{n}} \leqslant c\right) = \sqrt{1 - \alpha}$$

$$P_{\sigma^2}\left(d_1 \leqslant \frac{Q}{\sigma^2} \leqslant d_2\right) = \sqrt{1 - \alpha}$$

再由 $\overline{X}$ 与 Q 的独立性, 有

$$P_{\mu, \sigma^2}\left((X - \mu)^2 \leqslant \frac{c^2 \sigma^2}{n}, \frac{Q}{d_2} \leqslant \sigma^2 \leqslant \frac{Q}{d_1}\right) = 1 - \alpha$$

所以正态参数 (μ, σ^2) 的 $1 - \alpha$ 置信域为:

$$\left\{(\mu, \sigma^2) : (\overline{X} - \mu)^2 \leqslant \frac{c^2 \sigma^2}{n}, \frac{Q}{d_2} \leqslant \sigma^2 \leqslant \frac{Q}{d_1}\right\}$$

这是两条平行线与一条二次曲线所围成的区域, 见图 2.7.1.

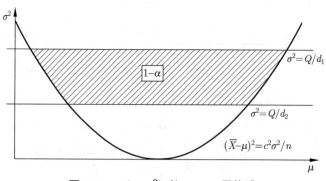

图 2.7.1 (μ, σ^2) 的 $1 - \alpha$ 置信域

例 2.7.1 从自动车床加工的一批零件中随机抽取 10 只, 测得其直径 (单位: 厘米) 为:

$$15.2 \quad 15.1 \quad 14.8 \quad 15.3 \quad 15.2 \quad 15.4 \quad 14.8 \quad 15.5 \quad 15.3 \quad 15.4$$

若零件直径测量值服从正态分布 $N(\mu, \sigma^2)$, 试求 (μ, σ^2) 的 0.90 置信域.

解 这里 $n = 10$, 由样本算得 $\overline{X} = 15.2$, $Q = 0.52$. 由于 $1 - \alpha = 0.90$, 故 $\sqrt{1 - \alpha} = \sqrt{0.9} = 0.95$. 再由前面的讨论知:

$$c = u_{0.975} = 1.96, \quad c^2/n = 1.96^2/10 = 0.384$$

$$d_1 = \chi^2_{0.025}(9) = 2.70, \quad Q/d_1 = 0.52/2.70 = 0.193$$

$$d_2 = \chi^2_{0.975}(9) = 19.02, \quad Q/d_2 = 0.52/19.02 = 0.027$$

因此 (μ, σ^2) 的 0.90 置信域为:

$$\{(\mu, \sigma^2) : (\mu - 15.2)^2 \leqslant 0.384\sigma^2, 0.027 \leqslant \sigma^2 \leqslant 0.193\}$$

2.7.3 样本量的确定

在统计问题中, 一般样本量越大, 未知参数的估计精度越高. 但大样本的实现所需经费高、实施时间长、投入人力多, 致使统计学的应用在某些场合受到限制. 因此, 实际中人们关心的是在一定要求下, 至少需要多少样本量. 这就是样本量的确定问题.

样本量的确定有多种方法, 在不同场合使用不同方法. 这里将在区间估计场合, 在限制置信区间的长度不超过 $2d$ 的条件下确定样本量 n, 其中 d 是事先给定的置信区间半径. 下面以单正态总体均值为例介绍三种方法, 其他情形读者可以类似方式自行推导.

1. 标准差 σ 已知的场合

在此场合下, 正态均值 μ 的 $1 - \alpha$ 置信区间为 $\overline{X} \pm u_{1-\alpha/2}\sigma/\sqrt{n}$. 若限制该置信区间的长度不超过 $2d$, 则有

$$2u_{1-\alpha/2}\sigma/\sqrt{n} \leqslant 2d$$

解此不等式, 可得

$$n \geqslant \left(\frac{u_{1-\alpha/2}\sigma}{d}\right)^2 \tag{2.7.1}$$

可见, 要降低样本量可扩大事先给定的区间半径 d 或减小总体方差 σ^2.

例 2.7.2 设一个物体的重量 μ 未知, 为估计其重量, 可以用天平去称, 现在假定称重服从正态分布. 如果已知称量误差的标准差为 0.1 克 (这是根据天平的精度给出的), 为使 μ 的 95% 置信区间的长度不超过 0.2, 至少应该称多少次?

解 已知 $\sigma = 0.1$ 时, 正态均值 μ 的 95% 置信区间长度 $2d$ 不超过 0.2, 所需的样本量 n 应该满足如下要求:

$$n \geqslant \left(\frac{0.1 \times 1.96}{0.1}\right)^2 = 3.84$$

故取样本量 $n = 4$ 即可满足要求. 若其他条件不变, 只把允许的置信区间半径改为 $d = 0.05$, 可类似算得:

$$n \geqslant \left(\frac{0.1 \times 1.96}{0.05} \right)^2 = 15.37$$

这时样本量上升为 16. 可见, 要求区间长度越短, 即要求精度越高, 所需样本量就越大; 反之, 要求精度降低, 样本量也随之减小, 且下降速率很快.

2. 标准差 σ 未知的场合

在此场合, 若有近期样本可用, 可用其样本方差 S_0^2 代替 σ^2, 同时用 t 分布分位数代替标准正态分布分位数. 若要求该置信区间长度不超过 $2d$, 则有

$$2t_{1-\alpha/2}(n_0 - 1)S_0 / \sqrt{n} \leqslant 2d$$

式中, n_0 为近期样本的容量, 由此可得

$$n \geqslant \left(\frac{t_{1-\alpha/2}(n_0 - 1)S_0}{d} \right)^2 \tag{2.7.2}$$

例 2.7.3 为了对垫圈总体的平均厚度做出估计, 我们所取的风险是允许在 100 次估计中有 5 次误差超过 0.02cm. 近期从另一批产品中抽得一个容量为 10 的样本, 得到标准差的估计为 $S_0 = 0.035\,9$, 那么现在应该取多少样品为宜?

解 这里的 "风险" 就是样本均值落在置信区间外的概率 α, 如今 $\alpha = 0.05$. "估计的误差超过 0.02", 表明 $d = 0.02$, 现在 $S_0 = 0.035\,9$, 获得该估计的样本量 $n_0 = 10$, 故有 $t_{1-\alpha/2}(n_0 - 1) = t_{0.975}(9) = 2.262$, 把这些值代入下界公式 (2.7.2), 可得

$$n \geqslant \left(\frac{0.035\,9 \times 2.262}{0.02} \right)^2 = 16.49$$

故应取 $n = 17$. 这表明若从垫圈批次中抽取容量为 17 的样本, 其均值为 $\overline{X}$, 那么我们可以 95% 的置信水平认为区间 $[\overline{X} - 0.02, \overline{X} + 0.02]$ 将包含该批次的平均厚度.

3. Stein 的两步法

在缺少总体标准差 σ 的估计时, Stein 提出用两步法来获得所需的样本量 n. 该方法的要点是把 n 分为两部分 $n_1 + n_2$, 第一步确定第一样本量 n_1, 第二步确定第二样本量 n_2. 具体操作如下.

第一步: 根据经验对 σ 作一推测, 譬如为 σ'. 根据此推测可用式 (2.7.1) 确定一个最小样本量 n', 即

$$n' = \left(\frac{\sigma' u_{1-\alpha/2}}{d} \right)^2$$

选一个比 n' 小得多的整数 n_1 作为第一样本量. 选择 n_1 的一个粗略规则是:

- 当 $n' \geqslant 60$ 时, 可取 $n_1 \geqslant 30$;
- 当 $n' < 60$ 时, 可取 n_1 为 $0.5n'$ 与 $0.7n'$ 之间的某个整数.

第二步: 从总体中随机取出容量为 n_1 的样本并逐个测量, 获得 n_1 个数据, 由此可算得第一个样本的标准差 S_1, 自由度为 $n_1 - 1$. 对给定的 α, 可查得分位数 $t_{1-\alpha/2}(n_1 - 1)$, 然后算得

$$n \geqslant \left(\frac{S_1 t_{1-\alpha/2}(n_1 - 1)}{d} \right)^2$$

这里也需要同前面一样取为整数. 由此可得第二样本量 $n_2 = n - n_1$. 这两个样本量之和便是我们所需的样本量.

按此样本量进行抽样 (前面已经抽了 n_1 个, 现在再补抽 n_2 个), 获得的样本均值为 $\overline{X}$, 则可以认为区间 $[\overline{X} - d, \overline{X} + d]$ 将以置信水平 $1 - \alpha$ 包含总体均值 μ.

> **例 2.7.4** 有一大批部件, 希望确定其某特性的均值, 根据资料已知某类似部件标准差 σ 的估计值为 24, 若允许此均值的估计值的误差不超过 4 个单位 $(d = 4)$, 那么在 $\alpha = 0.05$ 时需要多少样本量?
>
> **解** 用 Stein 的两步法. 首先, 对 $\alpha = 0.05$, 可查表得到 $u_{0.975} = 1.96$, 由此可得
>
> $$n' = \left(\frac{24 \times 1.96}{4} \right)^2 = 138.30$$
>
> 据此选取第一样本量 $n_1 = 50$.
>
> 随机抽取 50 个部件, 测其特性, 算得标准差 $S_1 = 20.35$, 利用 $d = 4$ 和 t 分布分位数 $t_{0.975}(49) = 2.01$, 可得
>
> $$n = \left(\frac{20.35 \times 2.01}{4} \right)^2 = 104.57 \approx 105$$
>
> 由此可知第二样本量 $n_2 = 105 - 50 = 55$, 这个问题所需样本量为 105.

批判性思考

使用正态总体参数的置信区间表 2.7.1 和表 2.7.2 的时候, 要注意该分布假设是否满足相应的条件. 对于非正态总体, 要考虑其他方法.

习题 2.7

1. 某化纤强度的标准差长期以来一直稳定在 $\sigma = 1.19$, 现抽取一个容量 $n = 16$ 的样本, 求得样本均值 $\overline{x} = 6.35$, 试求该化纤强度均值 μ 的置信水平为 0.95 的置信区间.

2. 假定婴儿体重的分布为 $N(\mu, \sigma^2)$, 从某医院随机抽取 4 个婴儿, 他们出生时的平均体重为 $\overline{x} = 3.3$ (千克), 体重的标准差为 $s = 0.42$ (千克), 试求 μ 的置信水平为 0.95 的置信区间.

3. 某种清漆的 9 个样品的干燥时间 (单位: 小时) 分别为:

$$6.0 \quad 5.7 \quad 5.8 \quad 6.5 \quad 7.0 \quad 6.3 \quad 5.6 \quad 6.1 \quad 5.0$$

该干燥时间服从正态分布 $N(\mu, \sigma^2)$, 求 μ 的 0.95 单侧置信上限.

4. 设某公司制造的绳索的抗断强度服从正态分布, 现随机抽取 60 根绳索得到的平均抗断强度为 300 千克, 标准差为 24 千克, 试求抗断强度均值的置信水平为 0.95 的单侧置信下限.

5. 设 0.5, 1.25, 0.90, 2.00 取自对数正态总体 $LN(\mu, 1)$, 求 μ 的 0.90 单侧置信上限.

6. 考察来自正态总体 $N(0, \sigma^2)$ 的样本, 寻求 σ^2 的 $1-\alpha$ 置信区间.

7. 用仪器测某物理量 μ, 其测量值服从正态分布, 其标准差 $\sigma = 6.0$. 现问至少要重复测量多少次, 才能使 μ 的 0.99 置信区间的长度为 8?

8. 某种聚合物的含氯量服从正态分布, 现已抽取 8 个样品, 测得样本标准差为 0.84. 为使平均含氯量的 0.95 置信区间的长度不超过 1, 还需补抽多少个样品?

9. 推导表 2.7.2 中独立小样本情况下 (两总体方差未知但相等) 两总体均值差的 $1-\alpha$ 置信区间.

10. 考察两种不同的挤压机生产的钢棒的直径, 各取一个样本测其直径, 其样本量 n_i、样本均值 $\overline{x}_i$ 与样本方差 $s_i^2 (i=1,2)$ 分别为:

$$n_1 = 15, \quad \overline{x}_1 = 8.73, \quad s_1^2 = 0.35$$
$$n_2 = 17, \quad \overline{x}_2 = 8.68, \quad s_2^2 = 0.40$$

已知两样本均源自方差相等的正态总体, 试给出平均直径差的 0.95 置信区间.

11. 从两个正态总体 $N(\mu_1, \sigma_1^2)$ 与 $N(\mu_2, \sigma_2^2)$ 中各随机抽取一个样本, 其样本量为 n_i, 样本方差为 s_i^2 $(i=1,2)$.

(1) 求方差比 σ_1^2/σ_2^2 的 $1-\alpha$ 置信区间.

(2) 求标准差比 σ_1/σ_2 的 $1-\alpha$ 单侧置信下限.

12. 有 5 个具有共同方差 σ^2 的正态总体, 现从中各取一个样本, 其样本量分别为 n_i, 偏差平方和为 Q_i $(i=1,2,3,4,5)$, 具体如下:

n_i	6	4	3	7	8
Q_i	40	30	20	42	50

试求共同方差 σ^2 的 0.95 置信区间.

2.8 与本章相关的 R 语言操作

2.8.1 随机变量序列分布的演示

1. 理论分布

以正态分布为例, 假设总体服从均值为零、方差为 10 的正态分布 $X \sim N(0, 10)$, 从中抽取样本量为 n 的样本, 则样本均值的理论分布如下:

$$\overline{X}_{(n)} \sim N\left(0, \frac{10}{n}\right)$$

分别绘制 $n = 1,\ 2,\ 5,\ 10$ 的概率密度曲线, 得到图 2.8.1. R 语言代码如下:

```
sd=sort(sqrt(10/c(1,2,5,10)))
for(i in 1:length(sd))
  curve(dnorm(x,0,sd[i]),from=-10,to=10,add=(i!=1),lty=i)
legend(5,.39,paste("n=",c(10,5,2,1)),lty=1:4)
```

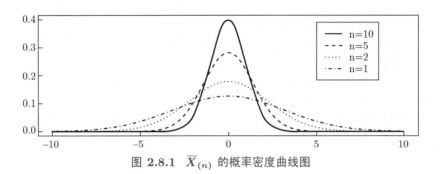

图 2.8.1 $\overline{X}_{(n)}$ 的概率密度曲线图

2. 数值模拟

同样假设总体服从均值为零, 方差为 100 的正态分布 $X \sim N(0, 100)$. 从该总体中抽取样本量为 n ($n = 1, 5, 20, 50, 100$) 的样本, 计算样本均值, 重复多次 ($m = 1\,000$), 使用核密度估计[1]方法拟合样本均值的分布, 得到图 2.8.2. R 语言代码如下:

```
m=1000;b=vector();n=c(5,20,50,100)
a=rnorm(m,0,10)    # 样本量为1, 样本均值为样本本身
plot(density(a),ylim=c(0,0.4),main="density")  # density()为核密度估计函数
for(j in n){       # n=5,20,50,100
  for(i in 1:m) {b[i]=mean(rnorm(j,0,10))}
  lines(density(b),lty=j)
}
legend(25,.4,paste0("n=",c(1,5,20,50,100)),lty=c(1,n))
```

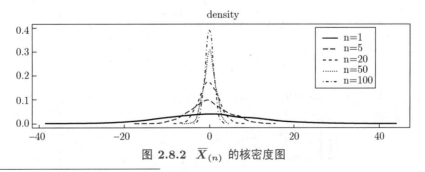

图 2.8.2 $\overline{X}_{(n)}$ 的核密度图

---

[1] 核密度曲线可以理解为平滑的直方图, 是密度曲线的一种估计方法.

2.8.2 最大似然估计

1. 直观理解对数似然函数

以泊松分布为例, 假设总体为参数等于 2 的泊松分布. X, Y 是从该总体中抽取的样本量分别为 10 和 12 的两个样本. 分别绘制它们对应的对数似然函数, 如图 2.8.3 所示. 曲线峰值所对应的 λ 就是参数的最大似然估计值. 可以看出最大似然估计是样本的函数, 是统计量. R 语言代码如下:

```
lambda_true=2;nx=10;ny=12
x=rpois(nx,lambda_true)
y=rpois(ny,lambda_true)    # x,y表示两个来自不同总体的样本
lambda_seq=seq(0,5,0.1)    # 生成多个取值
fn=function(p,s,n)         # p为待估参数, s为样本向量, n为样本量
  -n*p+sum(s)*log(p)       # 仅保留对数似然函数中与参数有关的部分
plot(lambda_seq,fn(lambda_seq,x,nx),xlab=expression(lambda),
     main="Poisson log-likelihood function",type="l")
lines(lambda_seq,fn(lambda_seq,y,ny),lty=2)
legend(4.2,-40,c("sample x","sample y"),lty=c(1:2))
```

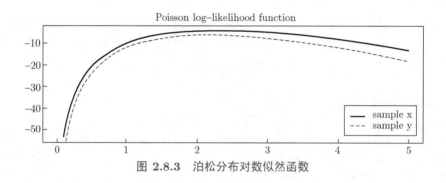

图 **2.8.3** 泊松分布对数似然函数

2. 数值求解最大似然估计 (以一元 Logistic 回归模型为例)

(1) 一元 Logistic 模型介绍.

假定一个取值为 0, 1 的二分类变量 Y 受一个连续型变量 X 的影响, 概率模型如下:

$$P(Y=1|X=x)=p=\frac{\mathrm{e}^{\beta_0+\beta_1 x}}{1+\mathrm{e}^{\beta_0+\beta_1 x}}$$

$$P(Y=0|X=x)=1-p=\frac{1}{1+\mathrm{e}^{\beta_0+\beta_1 x}}$$

式中, (β_0,β_1) 是模型参数, 取值为实数域. (x_i,y_i) $(i=1,2,\cdots,n)$ 是来自该模型的一个样本. 则似然函数为:

$$\prod_{i=1}^{n}\left(\frac{\mathrm{e}^{\beta_0+\beta_1 x_i}}{1+\mathrm{e}^{\beta_0+\beta_1 x_i}}\right)^{y_i}\left(\frac{1}{1+\mathrm{e}^{\beta_0+\beta_1 x_i}}\right)^{1-y_i}$$

对数似然函数为:

$$\sum_{i=1}^{n}\{y_i(\beta_0 + \beta_1 x_i) - \ln(1 + e^{\beta_0 + \beta_1 x_i})\}$$

(2) 数据介绍.

本节使用 RSADBE 包中的 sat 数据集, 该数据集包含 30 个观测值, 5 个变量分别为学生编号、成绩、是否通过考试 (0/1)、SAT-M 分数和 GPP 分组. 学生是否通过考试被认为和 SAT-M 分数有关, 因此该数据集经常被用来建立 Logistic 回归模型.

(3) R 语言实现.

首先加载数据包, 获取 sat 数据集.

```
library(RSADBE)
data(sat)
```

用 head() 函数查看数据的前 6 行.

```
> head(sat)
   Student.No   Grade   Pass   Sat   GPP
1          1       D      0    525    B
2          2       D      0    533    C
3          3       B      1    545    B
4          4       D      0    582    A
5          5       C      1    581    C
6          6       B      1    576    D
```

将 Sat 一列的值赋给 x, 将 Pass 一列的值赋给 y, 并构建对数似然函数, 返回其负值, 因为我们即将调用优化函数 nlm| 求解函数的最小值.

```
x=sat$Sat
y=sat$Pass
fn=function(p)    # p为待估参数
  sum(-(y*(p[1]+p[2]*x)-log(1+exp(p[1]+p[2]*x))))
# 函数的返回值为负对数似然函数
out=nlm(fn,p=c(1,1),hessian=TRUE)
# 使用 nlm 函数求解对数似然函数的最小值，即求解MLE
```

使用 nlm() 函数求解使得负对数似然函数取最小值的参数值, 即求解模型的最大似然估计值. 设置初始值 $p = (1, 1)$, 该函数将使用牛顿迭代法 (Newton's method, 是牛顿在 17 世纪提出的一种在实数域和复数域上近似求解方程的方法) 进行求解. 输出结果 out 中的 estimate 为参数的估计结果, 若想得到估计值的标准差, 可计算 Hessian 矩阵 (Hessian matrix, 是一个多变量实值函数的二阶偏导数组成的方块矩阵). 费希尔信息量的估计值需要用到 Hessian 矩阵进行计算. R 语言代码及结果如下:

```
> out
$minimum
[1] 11.13703
```

```
$estimate
[1] -31.21102563    0.05802422

$gradient
[1] -0.0001281004 -0.0781620571

$hessian
                [,1]         [,2]
{}[1,]       3.483466     1903.144
{}[2,]    1903.144096  1040438.945

$code
[1] 3

$iterations
[1] 19
```

其中, "$minimum" 为负对数似然函数的最小值; "$estimate" 为参数估计值, 与使用 glm 函数直接拟合模型所得参数估计结果相同; "$gradient" 为梯度, 是一阶导数; "$hessian" 是 Hessian 矩阵, 为二阶导数; "$code" 记录优化过程终止原因, 详见 nlm 函数帮助文档; "$iterations" 为迭代次数. 此外, 还可以计算估计量的标准差, 并利用此结果进一步对参数进行区间估计和假设检验. R 语言代码及结果如下:

```
> sqrt(diag(solve(out$hessian)))
[1] 20.92344537~~0.03828518
```

2.8.3 EM 算法模拟实例

以下是例 2.3.13 的 R 语言代码.

```
theta_0<-0.5
y1<-75;y2<-18;y3<-70;y4<-34
theta<-vector()
theta[1]<-theta_0
error<-1
i<-1
while (error>10e-6){
  A<-theta[i]/(theta[i]+1)*y3+y4
  B<-(1-theta[i])/(2-theta[i])*y1+y2
  theta[i+1]<-A/(A+B)
  error<-abs(theta[i+1]-theta[i])
  i<-i+1
}
print(theta)
# 绘制收敛曲线图
```

```
library("ggplot2")
data<-data.frame(x=1:i,y=theta[1:i])
ggplot(data,aes(x,y))+
  geom_line(color="black")+
  xlab("迭代次数")+
  ylab("参数估计值")+
  theme_bw()
```

以下是例 2.3.14 的 R 语言代码. 这里采用了两种方法来实现. 其中方法 1 为使用 R 包 mclust 里的函数 Mclust, 方法 2 为直接编写相关 EM 算法的步骤.

```
library(MASS)
set.seed(123)
# 数据生成
# 高斯模型1
mean1<-c(-2, -2)
sigma1<-matrix(c(1.2,0.5,0.5,1),2,2)
# 高斯模型2
mean2<-c(2,2)
sigma2<-matrix(c(1.5,0.7,0.7,1),2,2)
# 样本量
N<-1000
U<-runif(N)
samples<-matrix(NA,nrow=N,ncol=2)
for(i in 1: N){
  if(U[i]<0.4){
    samples[i,]<-mvrnorm(1,mean1,sigma1)
  }
  else{
    samples[i,]<-mvrnorm(1,mean2,sigma2)
  }
}
plot(samples,xlim=c(-6,6),ylim=c(-6,6),xlab="",ylab="")
# 方法1，使用R包
library(mclust)
mc<-Mclust(samples)
# 方法2
# 最大迭代次数
max_iter<-100
# 初始值设置，mu1不能等于mu2
mu1<-c(-1,-1)
mu2<-c(1,1)
sig1<-matrix(c(1,0,0,1),2,2)
sig2<-matrix(c(1,0,0,1),2,2)
pi1<-0.5
pi2<-1-pi1
gamma<-matrix(NA,N,2)
```

```
library(mvtnorm)
for(step in 1:max_iter){
  oldmu1<-mu1
  oldmu2<-mu2
  oldsig1<-sig2
  oldsig2<-sig2
  oldpi<-pi1
  oldpi2<-pi2
  # E步
  for(i in 1:N){
  计算多元正态密度函数
  t1<-dmvnorm(samples[i,],mu1,sig1,log=F)*pi1
  t2<-dmvnorm(samples[i,],mu2,sig2,log=F)*pi2
  gamma[i,1]<-t1/(t1+t2)
  gamma[i,2]<-t2/(t1+t2)
  }
  # M步
  # 计算mu1,sig1,pi1
  p1<-sum(gamma[,1])
  m1<-gamma[,1]*samples
  p2<-c(sum(m1[,1]),sum(m1[,2]))
  p3<-matrix(0,2,2)
  for(j in 1:N){
    p3<-p3+gamma[j,1]*(samples[j,]-mu1)%*%t(samples[j,]-mu1)
  }
  mu1<-p2/p1
  sig1<-p3/p1
  pi1<-p1/N
  # 计算mu2, sig2, pi2
  p1<-sum(gamma[,2])
  m1<-gamma[,2]*samples
  p2<-c(sum(m1[,1]),sum(m1[,2]))
  p3<-matrix(0,2,2)
  for(j in 1:N){
    p3<-p3+gamma[j,2]*(samples[j,]-mu2)%*%t(samples[j,]-mu2)
  }
  mu2<-p2/p1
  sig2<-p3/p1
  pi2<-p1/N
  c1<-0
  for(j in 1:N){
    if(gamma[j,1]>=gamma[j,2]){
    c1<-c1+1
    }
  }
  epsilon<-10e-6
  if(abs(mu1[1]-oldmu1[1])<epsilon&
    abs(mu1[2]-oldmu1[2])<epsilon&
```

```
    abs(mu2[1]-oldmu2[1])<epsilon&
    abs(mu2[2]-oldmu2[2])<epsilon&
    abs(sig1[1,1]-oldsig1[1,1])<epsilon&
    abs(sig1[1,2]-oldsig1[1,2])<epsilon&
    abs(sig1[2,1]-oldsig1[2,1])<epsilon&
    abs(sig1[2,2]-oldsig1[2,2])<epsilon&
    abs(sig2[1,1]-oldsig2[1,1])<epsilon&
    abs(sig2[1,2]-oldsig2[1,2])<epsilon&
    abs(sig2[2,1]-oldsig2[2,1])<epsilon&
    abs(sig2[2,2]-oldsig2[2,2])<epsilon
  )break
  cat('Step',step,':mu1=',mu1,',mu2=',mu2,',sigma1=',sig1,',sigma2=',sig2,',
c1=',c1,',c2=',N-c1,'\n')
}
```

2.8.4　区间估计的模拟结果

在构造置信区间时, 在不同置信度、不同样本量的情况下, 置信区间的长短以及真值覆盖情况也是不同的. 这里, 用正态总体抽样中得到的各种样本来模拟不同情况下的置信区间的构造情况.

从正态总体 $N(0,1)$ 中随机抽出样本, 并进行总体均值的置信区间的估计. 如图 2.8.4 所示, 虚线为真实的均值, 样本量 n 分别为 50, 20, 50, 20, 置信度分别为 0.95, 0.95, 0.6, 0.6, 对不同的样本量和置信度组合分别重复 50 次区间估计, 并生成图像.

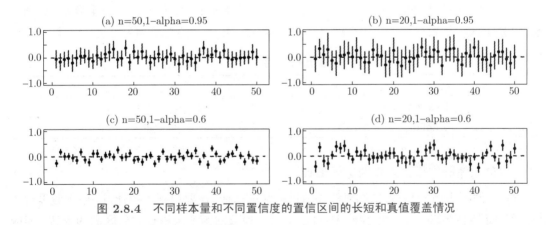

图 2.8.4　不同样本量和不同置信度的置信区间的长短和真值覆盖情况

生成图 2.8.4 的相应的 R 语言代码如下:

```
# 构造函数ci()来计算置信区间
ci=function(n,alpha){
  x=rnorm(n,0,1)
  u=mean(x);s=sqrt(var(x))
  itv=qt(alpha/2,df=n-1,lower.tail=F,log.p=FALSE)*s/sqrt(n)
  ci1=u-itv;ci2=u+itv
```

```
  list(ci1=ci1,u=u,ci2=ci2)
}
# 函数 plotci() 重复 50 次估计并绘制置信区间的分布
plotci=function(n,alpha){
  a=ci(n,alpha)
  plot(1,a$u,xlim=c(0,51),ylim=c(-1,1),xlab="",ylab="",pch=20)
  abline(h=0,lty=2)
  segments(1,a$ci1,1,a$ci2)
  for (i in 2:50){
    a=ci(n,alpha)
    points(i,a$u,pch=20)
    segments(i,a$ci1,i,a$ci2)
  }
}
par(mfrow=c(2,2));
plotci(50,0.05);title("(a)n=50,1-alpha=0.95"); # title()用于给图片添加标题
plotci(20,0.05);title("(b)n=20,1-alpha=0.95");
plotci(50,0.4);title("(c)n=50,1-alpha=0.6");
plotci(20,0.4);title("(d)n=20,1-alpha=0.6")
```

从图 2.8.4 中可以看出, 对于同样的置信度, 样本量的增加导致区间变短; 无论样本量是怎样的, 显然置信度大时覆盖真实总体均值的区间比例相对较大.

2.8.5 均值、方差的区间估计

本例中所用的数据是 A, B 两地区 20 年的年降雨量数据, 数据包含两个变量, 分别为地区和降雨量. 该数据存于文本文件 ABrainfall.txt 中, 涉及的变量如表 2.8.1 所示.

表 2.8.1 变量介绍

变量名	释义
location	地区, 取值为 A 或 B
rainfall	降雨量

1. 单总体的均值、方差的区间估计

以 A 地区为例, 对方差未知时的均值进行区间估计, 需要用到 t 统计量. 由于假设检验与区间估计的原理是一样的, 因此 R 语言中用 t 检验的函数来进行置信区间的求解. 相应的 R 语言代码如下:

```
ABrainfall=read.table("ABrainfall.txt", header=TRUE)
A=ABrainfall$rainfall[ABrainfall$location=="A"]
B=ABrainfall$rainfall[ABrainfall$location=="B"]
alpha=0.05  # 显著性水平取0.05
muA.t=t.test(A,con=1-alpha)
```

上述代码的结果为:

```
> muA.t

One Sample t-test

data:  A

t=12.908, df=19, p-value=7.488e-11
alternative hypothesis:true mean is not equal to 0
95 percent confidence interval:
  373.1776 517.6224
sample estimates:
mean of x
    445.4
```

从上述代码的运行结果来看, A 地区降雨量的样本均值为 445.4, 均值的 95% 置信区间为 (373.177 6, 517.622 4).

在对单总体的方差进行区间估计时, 需要用到 χ^2 统计量, 其自由度为 19, 在置信度为 95% 的情况下进行区间估计. 相应的 R 语言代码如下:

```
# 结果输出
alpha=0.05
df=length(A)-1
c1=df*var(A)/qchisq(1-alpha/2,df)
c2=df*var(A)/qchisq(alpha/2,df)
```

结果显示 A 地区降雨量方差的置信区间为 (13 772.50, 50 800.87).

```
> c(c1,c2)
[1] 13772.50 50800.87
```

2. 两总体均值差的置信区间

为了获知 A, B 两地区降雨量的差异情况, 需要对 A, B 两地区降雨量的均值之差进行检验. 由于方差未知, 需要用到 t 统计量, 但是在进行区间估计之前需要对两样本的方差进行检验, 看其方差是否相等, 此时需要用 F 统计量对方差之比进行检验, 原假设为 $\frac{\sigma_A^2}{\sigma_B^2} = 1$, 备择假设为 $\frac{\sigma_A^2}{\sigma_B^2} \neq 1$. 在 R 语言中, 可用函数 var.test() 来进行检验. R 语言代码及结果如下:

```
> var.test(A,B,conf.level=0.95)

F test to compare two variances

data:  A and B
```

```
F=1.914, num df=19, denom df=19, p-value=0.1662
alternative hypothesis: true ratio of variances is not equal to 1
95 percent confidence interval:
 0.7576018 4.8357377
sample estimates:
ratio of variances
        1.914044
```

从上述检验结果来看, F 统计量取值为 1.914, 检验的 p 值为 0.166 2, 这说明不能拒绝原假设, 暂且认为 A, B 两地区降雨量方差相等, 进而可求均值之差的置信区间, 使用函数 t.test() 的 R 语言代码及结果如下:

```
> t.test(A,B,var=TRUE,con=1-alpha)$conf  # 抽取区间估计信息
[1] -73.24159  99.14159
attr(,"conf.level")
[1] 0.95
```

从上述运行结果可以看出, 两均值之差的 95% 置信区间为 (−73.241 59, 99.141 59).

3. 比例的区间估计

某公司就某一项产品的推广进行随机调查, 总调查人数 1 352 人, 其中有 943 人支持该产品的推广. 假设该样本为简单随机样本, 希望对总体中支持该产品推广的比例进行区间估计. 由于总体很大, 所以可看出该调查是伯努利实验, R 语言中用函数 binom.test() 进行比例的区间估计, 其代码及结果如下:

```
> binom.test(943,1352,con=0.95)$con
[1] 0.6722202 0.7218888
attr(,"conf.level")
[1] 0.95
```

从运行结果可看出, 该比例的 95% 置信区间为 (0.672 2, 0.721 9). 除了上述函数, 值得说明的是, 对总体比例进行区间估计有多种方法, 如下所示:

```
> library(Hmisc)  # 调用程序包Hmisc
> binconf(943,1352,alpha=0.05,method="all")
           PointEst      Lower        Upper
Exact      0.6974852    0.6722202    0.7218888
Wilson     0.6974852    0.6724690    0.7213824
Asymptotic 0.6974852    0.6730002    0.7219702
```

本书介绍的用渐近方法进行的比例的区间估计是上述结果的最后一行, 随着计算机技术的发展, 进行精确的区间估计已经非常方便, 读者可自行选择上述结果的前两行.

第3章 假设检验

本章导读

假设检验曾经是数理统计中很重要的一部分内容, 不过随着时代的变化, 数据分析场景不断扩大, 假设检验变得越来越局限. 当下, 假设检验也备受质疑, 因为对该方法的不恰当使用随处可见. 因此, 读者需要以怀疑和批判的心态学习本章内容, 对于假设检验的一些应用场景 (3.2 节介绍的例子, 以及后续回归分析、时间序列等专业课) 都要仔细思考, 对该方法要慎重使用. 最重要的是, 我们在使用某检验方法拒绝 (或不能拒绝) 原假设并得出结论的时候, 要注意该方法对模型和数据的各种假定是否符合实际情况. 应用一次方法得到的 p 值小于 (或大于) 0.05, 不能被过度解读.

3.1 节将简要介绍假设检验的过程和逻辑, 它适用于任何检验问题. 3.2 节将给出正态总体参数和比率参数的检验问题的汇总, 并对检验问题以及 p 值的使用进行批判性的讨论. 3.3 节将介绍通过构造似然比统计量进行检验的广义似然比检验法. 3.4 节首先介绍离散总体的卡方拟合优度检验以及二维表的列联表检验, 然后介绍正态分布及其他连续分布的检验方法. 3.5 节的大规模假设检验与 FDR 方法是近年来对检验方法的最新研究, 较传统方法有一定的改进. 第 5 章介绍的基于数据重利用的检验方法由于对数据的人为约束较少, 方法更为灵活, 结果相对更为稳健.

3.1 假设检验的概念与步骤

3.1.1 假设检验问题

假设检验研究什么问题? 请看下面的例子.

> **例 3.1.1** 某厂生产的化纤的长度 X 服从正态分布 $N(\mu, 0.04^2)$, 其中正态均值 μ 的设计值为 1.40. 每天都要对 "$\mu = 1.40$" 作例行检验, 以观察生产是否正常进行. 若不正常, 需对生产设备进行调整和再检验, 直到正常为止.

> 某日从生产线上随机抽取了 25 根化纤, 测得其长度值为 $x_1, x_2, \cdots, x_n$ $(n = 25)$, 算得其平均长度 $\overline{x} = 1.38$. 问: 当日生产是否正常?

这不是一个参数估计问题, 而是要对命题 "$\mu = 1.40$" 进行判断. 若把此命题看作一个假设, 并记为 "$H_0: \mu = 1.40$", 对命题的判断则转化为对假设 H_0 的检验, 此类问题称为 (统计) 假设检验问题. 假设检验问题在实际生产和科学研究中经常会遇到, 如新药是否有效? 新工艺是否可降低不合格品率? 不同质料鞋底的耐磨性是否有显著差异? 这类问题都可归结为某个假设的检验问题.

3.1.2 假设检验的步骤

假设检验的基本思想是: 根据所获样本, 运用统计分析方法对总体 X 的某种假设 H_0 做出判断. 假设检验应按如下几个步骤进行, 下面结合例 3.1.1 来叙述.

1. 建立假设

一般假设检验问题需要建立两个假设:

$$原假设 \ H_0: \mu = 1.40$$
$$备择假设 \ H_1: \mu \neq 1.40 \tag{3.1.1}$$

其中原假设 H_0 (也称为零假设) 是我们要检验的假设, 在这里 H_0 的含义是 "与设计值一致" 或 "当日生产正常". 要使当日生产的化纤的平均长度与 1.40 丝毫不差是办不到的, 因为随机误差到处都有. 若差异仅是由随机误差引起的, 则可认为 H_0 为真. 若差异是由其他异常原因 (如原料变化、设备老化、操作不当等系统误差) 引起的, 则可认为 H_0 为假, 从而拒绝 H_0. 如何区分和比较系统误差与随机误差将在下面介绍.

备择假设 H_1 是在原假设被拒绝时应该正确的假设. 在例 3.1.1 中, 化纤平均长度过长或过短都不合适, 故选用 "$H_1: \mu \neq 1.40$" 作为备择假设是适当的. 也有可能平均长度允许过长, 不允许过短, 或者反过来. 总的来说, 还可建立如下两对假设:

$$H_0': \mu \leqslant 1.40, \quad H_1': \mu > 1.40 \ (又称右侧检验问题) \tag{3.1.2}$$

$$H_0'': \mu \geqslant 1.40, \quad H_1'': \mu < 1.40 \ (又称左侧检验问题) \tag{3.1.3}$$

这表明备择假设的设置有多种选择, 需根据实际确定, 其类型由备择假设的内容决定.

在参数假设检验中, 假设 (原假设或备择假设) 都是参数空间 Θ 内的一个非空子集. 在例 3.1.1 中平均长度 μ 的参数空间为 $\Theta = \{\mu: -\infty < \mu < +\infty\}$, 其原假设 $H_0: \mu \in \Theta_0$, 其中 $\Theta_0 = \{\mu: \mu = 1.40\}$ 是单元素集, 因此又称为简单假设. 备择假设 $H_1: \mu \in \Theta_1$, 其中 $\Theta_1 = \{\mu: \mu \neq 1.40\}$ 是多元素集, 因此又称为复杂假设. 它们是参数空间 Θ 的两个子集, 并且互不相交. 一般来说, 参数空间 Θ 中任意两个不相交的非空子集都可以组成一个参数假设检验问题, 并且这两个非空子集的并集可以不是全集 Θ (理论上全部可能取值的集合), 这取决于所研究的问题中实际关心的参数空间.

2. 选择检验统计量, 确定拒绝域的形式

在 H_0 对 H_1 的检验问题中假定总体服从正态分布, 检验均值 μ, 样本均值 $\overline{X}$ 是 μ 的最好估计, 且 $\overline{X} \sim N(\mu, \sigma^2/n)$.

在已知 σ 为 σ_0 以及原假设 $H_0: \mu = \mu_0$ 为真的情况下, 经标准化变换可得:

$$u = \frac{\overline{X} - \mu_0}{\sigma_0/\sqrt{n}} \sim N(0, 1) \tag{3.1.4}$$

这里的 u 就是今后使用的检验统计量, 其分子的绝对值 $|\overline{X} - \mu_0|$ 是样本均值 $\overline{X}$ 与总体均值 μ_0 的差距, 其大小表征系统误差大小, 而分母 $\sigma_0/\sqrt{n}$ 是随机误差大小, 两者比值的绝对值 $|u|$ 表征系统误差是随机误差的 $|u|$ 倍. 在随机误差给定的情况下, $|u|$ 越大, 系统误差越大, $\overline{X}$ 越远离 μ_0, 这时应倾向于拒绝 H_0; 反之, $|u|$ 越小, 系统误差越小, $\overline{X}$ 越接近 μ_0, 这时应倾向于不拒绝 H_0.

为便于区分拒绝 H_0 与不拒绝 H_0, 需要在 u 轴上找一个临界值 c, 当 $|u| \geqslant c$ 时拒绝 H_0, 当 $|u| < c$ 时不拒绝 H_0. 我们称 u 轴上的区域 $\{u: |u| \geqslant c\}$ 为该双侧检验问题的拒绝域, 记为 W; 称 $\{u: |u| < c\}$ 为该双侧检验问题的接受域, 记为 $\overline{W}$. 因此, 拒绝域仍然是样本空间的一个子集合, 其中临界值 c 将在下面通过控制犯错误的概率来确定.

需要注意的是, 当拒绝域确定时, 检验的判断准则也随之确定了. 一个拒绝域 W 唯一确定检验法则, 反之, 一个检验法则也唯一确定拒绝域.

我们为什么把注意力放在拒绝域上呢? 如今我们只有一个样本, 用一个例子去证明一个命题成立, 理由是不充分的, 但用一个例子去推翻一个命题是可能的, 因为一个正确的命题不允许有任何一个例外. 基于此逻辑, 我们把注意力放在计算观测到的数据对原假设的不支持程度上, 并基于此来建立拒绝域. 而对于拒绝域和接受域之间的模糊域, 我们则认为不能拒绝原假设.

这一判断过程很像法庭上法官的判案过程, 逻辑如下. 他首先建立假设 H_0: "被告无罪". 谁说被告有罪, 谁就要拿出证据来. 原告拿出一次贪污、一次盗窃或一次贩毒的证据 (相当于一个样本) 后, 若证据确凿, 经双方陈述和辩论, 若法官认定罪行成立, 就拒绝假设 H_0, 并立即判刑入狱; 若法官认为证据不足, 则不会定罪. 如此判案在法律界称为 "无罪推定论" 或 "疑罪从无". 这样一来, 监狱里的人几乎都是有罪的, 但也要看到, 监狱外的人并非全是好人. 国内外多年的实践表明, 这样判案是合理的、合乎逻辑的, 但是对监狱外的人再区分 "好" 与 "不好" 比区别 "有罪" 与 "无罪" 不知要难上多少倍. 这就是我们在假设检验中把注意力放在确定拒绝域上的理由.

3. 给出显著性水平 α, 定出临界值

由于样本是随机的, 故当我们应用某种检验做判断时, 可能做出正确的判断, 也可能做出错误的判断, 因此, 可能犯如下两类错误 (见表 3.1.1):

第 I 类错误 (拒真错误): 原假设 H_0 为真, 但样本由于随机性却落入了拒绝域 W, 于是我们做出了拒绝 H_0 的错误决策. 其发生概率为 α, 又称为显著性水平.

第 II 类错误 (取伪错误): 原假设 H_0 不真, 但由于抽样的随机性, 样本落入 $\overline{W}$, 从而导致没有拒绝 H_0. 其发生概率为 β. 这个概率的计算需要知道真实的 H_1 是什么, 但实际上我

表 3.1.1　统计判断所犯的两类错误

统计判断	真实情况	
	H_0 为真	H_0 为假
不能拒绝 H_0 认为 H_0 正确	判断正确	第 II 类错误 （发生概率记为 β）
拒绝 H_0	第 I 类错误 （发生概率记为 α）	判断正确

们并不知道. 不能得出犯第 II 类错误的概率, 就不能把不拒绝原假设说成接受原假设.

例 3.1.2　计算例 3.1.1 的双侧检验问题中犯两类错误的概率 α 与 β.

解　先计算 α.

$$\alpha = P(\text{犯第 I 类错误}) = P(\text{当 } H_0 \text{ 为真时拒绝 } H_0)$$

这个概率应是在 $H_0 : \mu = \mu_0$ 为真时 (即在 $N(\mu_0, \sigma_0^2)$ 下) 计算拒绝域 $W = \{u : |u| \geqslant c\}$ 对应的概率 (见图 3.1.1(a)), 此时 $u = \dfrac{\sqrt{n}(\overline{x} - \mu_0)}{\sigma_0} \sim N(0, 1)$, 故

$$\alpha = P_{\mu_0}(|u| \geqslant c) = 2[1 - \Phi(c)]$$

其中 $\Phi(\cdot)$ 为标准正态分布函数. 由上式知, α 是临界值 c 的严减函数, 或者说, α 越小, 拒绝域 W 也越小.

然后计算 β.

$$\beta = P(\text{犯第 II 类错误}) = P(\text{当 } H_0 \text{ 为假时接受 } H_0)$$

这个概率应是在 $H_1 : \mu \neq \mu_0$ 时计算接受域 $\overline{W} = \{u : |u| < c\}$ 对应的概率 (见图 3.1.1(b)). 此时应在分布 $N(\mu, \sigma_0^2)$ (记为 P_μ) 下计算 $|u| < c$ 的概率, 即

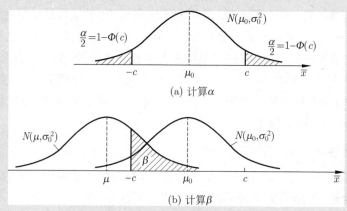

图 3.1.1　计算犯两类错误的概率示意图

$$\beta = P_\mu(|u| < c) = P_\mu\left(-c < \frac{\overline{x} - \mu_0}{\sigma_0/\sqrt{n}} < c\right)$$

$$= P_\mu \left(-c < \frac{\overline{x} - \mu}{\sigma_0/\sqrt{n}} + \frac{\mu - \mu_0}{\sigma_0/\sqrt{n}} < c \right)$$

$$= \Phi \left(c + \frac{\mu_0 - \mu}{\sigma_0/\sqrt{n}} \right) - \Phi \left(-c + \frac{\mu_0 - \mu}{\sigma_0/\sqrt{n}} \right)$$

从上式可以看出,犯第 II 类错误的概率 β 是 μ 与 c 的函数,暂记为 $\beta(\mu, c)$,它的计算比 α 的计算要复杂一些. 当 μ 取定后,若取为 μ_1,则 $\beta(\mu_1, c)$ 是 c 的严增函数,因为 c 增大,$\overline{W} = \{u : |u| < c\}$ 也随之扩大,从而 $\beta(\mu_1, c)$ 也增大. 把 "β 是 c 的严增函数" 与 "α 是 c 的严减函数" 结合起来看,可知 β 是 α 的严减函数.

一般理论研究表明:

- 在固定样本量 n 下,减小 α 必导致 β 增大,减小 β 必导致 α 增大.
- 要使 α 与 β 皆小,只有不断增大样本量 n 才能实现,这在实际中往往不可行.

在一般的样本量固定的场合,为了控制犯第 I 类错误的概率,我们给出有关检验水平的定义.

定义 3.1.1 在一个假设检验问题中,先选定一个数 α $(0 < \alpha < 1)$. 若一个检验犯第 I 类错误的概率不超过 α,即 $P(犯第 I 类错误) \leqslant \alpha$,则称该检验是水平为 α 的检验,其中 α 称为显著性水平. 若在检验问题中拒绝了原假设,我们就称这个检验是显著的.

需要强调的是,假设检验问题中,原假设和备择假设并不对称,往往拒绝原假设而犯第 I 类错误的概率较小,因为我们选定的 α 较小. 而因未能拒绝原假设而犯第 II 类错误的概率很难知道,通常会很大,所以 α 也不能过小. 实际中通常选取 α 为 0.05, 0.10 或 0.01.

现在我们回到例 3.1.1. 为构造水平为 α 的检验,需从

$$P(W) = P(|u| \geqslant c) \leqslant \alpha$$

中定出临界值 c. 这里的概率是用均值为 μ_0、方差为 σ_0^2 的正态分布计算的. 为了用足给定的显著性水平 α,常使用等式定出临界值,即

$$P(|u| \geqslant c) = \alpha \quad 或 \quad P(|u| < c) = 1 - \alpha$$

利用标准正态分布分位数可得 $c = u_{1-\alpha/2}$. 由此定出该显著性水平为 α 的检验的拒绝域为:

$$W = \{u : |u| \geqslant u_{1-\alpha/2}\}$$

若取 $\alpha = 0.05$,则 $u_{1-\alpha/2} = u_{0.975} = 1.96$,即 $W = \{u : |u| \geqslant 1.96\}$.

4. 基于拒绝域的判断方法

根据前面的叙述,上述检验问题的判断准则如下: 若根据样本计算的检验统计量的值落入拒绝域 W 内,则拒绝 H_0,接受 H_1. 若根据样本计算的检验统计量的值未落入拒绝域 W 内,则不能拒绝 H_0.

例 3.1.1 中, 已知 $\mu_0 = 1.40, \sigma_0 = 0.04, n = 25$ 和样本均值 $\overline{x} = 1.38$, 由此可算得检验统计量 u 的值为

$$u_0 = \frac{\overline{x} - \mu_0}{\sigma_0/\sqrt{n}} = \frac{1.38 - 1.40}{0.04/\sqrt{25}} = -2.5$$

由于 $|u_0| = 2.5 > 1.96 = u_{1-\alpha/2}$, 样本点落入拒绝域 W 内, 故应拒绝 H_0, 改为接受 H_1, 即在显著性水平 $\alpha = 0.05$ 下, 当日平均长度 μ 与设计值 1.40 间有显著差异. 这样的差异不能用随机误差来解释, 而应从原料和生产过程中寻找原因, 然后加以纠正, 使生产恢复正常.

5. 基于 p 值的判断方法

对于一个假设检验问题, 选择不同的显著性水平有时会导致不同的结论, 而显著性水平的选择又带有人为因素, 因此对判断结果不宜解释得过于严格. 针对这个问题, 统计学家提出了 p 值的概念, 并用它代替拒绝域进行判断.

p 值的定义和基于 p 值的判断准则如下.

定义 3.1.2 在一个假设检验问题中, 拒绝原假设 H_0 的最小显著性水平称为 p 值. 利用 p 值和给定的显著性水平 α 可以建立如下判断准则:

- 若 $\alpha \geqslant p$ 值, 则拒绝原假设 H_0;
- 若 $\alpha < p$ 值, 则不能拒绝原假设 H_0.

关于这种新的判断准则 (基于 p 值做判断) 有以下几点评论:

- 新判断准则与原判断准则 (基于拒绝域做判断) 是等价的.
- 新判断准则跳过了拒绝域 (回避了构造拒绝域的过程), 简化了判断过程, 但要计算检验的 p 值.
- 任一检验问题的 p 值都可用相应检验统计量的分布算得.
- p 值依赖于样本. 如果样本变了, p 值也会改变, 要重新计算.

再次回到例 3.1.1, 即计算

$$|u| \geqslant |u_0| = \frac{|\overline{x} - \mu_0|}{\sigma_0/\sqrt{n}} = \frac{|1.38 - 1.4|}{0.04/\sqrt{25}}$$

的概率. 如果这个概率值不算太小, 只表示观测到的样本与原假设不矛盾, 并不能说明原假设不正确. 不难算得该问题中的 p 值是 0.012 4, 在 0.05 的显著性水平下, 我们拒绝原假设.

本书中绝大多数假设检验问题都使用基于 p 值的检验法.

不过这里人们可能会问, 样本均值 $\overline{x} = 1.38$ 与目标值 $\mu_0 = 1.40$ 相差很小, 只有 0.02, 为什么还会拒绝 H_0 呢? 因为 $|\overline{x} - \mu_0| = 0.02$ 是系统误差, 该系统误差是大是小, 要通过与随机误差的比较来判断, 这里的随机误差就是 $\overline{X}$ 的标准差 $\sigma_{\overline{X}} = \sigma_0/\sqrt{n} = 0.04/\sqrt{25} = 0.008$, 可见随机误差更小. 为了控制犯第 I 类错误的概率不超过 0.05, 两种误差之比不能超过 1.96, 而如今达到了 2.5, 故应拒绝 H_0.

最后, 我们还注意到:

- 倘若 σ_0 由 0.04 增大到 0.06, 这时比值 $|u| = 1.67 < 1.96$, 故不能拒绝 H_0.
- 倘若 n 由 25 减少到 9, 这时比值 $|u| = 1.50 < 1.96$, 故不能拒绝 H_0.

可见, 增大总体标准差 σ 或减少样本量 n 都会提高样本均值的标准差 $\sigma_{\overline{X}}$, 也就增大了随机误差, 从而影响最后的判断结果. 具体地说: 减小 $\sigma_{\overline{X}}$ 会提高检验的识别能力, 即使较小的系统误差也能识别; 增大 $\sigma_{\overline{X}}$ 会使增大的随机误差掩盖系统误差, 从而降低检验的识别能力. 这说明了统计研究中的两个重要问题: 一是 "永远不要只看一阶矩, 至少要看二阶矩", 均值的检验取决于分布的离散程度, 方差小的分布说明精度高、灵敏性强, 样本均值与理论值的较小的差异也易被判定为显著; 二是统计中 "百分之一百不等于千分之一千", 这里的一百和一千指的是样本量, 意思是说样本量越大, 包含总体的信息越多, 越倾向于拒绝原假设.

3.1.3 势函数

在参数假设检验中犯两类错误的概率 α 和 β 都是参数 θ 的函数. 为了更方便地研究这两个函数的性质, 我们引入势函数的概念.

> **定义 3.1.3** 设检验问题
> $$H_0 : \theta \in \Theta_0, \quad H_1 : \theta \in \Theta_1$$
> 的拒绝域为 W, 则样本观测值 $\boldsymbol{x} = (x_1, x_2, \cdots, x_n)$ 落在拒绝域 W 内的概率称为该检验的势函数, 记为:
> $$g(\theta) = P_\theta(\boldsymbol{x} \in W), \quad \theta \in \Theta_0 \cup \Theta_1 \subset \Theta$$

从上述定义可以看出, 势函数 $g(\theta)$ 是定义在参数空间 Θ 上的一个函数. 当 $\theta \in \Theta_0$ 时, 此检验犯第 I 类错误的概率 $\alpha(\theta)$ 就等于势函数 $g(\theta)$; 而当 $\theta \in \Theta_1$ 时, 该检验犯第 II 类错误的概率为 $\beta(\theta) = P_\theta(\boldsymbol{x} \in \overline{W}) = 1 - P_\theta(\boldsymbol{x} \in W) = 1 - g(\theta)$. 势函数是研究假设检验的重要工具.

• 批判性思考 •

1. 深刻体会原假设与备择假设的不对称性.

2. 原假设是受 "保护" 的, 还是受 "批判" 的? 从不同角度理解这两种说法.

3. 体会犯第 I 类错误类似于 "杞人忧天、无病呻吟" 以及犯第 II 类错误类似于 "不撞南墙不回头、不见棺材不掉泪" 这种说法的合理性.

4. 深刻理解 "不能拒绝原假设" 与 "接受原假设" 的不同, 避免方法应用不当.

5. 了解势函数的概念, 一个检验问题可以有不同的检验方法, 我们可以使用势函数对其进行评价. 假设检验是一票否决, 不能少数服从多数.

6. 了解一致最优势检验与 NP 引理.

• 习 题 3.1 •

1. 对下面的命题, 请指出哪些可为合理的统计假设:

(1) $H : \sigma > 100$.　　　　(2) $H : \overline{x} = 45$.

(3) $H: \mu_1 - \mu_2 \geqslant 7.$ (4) $H: \sigma_1/\sigma_2 > 1.$

(5) $H: S \leqslant 20.$ (6) $H: \overline{X} - \overline{Y} < 3.$

(7) $H: p \leqslant 0.01.$ (8) $H: f > 0.3$ (f 为频率).

2. 对下面成对的命题, 请指出哪些可为统计假设检验问题:

(1) $H_0: \mu = 100, \quad H_1: \mu > 100.$

(2) $H_0: \sigma = 20, \quad H_1: \sigma \leqslant 20.$

(3) $H_0: p \neq 0.25, \quad H_1: p = 0.25.$

(4) $H_0: \mu_1 - \mu_2 = 25, \quad H_1: \mu_1 - \mu_2 > 25.$

(5) $H_0: S_1^2 = S_2^2, \quad H_1: S_1^2 \neq S_2^2.$

(6) $H_0: \mu = 120, \quad H_1: \mu = 150.$

(7) $H_0: \sigma_1/\sigma_2 = 1, \quad H_1: \sigma_1/\sigma_2 \neq 1.$

(8) $H_0: p_1 - p_2 = -0.1, \quad H_1: p_1 - p_2 < -0.1.$

3. 针对某型号小客车提出了其刹车系统的新设计. 目前在公路上以 40 千米/小时的速度正常行驶时, 若使用刹车, 实际平均刹车距离 θ 为 60 米, 只有在减少 θ 的场合新设计才会被采用.

(1) 请设置一对假设, 构成一个假设检验问题.

(2) 若新设计的刹车距离 X 服从正态分布 $N(\theta, 10^2)$, 使用新刹车系统 36 次获得的刹车距离的样本均值为 $\overline{X}$, 取显著性水平 $\alpha = 0.001$, 指出水平为 α 的检验中 $\overline{X}$ 取值在什么范围时将拒绝 (1) 中的原假设.

(3) 令 $u = (\overline{X} - 60)/(\sigma/\sqrt{n})$, 当 $u \leqslant -2.33$ 时拒绝原假设, 则显著性水平 α 应为多少?

4. 某糖厂用自动包装机对糖进行包装, 每包糖的标准重量为 50mg, 据以往经验, 每包糖的重量 X (单位: mg) 服从正态分布 $N(\mu, 0.6^2)$. 某日开工后, 抽检 4 包, 其平均重量为 50.5mg. 在显著性水平 $\alpha = 0.05$ 下, 当日包装机工作是否正常?

5. 每克水泥混合物释放的热量 X (单位: 焦耳) 近似服从正态分布 $N(\mu, 2^2)$, 现用 $n = 9$ 的样本来检验 $H_0: \mu = 100, H_1: \mu \neq 100.$

(1) 若取 $\alpha = 0.05$, 请写出 $\overline{X}$ 取值在什么范围时将拒绝 H_0.

(2) 若 $\overline{x} = 101.2$, 请做出判断.

(3) 在 $\mu = 103$ 处计算犯第 II 类错误的概率.

6. 设样本 $X_1, X_2, \cdots, X_n$ 来自均匀分布 $U(0, \theta)$, 其中未知参数 $\theta > 0$, 设 $X_{(n)} = \max(X_1, X_2, \cdots, X_n)$, 对检验问题 $H_0: \theta \geqslant 2, H_1: \theta < 2$, 若 $X_{(n)} \leqslant 1.5$ 时拒绝 H_0.

(1) 求犯第 I 类错误的概率的最大值.

(2) 使 (1) 中所得最大值不超过 0.05, n 至少应取多大?

7. 设 $X_1, X_2, \cdots, X_{20}$ 是来自二点分布 $b(1, p)$ 的样本, 记 $T = \sum_{i=1}^{20} X_i$, 对检验问题 $H_0: p = 0.2, H_1: p = 0.4$, 若 $T \geqslant 8$ 时拒绝 H_0, 求该检验犯两类错误的概率.

8. 在假设检验中, 若检验结果是接受原假设, 则检验可能犯哪一类错误? 若检验结果是拒绝原假设, 则又可能犯哪一类错误?

9. 设 $X_1, X_2, \cdots, X_n$ 是来自正态分布 $N(\mu, 1)$ 的一个样本, 考虑如下检验问题:

$$H_0: \mu = 2, \quad H_1: \mu = 3$$

若 $\overline{X} \geqslant 2.6$ 时拒绝 H_0, 证明当 $n \to \infty$ 时, 犯两类错误的概率 $\alpha \to 0$, $\beta \to 0$.

3.2 正态总体参数和比率的检验

3.2.1 正态均值 μ 的检验

设 $X_1, X_2, \cdots, X_n$ 是来自正态总体 $N(\mu, \sigma^2)$ 的一个样本, 对于正态均值 μ 的检验问题, 上一节已经给出了式 (3.1.1) 至式 (3.1.3) 的三种形式, 并讨论了方差已知时, 双侧检验的 p 值计算问题. 对于其他两种单侧检验问题, p 值分别为 $P(u \geqslant u_0)$(右侧检验) 和 $P(u \leqslant u_0)$(左侧检验). 可见, p 值的计算是由备择假设决定的.

绝大多数时候, 方差是未知的, 因此不能再用 u 作检验统计量了. 一个自然而然的想法是用样本标准差 S 代替 u 中的 σ, 从而形成 t 统计量, 其服从自由度为 $n-1$ 的 t 分布, 即

$$t = \frac{\overline{X} - \mu_0}{S/\sqrt{n}} = \frac{\sqrt{n}(\overline{X} - \mu_0)}{S} \sim t(n-1)$$

在大样本场合, 可以解除 "正态性" 约束, 只要总体均值 μ 和方差 σ^2 存在, $\dfrac{\overline{X} - \mu}{S/\sqrt{n}}$ 就渐近服从标准正态分布, 故可以用它作为总体均值的检验统计量.

综上所述, 将关于正态总体均值的假设检验的有关结果列在表 3.2.1 中以便查找. 其中 t_0 是代入样本观测值后检验统计量 t 的取值.

表 3.2.1　正态总体均值的假设检验

检验法	条件	H_0	H_1	检验统计量	p 值
u 检验	σ 已知	$\mu \leqslant \mu_0$ $\mu \geqslant \mu_0$ $\mu = \mu_0$	$\mu > \mu_0$ $\mu < \mu_0$ $\mu \neq \mu_0$	$u = \dfrac{\overline{X} - \mu_0}{\sigma/\sqrt{n}}$	$P(u \geqslant u_0)$ $P(u \leqslant u_0)$ $P(\lvert u \rvert \geqslant \lvert u_0 \rvert)$
t 检验	σ 未知	$\mu \leqslant \mu_0$ $\mu \geqslant \mu_0$ $\mu = \mu_0$	$\mu > \mu_0$ $\mu < \mu_0$ $\mu \neq \mu_0$	$t = \dfrac{\overline{X} - \mu_0}{S/\sqrt{n}}$	$P(t \geqslant t_0)$ $P(t \leqslant t_0)$ $P(\lvert t \rvert \geqslant \lvert t_0 \rvert)$

下面给出表 3.2.1 中第一种情形的详细推导. 考虑以下检验问题:

$$\text{I. } H_0: \mu \leqslant \mu_0, \quad H_1: \mu > \mu_0$$

为建立该问题的水平为 α 的检验, 我们先对其特殊情况, 即原假设缩为一点的检验问题

$$\text{I'. } H_0': \mu = \mu_0, \quad H_1: \mu > \mu_0$$

建立水平为 α 的检验. 在原假设 H_0' 和标准差 σ_0 已知的情况下的正态均值 $\overline{x}$ 的分布为:

$$\overline{X} \sim N\left(\mu_0, \frac{\sigma_0^2}{n}\right) \quad \text{或} \quad u = \frac{\overline{X} - \mu_0}{\sigma_0/\sqrt{n}} \sim N(0, 1)$$

这里 u 可用作检验统计量, 在原假设 H_0' 成立的条件下, $\overline{X}$ 应接近 μ_0, 当 $\overline{X}$ 超过 μ_0 一定量时应拒绝 H_0', 故拒绝域应有如下形式:

$$W_{\mathrm{I}'} = \{u : u \geqslant c\}$$

其中临界值 c 待定. 当给定显著性水平 α $(0 < \alpha < 1)$ 时, 犯第 I 类错误的概率应在 μ_0 处为 α, 即

$$P_{\mu_0}(W_{\mathrm{I}'}) = P_{\mu_0}(u \geqslant c) = \alpha$$

由于 $u \sim N(0,1)$, 故可用标准正态分布的分位数定出临界值, 即 $c = u_{1-\alpha}$, 这时检验问题 I' 的拒绝域为:

$$W_{\mathrm{I}'} = \{u : u \geqslant u_{1-\alpha}\}$$

下面用势函数来说明该拒绝域 $W_{\mathrm{I}'}$ 也是右侧检验的拒绝域. 为此考察检验问题 I' 的势函数:

$$g_{\mathrm{I}'}(\mu) = \begin{cases} P_{\mu_0}(W_{\mathrm{I}'}) = \alpha, & \mu = \mu_0 \\ P_{\mu}(W_{\mathrm{I}'}), & \mu > \mu_0 \end{cases}$$

其中, 当 $\mu > \mu_0$ 时势函数还可在正态分布 $N(\mu, \sigma_0^2)$ 下进一步算出:

$$g_{\mathrm{I}'}(\mu) = P_{\mu}(W_{\mathrm{I}'}) = P_{\mu}(u \geqslant u_{1-\alpha})$$

$$= P_{\mu}\left(\frac{\overline{X} - \mu_0}{\sigma_0/\sqrt{n}} \geqslant u_{1-\alpha}\right)$$

$$= P_{\mu}\left(\frac{\overline{X} - \mu}{\sigma_0/\sqrt{n}} \geqslant u_{1-\alpha} - \frac{\mu - \mu_0}{\sigma_0/\sqrt{n}}\right)$$

$$= 1 - \Phi\left(u_{1-\alpha} - \frac{\mu - \mu_0}{\sigma_0/\sqrt{n}}\right)$$

可见, $g_{\mathrm{I}'}(\mu)$ 是 μ 的严增函数, 且在 $\mu = \mu_0$ 处恰为 α, 因为

$$g_{\mathrm{I}'}(\mu_0) = 1 - \Phi(u_{1-\alpha}) = 1 - (1 - \alpha) = \alpha$$

特别地, 扩大函数 $g_{\mathrm{I}'}(\mu)$ 的定义域至 $\mu \in \mathbf{R}$, 当 $\mu < \mu_0$ 时, 有

$$g_{\mathrm{I}'}(\mu) < \alpha$$

联合上面二式, 可知

$$g_{\mathrm{I}'}(\mu) \leqslant \alpha, \quad \mu \leqslant \mu_0$$

这表明当备择假设 $H_1 : \mu > \mu_0$ 不变时, 可把原假设 $H_0' : \mu = \mu_0$ 拓展到 $H_0 : \mu \leqslant \mu_0$, 检验问题 I 与 I' 的拒绝域相同: $W_{\mathrm{I}} = W_{\mathrm{I}'} = \{u : u \geqslant u_{1-\alpha}\}$, 它既是检验问题 I' 的水平为 α 的检验的拒绝域, 又是检验问题 I 的水平为 α 的检验的拒绝域. 使拓展原假设范围成为可能的关键在于势函数的单调性 (严增性).

综合上述讨论, 检验问题 I 与 I'

$$\mathrm{I}. \ H_0 : \mu \leqslant \mu_0, \quad H_1 : \mu > \mu_0$$
$$\mathrm{I}'. \ H_0' : \mu = \mu_0, \quad H_1 : \mu > \mu_0$$

的水平为 α 的检验的拒绝域相同, 都为 $\{u : u \geqslant u_{1-\alpha}\}$.

图 3.2.1 给出了检验问题 I' 的势函数.

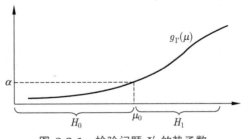

图 **3.2.1** 检验问题 I' 的势函数

3.2.2 其他正态总体参数的检验

本小节以表格的形式给出其他情况下的检验问题的总结 (见表 3.2.2、表 3.2.3 和表 3.2.4), 对于具体过程, 读者可自行推导. 检验统计量的分布详见 1.4 节.

表 **3.2.2** 单正态总体方差的 χ^2 检验

检验	H_0	H_1	检验统计量	p 值
χ^2 检验	$\sigma^2 \leqslant \sigma_0^2$	$\sigma^2 > \sigma_0^2$	$\chi^2 = \dfrac{(n-1)S^2}{\sigma_0^2}$	$P(\chi^2 \geqslant \chi_0^2)$
	$\sigma^2 \geqslant \sigma_0^2$	$\sigma^2 < \sigma_0^2$		$P(\chi^2 \leqslant \chi_0^2)$
	$\sigma^2 = \sigma_0^2$	$\sigma^2 \neq \sigma_0^2$		$2\min(P(\chi^2 \leqslant \chi_0^2), P(\chi^2 \geqslant \chi_0^2))$

表 **3.2.3** 两独立正态总体均值差的检验

检验法	条件	H_0	H_1	检验统计量	p 值
双样本 u 检验	σ_1, σ_2 已知	$\mu_1 \leqslant \mu_2$ $\mu_1 \geqslant \mu_2$ $\mu_1 = \mu_2$	$\mu_1 > \mu_2$ $\mu_1 < \mu_2$ $\mu_1 \neq \mu_2$	$u = \dfrac{\overline{X} - \overline{Y}}{\sqrt{\dfrac{\sigma_1^2}{n} + \dfrac{\sigma_2^2}{m}}}$	$P(u \geqslant u_0)$ $P(u \leqslant u_0)$ $P(|u| \geqslant |u_0|)$
双样本 t 检验	$\sigma_1 = \sigma_2$ 未知	$\mu_1 \leqslant \mu_2$ $\mu_1 \geqslant \mu_2$ $\mu_1 = \mu_2$	$\mu_1 > \mu_2$ $\mu_1 < \mu_2$ $\mu_1 \neq \mu_2$	$t = \dfrac{\overline{X} - \overline{Y}}{S_W\sqrt{\dfrac{1}{n} + \dfrac{1}{m}}}$	$P(t \geqslant t_0)$ $P(t \leqslant t_0)$ $P(|t| \geqslant |t_0|)$
近似双样本 u 检验	σ_1, σ_2 未知, 不相等 m, n 充分大	$\mu_1 \leqslant \mu_2$ $\mu_1 \geqslant \mu_2$ $\mu_1 = \mu_2$	$\mu_1 > \mu_2$ $\mu_1 < \mu_2$ $\mu_1 \neq \mu_2$	$u = \dfrac{\overline{X} - \overline{Y}}{\sqrt{\dfrac{S_X^2}{n} + \dfrac{S_Y^2}{m}}}$	$P(u \geqslant u_0)$ $P(u \leqslant u_0)$ $P(|u| \geqslant |u_0|)$
近似双样本 t 检验	σ_1, σ_2 未知, 不相等 m, n 不太大	$\mu_1 \leqslant \mu_2$ $\mu_1 \geqslant \mu_2$ $\mu_1 = \mu_2$	$\mu_1 > \mu_2$ $\mu_1 < \mu_2$ $\mu_1 \neq \mu_2$	$t^* = \dfrac{\overline{X} - \overline{Y}}{\sqrt{\dfrac{S_X^2}{n} + \dfrac{S_Y^2}{m}}}$	$P(t^* \geqslant t_0)$ $P(t^* \leqslant t_0)$ $P(|t^*| \geqslant |t_0|)$

说明: $S_W = \sqrt{\dfrac{(n-1)S_X^2 + (m-1)S_Y^2}{n+m-2}}$, t^* 为 t 化统计量, 详细介绍见表 2.7.2 的说明.

表 3.2.4　两独立正态总体方差比的 F 检验（μ_1, μ_2 未知）

检验	H_0	H_1	检验统计量	p 值
F 检验	$\sigma_1^2 \leqslant \sigma_2^2$	$\sigma_1^2 > \sigma_2^2$	$F = \dfrac{S_X^2}{S_Y^2}$	$P(F \geqslant F_0)$
	$\sigma_1^2 \geqslant \sigma_2^2$	$\sigma_1^2 < \sigma_2^2$		$P(F \leqslant F_0)$
	$\sigma_1^2 = \sigma_2^2$	$\sigma_1^2 \neq \sigma_2^2$		$2\min(P(F \leqslant F_0), P(F \geqslant F_0))$

3.2.3　成对数据 t 检验

在对两正态总体均值 μ_1 与 μ_2 进行比较时有一种特殊情况值得注意: 当对两个感兴趣的总体的观测值成对收集的时候, 每一对观测值 (x_i, y_i) 都是在近似相同的条件下用不同方式获得的, 为了比较两种方式对观测值的影响差异是否显著要进行多次重复实验. 2.7 节仅给出了此种情况的置信区间的结果, 本节将以假设检验为例详细说明. 具体请看下面的例子.

例 3.2.1　为比较两种谷物种子 A 与 B 的平均产量的高低, 特选取 10 块土地, 每块按面积均分为两小块, 分别种植 A 与 B 两种种子. 生长期间的施肥等田间管理在 20 小块土地上都一样, 表 3.2.5 列出了各小块土地上的单位产量. 试问: 两种种子 A 与 B 的单位产量在显著性水平 $\alpha = 0.05$ 下有无显著差别?

表 3.2.5　种子 A 与 B 的单位产量

土地号	种子 A 的单位产量 X_i	种子 B 的单位产量 Y_i	产量差 $d_i = X_i - Y_i$
1	23	30	−7
2	35	39	−4
3	29	35	−6
4	42	40	2
5	39	38	1
6	29	34	−5
7	37	36	1
8	34	33	1
9	35	41	−6
10	28	31	−3
样本均值	$\overline{X} = 33.1$	$\overline{Y} = 35.7$	$\overline{d} = -2.6$
样本方差	$S_A^2 = 33.2111$	$S_B^2 = 14.2333$	$S_d^2 = 12.2667$

解　初看起来, 这个问题可归结为在单位产量服从正态分布的前提下对两个正态均值是否相等做出判断, 即对如下检验问题

$$H_0: \mu_A = \mu_B, \quad H_1: \mu_A \neq \mu_B$$

使用双样本 t 检验做出判断. 按此想法对表 3.2.5 中的数据做出处理, 再做分析.

两正态总体方差是未知的且不知道是否相等, 故应使用 t 化统计量 (详细介绍见 2.7 节表 2.7.2 说明), 据表 3.2.5 中的数据可算得:

$$t^* = \frac{\overline{X} - \overline{Y}}{\sqrt{\dfrac{S_A^2}{n} + \dfrac{S_B^2}{m}}} = \frac{33.1 - 35.7}{\sqrt{\dfrac{33.211\,1}{10} + \dfrac{14.233\,3}{10}}} = \frac{-2.6}{2.178\,2} = -1.193\,6 \tag{3.2.1}$$

统计量 t^* 近似服从自由度为 l 的 t 分布, 其中自由度为:

$$l = \frac{\left(\dfrac{S_A^2}{n} + \dfrac{S_B^2}{m}\right)^2}{\dfrac{S_A^4}{n^2(n-1)} + \dfrac{S_B^4}{m^2(m-1)}} = \frac{\dfrac{47.444\,4^2}{100}}{\dfrac{1\,305.566}{900}} = 15.517$$

故取 $l = 16$. 可以计算该问题的 p 值是 0.25, 在显著性水平 $\alpha = 0.05$ 下, 不应拒绝 H_0, 即两种种子的单位产量的均值间无显著差异.

上述结果值得讨论, t 化统计量 t^* 的分母中有两个样本方差 S_A^2 与 S_B^2, 其中 S_A^2 (S_B^2 也一样) 是种子 A 在 10 小块土地上单位产量的样本方差, 它既含有种子 A 单位产量的波动, 也含有 10 小块土地的土质差异, 这致使 S_A^2 与 S_B^2 较大, 从而式 (3.2.1) 中的分母较大, 最后导致不拒绝 H_0.

为了使人信服, 必须设法从数据分析中排除土质差异的影响. 我们知道, 表 3.2.5 中 X_i 与 Y_i 是在同一块土地上长出的谷物的单位产量, 组成成对 (或配对) 数据, 它们之间的差别将体现种子 A 与 B 的优劣. 一个最简单有效的方法是用减法把第 i 块土地上两个单位产量中所含土质影响的部分消除, 差

$$d_i = X_i - Y_i, \quad i = 1, 2, \cdots, n \tag{3.2.2}$$

仅为两种种子对产量影响的差异, 故用 $d_1, d_2, \cdots, d_n$ 对两种种子的优劣做出评价更为合理. 这就用上了成对数据带来的信息.

经过上述分析, 我们已经把双总体与双样本问题在成对数据的场合转化为单总体与单样本问题. 该总体分布为:

$$d = X - Y \sim N(\mu_d, \sigma_d^2)$$

其中, $\mu_d = \mu_A - \mu_B, \sigma_d^2 = \sigma_A^2 + \sigma_B^2 - 2\mathrm{Cov}(X, Y)$. 它们都可用式 (3.2.2) 所得的样本直接做出估计, 如

$$\widehat{\mu}_d = \overline{d} = \frac{1}{n}\sum_{i=1}^{n} d_i, \quad \widehat{\sigma}_d^2 = S_d^2 = \frac{1}{n-1}\sum_{i=1}^{n}(d_i - \overline{d})^2$$

而我们要检验的问题改为:

$$H_0: \mu_d = 0, \quad H_1: \mu_d \neq 0 \tag{3.2.3}$$

对此双侧检验问题用单样本 t 检验即可. 利用表 3.2.5 中最后一列的数据, 可以算得 t 统计量的值

$$t = \frac{\overline{d}}{S_d/\sqrt{n}} = \frac{-2.6}{3.502\,4/\sqrt{10}} = \frac{-2.6}{1.107\,6} = -2.347\,5 \tag{3.2.4}$$

p 为 0.043 5, 若取 $\alpha = 0.05$, 则应拒绝 H_0, 即两种种子的单位产量间有显著差

异. 因 $\bar{d} = -2.6 < 0$, 故种子 B 的产量比种子 A 显著地高.

为什么会得出不同的结论呢? 哪一个结论更可信呢? 这要从它们所使用的检验统计量的差别上找原因. 在我们的例子中:

- 双样本 t 化统计量 $t^* = \dfrac{\overline{X} - \overline{Y}}{\sqrt{\dfrac{S_A^2}{n} + \dfrac{S_B^2}{m}}} = \dfrac{-2.6}{2.178\,2}.$

- 单样本 t 统计量 $t = \dfrac{\bar{d}}{S_d/\sqrt{n}} = \dfrac{-2.6}{1.107\,6}.$

这两个检验统计量的分子是相同的, 差别在分母的标准差上. t^* 的标准差

$$\widehat{\sigma}_t^* = \sqrt{\frac{S_A^2}{n} + \frac{S_B^2}{m}}$$

中既含有不同种子 A 与 B 引起的差异, 又含有 10 块土地间的差异; 单样本 t 统计量的标准差 $\widehat{\sigma}_{\bar{d}} = \sqrt{\dfrac{S_d^2}{n}}$ 中仅含不同种子 A 与 B 引起的差异, 而 10 块土地间的差异在 $d_1, d_2, \cdots, d_n$ 中已不复存在了, 或者说 10 块土地间的差异对两种种子的单位产量的干扰已先行排除了. 由此可见, 在这个例子中使用单样本 t 检验是合理的, 结论也是可信的.

在成对数据场合还有两对单侧检验问题, 同样可转化成单样本的检验问题.

在对两正态均值进行比较时, 数据收集有两种方式:

- 不成对收集: 两总体常处于独立状态, 并不成对, 常用双样本 t 检验, 其检验统计量如式 (3.2.1) 所示.

- 成对收集: 两总体常呈较强的正相关状态, 常用单样本 t 检验, 其检验统计量如式 (3.2.4) 所示.

为方便比较, 设两样本量相等, 即 $n = m$. 首先, 注意到

$$\bar{d} = \frac{1}{n}\sum_{i=1}^{n} d_i = \frac{1}{n}\sum_{i=1}^{n}(X_i - Y_i) = \overline{X} - \overline{Y}$$

这表明两个 t 检验统计量式 (3.2.1) 与式 (3.2.4) 的分子是相同的. 另外

$$\mathrm{Var}(\bar{d}) = \mathrm{Var}(\overline{X} - \overline{Y}) = \mathrm{Var}(\overline{X}) + \mathrm{Var}(\overline{Y}) - 2\mathrm{Cov}(\overline{X}, \overline{Y})$$

$$= \frac{\sigma_1^2}{n} + \frac{\sigma_2^2}{n} - \frac{2\rho\sigma_1\sigma_2}{n} \leqslant \frac{\sigma_1^2}{n} + \frac{\sigma_2^2}{n}$$

这表明 $\overline{X} - \overline{Y}$ 的方差在正相关场合比在独立场合要小一些. 若用 S_d^2/n 估计 $\bar{d}$ 的方差, 当两总体间存在正相关时, 成对数据 t 检验的分母不会超过双样本 t 检验的分母. 若在成对数据 t 检验中分母误用双样本 t 检验的分母, 将使成对数据检验的显著性大打折扣.

成对数据处理中常使 $\overline{X} - \overline{Y}$ 的方差较小, 但它也有一个缺点, 即成对数据 t 检验的自由度 $n - 1$ 比双样本 t 检验的自由度 $2n - 2$ 要少 $n - 1$. 这表明成对数据 t 检验中数据使用效率欠佳. 假如参试的个体间差异甚微, 使用双样本 t 检验会更好一些, 因这时不会失去部分自由度.

在实际中, 我们在两种数据收集方法 (成对与不成对) 中如何选择呢? 这个问题显然没有一般的答案, 要根据实际情况决定. 譬如:

- 当个体差异较大时常用成对收集法, 即在一个个体上先后作两种不同处理, 收集成对数据.
- 当个体差异较小且两种处理结果的相关性也小时, 可用独立样本采集方法 (不成对收集法). 这样的方法可提高数据使用效率.

3.2.4 比率的检验

比率是指特定的一组个体 (人或物等) 在总体中所占的比例, 如不合格品率、命中率、电视节目收视率、男婴出生率、色盲率、某年龄段的死亡率、某项政策的支持率等. 比率 p 是在实际中经常遇到的一种参数.

比率 p 可看作某二点分布 $b(1, p)$ 中的一个参数, 若 $X \sim b(1, p)$, 则 X 仅可能取 0 或 1 两个值, 且 $E(X) = p, \mathrm{Var}(X) = p(1 - p)$. 这一节将讨论有关 p 的假设检验、置信区间与样本量确定等统计推断问题.

设 $X_1, X_2, \cdots, X_n$ 是来自二点分布 $b(1, p)$ 的一个样本, 其中参数 p 的检验常有如下三种类型:

I. $H_0: p \leqslant p_0, \quad H_1: p > p_0$

II. $H_0: p \geqslant p_0, \quad H_1: p < p_0$

III. $H_0: p = p_0, \quad H_1: p \neq p_0$

其中 p_0 已知. 在样本量 n 给定时, 样本之和 (累计频数) 服从二项分布, 即

$$T = \sum_{i=1}^{n} X_i \sim b(n, p)$$

样本之和是 p 的充分统计量, 它概括了样本中的主要信息, 等于样本中 "1" 的个数. $\overline{X} = T/n$ 就是 "1" 出现的频率, 它是比率 p 很好的估计. 由于 $\overline{X}$ 的分布较难操作, 而与 $\overline{X}$ 只差一个因子的样本之和 T 较易操作, 故常用 T 作为检验统计量.

我们先讨论假设检验问题 I 中 p 值的计算. 由于 T 与比率 p 的估计 $\overline{X}$ 成正比, T 较大, 比率 p 也会较大, 故在检验问题 I 中, T 较大倾向于拒绝原假设 $H_0: p \leqslant p_0$. 故 $p = p_{\mathrm{I}} = P(T \geqslant t_0)$, 其中 t_0 是观测值.

类似地, 在检验问题 II 中, 较小的 T 倾向于拒绝原假设 $H_0: p \geqslant p_0$, 故其 $p = p_{\mathrm{II}} = P(T \leqslant t_0)$. 在检验问题 III 中, T 较大或较小都会倾向于拒绝原假设 $H_0: p = p_0$, 故其 p 值为:

$$p_{\mathrm{III}} = \begin{cases} 2P(T \leqslant t_0), & t_0 \leqslant n/2 \\ 2P(T \geqslant t_0), & t_0 > n/2 \end{cases}$$

在大样本场合, 可用二项分布的正态近似, 即 $T \sim b(n, p)$, $E(T) = np$, $\mathrm{Var}(T) = np(1 - p)$, 按中心极限定理, 当样本量 n 较大, 且 $p = p_0$ 时有

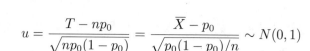
$$u = \frac{T - np_0}{\sqrt{np_0(1 - p_0)}} = \frac{\overline{X} - p_0}{\sqrt{p_0(1 - p_0)/n}} \sim N(0, 1)$$

这样就把检验统计量 T 转化为检验统计量 u. 由于 u 与 T 是同增同减的量, 当用 u 代替 T 时, 三种检验问题的拒绝域形式不变.

设 $X_1, X_2, \cdots, X_n$ 是来自二点分布 $b(1, p_1)$ 的一个样本, $Y_1, Y_2, \cdots, Y_m$ 是来自另一个二点分布 $b(1, p_2)$ 的一个样本, 且两个样本相互独立. 这里将在大样本场合讨论两比率差 $p_1 - p_2$ 的假设检验问题.

两个比率差的假设检验问题常有如下三种形式:

I. $H_0 : p_1 - p_2 \leqslant 0, \quad H_1 : p_1 - p_2 > 0$

II. $H_0 : p_1 - p_2 \geqslant 0, \quad H_1 : p_1 - p_2 < 0$

III. $H_0 : p_1 - p_2 = 0, \quad H_1 : p_1 - p_2 \neq 0$

其中, p_1 与 p_2 分别用各自的样本均值

$$\widehat{p}_1 = \frac{1}{n} \sum_{i=1}^{n} X_i, \quad \widehat{p}_2 = \frac{1}{m} \sum_{i=1}^{m} Y_i$$

给出估计. 当 $p_1 = p_2 = p$ 时, 可用合样本的频率来估计 p, 即 $\widehat{p} = \dfrac{n\widehat{p}_1 + m\widehat{p}_2}{n + m}$. 在 n 与 m 都很大的场合, $\widehat{p}_1$ 与 $\widehat{p}_2$ 都近似服从正态分布. 考虑到两样本的独立性, 差 $\widehat{p}_1 - \widehat{p}_2$ 也近似服从正态分布, 即

$$u = \frac{\widehat{p}_1 - \widehat{p}_2}{\sqrt{\widehat{p}(1 - \widehat{p})\left(\dfrac{1}{n} + \dfrac{1}{m}\right)}} \sim N(0, 1) \tag{3.2.5}$$

若设 u_0 为两样本用式 (3.2.5) 算得的检验统计量 u 的观测值, 则上述三个检验问题的 p 值分别为:

$$p_{\text{I}} = P(u \geqslant u_0)$$

$$p_{\text{II}} = P(u \leqslant u_0)$$

$$p_{\text{III}} = P(|u| \geqslant |u_0|) = 2P(u \geqslant |u_0|)$$

3.2.5 控制犯两类错误的概率, 确定样本量

3.1 节中曾指出, 犯两类错误的概率 α 和 β 都依赖于样本量 n. 在水平为 α 的检验中, 人们已选定了 α, 确定了犯第 I 类错误的上限, 但对 β 与 n 并无太多限制, 只知道它们之间有依赖关系. β 与 n 的这种自由状态给人们提供了施展的空间, 如适当选定 β 来确定 n. 下面将在正态总体标准差 σ 已知的场合, 针对正态均值 μ 的单侧和双侧检验分别讨论这个问题.

(1) 对右侧检验问题:

$$H_0 : \mu \leqslant \mu_0, \quad H_1 : \mu > \mu_0$$

当原假设 H_0 为真时, 所用的检验统计量为 u, 且

$$u = \frac{\overline{X} - \mu_0}{\sigma/\sqrt{n}} \sim N(0,1)$$

对给定的显著性水平 α $(0 < \alpha < 1)$, 其拒绝域为 $W = \{u : u \geqslant u_{1-\alpha}\}$, 这时犯第 I 类错误 (弃真错误) 的概率不超过 α.

当原假设 H_0 为假时, 若检验统计量 u 的值落入接受域 $\overline{W} = \{u : u < u_{1-\alpha}\}$, 则犯第 II 类错误 (取伪错误) 的概率为:

$$\beta = P_\mu(u < u_{1-\alpha})$$

其中 μ 为 H_1 中某个点. 为确定起见, 设 $\mu_1 = \mu_0 + \delta > \mu_0$ $(\delta > 0)$ 为 H_1 中某个点, 则当 $\mu = \mu_1$ 时, 有

$$\begin{aligned}
\beta &= P_{\mu_1}(u < u_{1-\alpha}) \\
&= P_{\mu_1}\left(\frac{\overline{X} - \mu_0}{\sigma/\sqrt{n}} < u_{1-\alpha}\right) \\
&= P_{\mu_1}\left(\frac{\overline{X} - \mu_1}{\sigma/\sqrt{n}} < u_{1-\alpha} - \frac{\mu_1 - \mu_0}{\sigma/\sqrt{n}}\right) \\
&= \Phi\left(u_{1-\alpha} - \frac{\delta}{\sigma/\sqrt{n}}\right)
\end{aligned}$$

利用标准正态分布的 β 分位数 u_β, 可得

$$u_{1-\alpha} - \frac{\delta}{\sigma/\sqrt{n}} = u_\beta$$

由此解得

$$n = \frac{(u_{1-\alpha} + u_{1-\beta})^2 \sigma^2}{\delta^2} \tag{3.2.6}$$

其中 $\delta = \mu_1 - \mu_0$, 这就是在 $\mu = \mu_1$ 处控制 β 所需的样本量. 它依赖于 α 与 β, 并与两个均值差 δ 的平方成反比. 这很好解释, 因为 δ 越小越难辨别, 故需较大样本量.

对另一个左侧检验问题, 经完全类似的讨论, 亦可得式 (3.2.6), 但要注意这时 $\delta = \mu_1 - \mu_0$, 其中 $\mu_1 = \mu_0 + \delta < \mu_0$ $(\delta < 0)$. 若取 $\delta = |\mu_0 - \mu_1|$, 则式 (3.2.6) 对两种单侧检验问题都适用.

(2) 对双侧检验问题:

$$H_0 : \mu = \mu_0, \quad H_1 : \mu \neq \mu_0$$

其水平为 α 的检验的拒绝域 $W = \{u : |u| \geqslant u_{1-\alpha/2}\}$.

当原假设 H_0 为假时, 若检验统计量 u 落入接受域 $\overline{W} = \{u : |u| < u_{1-\alpha/2}\}$, 则犯第 II 类错误的概率为:

$$\beta = P_{\mu_1}(-u_{1-\alpha/2} < u < u_{1-\alpha/2})$$

其中 $\mu_1 = \mu_0 + \delta$, 这里 δ 可为正, 亦可为负. 此时

$$\beta = P_{\mu_1}\left(-u_{1-\alpha/2} < \frac{\overline{X}-\mu_0}{\sigma/\sqrt{n}} < u_{1-\alpha/2}\right)$$

$$= P_{\mu_1}\left(-u_{1-\alpha/2} < \frac{\overline{X}-\mu_1}{\sigma/\sqrt{n}} + \frac{\mu_1-\mu_0}{\sigma/\sqrt{n}} < u_{1-\alpha/2}\right)$$

$$= \Phi\left(u_{1-\alpha/2} - \frac{\delta}{\sigma/\sqrt{n}}\right) - \Phi\left(-u_{1-\alpha/2} - \frac{\delta}{\sigma/\sqrt{n}}\right) \tag{3.2.7}$$

其中 $\delta = \mu_1 - \mu_0$, 进一步的精确计算出现了困难, 故改为近似计算. 当 $\delta > 0$ 时, 式 (3.2.7) 中的第二项接近于 0; 当 $\delta < 0$ 时, 式 (3.2.7) 中的第一项接近于 1. 于是 β 有如下近似式:

$$\beta \approx \begin{cases} \Phi\left(u_{1-\alpha/2} - \frac{\delta\sqrt{n}}{\sigma}\right), & \delta > 0 \\ 1 - \Phi\left(-u_{1-\alpha/2} - \frac{\delta\sqrt{n}}{\sigma}\right) = \Phi\left(u_{1-\alpha/2} + \frac{\delta\sqrt{n}}{\sigma}\right), & \delta < 0 \end{cases}$$

$$= \Phi\left(u_{1-\alpha/2} - \frac{|\delta|\sqrt{n}}{\sigma}\right)$$

利用标准正态分布的 β 分位数 u_β, 可得

$$u_{1-\alpha/2} - \frac{|\delta|\sqrt{n}}{\sigma} = u_\beta$$

由此解得

$$n \approx \frac{(u_{1-\alpha/2}+u_{1-\beta})^2\sigma^2}{\delta^2} \tag{3.2.8}$$

此近似解与式 (3.2.6) 相似, 它与两均值差 δ 的平方成反比, 与总体方差 σ^2 成正比, 且仍依赖于 α 与 β, 只是把 $u_{1-\alpha}$ (单侧要求) 换为 $u_{1-\alpha/2}$ (双侧要求).

例 3.2.2 某厂生产的化纤长度 X 服从正态分布 $N(\mu, 0.04^2)$, 其中 μ 的设计值为 1.40, 每天都要对 "$\mu = 1.40$" 例行检验, 一旦均值变成 1.38, 产品就出现了质量问题. 那么我们应该抽多少样品进行检验, 才能保证在 $\mu = 1.40$ 时犯第 I 类错误的概率不超过 0.05, 在 $\mu = 1.42$ 时犯第 II 类错误的概率不超过 0.10?

解 这个例子曾在 3.1.2 节作为双侧检验问题讨论过:

$$H_0: \mu = 1.40, \quad H_1: \mu \neq 1.40$$

用容量为 25 的样本做出拒绝原假设 H_0 的决策. 现继续用这个例子讨论样本量的确定问题, 即

- 当 $\mu = 1.40$ 时, 犯第 I 类错误的概率不超过 0.05;
- 当 $\mu = 1.42$ 时, 犯第 II 类错误的概率不超过 0.10.

在上述要求下讨论需要多少样本量, 分两种情况进行.

(1) 把 $\mu = 1.42$ 看作右侧检验问题

$$H_0: \mu \leqslant 1.40, \quad H_1: \mu > 1.40$$

中备择假设 H_1 中的一点, 这时按式 (3.2.6) 可算得需要的样本量:

$$n = \frac{(u_{1-\alpha} + u_{1-\beta})^2 \sigma^2}{(\mu_1 - \mu_0)^2} = \frac{(u_{0.95} + u_{0.90})^2 \times 0.04^2}{(1.42 - 1.40)^2}$$

$$= \frac{(1.645 + 1.282)^2 \times 0.04^2}{0.02^2} = 34.27$$

实际应用中可取 $n = 35$.

(2) 把 $\mu = 1.42$ 看作上述双侧检验问题中备择假设 $H_1: \mu \neq 1.40$ 中的一点. 这时按式 (3.2.8) 可近似算得需要的样本量:

$$n \approx \frac{(u_{1-\alpha/2} + u_{1-\beta})^2 \sigma^2}{\delta^2} = \frac{(u_{0.975} + u_{0.90})^2 \times 0.04^2}{(1.42 - 1.40)^2}$$

$$= \frac{(1.96 + 1.282)^2 \times 0.04^2}{0.02^2} = 42.04$$

实际应用中可取 $n = 43$. 顺便指出, 在上述近似中忽略了式 (3.2.7) 中的一项, 这一项为:

$$\Phi\left(-u_{1-\alpha/2} - \frac{\delta\sqrt{n}}{\sigma}\right) = \Phi\left(-u_{0.975} - \frac{0.02 \times \sqrt{43}}{0.04}\right) = \Phi\left(-1.96 - \frac{\sqrt{43}}{2}\right)$$

$$= \Phi(-5.24) \approx 0$$

这说明上述结果的近似程度还是很好的.

比较上述两个结果可见: 在正态均值检验中, 双侧检验所需样本量比单侧检验所需样本量要大一些, 这是可以理解的.

3.2.6 几点说明

1. 置信区间与假设检验的对偶性

比较参数的双侧检验与置信区间就会发现它们之间有密切的联系. 譬如所用的检验统计量与枢轴量实际上是同一个量; 检验的显著性水平 α 与置信区间的置信水平 $1-\alpha$ 是相互对立的两事件的概率. 计算检验的 p 值的对立事件即为求置信水平为 $1-p$ 的置信区间. 反之, 用置信区间也可作假设检验, 若原假设 $H_0: \theta = \theta_0$ 在某 $1-\alpha$ 置信区间内, 则不能拒绝 H_0, 否则拒绝 H_0. 这种对应关系称为对偶关系, 在单侧检验和置信限的意义下也存在这种关系.

2. 注意区别统计显著性与实际显著性

一个被拒绝的原假设有统计显著性, 但未必有实际显著性, 特别是在大样本场合或精确测量场合常有这种情况发生, 即使与原假设之间仅有微小差别都将被认为有统计显著性, 但未必有实际显著性. 历史上关于这种现象有一个有趣的例子. 开普勒的行星运行第一定律表明, 行星的轨道都是椭圆的. 当时这个模型与实测数据吻合得很好, 但用 100 年后的测量数据再作检验, "轨道是椭圆的" 这一原假设被拒绝了. 这是由于科学发展了, 测量仪器更精确了, 行星之间的交互作用引起的行星沿着椭圆轨道的摄动也被测量出来了. 显然, 椭圆轨道模型基本上是正确的, 而由摄动引起的误差是次要的. 如果人们不考虑现实中的差异大小而盲目地使用统计显著性, 那么一个基本上正确的模型可能被太精确的数据拒绝.

3.5.3 节给了一个人为检验的例子, 初看起来, 检验结果也与常识不符. 因此, 我们需要深刻剖析方法的适用性与局限性, 才不至于误用方法.

3. 显著性水平 α 与 p 值

选择 α 时要注意如下两个方面.

● α 应是较小的数, 但不宜过小. 这是为了控制犯第 I 类错误 (弃真错误) 的概率以及制约犯第 II 类错误 (取伪错误) 的概率.

● 要注意, α 的选择与判断发生错误时要付出的代价大小有关. 如果 "实际没有差异而判断有显著差异" 要付很大代价, 譬如要投资 350 万元购置新设备, 这时要慎重, 可把 α 定得小一些, 从 0.05 降到 0.03 或 0.01; 如果 "实际存在显著差异而没有被发现" 的代价很高, 如药品毒性、飞机的强度等, 一旦出事故就会危及人们的健康与生命, 这时也要慎重, 可把 α 增大一些, 从 0.05 增加到 0.08 或 0.1. 这两种极端情况下即使在用 p 值做判断时也要慎重. 从这个意义上说, α 的选择与其说是统计问题, 不如说是经营决策问题.

此外, 不得不说, 目前社会各界 (医学、教育、社会学等各领域的学术界和实际应用者) 对 p 值的使用都有很大的争议, 甚至联名反对 p 值. 究其原因, 主要在于 p 值被误用、滥用. 这给科研工作者和实际使用者带来了不少困扰, 在有些领域, p 值成了门槛. 这种偏见导致 "抽屉" 现象, 统计结果显著的文章更容易出版, 而同样重要的非显著结果则被锁在抽屉里, 别人永远无法看到. 因此很多人都会做一些 "p-hacking" 的工作 (比如挑选不同的检验方法, 进行不科学的数据筛选等), 让 p 值达到自己 "满意" 的结果.

针对这种过分强调 p 值的情况, 美国统计学会 (ASA) 发布了一个关于统计意义和 p 值的声明, 提出了 6 条使用 p 值的准则.

(1) p 值可以表示数据与一个特定的统计模型是否相容.

(2) p 值不能代表假设为真的概率, 也不能代表数据完全由随机因素造成的概率.

(3) 科研结论、商业决策和政策制定不能完全依据 p 值是否小于一个特定的值.

(4) 正确的推理需要全面的报告和透明度.

(5) 一个 p 值或者统计显著性不能反映一种效应的大小或者一个结果的重要性.

(6) p 值本身不能作为判断一个模型或者假设的良好程度的度量.

关键的一点是, 我们在使用统计方法时, 不要人为事先预设立场, 希望得到哪个 "好" 的结果, 不希望哪个 "不好" 的结果出现等. 要科学使用方法, 客观对待结果. 注意统计方法都是在概率意义下保证结果的准确性, 对于一次结果不能过分解读, 要搞清楚其不确定性.

● 批判性思考 ●

1. 体会在假设检验问题中, "数据的实现值应该是倾向于支持备择假设" 这种说法.

2. 深刻体会 p 值的含义以及使用 p 值做判断的想法. 查找不同领域学者对 p 值的讨论和批判.

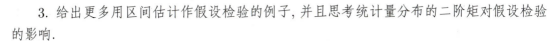
3. 给出更多用区间估计作假设检验的例子, 并且思考统计量分布的二阶矩对假设检验的影响.

4. 思考更多数据相关 (非 i.i.d. 样本) 的例子.

5. 思考更多比例数据的应用场合和统计方法.

• 习 题 3.2 •

1. 某自动灌装机灌装净重 500g 的洗洁精, 据以往经验知其净重服从 $N(\mu, 5^2)$. 为保证净重的均值为 500g, 需每天对生产过程例行检查, 以判断灌装线工作是否正常. 某日从灌装线上随机抽取 25 瓶洗洁精并称其净重, 得到 25 个数据, 其均值为 $\overline{x} = 496$g. 若取 $\alpha = 0.05$, 问: 当天灌装线工作是否正常?

2. 一批枪弹出厂时, 其初速 (单位: m/s) 服从 $N(950, 100)$. 经过一段时间的储存后, 取 9 发进行测试, 得到初速的样本观测值如下:

$$914 \quad 920 \quad 910 \quad 934 \quad 953 \quad 945 \quad 912 \quad 924 \quad 940$$

据经验, 枪弹经储存后其初速仍然服从正态分布, 能否认为这批枪弹的初速有显著降低? 请用 p 值作检验.

3. 某种乐器上用的镍合金弦线的抗拉强度 X 服从正态分布, 现要求在 $\mu_0 = 1\,035$MPa 时犯第 I 类错误的概率不超过 $\alpha = 0.05$, 在 $\mu_1 = 1\,038$MPa 时犯第 II 类错误的概率不超过 0.2. 若综合历史上的数据得正态分布的标准差为 3MPa, 请在下列两种场合下寻求需要的样本量:

(1) 单侧检验问题: $H_0: \mu = \mu_0, \quad H_1: \mu > \mu_0$.

(2) 双侧检验问题: $H_0: \mu = \mu_0, \quad H_1: \mu \neq \mu_0$.

4. 某厂铸造车间为提高钢体的耐磨性试制了一种镍合金铸件以取代一种铜合金铸件. 现从两种铸件中各抽取一个样本进行硬度 (耐磨性的一种指标) 测试, 其结果如下:

镍合金铸件 X: 72.0　69.5　74.0　70.5　71.8

铜合金铸件 Y: 69.8　70.0　72.0　68.5　73.0　70.0

根据以往经验知, 硬度 $X \sim N(\mu_1, \sigma_1^2)$, $Y \sim N(\mu_2, \sigma_2^2)$, 且 $\sigma_1 = \sigma_2 = 2$. 试在 $\alpha = 0.05$ 的水平下判断镍合金铸件的硬度相比铜合金铸件有无显著提高.

5. 设某种钢材的强度服从 $N(\mu, \sigma^2)$, 现获得容量为 10 的样本, 求得样本均值 $\overline{x} = 41.3$, 样本标准差为 $s = 1.05$.

(1) 求 μ 的置信水平为 0.95 的置信下限.

(2) 求 σ 的置信水平为 0.90 的置信上限.

6. 要考察男性和女性在印制好的电路板上组装电路所需时间的离散程度是否有显著差异. 选取 25 位男性和 21 位女性两个样本, 其样本标准差分别为 $S_{\text{male}} = 0.914$ 分钟, $S_{\text{female}} = 1.093$ 分钟. 试问: 在正态分布假设下, 离散程度上男性低于女性吗 $(\alpha = 0.01)$?

7. 证明: 单正态总体方差的左侧检验 $(H_0: \sigma \geqslant \sigma_0, \ H_1: \sigma < \sigma_0)$ 的检验统计量 $\chi^2 = \dfrac{(n-1)S^2}{\sigma_0^2}$ 在 $\sigma = \sigma_0$ 时服从 χ^2 分布.

8. 证明: 两正态总体均值差的检验 H_0: $\mu_1 = \mu_2$, H_1: $\mu_1 \neq \mu_2$ ($\sigma_1 = \sigma_2$ 但未知) 的检验统计量 $t = \dfrac{\overline{X} - \overline{Y}}{S_W \sqrt{\dfrac{1}{n} + \dfrac{1}{m}}}$ 在 H_0 成立时服从 t 分布, 且拒绝域为 $\{t : |t| \geqslant t_{1-\alpha/2}(n+m-2)\}$.

9. 证明: 两正态总体方差比的检验 H_0: $\sigma_1^2 \leqslant \sigma_2^2$, H_1: $\sigma_1 > \sigma_2^2$ (μ_1, μ_2 未知) 的检验统计量 $F = \dfrac{S_X^2}{S_Y^2}$ 在 $\sigma_1 = \sigma_2$ 时服从 F 分布, 且分布自由度为 $(n-1, m-1)$.

10. 证明: 对于单正态总体均值的右侧检验 (H_0: $\mu \leqslant \mu_0$, H_1: $\mu > \mu_0$), 将犯第 I 类错误的概率控制在 α 以内, 犯第 II 类错误的概率控制在 β 以内, 需要的样本量为 (其中 $\delta = \mu_1 - \mu_0$, μ_1 为 H_1 中的一点, σ^2 为正态总体方差):

$$n = \frac{(u_{1-\alpha} + u_{1-\beta})^2 \sigma^2}{\delta^2}$$

11. 字处理系统的好坏通常以能否提高秘书工作效率来评定. 以前使用电子打字机以及现在使用计算机处理系统的 7 名秘书的打字速度 (字数/分钟) 如下表所示.

秘书	1	2	3	4	5	6	7
电子打字机 X_i	72	68	55	58	52	55	64
计算机处理系统 Y_i	75	66	60	64	55	57	64

在打字速度服从正态分布的假设下能否说明计算机处理系统平均打字速度提高了 ($\alpha = 0.05$)?

12. 为比较测定污水中氯含量的两种方法, 特在不同场合收集到 8 个污水水样, 每个水样均用这两种方法测定氯含量 (单位: mg/L), 具体数据如下表所示.

水样号	1	2	3	4	5	6	7	8
方法 1(X)	0.36	1.35	2.56	3.92	5.35	8.33	10.70	10.91
方法 2(Y)	0.39	0.84	1.76	3.35	4.69	7.70	10.52	10.92

在正态分布假定下, 试比较两种测定方法是否有显著差异 ($\alpha = 0.05$).

13. 有 15 位 35 ~ 50 岁的男子参与一项评价饮食和锻炼对血液胆固醇影响的研究. 最初测量每位参加者的胆固醇水平, 然后测量 3 个月有氧训练和低脂饮食后的胆固醇水平, 数据如下表所示.

个体号	初期胆固醇水平 X	后期胆固醇水平 Y	差 $d = X - Y$
1	265	229	36
2	240	231	9
3	258	227	31
4	295	240	55
5	251	238	13
6	245	241	4

续表

个体号	初期胆固醇水平 X	后期胆固醇水平 Y	差 $d = X - Y$
7	287	234	53
8	314	256	58
9	260	247	13
10	279	239	40
11	283	246	37
12	240	218	22
13	238	219	19
14	225	226	-1
15	247	233	14

(1) 数据是否支持低脂饮食和有氧锻炼对减少血液胆固醇有价值的论断 ($\alpha = 0.05$)?

(2) 计算 p 值.

(3) 求 3 个月内血液胆固醇降低量的 95% 置信区间.

14. 有人称某城镇成年人中大学毕业生人数达 30%, 为检验这一假设, 随机抽取了 15 名成年人, 结果有 3 名大学毕业生. 试问该人的看法是否合理 (取 $\alpha = 0.05$)?

15. 一名研究者声称他所在地区至少有 80% 的观众对电视剧中间插播广告表示厌烦. 现随机询问了 120 名观众, 有 70 人赞成他的观点, 在 $\alpha = 0.05$ 的水平下该样本是否支持这位研究者的观点?

16. 某厂产品的不合格品率为 10%, 在一次例行检查中, 随机抽取了 80 件产品, 发现有 11 件不合格品, 在 $\alpha = 0.05$ 的水平下能否认为不合格品率仍为 10%?

17. 在某饮料厂的市场调查中, 1 000 名被调查者中有 650 人喜欢酸味饮料. 请对喜欢酸味饮料的人的比率作置信水平为 0.95 的区间估计. 在 $\alpha = 0.05$ 的水平下能否认为喜欢酸味饮料的比率为 70%?

18. 用铸造与锻造两种不同方法制造某种零件, 从各自制造的零件中分别随机抽取 100 个, 其中铸造的有 10 个废品, 锻造的有 3 个废品. 在 $\alpha = 0.05$ 的水平下能否认为废品率与制造方法有关?

19. 两种不同类型的注塑机器生产同一种塑料零件. 为检验其不合格品率, 从每台机器生产的零件中各抽取 300 个, 其中不合格品数分别为 15 个与 8 个. 考察下列问题:

(1) 认为两种机器的不合格品率相同合理吗?

(2) 计算该检验问题的 p 值.

(3) 寻求两种不合格品率之差的 95% 置信区间.

20. 在 $\alpha = 0.05$ 与 $\beta = 0.10$ 的场合, 当 $p_1 = 0.01, p_2 = 0.05$ 时, 考虑在两样本的样本量相等的情况下, 计算区分 p_1 与 p_2 所需的样本量.

21. 在上题的条件下, 其他不变, 只把犯第 II 类错误的概率 β 从 0.10 分别改为 0.05 与 0.15, 其需要的样本量各为多少?

3.3　广义似然比检验

这一节我们将介绍用广义似然比构造检验的另一种方法, 它既可用于参数的假设检验, 也可用于分布的假设检验.

3.3.1　广义似然比检验简介

设 $\boldsymbol{X} = (X_1, X_2, \cdots, X_n)$ 是来自密度函数 $p(x;\theta)$ 的一个样本, 而参数 θ 的似然函数记为 $L(\theta; \boldsymbol{X}) = \prod\limits_{i=1}^{n} p(X_i; \theta)$, 其中参数空间为 $\Theta = \{\theta\}$. 又设 Θ_0 与 Θ_1 为 Θ 的两个非空不相交的子集 (即 $\Theta_0 \cap \Theta_1 = \varnothing$), 且 $\Theta_0 \cup \Theta_1 = \Theta$.

考察如下假设检验问题:

$$H_0 : \theta \in \Theta_0, \quad H_1 : \theta \in \Theta_1 \tag{3.3.1}$$

设 $\widehat{\theta}$ 是似然函数 $L(\theta; \boldsymbol{X})$ 在参数空间 Θ 上的最大似然估计, 即 $\widehat{\theta}$ 满足

$$L(\widehat{\theta}; \boldsymbol{X}) = \max_{\theta \in \Theta} L(\theta; \boldsymbol{X})$$

又设 $\widehat{\theta_0}$ 是似然函数 $L(\theta; \boldsymbol{X})$ 在原假设 Θ_0 上的最大似然估计, 即

$$L(\widehat{\theta_0}; \boldsymbol{X}) = \max_{\theta \in \Theta_0} L(\theta; \boldsymbol{X})$$

由于两个似然函数值 $L(\widehat{\theta}; \boldsymbol{X})$ 与 $L(\widehat{\theta_0}; \boldsymbol{X})$ 都与 θ 无关, 且都是样本 $\boldsymbol{X}$ 的函数, 故其比值

$$\lambda(\boldsymbol{X}) = \frac{\max\limits_{\theta \in \Theta_0} L(\theta; \boldsymbol{X})}{\max\limits_{\theta \in \Theta} L(\theta; \boldsymbol{X})} = \frac{L(\widehat{\theta_0}; \boldsymbol{X})}{L(\widehat{\theta}; \boldsymbol{X})} \tag{3.3.2}$$

也与 θ 无关, 也是样本 $\boldsymbol{X}$ 的函数, 故是统计量, 这个统计量称为广义似然比统计量. 显然有 $0 \leqslant \lambda(\boldsymbol{X}) \leqslant 1$, 因为 $\Theta_0 \subset \Theta$.

还可看出: $\lambda(\boldsymbol{X})$ 是检验统计量, 因为 $\lambda(\boldsymbol{X})$ 的大小能区分检验问题 (3.3.1) 中的原假设 H_0 与备择假设 H_1, 在样本 $\boldsymbol{X}$ 给定的条件下, 似然函数是 θ 出现的可能性大小的一种度量. 如今在广义似然比统计量 $\lambda(\boldsymbol{X})$ 中分母相对固定, $\lambda(\boldsymbol{X})$ 的大小主要取决于其分子, 若 $\lambda(\boldsymbol{X})$ 的分子偏小, 说明参数 θ 的真实值不在原假设 H_0 中, 故倾向于拒绝 H_0; 反之, 若拒绝 H_0, 说明 θ 的真实值应在备择假设 H_1 中, 从而 $L(\widehat{\theta}; \boldsymbol{X})$ 远大于 $L(\widehat{\theta_0}; \boldsymbol{X})$, 故 $\lambda(\boldsymbol{X})$ 偏小, 由此可见, 拒绝 H_0 当且仅当 $\lambda(\boldsymbol{X}) \leqslant c$, 即拒绝域为 $W = \{\boldsymbol{X} : \lambda(\boldsymbol{X}) \leqslant c\}$, 其中临界值 c 是介于 $0 \sim 1$ 之间的一个常数, 它由给定的显著性水平 α $(0 < \alpha < 1)$ 确定, 即 c 由下式确定:

$$P(\lambda(\boldsymbol{X}) \leqslant c) = \alpha \tag{3.3.3}$$

这就确定了一个检验, 这个检验称为广义似然比检验.

一般来说, 广义似然比检验是一个很好的检验, 很多地方要用到它. 它在假设检验中的地位好比最大似然估计在参数估计中的地位. 构造广义似然比检验的最大困难在于寻找广义似然比统计量 $\lambda(\boldsymbol{X})$ 的概率分布. 缺失 $\lambda(\boldsymbol{X})$ 的分布就很难从式 (3.3.3) 中确定临界值 c, 从而不能形成一个检验.

经过多年研究, 统计学家已提出多种方法来确定临界值, 譬如:

- $\lambda(\boldsymbol{X})$ 是另一个统计量 $T(\boldsymbol{X})$ 的严格单调函数: $\lambda(\boldsymbol{X}) = f(T(\boldsymbol{X}))$. 而 $T(\boldsymbol{X})$ 的分布较容易确定, 若 f 是严增函数, 则 "$\lambda(\boldsymbol{X}) \leqslant c$" 与 "$T(\boldsymbol{X}) \leqslant c'$" 等价; 若 f 是严减函数, 则 "$\lambda(\boldsymbol{X}) \leqslant c$" 与 "$T(\boldsymbol{X}) \leqslant c'$" 等价, 其中 c' 可由 $T(\boldsymbol{X})$ 的分布确定. 具体见下面的例子.
- 在许可的条件下, 用随机模拟法获得 $\lambda(\boldsymbol{X})$ 的近似分布, 从而获得近似临界值 c.
- 在大样本场合, 在一定条件下, $-2\ln\lambda(\boldsymbol{X})$ 随着 n 的增大依分布收敛于卡方分布.

例 3.3.1 设 $\boldsymbol{X} = (X_1, X_2, \cdots, X_n)$ 是来自指数分布 $\mathrm{Exp}(\lambda)$ 的一个样本, 其密度函数为:

$$p(x; \lambda) = \lambda \mathrm{e}^{-\lambda x}, \quad x \geqslant 0, \quad \lambda \in \Theta = (0, +\infty)$$

现要考察如下单侧检验问题:

$$H_0 : \lambda \leqslant \lambda_0, \quad H_1 : \lambda > \lambda_0 \tag{3.3.4}$$

下面用广义似然比方法寻求该检验问题的拒绝域.

大家知道, 指数分布 $\mathrm{Exp}(\lambda)$ 在参数空间 $\Theta = (0, +\infty)$ 上的最大似然估计为 $\widehat{\lambda} = n / \sum\limits_{i=1}^{n} X_i = 1/\overline{X}$. 此时似然函数的最大值为:

$$\max_{\lambda \in \Theta} L(\lambda; \boldsymbol{X}) = \max_{\lambda > 0} \left(\lambda^n \mathrm{e}^{-\lambda \sum\limits_{i=1}^{n} X_i} \right) = \left(\frac{1}{\overline{X}} \right)^n \mathrm{e}^{-n}$$

而该似然函数 L 在 $\Theta_0 = (0, \lambda_0)$ 上的最大值为:

$$\max_{\lambda \in \Theta_0} L(\lambda; \boldsymbol{X}) = \max_{\lambda \leqslant \lambda_0} \left[\lambda^n \exp\left(-\lambda \sum_{i=1}^{n} X_i \right) \right]$$

$$= \begin{cases} \left(\dfrac{1}{\overline{X}} \right)^n \mathrm{e}^{-n}, & \dfrac{1}{\overline{X}} \leqslant \lambda_0 \\[3mm] \lambda_0^n \mathrm{e}^{-\lambda_0 \sum\limits_{i=1}^{n} X_i}, & \dfrac{1}{\overline{X}} > \lambda_0 \end{cases}$$

这是因为 $L(\lambda; \boldsymbol{X})$ 是 $\lambda \in \mathbf{R}$ 上的先增后减函数, 在 $\dfrac{1}{\overline{X}}$ 处取得最大值. L 在 Θ_0 上的最大值依赖于 λ_0 与 $\dfrac{1}{\overline{X}}$ 的大小关系.

由此可以导出其广义似然比:

$$\lambda(\boldsymbol{X}) = \begin{cases} 1, & \dfrac{1}{\overline{X}} \leqslant \lambda_0 \\[3mm] \dfrac{\lambda_0^n e^{-\lambda_0 \sum\limits_{i=1}^{n} X_i}}{(1/\overline{X})^n e^{-n}}, & \dfrac{1}{\overline{X}} > \lambda_0 \end{cases}$$

$$= \begin{cases} 1, & \lambda_0 \overline{X} \geqslant 1 \\[2mm] (\lambda_0 \overline{X})^n e^{-n(\lambda_0 \overline{X} - 1)}, & \lambda_0 \overline{X} < 1 \end{cases}$$

按广义似然比检验要求, 要寻找一个 c $(0 < c < 1)$, 使得当 $\lambda(\boldsymbol{X}) \leqslant c$ 时拒绝原假设. 在这个例子中, 使 $\lambda(\boldsymbol{X}) = 1$ 的那些样本点一定不属于拒绝域 W. 因此其拒绝域有如下形式:

$$W = \{\boldsymbol{X} : \lambda(\boldsymbol{X}) = (\lambda_0 \overline{X})^n e^{-n(\lambda_0 \overline{X} - 1)} \leqslant c \quad \text{且} \quad \lambda_0 \overline{X} < 1\} \tag{3.3.5}$$

若记 $y = \lambda_0 \overline{X}$, 则广义似然比 $\lambda(\boldsymbol{X})$ 仅是 y 的函数

$$\lambda(\boldsymbol{X}) = g(y) = y^n e^{-n(y-1)}, \quad y < 1$$

该函数在 $y = 1$ 处达到最大值 $g(1) = 1$, 而在 $(0,1)$ 上 $g(y)$ 是严增函数 (见图 3.3.1). 这表明广义似然比 $\lambda(\boldsymbol{X})$ 是 $\lambda_0 \overline{X}$ 的严增函数, 故有这样的 c', 使

$$W = \{\boldsymbol{X} : \lambda(\boldsymbol{X}) \leqslant c\} = \{\boldsymbol{X} : \lambda_0 \overline{X} \leqslant c'\} = \left\{\boldsymbol{X} : \lambda_0 \sum X_i \leqslant nc'\right\} \tag{3.3.6}$$

其中 c' 可由 $\lambda_0 \overline{X}$ 的分布和给定的显著性水平 $\alpha (0 < \alpha < 1)$ 确定, 即 c' 满足

$$P_{\lambda_0}\left(\lambda_0 \sum X_i \leqslant nc'\right) = \alpha \tag{3.3.7}$$

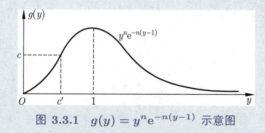

图 3.3.1 $g(y) = y^n e^{-n(y-1)}$ 示意图

现开始讨论 c' 的确定问题. 在 $\lambda = \lambda_0$ 处:

$$X_i \sim \text{Exp}(\lambda_0) = \text{Ga}(1, \lambda_0), \quad i = 1, 2, \cdots, n$$

$$\sum_{i=1}^{n} X_i \sim \text{Ga}(n, \lambda_0)$$

$$2\lambda_0 \sum_{i=1}^{n} X_i \sim \text{Ga}\left(\frac{2n}{2}, \frac{1}{2}\right) = \chi^2(2n)$$

故由式 (3.3.7) 可得

$$P_{\lambda_0}\left(2\lambda_0 \sum_{i=1}^{n} X_i \leqslant 2nc'\right) = \alpha$$

利用卡方分布分位数可得

$$2nc' = \chi_\alpha^2(2n) \quad \text{或} \quad c' = \frac{\chi_\alpha^2(2n)}{2n}$$

另外, 对于 $\lambda \leqslant \lambda_0$, 有

$$P_\lambda(\lambda_0 \overline{X} \leqslant c') = P_\lambda\left(\lambda \overline{X} \leqslant \frac{\lambda c'}{\lambda_0}\right) \leqslant P_\lambda(\lambda \overline{X} \leqslant c')$$

$$= P_\lambda\left(2\lambda \sum_{i-1}^n X_i \leqslant \chi_\alpha^2(2n)\right) = \alpha$$

这表明当原假设 $H_0: \lambda \leqslant \lambda_0$ 为真时, 拒绝 H_0 而犯第 I 类错误的概率不会超过 α, 故上述过程导出的拒绝域 $W = \left\{\boldsymbol{X}: \lambda_0 \sum_{i=1}^n X_i \leqslant \chi_\alpha^2(2n)/2\right\}$ 是水平为 α 的检验的拒绝域.

从这个例子可以看出, 由广义似然比检验第一次导出的拒绝域 (3.3.5) 是难以处理的, 通过单调性的讨论, 可以把它转化为较为简单的式 (3.3.6), 从而获得可用卡方分布分位数表示的临界值 c'. 这种方法在广义似然比检验中常常用到. 下面再看一个大家熟悉的例子.

例 3.3.2 设 $\boldsymbol{X} = (X_1, X_2, \cdots, X_n)$ 是来自正态分布 $N(\mu, \sigma^2)$ 的一个样本, 其似然函数为:

$$L(\mu, \sigma^2; \boldsymbol{X}) = (2\pi\sigma^2)^{-\frac{n}{2}} \exp\left\{-\frac{1}{2\sigma^2} \sum_{i=1}^n (X_i - \mu)^2\right\}$$

其参数空间为:

$$\Theta = \{(\mu, \sigma^2); -\infty < \mu < +\infty, \quad \sigma^2 > 0\}$$

现要考察如下的双侧检验问题:

$$H_0: \mu = \mu_0, \quad H_1: \mu \neq \mu_0$$

其中 μ_0 为已知常数. 现用广义似然比检验来获得其检验统计量及其拒绝域.

在 Θ 上 μ 与 σ^2 的最大似然估计为:

$$\widehat{\mu} = \overline{X}, \quad \widehat{\sigma}^2 = \frac{1}{n} \sum_{i=1}^n (X_i - \overline{X})^2$$

这时似然函数 L 的最大值为:

$$\max_{(\mu, \sigma^2) \in \Theta} L(\mu, \sigma^2; \boldsymbol{X}) = \left[\frac{2\pi}{n} \sum_{i=1}^n (X_i - \overline{X})^2\right]^{-\frac{n}{2}} \cdot \mathrm{e}^{-\frac{n}{2}}$$

而在原假设 $\Theta_0 = \{(\mu, \sigma^2): \mu = \mu_0, \sigma^2 > 0\}$ 下, σ^2 的最大似然估计为:

$$\widehat{\sigma}_0^2 = \frac{1}{n} \sum_{i=1}^n (X_i - \mu_0)^2$$

这时似然函数 L 的最大值为：

$$\max_{(\mu,\sigma^2)\in\Theta_0} L(\mu_0,\sigma^2;\boldsymbol{X}) = \left[\frac{2\pi}{n}\sum_{i=1}^{n}(X_i-\mu_0)^2\right]^{-\frac{n}{2}}\cdot e^{-\frac{n}{2}}$$

两式之比就是广义似然比统计量：

$$\lambda(\boldsymbol{X}) = \left[\frac{\displaystyle\sum_{i=1}^{n}(X_i-\mu_0)^2}{\displaystyle\sum_{i=1}^{n}(X_i-\overline{X})^2}\right]^{-\frac{n}{2}}$$

$$= \left[\frac{\displaystyle\sum_{i=1}^{n}(X_i-\overline{X})^2 + n(\mu_0-\overline{X})^2}{\displaystyle\sum_{i=1}^{n}(X_i-\overline{X})^2}\right]^{-\frac{n}{2}}$$

$$= \left[1 + \frac{n(\mu_0-\overline{X})^2}{\displaystyle\sum_{i=1}^{n}(X_i-\overline{X})^2}\right]^{-\frac{n}{2}}$$

$$= \left[1 + \frac{t^2}{n-1}\right]^{-\frac{n}{2}}$$

其中

$$t = \sqrt{n(n-1)}\cdot\frac{\overline{X}-\mu_0}{\sqrt{\displaystyle\sum_{i=1}^{n}(X_i-\overline{X})^2}} \overset{H_0}{\sim} t(n-1)$$

由此可见，上述广义似然比统计量 $\lambda(\boldsymbol{X})$ 是 t 统计量的平方的严减函数. 故此广义似然比检验的拒绝域 $W = \{\boldsymbol{X}:\lambda(\boldsymbol{X})\leqslant c\}$ 等价于 t 检验的拒绝域 $\{t:|t|\geqslant c'\}$. 对给定的显著性水平 α $(0<\alpha<1)$，可由 $P(|t|\geqslant c')=\alpha$ 确定临界值 $c'=t_{1-\alpha/2}(n-1)$，这与 3.2.1 节中的 t 检验是完全一致的.

广义似然比检验是寻找检验统计量及其拒绝域的另一条思路，这条思路很直观，根据广义似然比统计量 $\lambda(\boldsymbol{X})$ 的大小来区分原假设的真伪. 很多参数的假设检验都可由广义似然比检验获得. 此外，区分两个分布也常用广义似然比检验.

3.3.2　区分两个分布的广义似然比检验

设有一个样本 $\boldsymbol{X} = (X_1,X_2,\cdots,X_n)$，它可能来自两个不同的密度函数 $p_0(x;\theta)$ 与 $p_1(x;\tau)$ 中的某一个，对此如何做出统计判断？这是区分两个指定分布的假设检验问题. 它的两个假设是：

$$H_0: \text{样本 } \boldsymbol{X} \text{ 来自 } p_0(x;\theta),\theta\in\Theta_0$$

H_1: 样本 $\boldsymbol{X}$ 来自 $p_1(x; \tau), \tau \in \Theta_1$

其中 θ 与 τ 都可以是参数向量, 它们所在的参数空间 Θ_0 与 Θ_1 之间可能无任何包含关系. Θ_0 与 Θ_1 在这里仅表示各自参数的活动范围, 并不代表两个假设, 区分两个假设的是各自的总体分布, 广义似然比检验很适合作这类检验, 只要把前述的广义似然比检验稍做改变就可用作区分两个分布的检验统计量.

在 H_0 下, 参数 θ 的似然函数为 $L_0(\theta; \boldsymbol{X}) = \prod_{i=1}^{n} p_0(X_i; \theta)$, 设 $\widehat{\theta}$ 为 θ 在 Θ_0 上的 MLE;

在 H_1 下, 参数 τ 的似然函数为 $L_1(\tau; \boldsymbol{X}) = \prod_{i=1}^{n} p_1(X_i; \tau)$, 又设 $\widehat{\tau}$ 为 τ 在 Θ_1 上的 MLE. 定义广义似然比统计量如下:

$$\lambda(\boldsymbol{X}) = \frac{\max_{\tau \in \Theta_1} L_1(\tau; \boldsymbol{X})}{\max_{\theta \in \Theta_0} L_0(\theta; \boldsymbol{X})} = \frac{L_1(\widehat{\tau}; \boldsymbol{X})}{L_0(\widehat{\theta}; \boldsymbol{X})} \tag{3.3.8}$$

当 $\lambda(\boldsymbol{X})$ 相对较大时, 说明样本 $\boldsymbol{X}$ 来自 p_1 比来自 p_0 的可能性大, 应倾向于拒绝原假设 H_0, 故其拒绝域的形式应为:

$$W = \{\boldsymbol{X} : \lambda(\boldsymbol{X}) \geqslant c\} \tag{3.3.9}$$

其中, 临界值 c 可由 $\lambda(\boldsymbol{X})$ 的分布和给定的显著性水平 α $(0 < \alpha < 1)$ 确定. 这就是区分两个分布的广义似然比检验.

这里的困难在于确定 $\lambda(\boldsymbol{X})$ 的精确分布, 但所涉及的两个分布已被指定, 对它们施行随机模拟获得近似分布有时是可行的措施之一. 具体操作可看下面的例子.

例 3.3.3 区分正态分布 $N(\mu, \sigma^2)$ 与双参数指数分布 $\mathrm{Exp}(a, b)$ 的检验. 设有一个样本 $\boldsymbol{X} = (X_1, X_2, \cdots, X_n)$, 它来自下面两个分布之一.

- H_0: 样本 $\boldsymbol{X}$ 来自正态分布 $N(\mu, \sigma^2)$, $\quad \Theta_0 = \{(\mu, \sigma^2) : -\infty < \mu < +\infty, \sigma > 0\}$
- H_1: 样本 $\boldsymbol{X}$ 来自双参数指数分布 $\mathrm{Exp}(a, b)$, 其密度函数为:

$$p_1(x; a, b) = \frac{1}{b} \exp\left\{-\frac{x-a}{b}\right\}, \quad x \geqslant a, \quad \Theta_1 = \{(a, b) : -\infty < a < +\infty, b > 0\}$$

这两个分布都是位置—尺度分布族的成员. 为区分这两个分布, 可构造如下的广义似然比统计量:

$$\begin{aligned}
\lambda(\boldsymbol{X}) &= \frac{\max\limits_{(a,b) \in \Theta_1} \left(\prod\limits_{i=1}^{n} \frac{1}{b} \exp\left\{-\dfrac{X_i - a}{b}\right\}\right)}{\max\limits_{(\mu, \sigma^2) \in \Theta_0} \left(\prod\limits_{i=1}^{n} \frac{1}{\sqrt{2\pi}\sigma} \exp\left\{-\dfrac{(X_i - \mu)^2}{2\sigma^2}\right\}\right)} \\[2mm]
&= \frac{\left(\dfrac{1}{\widehat{b}}\right)^n \exp\left\{-\dfrac{1}{\widehat{b}} \sum\limits_{i=1}^{n}(X_i - \widehat{a})\right\}}{\left(\dfrac{1}{\sqrt{2\pi}\widehat{\sigma}}\right)^n \exp\left\{-\dfrac{1}{2\widehat{\sigma}^2} \sum\limits_{i=1}^{n}(X_i - \widehat{\mu})^2\right\}}
\end{aligned}$$

其中 $\widehat{a}$ 与 $\widehat{b}$ 分别是 a 与 b 的 MLE, $\widehat{\mu}$ 与 $\widehat{\sigma}^2$ 分别是 μ 与 σ^2 的 MLE, 具体是

$$\widehat{a} = X_{(1)}, \quad \widehat{b} = \frac{1}{n}\sum_{i=1}^{n}(X_i - X_{(1)})$$

$$\widehat{\mu} = \overline{X}, \quad \widehat{\sigma}^2 = \frac{1}{n}\sum_{i=1}^{n}(X_i - \overline{X})^2$$

把这些 MLE 代回原式, 化简后得

$$\lambda(\boldsymbol{X}) = (2\pi/\mathrm{e})^{\frac{n}{2}} \cdot [D(\boldsymbol{X})]^n, \quad D(\boldsymbol{X}) = \frac{\widehat{\sigma}}{\widehat{b}} = \frac{\sqrt{n\sum_{i=1}^{n}(X_i - \overline{X})^2}}{\sum_{i=1}^{n}(X_i - X_{(1)})} \tag{3.3.10}$$

可见, $\lambda(\boldsymbol{X})$ 是 $D(\boldsymbol{X})$ 的严增函数, 这意味着:

- 可用 $D(\boldsymbol{X})$ 代替 $\lambda(\boldsymbol{X})$ 作为该检验的统计量.
- 拒绝域 $W = \{\boldsymbol{X} : \lambda(\boldsymbol{X}) \geqslant c\}$ 等价于 $\{\boldsymbol{X} : D(\boldsymbol{X}) \geqslant c_1\}$.

对给定的显著性水平 $\alpha \, (0 < \alpha < 1)$, 在 H_0 为真的场合下, 由

$$P(D(\boldsymbol{X}) \geqslant c_1) = \alpha \tag{3.3.11}$$

可得 $c_1 = D_{1-\alpha}$, 其中 $D_{1-\alpha}$ 为 $D(\boldsymbol{X})$ 的 $1-\alpha$ 分位数. 由于难以获得 $D(\boldsymbol{X})$ 的精确分布, 我们转而用随机模拟法获得 $D(\boldsymbol{X})$ 的近似 $1-\alpha$ 分位数.

"在 H_0 为真的场合下" 意味着样本 $\boldsymbol{X} = (X_1, X_2, \cdots, X_n)$ 来自正态分布 $N(\mu, \sigma^2)$, 经过标准化变换 $U_i = (X_i - \mu)/\sigma \, (i = 1, 2, \cdots, n)$, 可得来自 $N(0,1)$ 的样本 $\boldsymbol{U} = (U_1, U_2, \cdots, U_n)$, 此时, 统计量 $D(\boldsymbol{X})$ 可以改写为 $D(\boldsymbol{U})$, 即

$$D(\boldsymbol{X}) = D(\boldsymbol{U}) = \frac{\sqrt{n\sum_{i=1}^{n}(U_i - \overline{U})^2}}{\sum_{i=1}^{n}(U_i - U_{(1)})} \tag{3.3.12}$$

由于来自 $N(0,1)$ 的伪随机数可以大量产生, 譬如产生 10 万个, 每 10 ($= n$) 个看作一个样本, 用式 (3.3.12) 算得一个 $D(\boldsymbol{U})$ 的观测值, 这样就可得 1 万个 $D(\boldsymbol{U})$ 的观测值, 将其从小到大排序, 得 $D(\boldsymbol{U})$ 的一个有序样本, 最后用样本分位数估计总体分位数, 如用第 9 000 个观测值估计 $D_{0.90}$, 用第 9 500 个观测值估计 $D_{0.95}$, 依此类推. 这是在样本量 $n = 10$ 的场合所得的 $D(\boldsymbol{U})$ 的分位数, 若 $n = 15, 20, \cdots$, 则可类似重复. 表 3.3.1 对部分 α 与 n 列出了 D 的各种近似 $1-\alpha$ 分位数, 据此就可做出统计判断.

表 3.3.1 假设检验 (H_0: 正态分布, H_1: 双参数指数分布) 的临界值 $D_{1-\alpha}$ 及犯第 II 类错误的概率 β

n	$\alpha = 0.01$		$\alpha = 0.05$		$\alpha = 0.10$	
	$D_{1-\alpha}$	β	$D_{1-\alpha}$	β	$D_{1-\alpha}$	β
10	1.01	0.61	0.87	0.35	0.80	0.23
15	0.88	0.35	0.77	0.14	0.72	0.07
20	0.80	0.14	0.71	0.04	0.67	0.02
25	0.76	0.06	0.68	0.01	0.64	0.01
30	0.72	0.02	0.65	0.00	0.61	0.00

表 3.3.1 中还列出了相应场合下犯第 Ⅱ 类错误的概率 β, 它也可用随机模拟法近似求出. 大家知道 β 是在 H_1 为真时接受 H_0 的概率, 即 $\beta = P_{H_1}(D \leqslant D_{1-\alpha})$. 为估计 β, 先产生来自双参数指数分布 $\text{Exp}(a,b)$ 的一个样本 $\boldsymbol{X} = (X_1, X_2, \cdots, X_n)$, 经过变换 $V_i = (X_i - a)/b$, 可得标准双参数指数分布 $\text{Exp}(0,1)$ 的一个样本 $\boldsymbol{V} = (V_1, V_2, \cdots, V_n)$, 此时 $D(\boldsymbol{X})$ 也可改写为式 (3.3.12), 只要把 U_i 改为 V_i 即可, 具体是

$$D(\boldsymbol{X}) = D(\boldsymbol{V}) = \frac{\sqrt{n\sum\limits_{i=1}^{n}(V_i - \overline{V})^2}}{\sum\limits_{i=1}^{n}(V_i - V_{(1)})} \tag{3.3.13}$$

由于来自 $\text{Exp}(0,1)$ 的伪随机数亦可大量产生, 譬如产生 10 万个, 每 $10 (= n)$ 个为一组, 算得一个 $D(V)$ 的观测值. 将 1 万个 $D(V)$ 观测值排序, 获得有序样本. 若取 $\alpha = 0.01$, 由表 3.3.1 得, 在 $n = 10$ 的场合, 临界值 $D_{1-\alpha} = D_{0.99} = 1.01$, 统计事件 "$D \leqslant 1.01$" 发生的频率就是 β (在 $\alpha = 0.01, n = 10$ 的场合), 一次随机模拟的结果是 $\widehat{\beta} = 0.61$. 改变 n 与 α 可得不同场合下 β 的估计值, 表 3.3.1 中列出了部分 β 值. 从表 3.3.1 中可以看出, 随着样本量 n 的增大, β 在迅速减小. 当然 α 的增大也会使 β 减小, 这些都符合统计规律和人们的共识.

例 3.3.4 测量 20 个某种产品的强度, 得如下数据:

| 35.15 | 44.62 | 40.85 | 45.32 | 36.08 | 38.97 | 32.48 | 34.36 | 38.05 | 26.84 |
| 32.68 | 42.90 | 35.57 | 36.64 | 33.82 | 42.26 | 37.88 | 38.57 | 32.05 | 41.50 |

试问这批数据来自正态分布还是双参数指数分布?

解 假如这批数据来自正态分布 $N(\mu, \sigma^2)$, 则可算得 μ 与 σ^2 的 MLE:

$$\widehat{\mu} = \overline{x} = 37.33, \quad \widehat{\sigma}^2 = \frac{1}{n}\sum_{i=1}^{n}(x_i - \overline{x})^2 = 4.6^2$$

假如这批数据来自双参数指数分布 $\text{Exp}(a,b)$, 则可算得 a 与 b 的 MLE:

$$\widehat{a} = x_{(1)} = 26.84, \quad \widehat{b} = \frac{1}{n}\sum_{i=1}^{n}(x_i - x_{(1)}) = 10.49$$

根据要求, 先计算检验统计量 $D(\boldsymbol{x})$ 的值:

$$D = \frac{\widehat{\sigma}}{\widehat{b}} = \frac{4.6}{10.49} = 0.44$$

如果给出显著性水平 $\alpha = 0.10$, 可从表 3.3.1 中查得 $D_{0.9} = 0.67$, 由于 $D < 0.67$, 故不应拒绝 H_0, 这意味着, 相对于双参数指数分布而言, 认为产品的强度数据服从正态分布是妥当的.

由表 3.3.1 可见, 在 $\alpha = 0.10$, $n = 20$ 的场合犯第 II 类错误的概率 $\beta = 0.02$, 这是一个很小的概率.

例 3.3.5 在例 3.3.3 区分两个分布的检验问题中, 原假设 H_0 为正态分布, 这样设置可保护正态分布不轻易被拒绝. 这样对备择假设 H_1 (样本来自双参数指数分布) 公平吗?

解 假如我们不想轻易放弃双参数指数分布, 则可把它放在原假设的位置上, 形成一个新的检验问题:

$$H_0 : 样本\ \boldsymbol{X}\ 来自双参数指数分布\ \text{Exp}(a, b)$$
$$H_1 : 样本\ \boldsymbol{X}\ 来自正态分布\ N(\mu, \sigma^2)$$

重复前面的类似过程就可发现, 如今的广义似然比检验统计量 E 恰好是原检验统计量 D 的倒数, 即

$$E = D^{-1} = \frac{\sum\limits_{i=1}^{n}(X_i - X_{(1)})}{\sqrt{n\sum\limits_{i=1}^{n}(X_i - \overline{X})^2}}$$

对给定的显著性水平 α $(0 < \alpha < 1)$, 其拒绝域为 $W = \{E : E \geqslant E_{1-\alpha}\}$, 其中分位数 $E_{1-\alpha}$ 可用标准指数分布 $\text{Exp}(0, 1)$ 的样本经随机模拟获得, 具体列于表 3.3.2 中, 同时列出犯第 II 类错误的概率.

表 3.3.2 假设检验 (H_0: 双参数指数分布, H_1: 正态分布) 的临界值 $E_{1-\alpha}$ 及犯第 II 类错误的概率 β

n	$\alpha = 0.01$		$\alpha = 0.05$		$\alpha = 0.10$	
	$E_{1-\alpha}$	β	$E_{1-\alpha}$	β	$E_{1-\alpha}$	β
10	1.75	0.61	1.51	0.35	1.40	0.23
15	1.65	0.35	1.43	0.13	1.34	0.07
20	1.55	0.14	1.38	0.04	1.30	0.02
25	1.50	0.06	1.34	0.01	1.27	0.00
30	1.44	0.02	1.31	0.00	1.25	0.00

譬如, 在例 3.3.4 中, 若把 H_0 与 H_1 中的分布对换一下, 其检验统计量的值 $E = D^{-1} = 0.44^{-1} = 2.27$. 若取显著性水平 $\alpha = 0.10$, 从表 3.3.2 中查得其临界值为 1.30, 由于 $E > 1.30$, 落入拒绝域, 故应拒绝 "样本 $\boldsymbol{X}$ 来自双参数指数分布" 的原假设. 这与例 3.3.4 的结论是一致的.

设置不同的原假设会导致不同的结论, 建议增加样本量再作检验或扩大 α (如 $\alpha = 0.20$) 再作检验, 否则会导致误判的风险增加.

· 批判性思考 ·

思考更多检验问题的似然比检验方法.

· 习 题 3.3 ·

1. 设 $\boldsymbol{X}_1 = (X_{11}, X_{12}, \cdots, X_{1n_1})$ 是来自正态总体 $N(\mu_1, \sigma^2)$ 的一个样本, $\boldsymbol{X}_2 = (X_{21}, X_{22}, \cdots, X_{2n_2})$ 是来自另一个正态总体 $N(\mu_2, \sigma^2)$ 的一个样本, 两个样本相互独立, 两方差相等但未知, 对如下一对假设:

$$H_0 : \mu_1 = \mu_2, \quad H_1 : \mu_1 \neq \mu_2$$

寻求广义似然比检验. 具体如下:

(1) 写出参数空间 Θ 及其子集 Θ_0.

(2) 写出 Θ 与 Θ_0 上两个似然函数的最大值.

(3) 写出广义似然比统计量 $\lambda(\boldsymbol{X}_1, \boldsymbol{X}_2)$ 及其拒绝域.

(4) 指出 λ 与 t 变量的关系, 其中 $t \sim t(n_1 + n_2 - 2)$.

2. 设 $\boldsymbol{X}_j = (X_{j1}, X_{j2}, \cdots, X_{jn_j})$ 是来自正态总体 $N(\mu_j, \sigma^2)(j = 1, 2, \cdots, k)$ 的一个样本. 这 k 个样本相互独立, 我们的目标是考察 k 个正态总体的均值是否相等, 要对如下一对假设:

$$H_0 : \mu_1 = \cdots = \mu_k$$

$$H_1 : 诸 \ \mu_j \ 不全相等$$

寻求广义似然比统计量 $\lambda(\boldsymbol{X}_1, \boldsymbol{X}_2, \cdots, \boldsymbol{X}_k)$, 并给出水平为 α 的检验.

3. 设 $\boldsymbol{X}_j = (X_{j1}, X_{j2}, \cdots, X_{jn_j})$ 是来自正态总体 $N(\mu_j, \sigma_j^2)(j = 1, 2, \cdots, k)$ 的一个样本. 这 k 个样本相互独立, 我们的目标是考察 k 个正态总体的方差是否相等, 要对如下一对假设:

$$H_0 : \sigma_1^2 = \cdots = \sigma_k^2 = \sigma^2 \ (\sigma^2 \ 是未知常数)$$

$$H_1 : 诸 \ \sigma_j^2 不全相等$$

给出广义似然比统计量 $\lambda(\boldsymbol{X}_1, \boldsymbol{X}_2, \cdots, \boldsymbol{X}_k)$; 在大样本场合, 用统计量 $-2\ln\lambda$ 给出水平为 α 的拒绝域.

4. 从某批产品中抽取 10 个产品进行寿命实验, 获得如下寿命数据 (单位: 小时):

$$150 \quad 530 \quad 910 \quad 700 \quad 830 \quad 450 \quad 600 \quad 500 \quad 650 \quad 610$$

试问这批数据来自正态分布还是双参数指数分布?

3.4 分布的检验

设 $X_1, X_2, \cdots, X_n$ 是来自总体 X 的一个样本, 根据实践经验, 可对总体 X 的分布提出如下假设:

$$H_0 : X \ 的分布为 \ F(x) = F_0(x)$$

其中 $F_0(x)$ 可以是一个完全已知的分布, 也可以是含有若干未知参数的已知分布, 这类检验问题统称为分布的检验问题. 这类问题很重要, 是统计推断的基础性工作. 明确了总体分布或其类型就可进一步作深入的统计推断. 比如前面介绍的正态总体的参数检验问题, 一个前提是先检验数据是否来自正态分布.

分布的检验问题一般只给出原假设 H_0, 因为它所涉及的备择假设很多, 不可能全部列出, 也说不清楚. 如果 $F_0(x)$ 为正态分布, 那么一切非正态分布都可以作为备择假设. 若只想构造水平为 α 的检验, 有 H_0 就够了. 若想考察犯第 II 类错误的概率 β 是多少, 就要明确备择假设中的分布是什么, 否则无法确定 β.

3.4.1 离散分布的 χ^2 拟合优度检验

本小节首先介绍离散分布的 χ^2 拟合优度检验.

χ^2 拟合优度检验是英国著名统计学家 K. 皮尔逊 (K.Pearson, 1857—1936) 于 1900 年结合检验分类数据的需要而提出的, 然后又用于分布的拟合检验与列联表的独立性检验, 这些将在本小节逐一介绍.

χ^2 拟合优度检验简称 χ^2 检验, 但它与正态方差 σ^2 的 χ^2 检验是不同的, 虽然它们都是用 χ^2 分布来确定各自的拒绝域, 但所用的检验统计量是不同的, 在正态方差检验中主要用样本方差 S^2 构造检验统计量, 这里将主要用观察频数 O_i 与期望频数 E_i 之差的平方 $(O_i - E_i)^2$ 构造检验统计量.

1. 总体可分为有限类, 但其分布不含未知参数

先看一个遗传学的例子.

例 3.4.1 19 世纪生物学家孟德尔 (Mendel) 按颜色与形状把豌豆分为 4 类:

$$A_1 = \text{黄而圆的} \qquad A_2 = \text{青而圆的}$$
$$A_3 = \text{黄而有角的} \qquad A_4 = \text{青而有角的}$$

孟德尔根据遗传学的理论指出, 这 4 类豌豆个数之比为 9:3:3:1, 这相当于说, 任取一粒豌豆, 它属于这 4 类的概率分别为:

$$p_1 = \frac{9}{16}, \quad p_2 = \frac{3}{16}, \quad p_3 = \frac{3}{16}, \quad p_4 = \frac{1}{16}$$

孟德尔在一次对收获的 $n = 556$ 粒豌豆的观察中发现 4 类豌豆的个数分别为:

$$O_1 = 315, \quad O_2 = 108, \quad O_3 = 101, \quad O_4 = 32$$

显然 $O_1 + O_2 + O_3 + O_4 = n$. 由于随机性的存在, 诸观察频数 O_i 不会恰好呈 9:3:3:1 的比例, 因此就需要根据这些观察数据对孟德尔的遗传学说进行统计检验. 孟德尔的实践向统计学家提出了一个很有意义的问题: 如何检验一组实际数据与一个给定的多项分布的拟合程度. K. 皮尔逊研究了这个问题, 提出了 χ^2 拟合优度检验, 解决了这类问题. 后经英国统计学家费希尔推广, 这个检验更趋于完善, 就这样统计学在实践的基础上逐渐得到发展, 开创了假设检验的理论与实践.

上述分类数据检验问题的一般提法如下.

设总体 X 可以分为 r 类, 记为 $A_1, A_2, \cdots, A_r$, 现在要检验的假设为:

$$H_0\colon P(A_i) = p_i, \quad i = 1, 2, \cdots, r \tag{3.4.1}$$

其中各 p_i 已知, 且 $p_i \geqslant 0$, $\sum\limits_{i=1}^{r} p_i = 1$. 现对总体作了 n 次观察, 各类出现的观察频数分别记为 $O_1, O_2, \cdots, O_r$, 且

$$\sum_{i=1}^{r} O_i = n$$

若 H_0 为真, 则各概率 p_i 与频率 O_i/n 应相差不大, 或各观察频数 O_i 与期望频数 $E_i = np_i$ 的偏差 $(O_i - E_i)$ 不大. 据此想法, 英国统计学家 K. 皮尔逊提出了一个检验统计量:

$$\chi^2 = \sum_{i=1}^{r} \frac{(O_i - E_i)^2}{E_i} \tag{3.4.2}$$

式中取偏差的平方是为了把偏差积累起来, 每项除以 E_i 是要求在期望频数 E_i 较小时, 偏差平方 $(O_i - E_i)^2$ 更小才是合理的. 注意, 这也是一种非常重要的数据变换, 可称为比例变换, 它使得变换后的数据更具可比性和可加性. 在此基础上, K. 皮尔逊还证明了如下定理.

> **定理 3.4.1** 设某随机实验有 r 个互不相容事件 $A_1, A_2, \cdots, A_r$ 之一发生, 且 $p_i = P(A_i)(i = 1, 2, \cdots, r)$, $\sum\limits_{i=1}^{r} p_i = 1$. 又设在 n 次独立重复实验中事件 A_i 的观察频数为 O_i $(i = 1, 2, \cdots, r)$, $\sum\limits_{i=1}^{r} O_i = n$, 若记事件 A_i 的期望频数为 $E_i = np_i$, 则
>
> $$\chi^2 = \sum_{i=1}^{r} \frac{(O_i - E_i)^2}{E_i}$$
>
> $n \to \infty$ 时的极限分布是自由度为 $r - 1$ 的 χ^2 分布.

这里我们只给出最简单的场合 $(r = 2)$ 下该定理的证明. 在 $r = 2$ 的场合, $O_1 + O_2 = n$, $p_1 + p_2 = 1$, 且 $O_1 \sim b(n, p_1)$, 于是

$$\begin{aligned}
\chi^2 &= \frac{(O_1 - E_1)^2}{E_1} + \frac{(O_2 - E_2)^2}{E_2} \\
&= \frac{(O_1 - np_1)^2}{np_1} + \frac{[n - O_1 - n(1 - p_1)]^2}{n(1 - p_1)} \\
&= \frac{(O_1 - np_1)^2}{np_1} + \frac{(np_1 - O_1)^2}{n(1 - p_1)} \\
&= \frac{(O_1 - np_1)^2}{np_1(1 - p_1)} = \left(\frac{O_1 - np_1}{\sqrt{np_1(1 - p_1)}} \right)^2
\end{aligned}$$

由中心极限定理, 上式最后的括号里应为渐近标准正态分布的变量, 其平方是自由度为 1 的卡方变量, 这就给出了当 $r=2$ 时的定理的证明.

从 χ^2 统计量式 (3.4.2) 的结构来看, 当 H_0 为真时, 和式中每一项的分子 $(O_i - E_i)^2$ 相对于 E_i 都不应太大, 从而总和也不会太大. 若 χ^2 过大, 人们就会认为原假设 H_0 不真. 基于此想法, 检验的 p 值应有如下形式:

$$p = P(\chi^2 \geqslant c_0) \tag{3.4.3}$$

对于给定的显著性水平 α, 由分布 $\chi^2(r-1)$ 可确定出 $c = \chi^2_{1-\alpha}(r-1)$.

例 3.4.2 (例 3.4.1 续) 如今在例 3.4.1 中要检验的假设为:

$$H_0: P(A_1) = 9/16, \quad P(A_2) = P(A_3) = 3/16, \quad P(A_4) = 1/16$$

如果孟德尔的遗传学说 (H_0) 正确, 则在被观察的 556 粒豌豆中, 属于这 4 类的期望频数应分别为:

$$E_1 = np_1 = 556 \times \frac{9}{16} = 312.75$$
$$E_2 = np_2 = 556 \times \frac{3}{16} = 104.25$$
$$E_3 = np_3 = 556 \times \frac{3}{16} = 104.25$$
$$E_4 = np_4 = 556 \times \frac{1}{16} = 34.75$$

它们与实际频数 315, 108, 101, 32 对应之差的绝对值分别为 2.25, 3.75, 3.25, 2.75, 由此可算得 χ^2 统计量的值为:

$$\chi^2 = \sum_{i=1}^{4} \frac{(O_i - E_i)^2}{E_i} = \frac{2.25^2}{312.75} + \frac{3.75^2}{104.25} + \frac{3.25^2}{104.25} + \frac{2.75^2}{34.75} = 0.47$$

算得 p 值是 0.925 4, 若取显著性水平 $\alpha = 0.05$, 不能拒绝原假设, 即孟德尔的遗传学说是可接受的.

2. 总体可分为有限类, 但其分布含有未知参数

先看一个例子.

例 3.4.3 在某交叉路口记录每 15 秒内通过的汽车数量, 共观察了 25 分钟, 得 100 个记录, 经整理得表 3.4.1. 在 $\alpha = 0.05$ 水平下检验如下假设: 通过该交叉路口的汽车数量服从泊松分布 $P(\lambda)$.

表 3.4.1 15 秒内通过某交叉路口的汽车数量

通过的汽车数量	0	1	2	3	4	5	6	7	8	9	10	11
频数 O_i	4	2	15	17	26	11	9	8	2	3	1	2

解 在本例中, 要检验总体是否服从泊松分布. 大家知道, 服从泊松分布的随机变量可取所有非负整数, 尽管它可取可数个值, 但取大值的概率非常小, 因而可以忽略不计. 在对该随机变量进行实际观察时也只能观察到有限个不同值, 譬如在本例中, 只观察到 $0, 1, \cdots, 11$ 这 12 个值. 这相当于把总体分成 12 类, 每一类出现的概率分别为:

$$p_i(\lambda) = \frac{\lambda^i}{i!} \mathrm{e}^{-\lambda}, \quad i = 0, 1, \cdots, 10$$

$$p_{11}(\lambda) = \sum_{i=11}^{+\infty} \frac{\lambda^i}{i!} \mathrm{e}^{-\lambda}$$

(3.4.4)

从而把所要检验的原假设记为:

$$H_0: P(A_i) = p_i(\lambda), \quad i = 0, 1, \cdots, 11$$

其中 A_i 表示 15 秒内通过交叉路口的汽车数量为 i 辆 $(i = 0, 1, \cdots, 10)$; A_{11} 表示事件 "15 秒内通过交叉路口的汽车数量超过 10 辆", 各 $p_i(\lambda)$ 如式 (3.4.4) 所示.

这里还遇到另一个麻烦, 即总体分布中含有未知参数 λ, 当然这个 λ 可以用样本均值 $\bar{x} = 4.27$ 估计. 当时 K. 皮尔逊仍采用统计量式 (3.4.2), 并认为其在 H_0 为真时服从 $\chi^2(r-1)$, 直到 1924 年英国统计学家费希尔才纠正了这一错误, 他证明了在总体分布中含有 k 个独立的未知参数时, 若这 k 个参数用最大似然估计代替, 即式 (3.4.4) 中的 $p_i(\lambda)$ 用 $\widehat{p_i} = p_i(\widehat{\lambda})$ 代替, 则在样本容量 n 充分大时

$$\chi^2 = \sum_{i=1}^{r} \frac{(O_i - E_i)^2}{E_i}$$

(3.4.5)

近似服从自由度为 $r - k - 1$ 的 χ^2 分布, 其中 $E_i = n\widehat{p_i}$. 现综合于下.

定理 3.4.2 设某个随机实验有 r 个互不相容的事件 $A_1, A_2, \cdots, A_r$ 之一发生. 记 $p_i = P(A_i)(i = 1, 2, \cdots, r)$, $\sum_{i=1}^{r} p_i = 1$, 又设诸 p_i 依赖于 k 个未知参数 $\theta_1, \theta_2, \cdots, \theta_k$, 即

$$p_i = p_i(\theta_1, \theta_2, \cdots, \theta_k), \quad i = 1, 2, \cdots, r$$

再设在该实验的 n 次独立重复中事件 A_i 的观察频数为 O_i, $\sum_{i=1}^{r} O_i = n$, 假如 $\widehat{\theta_1}, \widehat{\theta_2}, \cdots, \widehat{\theta_k}$ 分别是在 $O_1, O_2, \cdots, O_r$ 基础上的相合估计 (如最大似然估计), 则

$$\chi^2 = \sum_{i=1}^{r} \frac{(O_i - E_i)^2}{E_i}, \quad E_i = n\widehat{p_i}, \quad \widehat{p_i} = p(\widehat{\theta_1}, \widehat{\theta_2}, \cdots, \widehat{\theta_k}), \quad i = 1, 2, \cdots, r$$

$n \to \infty$ 时的极限分布是自由度为 $r - k - 1$ 的 χ^2 分布.

这项关键修正扩大了 χ^2 拟合优度检验的适用范围, 因为各类出现的概率 $P(A_i)$ 中常含有未知参数, 且未知参数的个数 k 将会影响 χ^2 分布的自由度, 从而影响 p 值的计算. 要记住, "多一个未知参数, 就要少一个自由度".

另外, 在实际使用中还要注意每类中的期望频数 $E_i = np_i$ 不应过小, 若某些 E_i 过小, 会使检验统计量 χ^2 不能反映观察频数与期望频数间的偏离程度. 关于期望频数 E_i 最小值

应是多少尚无共识, 大都建议 $E_i \geqslant 4$ 或 5, 本书建议取 $E_i \geqslant 5$ 为宜. 因为当 E_i 小于 5 时, 常将邻近的若干类合并, 这样就使分类数 r 减少, 从而极限分布 (χ^2 分布) 的自由度减少, 最后也会影响拒绝原假设的判断.

例 3.4.4 (例 3.4.3 续) 现在我们回到例 3.4.3. 首先用诸观察数据 O_i 获得泊松分布中未知参数 λ 的最大似然估计 $\hat{\lambda} = \bar{x} = 4.27$, 从而获得诸 p_i 的估计 $\hat{p}_i$.

$$\hat{p}_i = \frac{4.27^i \mathrm{e}^{-4.27}}{i!}, \quad i = 0, 1, \cdots, 10$$

$$\hat{p}_{11} = \sum_{i=11}^{+\infty} \frac{4.27^i \mathrm{e}^{-4.27}}{i!}$$

其中 $\hat{p}_0 = 0.013\,98$, $\hat{p}_1 = 0.059\,70$. 当 $n = 100$ 时

$$n\hat{p}_0 = 1.398 < 5, \quad n\hat{p}_1 = 5.970$$

故可把 $i = 0$ 并入 $i = 1$, 这样就减少了一类. 类似地, 对 $i \geqslant 8$ 的各类, $E_i = n\hat{p}_i$ 都小于 5, 也应将它们合并. 这样一来, 总类数 $r = 8$, 未知参数的个数 $k = 1$, 这时检验统计量 χ^2 的极限分布为 $\chi^2(8-1-1) = \chi^2(6)$. 若取显著性水平 $\alpha = 0.05$, 可得 p 值为 0.448 6, 故在 $\alpha = 0.05$ 水平下不拒绝 H_0, 即可认为 15 秒内通过交叉路口的汽车数量服从泊松分布.

讨论: 若在上例中不按 $E_i \geqslant 5$ 的要求实行并类, 会产生什么结果呢? 在这种场合, 类数 $r = 12$, 未知参数个数 $k = 1$, 这时检验统计量 χ^2 的极限分布为 $\chi^2(12-1-1) = \chi^2(10)$. p 值为 0.032 1, 故在 $\alpha = 0.05$ 水平下应拒绝 H_0, 即 15 秒内通过交叉路口的汽车数量不服从泊松分布. 这与前面实行并类的结果不同. 什么原因呢? 这是由于期望频数 E_i 过小致使偏离 $(O_i - E_i)^2 / E_i$ 过大. 适当并类后, 观察频数增大, 期望频数稳定, 减少了随机性的干扰.

3. 列联表中的独立性检验

列联表是一种多重分类表. 看下面的例子.

例 3.4.5 为研究某药物对某种疾病的疗效是否与患者的年龄有关, 特设计了一项实验, 收集了患此种疾病的 300 名患者并让其连续服用此药物一个月, 并按两种方式 (疗效和年龄) 对 300 名患者进行分类. 按疗效分为 "显著" "一般" "较差" 三级, 按年龄分为儿童 (15 岁及以下)、中青年 (16~55 岁) 和老年 (56 岁及以上) 三组. 实验结果汇总于表 3.4.2 中.

表 3.4.2 患者按两种方式分类的列联表

疗效	年龄			行和
	儿童	中青年	老年	
显著	58	38	32	128
一般	28	44	45	117
较差	23	18	14	55
列和	109	100	91	300

要研究的问题是: 该药物的疗效与年龄有关还是相互独立?

这类问题在实际中经常遇到, 如进行失业人员调查时可按年龄与文化程度两种方式对失业人员分类汇总, 亦可得如上列联表, 进而研究失业者的年龄与文化程度是否有关; 又如某项政策的支持程度与性别是否有关; 再如驾驶员一年内发生的交通事故数与其年龄是否有关.

一般场合, 对 n 个样品按两种方式分类就是对每个样品考察两个特性 X_1 与 X_2, 其中 X_1 有 r 个类别: $A_1, A_2, \cdots, A_r$; X_2 有 c 个类别: $B_1, B_2, \cdots, B_c$. 这样可把 n 个样品按其属性分成 rc 个类, 用 O_{ij} 表示 (A_i, B_j) 类的样品数, 又称为观察频数. 把所有 O_{ij} 列成 $r \times c$ 二维表 (见表 3.4.3), 并称其为 (二维) 列联表.

表 3.4.3 $r \times c$ 二维观察频数表 (二维列联表)

X_1	X_2				行和
	B_1	B_2	$\cdots$	B_c	
A_1	O_{11}	O_{12}	$\cdots$	O_{1c}	$O_{1.}$
A_2	O_{21}	O_{22}	$\cdots$	O_{2c}	$O_{2.}$
$\vdots$	$\vdots$	$\vdots$		$\vdots$	$\vdots$
A_r	O_{r1}	O_{r2}	$\cdots$	O_{rc}	$O_{r.}$
列和	$O_{.1}$	$O_{.2}$	$\cdots$	$O_{.c}$	n

通常在二维列联表中还按行计行和, 按列计列和. 具体为:

$$O_{i.} = \sum_{j=1}^{c} O_{ij}, \quad i = 1, 2, \cdots, r$$

$$O_{.j} = \sum_{i=1}^{r} O_{ij}, \quad j = 1, 2, \cdots, c \tag{3.4.6}$$

$$\sum_{i=1}^{r} O_{i.} = \sum_{j=1}^{c} O_{.j} = \sum_{i=1}^{r} \sum_{j=1}^{c} O_{ij} = n$$

在二维列联表中, 人们关心的问题是两个特性 X_1 与 X_2 是否相互独立, 称这类问题为列联表中的独立性检验问题. 为明确表示这个检验问题, 需要给出概率模型. 这里涉及二维离散型随机变量 (X_1, X_2), 并设

$$P((X_1, X_2) \in A_i \cap B_j) = P(\text{"}X_1 \in A_i\text{"} \cap \text{"}X_2 \in B_j\text{"}) = p_{ij}$$

式中, $i = 1, 2, \cdots, r; j = 1, 2, \cdots, c$. 又记

$$p_{i.} = P(X_1 \in A_i) = \sum_{j=1}^{c} p_{ij}, \quad i = 1, 2, \cdots, r$$

$$p_{.j} = P(X_2 \in B_j) = \sum_{i=1}^{r} p_{ij}, \quad j = 1, 2, \cdots, c \tag{3.4.7}$$

这里必有 $\sum_{i=1}^{r} p_{i\cdot} = \sum_{j=1}^{c} p_{\cdot j} = 1$. 那么当 X_1 与 X_2 两个特性独立时, 应对一切 i, j 有

$$p_{ij} = p_{i\cdot} p_{\cdot j}$$

因此我们要检验的假设为:

$$
\begin{aligned}
&H_0: p_{ij} = p_{i\cdot} p_{\cdot j}, \quad i = 1, 2, \cdots, r; \quad j = 1, 2, \cdots, c \\
&H_1: \text{至少存在一对 } (i, j), \text{使 } p_{ij} \neq p_{i\cdot} p_{\cdot j}
\end{aligned}
\tag{3.4.8}
$$

这样就把二维列联表的独立性检验问题转化为分类数据 (共分 rc 类) 的 χ^2 检验问题, 其中 rc 个观察频数 O_{ij} 如表 3.4.3 所示, 而期望频数 E_{ij} 如表 3.4.4 所示. 表中期望频数在原假设 H_0 成立时为:

$$E_{ij} = np_{ij} = np_{i\cdot} p_{\cdot j} \tag{3.4.9}$$

表 3.4.4　$r \times c$ 二维期望频数表

X_1	X_2			
	B_1	B_2	$\cdots$	B_c
A_1	E_{11}	E_{12}	$\cdots$	E_{1c}
A_2	E_{21}	E_{22}	$\cdots$	E_{2c}
$\vdots$	$\vdots$	$\vdots$		$\vdots$
A_r	E_{r1}	E_{r2}	$\cdots$	E_{rc}

现在来考察所用 χ^2 分布的自由度是多少. 由定理 3.4.2 知, 这里的自由度应为 $rc-k-1$, 其中 k 为该问题中所含的未知参数个数. 在表 3.4.4 中诸期望频数 E_{ij} 中仍含有 $r+c$ 个未知参数, 它们是

$$p_{1\cdot}, p_{2\cdot}, \cdots, p_{r\cdot}; \quad p_{\cdot 1}, p_{\cdot 2}, \cdots, p_{\cdot c}$$

又由于它们间还有两个约束条件: $\sum_{i=1}^{r} p_{i\cdot} = 1, \sum_{j=1}^{c} p_{\cdot j} = 1$, 故只有 $k = r + c - 2$ 个独立参数需要估计. 因此此问题中的自由度为:

$$f = rc - (r + c - 2) - 1 = (r - 1)(c - 1) \tag{3.4.10}$$

而诸 $p_{i\cdot}$ 与 $p_{\cdot j}$ 的最大似然估计分别为:

$$\widehat{p}_{i\cdot} = \frac{O_{i\cdot}}{n}, i = 1, 2, \cdots, r; \quad \widehat{p}_{\cdot j} = \frac{O_{\cdot j}}{n}, j = 1, 2, \cdots, c \tag{3.4.11}$$

这时用 $\widehat{p}_{i\cdot}$ 代替 $p_{i\cdot}$, 用 $\widehat{p}_{\cdot j}$ 代替 $p_{\cdot j}$ 后, 期望频数 $E_{ij} = n\widehat{p}_{i\cdot}\widehat{p}_{\cdot j}$. 而检验假设 (3.4.8) 的 χ^2 统计量为:

$$\chi^2 = \sum_{i=1}^{r} \sum_{j=1}^{c} \frac{(O_{ij} - E_{ij})^2}{E_{ij}} \sim \chi^2((r-1)(c-1)) \tag{3.4.12}$$

其中, 自由度 $(r-1)(c-1)$ 已在式 (3.4.10) 中算得. 其 p 值为:

$$p = P(\chi^2 \geqslant \chi_0^2) \tag{3.4.13}$$

这里仍要求诸 $E_{ij} \geqslant 5$, 若不能满足, 可把相邻类合并, 这时自由度也会相应减少.

例 3.4.6 (例 3.4.5 续) 为了根据表 3.4.2 中提供的诸 O_{ij} 数据考察疗效与年龄是否独立, 需要做一些计算. 首先按式 (3.4.3) 计算各期望频数:

$$E_{ij} = n \cdot \frac{O_{i \cdot}}{n} \cdot \frac{O_{\cdot j}}{n} = \frac{O_{i \cdot} O_{\cdot j}}{n}, \quad i, j = 1, 2, 3$$

譬如

$$E_{11} = \frac{128 \times 109}{300} = 46.51$$

$$E_{12} = \frac{128 \times 100}{300} = 42.67$$

其他 E_{ij} 可类似算出.

本例中 $r = c = 3$, 故其所涉 χ^2 分布的自由度为:

$$f = (r - 1)(c - 1) = 2 \times 2 = 4$$

最后计算 χ^2 统计量的值.

$$\chi^2 = \sum_{i=1}^{3} \sum_{j=1}^{3} \frac{(O_{ij} - E_{ij})^2}{E_{ij}} = \frac{(58 - 46.51)^2}{46.51} + \cdots + \frac{(14 - 16.68)^2}{16.68} = 13.9$$

p 值为 0.007 6, 这表明在显著性水平 $\alpha = 0.05$ 下, 应拒绝疗效与年龄独立的原假设, 即该药物的疗效与年龄有关.

3.4.2 连续分布的检验

1. 正态性检验

对一个样本是否来自正态分布的检验称为正态性检验. 在这种检验中 "样本来自正态分布" 作为原假设 H_0, 在 H_0 为真的场合下, 人们根据正态分布的特性和特定的统计思想可构造一个统计量或一种特定的方法, 观察其是否偏离正态性. 若偏离到一定程度就拒绝原假设 H_0, 所以 "正态性检验" 是指 "偏离正态性检验". 譬如, 正态概率图就是根据正态分布的性质绘制一张图, 如果其上的样本明显不在一条直线上, 就认为该样本偏离正态性, 从而拒绝正态性假设. 这是一种简单、快速检验正态性的方法, 值得优先使用, 当对正态概率图产生疑惑时, 才转入以下的定量方法.

正态分布的重要性吸引了很多统计学家参与正态性检验的研究, 先后提出了几十种正态性检验的定量方法, 经过国内外多人次用随机模拟方法对它们进行比较, 筛选出如下两种正态性检验:

- 夏皮罗–维尔克 (Shapiro-Wilk) 检验 ($8 \leqslant n \leqslant 50$).
- 埃普斯–普利 (Epps-Pulley) 检验 ($n \geqslant 8$).

这两种检验方法对检验各种非正态分布偏离正态性较为有效, 已被国际标准化组织 (ISO) 认可, 形成国际标准 ISO 5479—1997, 我国也采用这两种方法, 形成国家标准 GB/T 4882—2001 并推广使用. 这里只叙述夏皮罗–维尔克检验, 有兴趣的读者可以自行查阅埃普斯–普利检验的资料.

夏皮罗–维尔克检验简称 W 检验, 于 1965 年提出. 我们分以下几步来叙述 W 检验产生的思想和使用方法.

(1) 设 $X_1, X_2, \cdots, X_n$ 是来自正态总体 $N(\mu, \sigma^2)$ 的一个样本, $X_{(1)}, X_{(2)}, \cdots, X_{(n)}$ 为其次序统计量. 令 $u_{(i)} = (X_{(i)} - \mu)/\sigma$, 则 $u_{(1)}, u_{(2)}, \cdots, u_{(n)}$ 为来自标准正态分布 $N(0,1)$ 的次序统计量, 且有如下关系

$$X_{(i)} = \mu + \sigma u_{(i)}, \quad i = 1, 2, \cdots, n$$

若把上式中的 $u_{(i)}$ 用期望 $E(u_{(i)}) = m_i$ 代替, 会产生误差, 记此误差为 ε_i, 这样上式可改写为:

$$X_{(i)} = \mu + \sigma m_i + \varepsilon_i, \quad i = 1, 2, \cdots, n$$

这是一元线性回归模型. 由于次序统计量的关系, 其中诸 ε_i 是相关的. 若记 $\boldsymbol{\varepsilon} = (\varepsilon_1, \varepsilon_2, \cdots, \varepsilon_n)'$, 则 $\boldsymbol{\varepsilon}$ 是均值为零的向量, 协方差矩阵为 $\boldsymbol{V} = (v_{ij})$ 的 n 维随机向量.

若暂时不考虑诸 ε_i 间的相关性, 只考察 $X_{(i)}$ 与 m_i 间的线性相关性, 则 n 个点 $(X_{(1)}, m_1), \cdots, (X_{(n)}, m_n)$ 应大致在一条直线上, 其误差由 ε_i 引起. $\boldsymbol{X} = (X_{(1)}, X_{(2)}, \cdots, X_{(n)})'$ 与 $\boldsymbol{m} = (m_1, m_2, \cdots, m_n)'$ 间的线性相关程度可用其样本相关系数 r 的平方来度量:

$$r^2 = \frac{\left[\sum_{i=1}^{n}(X_{(i)} - \overline{X})(m_i - \overline{m})\right]^2}{\sum_{i=1}^{n}(X_{(i)} - \overline{X})^2 \cdot \sum_{i=1}^{n}(m_i - \overline{m})^2} \tag{3.4.14}$$

r^2 越接近 1, X 与 m 间的线性关系越密切.

(2) 从另一个角度来看这个相关系数的平方. 由于关于原点对称的分布的次序统计量的期望也是对称的, 即 $m_i = -m_{n+1-i}(i = 1, 2, \cdots, n)$, 且 $\overline{m} = \dfrac{1}{n}\sum_{i=1}^{n} m_i = 0$, 因此可把式 (3.4.14) 化简为:

$$r^2 = \frac{\left(\sum_{i=1}^{n} m_i X_{(i)}\right)^2}{\sum_{i=1}^{n}(X_{(i)} - \overline{X})^2 \cdot \sum_{i=1}^{n} m_i^2} = \frac{\left(\sum_{i=1}^{n} m_i^2\right)\widehat{\sigma}_1^2}{Q} = k_n \cdot \frac{\widehat{\sigma}_1^2}{S^2} \tag{3.4.15}$$

式中, $k_n = \sum_{i=1}^{n} m_i^2/(n-1)$ 是不依赖于样本的常数, 而且

$$\widehat{\sigma}_1 = \sum_{i=1}^{n} \frac{m_i}{\sum_{i=1}^{n} m_i^2} X_{(i)}, \quad Q = \sum_{i=1}^{n}(X_{(i)} - \overline{X})^2, \quad S^2 = \frac{Q}{n-1}$$

可以看出, $\widehat{\sigma}_1$ 是 σ 的线性无偏估计, 只要注意到 $E(X_{(i)}) = \mu + \sigma m_i$ 和 $\sum_{i=1}^{n} m_i = 0$ 即可得到.

还可看出, 式 (3.4.15) 中除去一个与样本无关的因子, 其主体是总体方差 σ^2 的两个估计之比, 其中:

- 分母: S^2 对任何总体方差 σ^2 都是很好的估计, 不依赖于正态性假设是否为真.
- 分子: 由于 $\widehat{\sigma}_1$ 依赖于诸 X_i, 所以仅在正态性假设为真时 $\widehat{\sigma}_1^2$ 才能成为正态总体 σ^2 的估计.

可见, 当正态性假设为真时, σ^2 的这两个估计之间应该相差不大. 当正态性假设不成立时, 它们之间的差别就会增大. 这种增大的趋势有利于我们识别正态性假设是否成立. 这就是我们从 σ^2 的估计量的角度来看 r^2 所得到的启示.

(3) 为了进一步扩大这个差异, 夏皮罗和维尔克把 $\widehat{\sigma}_1$ 换成方差更小的线性估计:

$$\widehat{\sigma}_2 = \sum_{i=1}^{n} a_i X_{(i)}$$

其中, $\boldsymbol{a}' = (a_1, a_2, \cdots, a_n) = \boldsymbol{m}'\boldsymbol{V}^{-1}/\sqrt{\boldsymbol{m}'\boldsymbol{V}^{-1}\boldsymbol{V}^{-1}\boldsymbol{m}}$.

可以看出, 之前的 $\widehat{\sigma}_1$ 仅依赖于一阶矩向量 $\boldsymbol{m}$, 如今的 $\widehat{\sigma}_2$ 还依赖于协方差阵 $\boldsymbol{V}$, 所以, $\widehat{\sigma}_2$ 比 $\widehat{\sigma}_1$ 更强烈地依赖于正态性假设. 倘若正态性假设不成立, $\widehat{\sigma}_2$ 与 S^2 之间的差异就会更大, 这种差异的增大对检验正态性假设更有利.

可以验证系数 $\boldsymbol{a}' = (a_1, a_2, \cdots, a_n)$ 具有如下性质:

- $a_i = -a_{n+1-i}$.
- $a_1 + a_2 + \cdots + a_n = 0$.
- $\boldsymbol{a}'\boldsymbol{a} = 1$.

这样就把检验统计量定义为:

$$W = \frac{\left[\sum\limits_{i=1}^{n} a_i X_{(i)}\right]^2}{\sum\limits_{i=1}^{n}(X_{(i)} - \overline{X})^2} = \frac{\left[\sum\limits_{i=1}^{n}(X_{(i)} - \overline{X})(a_i - \overline{a})\right]^2}{\sum\limits_{i=1}^{n}(X_{(i)} - \overline{X})^2 \sum\limits_{i=1}^{n}(a_i - \overline{a})^2} \tag{3.4.16}$$

并简称 W 检验, 它实际上是 n 个数对

$$(X_{(1)}, a_1), \cdots, (X_{(n)}, a_n)$$

之间的相关系数的平方.

(4) W 检验的 p 值. 由于 W 是 n 个数对 $(X_{(1)}, a_1), \cdots, (X_{(n)}, a_n)$ 之间的相关系数的平方, 所以 W 仅在 [0,1] 上取值.

在正态性假设为真的场合下, $\boldsymbol{X} = (X_{(1)}, X_{(2)}, \cdots, X_{(n)})'$ 与 $\boldsymbol{m} = (m_1, m_2, \cdots, m_n)'$ 正相关, 研究表明: $\boldsymbol{m}'$ 与 $\boldsymbol{a}' = (a_1, a_2, \cdots, a_n)$ 亦正相关, 所以 $\boldsymbol{X}$ 与 $\boldsymbol{a}$ 亦正相关, 且 W 的值越小, 越倾向于拒绝正态性假设, 在给定的显著性水平 α $(0 < \alpha < 1)$ 下, W 检验的 p 值为 $p = P(W \leqslant W_0)$.

计算检验统计量 W 的式 (3.4.16) 还可简化, 由 $a_i = -a_{n+1-i}$ 可把式 (3.4.16) 改写为:

$$W = \frac{\left[\sum_{i=1}^{[n/2]} a_i(X_{(n+1-i)} - X_{(i)})\right]^2}{\sum_{i=1}^{n}(X_{(i)} - \overline{X})^2}$$

现在, 我们通常调用计算机函数来实现该检验.

> **例 3.4.7** 在一台磨损实验设备上对某种材料进行磨损实验, 获得 15 个数据 (已排序) $x_{(i)}(i = 1, 2, \cdots, 15)$, 分别为 0.200, 0.330, 0.445, 0.490, 0.780, 0.920, 0.950, 0.970, 1.040, 1.710, 2.220, 2.275, 3.650, 7.000, 8.800. 可得检验统计量 W 的值:
>
> $$W = 0.714\ 49$$
>
> 由计算机函数计算得到: 当 $n = 15, W = 0.714\ 49$ 时, p 值为 0.000 36. 因为 p 值小于 0.05, 从而拒绝正态性假设, 即这批磨损数据不是来自正态总体.
>
> 进一步考察这组磨损数据是否来自对数正态分布, 为了避免出现负数, 将诸 $X_{(i)}$ 乘以 10 后再取以 10 为底的对数, 即 $Y_{(i)} = \lg(10X_{(i)})$, 可得 $W = 0.969\ 97$.
>
> 由计算机函数计算得到: 当 $n = 15, W = 0.969\ 97$ 时, p 值为 0.857 6. 因为 p 值大于 0.05, 故不能拒绝正态性假设. 可认为 $Y = \lg(10X) = \lg 10 + \lg X = 1 + \lg X$ 服从正态分布 $N(\mu, \sigma^2)$, 或 $\lg X \sim N(\mu - 1, \sigma^2)$.

2. 柯尔莫哥洛夫检验

设 $X_1, X_2, \cdots, X_n$ 是来自某连续分布函数 $F(x)$ 的一个样本, $x_1, x_2, \cdots, x_n$ 是其观测值, 要检验的原假设是:

$$H_0 : F(x) = F_0(x)$$

式中, $F_0(x)$ 是一个已知的特定连续分布函数, 且不含任何未知参数.

1.3.3 节中曾给出样本经验分布函数 $F_n(x)$ 的定义:

$$F_n(x) = \frac{1}{n}\sum_{i=1}^{n} I_i(x)$$

式中, $I_i(x)$ 为如下示性函数:

$$I_i(x) = \begin{cases} 1, & x_i \leqslant x \\ 0, & x_i > x \end{cases}; \quad i = 1, 2, \cdots, n$$

并指出, 诸 $I_i(x)$ 是独立同分布于 $b(1, F(x))$ 的随机变量. 由此可知, 不论 $F(x)$ 是什么形式, 对固定的 $x, F_n(x)$ 总是 $F(x)$ 的无偏估计和相合估计. 再由中心极限定理知, 对固定的 x, 当 n 较大时 $F_n(x)$ 服从渐近正态分布, 即

$$F_n(x) \sim N(F(x), F(x)(1 - F(x))/n)$$

或

$$\sqrt{n}[F_n(x) - F(x)] \sim N(0, F(x)(1 - F(x)))$$

这里的分布收敛性是对每一个 $x \in (-\infty, +\infty)$ 而言的, 即点点收敛, 不是一致收敛, 这对构造检验统计量 (用于检验原假设 H_0) 是十分不利的. 幸好格里汶科 (Glivenko) 用 $F_n(x)$ 与 $F(x)$ 在 $(-\infty, +\infty)$ 上的最大距离

$$D_n = \sup_{-\infty < x < +\infty} |F_n(x) - F(x)|$$

定义了一个统计量, 并证明了 $P(\lim_{n \to \infty} D_n = 0) = 1$ (见定理 1.3.1). 这虽然说明 D_n 几乎处处以概率 1 趋于零, 但还没有获得 D_n 的精确分布或其渐近分布, 以至于还不能用 D_n 作为检验统计量来完成检验原假设 H_0 的工作. 这个问题在 1933 年被苏联数学家柯尔莫哥洛夫 (Kolmogorov) 解决了, 他给出了该检验统计量精确及渐近分布的形式, 在此不详细叙述.

这个定理并不要求已知 $F_0(x)$ 的具体形式, 只要求 $F_0(x)$ 是连续分布函数, 因此该定理给出的精确分布函数与 $F_0(x)$ 的形式无关, 只与样本量 n 有关. 由于最大距离 D_n 越大, 越倾向于拒绝原假设 H_0, 故检验 H_0 的 p 值为 $p = P(D_n \geqslant d_0)$. 如今我们都使用计算机命令实现该检验.

柯尔莫哥洛夫检验 (用精确分布或渐近分布) 所适用的原假设 H_0 一定是简单假设, 它只含有一个特定的连续分布, 该分布可以是任一连续分布, 但不能含有未知参数. 当原假设是复杂假设时, 譬如是由某参数分布族 $\{F(x; \theta); \theta \in \Theta\}$ 组成复杂假设时, 最大距离 $D_n = \sup_x |F_n(x) - F(x; \theta)|$ 已不是统计量, 因它依赖于未知参数 θ. 当用某个估计 $\hat{\theta}$ 代替 θ 时, $D_n = \sup_x |F_n(x) - F(x; \hat{\theta})|$ 的分布或渐近分布是未知的. 这时常转而使用下一节给出的 χ^2 拟合优度检验.

在许多实际问题中, 经常要求比较两个总体的真实分布是否相同. 斯米尔诺夫 (Smirnov) 借助比较两个经验分布函数的差异给出了类似于柯尔莫哥洛夫检验的检验统计量. 这就是通常所说的双样本柯尔莫哥洛夫–斯米尔诺夫检验. 对此这里不做详细介绍, 有兴趣的读者可以参阅相关书籍.

最后, 我们要强调, 该检验有其历史地位和作用, 但在实际应用中, 因为其检验的势函数较低, 往往选用较少. 3.6.6 节将通过计算机模拟程序说明这一点.

3. 连续分布的拟合检验

对于连续分布的拟合检验问题, 柯尔莫哥洛夫检验的效率通常不高, 但也可转化为分类数据的 χ^2 检验, 具体操作如下.

(1) 把 X 的取值范围分成 r 个区间, 为此在数轴上插入如下 $r - 1$ 个点:

$$-\infty = a_0 < a_1 < a_2 < \cdots < a_{r-1} < a_r = +\infty$$

可得 r 个区间为 $A_1 = (a_0, a_1], A_2 = (a_1, a_2], \cdots, A_{r-1} = (a_{r-2}, a_{r-1}], A_r = (a_{r-1}, a_r)$.

(2) 统计样本落入这 r 个区间的频数分别为 $O_1, O_2, \cdots, O_r$, 并用 $F_0(x)$ 计算落入这 r

个区间的概率 $p_1, p_2, \cdots, p_r$, 其中

$$p_i = P(a_{i-1} < x \leqslant a_i) = F_0(a_i) - F_0(a_{i-1}), \quad i = 1, 2, \cdots, r$$

(3) 若 $F_0(x)$ 还含有 $k\ (k \neq 0)$ 个未知参数, 则用样本做出这些未知参数的最大似然估计; 若 $k = 0$, 则 $F_0(x)$ 完全已知.

(4) 计算期望频数 $E_i = np_i$, 若有 $E_i < 5$, 则把相邻区间合并.

这样就把连续分布的拟合检验转化为分类数据的 χ^2 检验问题, 以下就进行 χ^2 拟合优度检验, 具体见下面的例子.

例 3.4.8 为研究混凝土抗压强度的分布, 抽取了 200 件混凝土制件测定其抗压强度, 经整理得频数表, 如表 3.4.5 所示. 试在 $\alpha = 0.05$ 的水平下检验抗压强度的分布是否为正态分布.

表 3.4.5　抗压强度的频数分布表

抗压强度区间 $(a_{i-1}, a_i]$	观察频数 O_i
$(190, 200]$	10
$(200, 210]$	26
$(210, 220]$	56
$(220, 230]$	64
$(230, 240]$	30
$(240, 250]$	14
合计	200

解 若用 $F_0(x)$ 表示 $N(\mu, \sigma^2)$ 的分布函数, 则本例要检验假设

$$H_0 : \text{抗压强度的分布为 } F_0(x) = \Phi\left(\frac{x - \mu}{\sigma}\right)$$

又由于 $F_0(x)$ 中含有两个未知参数 μ 与 σ^2, 因而需用它们的最大似然估计来替代. 这里仅给出了样本的分组数据, 因此只能用组中值 (区间中点) 代替原始数据, 然后求 μ 与 σ^2 的 MLE. 现在 6 个组中值分别为 $x_1 = 195, x_2 = 205, x_3 = 215, x_4 = 225, x_5 = 235, x_6 = 245$, 于是

$$\widehat{\mu} = \overline{x} = \frac{1}{200} \sum_{i=1}^{6} O_i x_i = 221$$

$$\widehat{\sigma}^2 = s_n^2 = \frac{1}{200} \sum_{i=1}^{6} O_i (x_i - \overline{x})^2 = 152$$

$$\widehat{\sigma} = s_n = 12.33$$

在分布 $N(221, 152)$ 下, 求出落在区间 $(a_{i-1}, a_i]$ 内的概率的估计值

$$\widehat{p_i} = \Phi\left(\frac{a_i - 221}{\sqrt{152}}\right) - \Phi\left(\frac{a_{i-1} - 221}{\sqrt{152}}\right), \quad i = 1, 2, \cdots, 6$$

不过常将 a_0 定为 $-\infty$, 将 a_r 定为 $+\infty$ (本例中 $r = 6$). 用式 (3.4.15) 作为检验

统计量, p 值为 0.721 5, 当 $\alpha = 0.05$ 时, 不能拒绝原假设, 暂时可认为抗压强度服从正态分布.

由本例可见, 当 $F_0(x)$ 为连续分布时需将取值区间分组, 从而检验结论依赖于分组, 不同分组有可能得出不同的结论, 这便是在连续分布场合 χ^2 拟合优度检验的不足之处.

● 批判性思考 ●

1. 查找和了解什么是方差分析数据, 比较方差分析数据与列联表数据的区别.
2. 了解更多正态分布的检验方法.
3. 查找指数分布的检验方法.
4. 深刻体会不同检验方法的效果不同.

● 习 题 3.4 ●

1. 一颗色子掷了 100 次, 结果如下表所示.

点数	1	2	3	4	5	6
出现次数	13	14	20	17	15	21

试在 $\alpha = 0.05$ 水平下检验这颗色子是否均匀.

2. 在 π 的前 800 位数字中, $0, 1, \cdots, 9$ 相应地出现了 $74, 92, 83, 79, 80, 73, 77, 75, 76, 91$ 次, 试用 χ^2 检验法检验 $0, 1, \cdots, 9$ 这 10 个数字等可能出现的假设 (取 $\alpha = 0.05$).

3. 某行业有两个竞争对手 A 公司和 B 公司, 它们产品的市场占有率分别为 45% 与 40%. 这两家公司同时开展一段时间的广告宣传后, 随机抽查 200 名消费者, 其中 102 人准备买 A 公司的产品, 82 人准备买 B 公司的产品, 另外 16 人准备买其他公司的产品. 若取显著性水平 $\alpha = 0.05$, 试检验广告宣传前后各公司的市场占有率有无显著变化.

4. 卢瑟福观察了每 0.125 分钟内一放射性物质放射的粒子数, 共观察了 2 612 次, 结果如下表所示.

粒子数	0	1	2	3	4	5	6	7	8	9	10	11
频数	57	203	383	525	532	408	273	139	49	27	10	6

试问: 在 $\alpha = 0.10$ 水平下, 上述观测数据与泊松分布是否相符?

5. 1965 年 1 月 1 日至 1971 年 2 月 9 日, 记录到的全世界里氏震级 4 级及以上的地震共 162 次, 相继两次地震的间隔天数 X 如下表所示.

X	频数	X	频数
[0, 5)	50	[25, 30)	8
[5, 10)	31	[30, 35)	6
[10, 15)	26	[35, 40)	6
[15, 20)	17	$\geqslant 40$	8
[20, 25)	10		

试在 $\alpha = 0.05$ 水平下检验相继两次地震的间隔天数 X 是否服从如下指数分布：

$$p(x) = \frac{1}{\theta}\mathrm{e}^{-\frac{x}{\theta}}, \quad x > 0$$

6. 为判断驾驶员的年龄是否会对发生汽车交通事故的次数有影响, 调查了 4 194 名不同年龄的驾驶员发生事故的次数, 见下表.

事故次数	年龄 (岁)				
	$21 \sim 30$	$31 \sim 40$	$41 \sim 50$	$51 \sim 60$	$61 \sim 70$
0	748	821	786	720	672
1	74	60	51	66	50
2	31	25	22	16	15
>2	9	10	6	5	7

在 $\alpha = 0.01$ 水平下, 你有什么看法?

7. 一项调查结果显示, 1 000 个人中按性别与是否色盲可分为如下四类:

	男	女
正常	442	514
色盲	38	6

据遗传学的模型, 性别与色盲有如下概率模型:

	男	女
正常	$p/2$	$p^2/2 + pq$
色盲	$q/2$	$q^2/2$

其中 $q = 1 - p$, 试问在 $\alpha = 0.05$ 水平下:

(1) 数据与模型一致吗?

(2) 性别与色盲独立吗?

8. 为了考察血清对预防感冒是否有效, 对 500 人注射血清, 并观察他们一年中的感冒次数, 对另外 500 人不注射血清, 但也观察一年中的感冒次数, 获得以下数据.

	没有感冒	感冒一次	感冒一次以上
注射	252	145	103
没有注射	224	136	140

在 $\alpha = 0.05$ 水平下, 这两个三项分布是否相同?

9. 设按有无特性 A 与 B 将 n 个样品分成 4 类, 组成 2×2 列联表, 如下表所示.

	B	$\overline{\mathrm{B}}$	行和
A	a	b	$a+b$
$\overline{\mathrm{A}}$	c	d	$c+d$
列和	$a+c$	$b+d$	n

其中, $n = a + b + c + d$. 试证明此时列联表独立性检验的 χ^2 统计量可以表示为:

$$\chi^2 = \frac{n(ad - bc)^2}{(a+b)(c+d)(a+c)(b+d)}$$

10. 用克矽平可治疗矽肺患者, 现抽查 10 名患者, 他们治疗前后血红蛋白的差值如下:

$$2.7 \quad -1.2 \quad -1.0 \quad 0 \quad 0.7 \quad 2.0 \quad 3.7 \quad -0.6 \quad 0.8 \quad -0.3$$

检验治疗前后血红蛋白的差是否服从正态分布.

11. 为检验一批煤灰砖中各砖块的抗压强度是否服从正态分布, 从这批砖中随机取出 20 块, 得抗压强度如下 (已按从小到大排列):

57	62	65	67	74	76	77	80	81	86
87	89	91	94	95	96	97	103	109	122

试用正态性检验统计量 W 作检验 (取 $\alpha = 0.05$).

12. 为考察某种人造丝纱线的断裂强度的分布类型, 进行了 25 次实验, 获得了容量为 25 的如下样本:

147	186	141	183	190	123	155	164	183
150	134	170	144	99	156	176	160	174
153	162	167	179	78	173	168		

(1) 该样本是否来自正态分布?

(2) 若不服从正态分布, 作 10 进对数变换 $\lg(204 - x)$ 后是否服从正态分布?

13. 试用柯尔莫哥洛夫检验对如下 25 个数据是否来自标准正态分布 $N(0,1)$ 做出判断.

-2.46	-2.11	-1.23	-0.99	-0.42	-0.39	-0.21
-0.15	-0.10	-0.07	-0.02	0.27	0.40	0.42
0.44	0.70	0.81	0.88	1.07	1.39	1.40
1.47	1.62	1.64	1.76			

14. 对 10 台设备进行寿命实验, 其首次发生故障的时间 (单位: 小时) 为:

420	500	920	1 380	1 510
1 650	1 760	2 100	2 320	2 350

试用柯尔莫哥洛夫检验判断这批数据是否来自指数分布 $\text{Exp}(1/1\,500)$.

15. (一个有趣的问题) 某市一天 24 小时内从各医院收集到 37 个婴儿的出生时间, 分别是:

中午 12 点以前: 3:56, 8:12, 8:40, 1:24, 8:25, 10:07, 9:06, 7:40, 3:02, 10:45, 6:26, 0:26, 5:08, 5:49, 6:32, 2:28, 10:06, 11:19

中午 12 点以后: 7:02, 11:08, 0:25, 10:07, 2:02, 11:46, 1:53, 3:57, 3:06, 4:44, 2:17, 11:45, 0:40, 1:30, 0:55, 3:22, 4:09, 7:46, 4:31

试问: 该市婴儿的出生时间 (单位: 分) 是否来自均匀分布 $U(0,1\,440)$?

3.5 大规模假设检验与 FDR

随着科技在生物、医疗领域的发展, 科学研究逐渐能够深入人类的基因, 使用微阵列技术对人类的基因表达进行检测, 得到基因表达数据. 当同时拿到成千上万个基因表达数据时, 我们希望从这大量的基因中找到感兴趣的少量基因, 比如我们想从检测的大量基因中找到与某种疾病有显著相关关系的几个基因, 然后对这些基因做进一步的分析, 希望从基因的角度找到某种疾病的发病原因. 这在统计上可以看作假设检验问题, 相当于对每个基因都作一个假设检验, 检验它是否与某种疾病相关, 而我们有数以万计的基因, 也就是我们同时要面对上万个假设检验. 这时, 如果我们使用传统的假设检验 (当 p 值小于显著性水平 $\alpha = 0.05$ 时拒绝原假设) 就会出现一些问题. 本节将介绍在大规模假设检验场合下传统假设检验存在的问题, 并介绍一种在大规模假设检验中常用的方法——错判率 (false-discovery rate, FDR).

3.5.1 大规模假设检验

首先, 介绍一个大规模假设检验的案例.

例 3.5.1 这是一个关于前列腺癌研究的案例, 使用微阵列技术对 102 名男性进行基因表达检测, 其中, 52 名为前列腺癌患者, 50 名为正常男性. 对每名男性都进行了同样的基因表达检测, 各自得到 6 033 个基因表达数据. 研究这 6 033 个基因中有哪些基因与前列腺癌有显著的相关关系 (数据和程序见 3.6.7 节).

解 我们可以对每个基因作一个双样本 t 检验, 比较该基因表达在患者与正常男性之间是否存在差异, 原假设为该基因表达数据的均值在患者与正常男性之间不存在差异. 在方差相等但未知的假设下, 计算出 t 统计量为:

$$t = \frac{\overline{X}_2 - \overline{X}_1}{\widehat{\mathrm{sd}}}$$

其中

$$\widehat{\mathrm{sd}} = \widehat{\sigma}\left(\frac{1}{n_1} + \frac{1}{n_2}\right)^{1/2}$$

$$\widehat{\sigma}^2 = \left[\sum_{i=1}^{n_1}(X_{1i} - \overline{X}_1)^2 + \sum_{i=1}^{n_2}(X_{2i} - \overline{X}_2)^2\right]/(n_1 + n_2 - 2)$$

在原假设下, t 服从自由度为 100 的 t 分布. 为了方便后续分析, 对 t 统计量作如下变换:

$$z_i = \Phi^{-1}(F_{100}(t_i))$$

式中, F_{100} 为自由度为 100 的 t 分布函数; Φ^{-1} 为标准正态分布函数的逆函数. 可以证得, 在原假设下 (两组人群的第 i 个基因表达没有差异), z_i 服从标准正态分布 (期望为 0), 在备择假设下, z_i 的期望不为 0.

对 6 033 个基因分别作假设检验, 得到 6 033 个 z 检验统计量. 用这些 z 值画出频率直方图, 见图 3.5.1, 图中曲线为标准正态分布的密度曲线. 理论上, 如果所有基因都满足原假设, 那么曲线和直方图应该是基本一致的. 但在图 3.5.1 中, 曲线的中间稍微高于直方图, 曲线的两端稍微低于直方图. 这说明, 对于大多数基因来说, 它们都是满足原假设的, 但仍存在少量的基因不满足原假设, 我们的目标就是找出这些不满足原假设的基因. 显然, 不满足原假设的是 z 值靠近两端的基因, 但我们需要一个 z 的阈值来确定具体有哪些基因要被挑选出来.

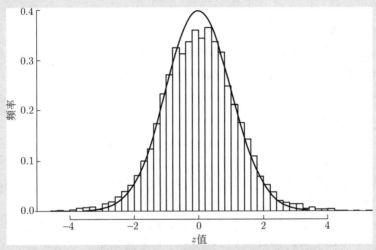

图 3.5.1 z 值频率直方图与正态拟合

在传统的假设检验中, 我们往往直接使用显著性水平 $\alpha = 0.05$. 在本案例中, 如果使用右侧单边检验, z 的阈值就是 $-\Phi^{-1}(0.05)$, 那些 z 值大于阈值的基因就会被挑出来. 但是这种传统的方法有个问题: 这种方法可能会挑选出很多实际满足原假设, 但被我们判定为不满足原假设的基因. 举个例子, 假如我们同时作 100 个假设检验, 它们真实的情况是都满足原假设, 但是由于使用显著性水平 0.05 进行判别, 大致会有 5 个结果被判定为不满足原假设.

所以, 在单个假设检验中, 显著性水平 α 指的是犯第 I 类错误的概率, 即

$$\alpha = P(\text{拒绝真实 } H_0)$$

但在大规模假设检验中, 通常定义 FWER (family-wise error rate) 为拒绝至少一个真实原假设的概率, 即

$$\text{FWER} = P(\text{拒绝任一真实 } H_0)$$

在作大规模假设检验时, 我们希望将 FWER 控制在一定范围内, 比如 0.05. 下面我们介绍两种简单方法——Bonferroni 校正与 Holm 校正, 它们都能将 FWER 控制在给定的水平 α 以内.

Bonferroni 校正对每个单独的假设检验使用显著性水平 α/N, 在前列腺癌研究的案例中, 如果使用右侧单边检验, z 的阈值就是 $-\Phi^{-1}(0.05/N)$, 那些 z 值大于阈值的基因就会被挑出来. 但是这种方法使拒绝原假设的条件变得过于苛刻, 一般只有极少数结果能够被判定为不满足原假设.

Holm 校正的算法如下:

- 对所有假设检验的 p 值从小到大排序:

$$p_{(1)} \leqslant p_{(2)} \leqslant \cdots \leqslant p_{(i)} \leqslant \cdots \leqslant p_{(N)}$$

- 令 i_0 为满足以下不等式的最小的 i.

$$p_{(i)} > \alpha/(N - i + 1)$$

- 拒绝 $i < i_0$ 对应的原假设 H_{0i}.

Holm 校正相对于 Bonferroni 校正能够拒绝更多原假设, 也就是挑出更多感兴趣的基因, 但因为控制的都是 FWER, 两者的效果并没有差很多.

3.5.2 FDR 方法介绍

上一节中介绍的 FWER 准则旨在将拒绝至少一个真实原假设的概率控制在一定范围内. 在假设检验数量较少的情况下, 比如 $N \leqslant 20$, 使用 FWER 准则的效果比较好. 但是假设检验的数量有成千上万个的时候, 比如前列腺癌研究中 $N = 6\,033$, FWER 方法在拒绝原假设方面就显得过于保守了. 本节介绍一种在大规模假设检验中更为常用的方法——FDR.

图 3.5.2 为大规模假设检验问题判别规则 $\mathcal{D}$ 与真实结果的二维列联表. 其中, 总共包含 N 个假设检验, N_0 个假设检验原假设为真, N_1 ($N_1 = N - N_0$) 个假设检验备择假设为真. 判别规则 $\mathcal{D}$ 拒绝了 R 个原假设, 其中 a 个在真实情况下满足原假设, 也就是判别规则 $\mathcal{D}$ 判别错误的情况, 我们称这 a 个结果是错判. 我们关心的就是 a, 希望 a 相对于 R 越小越好. 所以, 定义 FDP 为:

$$\mathrm{FDP}(\mathcal{D}) = a/R$$

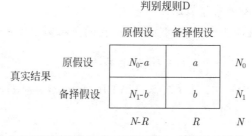

图 3.5.2　大规模假设检验问题判别规则 $\mathcal{D}$ 与真实结果的二维列联表

说明: 拒绝的 R 的原假设中有 b 个在真实情况下满足备择假设.

当 $R = 0$ 时, 定义 FDP $= 0$. 由于在实际操作中, 我们无法知道 a 的真实数值, 所以对它取期望, 然后通过控制期望值来对 a/R 进行控制. 定义 FDR 为:

$$FDR(\mathcal{D}) = E(FDP(\mathcal{D}))$$

在大规模假设检验中, 我们希望判别规则 $\mathcal{D}$ 将 FDR 控制在一定水平内, 比如 q ($0 < q < 1$), 即

$$FDR(\mathcal{D}) \leqslant q$$

以上我们只是介绍了一种大规模假设检验的决策准则, 但未提到实际操作中的具体算法. 下面就介绍一种简单的判别规则, 它能够将 FDR 控制在水平 q 以内 (q 常取 0.1), 我们将这个判别规则记为 $\mathcal{D}_q$. 判别规则的算法如下:

- 对所有假设检验的 p 值从小到大排序:

$$p_{(1)} \leqslant p_{(2)} \leqslant \cdots \leqslant p_{(i)} \leqslant \cdots \leqslant p_{(N)}$$

- 令 $i_{\max}$ 为满足以下不等式的最大的 i.

$$p_{(i)} \leqslant \frac{i}{N} q$$

- 拒绝 $i \leqslant i_{\max}$ 对应的原假设 H_{0i}.

关于判别规则 $\mathcal{D}$ 将 FDR 控制在水平 q 以内的证明, 感兴趣的读者可以查阅相关参考文献.

FDR 判别规则 $\mathcal{D}$ 与 3.5.1 节介绍的 Holm 校正很相似, 主要差别在于决定拒绝原假设的阈值 p 的不等式不一样. FDR 判别规则 $\mathcal{D}_q$ 拒绝的是 $p_{(i)} \leqslant \frac{i}{N} q$ 对应的那些原假设, Holm 校正拒绝的是 $p_{(i)} > \alpha/(N - i + 1)$ 对应的那些原假设. 比较两个不等式的右边, 可以得到

$$\frac{\mathcal{D}_q \text{的阈值}}{\text{Holm校正}} = i \cdot \frac{q}{\alpha} \left(1 - \frac{i-1}{N}\right)$$

其中 q 和 α 都为常数, 一般情况下 N 很大, 能够拒绝的 i 很小, 则 $\left(1 - \frac{i-1}{N}\right)$ 约等于 1, 所以上式大致与 i 呈线性关系. 也就是说, 随着 i 的增大, FDR 判定规则 $\mathcal{D}_q$ 更倾向于拒绝原假设, 所以 FDR 判别规则 $\mathcal{D}_q$ 相对 FWER 准则不那么保守.

> **例 3.5.2 (例 3.5.1 续)** 以下是在前列腺癌研究中, 分别使用 FDR 判别规则 $\mathcal{D}_q$ 与 Holm 校正进行假设检验的判别结果, 这里 p 值使用的是 $p_{(i)} = 1 - \Phi(z_{(i)})$, $\alpha = q = 0.1$. FDR 判别准则拒绝了 27 个原假设, Holm 校正只拒绝了 6 个原假设.

• 批判性思考 •

从严格意义上说, FDR 与传统假设检验方法不同, 它关注的不是控制犯第 I 类错误的概率 (见图 3.5.3).

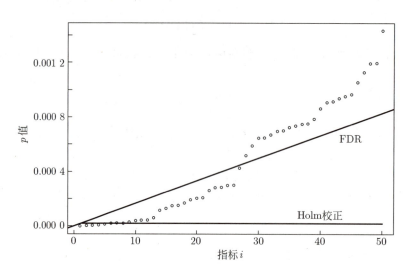

图 3.5.3　FDR 与 Holm 校正方法的比较

· 习 题 3.5 ·

(普林斯顿结肠癌研究) 本题使用普林斯顿大学公开的一项结肠癌研究的基因数据 (http://genomics-pubs.princeton.edu/oncology/affydata/index.html), 数据包括 I2000, names, tissues 三部分, 我们仅用 I2000, tissues 这两部分数据进行分析即可. I2000 为 2 000 个基因在 62 个生物组织中的表达水平. tissues 为 62 个生物组织的状态, 正数表示该生物组织是正常的, 负数表示该生物组织带有肿瘤, tissues 中的顺序与 I2000 中的生物组织的顺序一致. 请对该数据集, 分别使用 Bonferroni 校正、Holm 校正、FDR 三种方法分析哪些基因与结肠癌有显著的相关关系.

3.6　与本章相关的 R 语言操作

3.6.1　正态总体的参数检验

1. 均值检验

本节使用 R 语言中的 sleep 数据, 该数据用来展示两种安眠药的效果, 共包含三个变量——分组 (group)、睡眠时间变化 (extra) 和患者 ID, 每一组有 10 个观测值.

分别检验两组患者的睡眠时间变化均值 μ 是否为 0, R 语言代码如下:

```
attach(sleep)
t.test(extra[group==1],mu=0,alternative="greater")
t.test(extra[group==2],mu=0,alternative="greater")
```

代码中, greater 表示备择假设为 $\mu > 0$, 做双尾检验只需把 greater 改为 two.sided, 或者不写 (默认双边检验). R 语言代码及结果如下:

```
> t.test(extra[group==1],mu=0,alternative="greater")
One Sample t-test

data: extra[group==1]
t=1.3257, df=9, p-value=0.1088
alternative hypothesis: true mean is greater than 0
95 percent confidence interval:
 -0.2870553        Inf
sample estimates:
mean of x
     0.75

> t.test(extra[group==2],mu=0,alternative="greater")

One Sample t-test

data: extra[group==2]
t=3.6799, df=9, p-value=0.002538
alternative hypothesis: true mean is greater than 0
95 percent confidence interval:
 1.169334        Inf
sample estimates:
mean of x
     2.33
```

第 1 组的 p 值为 0.108 8, 不能拒绝原假设; 第 2 组的 p 值为 0.002 538, 在 0.05 的显著性水平下, 结果显著, 可以拒绝原假设, 说明第 2 组安眠药是有效果的.

2. 成对数据 t 检验

由于两组安眠药的 10 个观测值来自相同的 10 名患者, 因此, 可以将每名患者的两个观测值视为一对观测值, 则该数据可视作成对数据, 进行成对数据 t 检验. R 语言代码及结果如下:

```
>t.test(extra[group==1],extra[group==2],alt="less",pair=T)

    Paired t-test

data: extra[group==1] and extra[group==2]
t=-4.0621, df=9, p-value=0.001416
alternative hypothesis: true difference in means is less than 0
95 percent confidence interval:
      -Inf -0.8669947
sample estimates:
mean of the differences
               -1.58
```

代码中, less 表示备择假设为 $\mu_1 < \mu_2$. 两配对样本的均值差为 -1.58, p 值为 0.001 416, 仍然拒绝原假设, 得出两种安眠药的效果差异显著.

3. 双样本均值检验

这里使用第 2 章介绍的 RSADBE 包中的 sat 数据集, 考察通过考试和未通过考试的同学的 SAT-M 分数是否有显著差异. 首先对两组分数进行方差齐性检验, H_0: 两总体方差相等, H_1: 两总体方差不相等. 使用 var.test() 实现, R 语言代码及结果如下:

```
> data(sat,package="RSADBE")
> var.test(Sat~ as.factor(Pass),sat)

F test to compare two variances

data:  Sat by as.factor(Pass)
F=2.3822, num df=8, denom df=20, p-value=0.1104
alternative hypothesis: true ratio of variances is not equal to 1
95 percent confidence interval:
 0.8178331 9.5274226
sample estimates:
ratio of variances
         2.382181
```

在 0.05 的显著性水平下没有拒绝原假设, 因此认为方差相等, 使用 t 检验, 检验两样本均值是否相等 (若未通过方差齐性检验, 则需使用 t 化统计量进行检验). R 语言代码及结果如下:

```
> attach(sat)
> t.test(Sat[Pass==0],Sat[Pass==1],alt="less")

Welch Two Sample t-test

data:  Sat[Pass==0] and Sat[Pass==1]
t=-3.6343, df=10.995, p-value=0.001965
alternative hypothesis: true difference in means is less than 0
95 percent confidence interval:
      -Inf -27.28283
sample estimates:
mean of x mean of y
 521.4444  575.3810
```

得到未通过考试的学生的 SAT-M 分数的均值为 521.44, 通过考试的学生的 SAT-M 分数的均值为 575.38, p 值为 0.001 965, 拒绝原假设, 说明两组学生的分数有显著差异.

3.6.2 比率检验

一项对 1 500 人的电话调查表明, 在某一节目播出时, 被访的正在观看电视的人中有 23% 正在观看这个节目. 现在想知道, 这相较于制作人所期望的 25% 是否有显著不足. 进行比率检验, R 语言代码如下:

```
binom.test(0.23*1500,1500,.25,alt="less")
```

得到 p 值为 0.038 37, 说明在 0.05 的显著性水平下, 收视率有显著不足.

3.6.3　假设检验的一个人为例子

对两组数据——$(-100,0,50)$ 和 $(100, 100, 100, 100, 99, 99, 99, 99, 99, 99)$ 的均值, 进行 $H_0: \mu \geqslant 100, H_1: \mu < 100$ 的检验. R 语言代码如下:

```
a=c(-100,0,50)
t.test(a,m=100,alt="less")
b=c(rep(100,4),rep(99,6))
t.test(b,m=100,alt="less")
```

得到 p 值分别为 0.059 04 和 0.002 56, 对于第 1 组数据没有拒绝原假设, 对于第 2 组数据拒绝了原假设. 但直观上, 显然第 1 组数据的均值与 100 相差很远, 第 2 组数据的均值更接近 100. 第 1 组数据的样本量过小, 第 2 组数据的方差太小, 有可能是造成这个结果的一个原因. 此外, p 值较小, 我们认为 H_0 的假设出了问题, 但实际上 p 值的计算除了对 H_0 的假设外, 还有对总体、对样本的各种其他假设, 这些都需要认真考虑.

3.6.4　χ^2 拟合优度检验

1. 单个总体的分布的拟合检验

以例 3.4.1 中的孟德尔遗传学为例, 介绍如何用 R 语言实现分布的拟合检验. 所用的函数为 chisq.test$(x, p, \cdots)$, x 为观测到的各个类别中所包含的个体的数目, p 为各个类别的理论概率. 例 3.4.1 的 R 语言代码及结果如下:

```
> Oi<-c(315,108,101,32)
> Pi<-c(9/16,3/16,3/16,1/16)
> chisq.test(x=Oi,p=Pi)

Chi-squared test for given probabilities

data: Oi
X-squared=0.47002,df=3,p-value=0.9254
```

χ^2 统计量的值为 0.47, 计算得到的 p 值为 0.925 4, 也就是不能拒绝原假设, 即孟德尔的遗传学说是可以接受的.

2. 列联表中的独立性检验

以例 3.4.6 为例, 介绍如何用 R 语言来实现列联表的独立性检验, 该检验的原假设是该药物的疗效与年龄相互独立. R 语言代码及结果如下:

```
> medicine <- as.table(rbind(c(58,38,32),c(28,44,45),c(23,18,14)))
> dimnames(medicine) <- list("疗效"=c("显著","一般","较差"),
                        + c("儿童","中青年","老年"))
> medicine

   疗效    儿童    中青年    老年
   显著    58      38        32
   一般    28      44        45
   较差    23      18        14
> chisq.test(medicine)

Pearson's Chi-squared test

data:  medicine
X-squared=13.586,df=4,p-value=0.00874
```

χ^2 统计量的值为 13.586, p 值为 $0.008\,74$, 在显著性水平取为 0.05 时, 可以拒绝原假设, 认为该药品的疗效与年龄不是相互独立的.

3.6.5 夏皮罗-维尔克检验

夏皮罗-维尔克检验是用于检验数据正态性的一种非常实用的方法, R 语言中用函数 shapiro.test() 来实现该检验.

为检验一批煤灰砖中各砖块的抗压强度, 从这批砖块中随机抽取 20 块. 其原假设是: 这批砖块的抗压强度数据来自正态总体. 该检验的 R 语言代码及结果如下:

```
> strength <- c(57,62,65,67,74,76,77,80,81,86,87,89,91,94,95,96,97,103,109,122)
> shapiro.test(strength)

Shapiro-Wilk normality test

data:  strength
W=0.98499,p-value=0.9815
```

从程序的运行结果来看, p 值为 $0.981\,5$, 不能拒绝正态性假设. 下面我们画出直方图与 Q-Q 图 (见图 3.6.1), 请读者自己评论. 直方图和 Q-Q 图的 R 语言代码如下:

```
layout(t(1:2))
hist(strength)
qqnorm(strength)
```

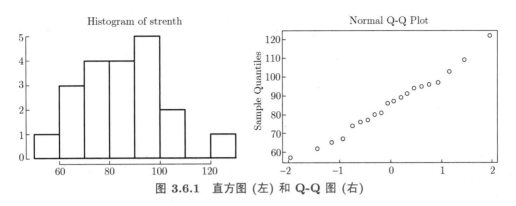

图 3.6.1 直方图 (左) 和 Q-Q 图 (右)

另一个例子, 生成 1~40 这 40 个自然数, 进行夏皮罗–维尔克检验. R 语言代码及结果如下:

```
> z=1:40;shapiro.test(z)

Shapiro-Wilk normality test

data:  z
W=0.95621,p-value=0.1241
```

夏皮罗–维尔克检验的 p 值为 0.124 1, 同样不能拒绝正态性假设. 但若认为这 40 个数据符合正态分布, 很难令人信服. 我们要时刻注意假设检验的使用范围.

3.6.6 柯尔莫哥洛夫–斯米尔诺夫检验

柯尔莫哥洛夫检验能够用于检验一组数据是否来自某一已知分布, 斯米尔诺夫在此基础上提出的检验可用于检验两组数据是否属于同一分布, R 语言中用函数 ks.test() 来实现.

1. 简单应用示例

x 是随机生成的来自标准正态分布 $N(0,1)$ 的数据, y 是随机生成的来自均匀分布 $U(0,1)$ 的数据. 以下用 ks.test() 来判断 $x+2$ 是否来自伽马分布 $Ga(3,2)$. R 语言代码及结果如下:

```
> x <- rnorm(50); y <- runif(30)
> ks.test(x+2,"pgamma",3,2)    # 3和2分别是形状参数和尺度参数

One-sample Kolmogorov-Smirnov test

data: x+2
D=0.25425,p-value=0.002454
alternative hypothesis: two-sided
```

显然, 由 p 值可以得出结论, $x+2$ 的分布与 $\mathrm{Ga}(3,2)$ 不同, 即 $x+2$ 不属于 $\mathrm{Ga}(3,2)$ 这一总体. 此外, 还可以检验两组样本是否属于同一总体, 例如, 可以检验 x 和 y 是否来自同一总体, R 语言代码及结果如下:

```
> ks.test(x,y)

Two-sample Kolmogorov-Smirnov test

data:  x and y
D=0.58, p-value=2.381e-06
alternative hypothesis: two-sided
```

从上述结果来看, 检验统计量 D 为 0.58, p 值接近 0, 因而可以拒绝原假设, 认为 x 和 y 来自不同的总体.

2. 柯尔莫哥洛夫–斯米尔诺夫检验效率模拟

(1) 柯尔莫哥洛夫–斯米尔诺夫检验与夏皮罗–维尔克检验的对比.

在正态性检验中, 柯尔莫哥洛夫–斯米尔诺夫检验不如夏皮罗–维尔克检验有效. 以下示例随机生成了不同样本量情况下的指数分布数据, 分别对其进行这两个检验, 得出检验的 p 值, 并对检验结果进行对比. R 语言代码如下:

```
set.seed(1)
test1=function(n){
  exp.data=rexp(n)-1
  a=shapiro.test(exp.data)$p.value
  b=ks.test(exp.data,"pnorm",0,1)$p.value
  return(c(a,b))
}
n1=40;result1=matrix(NA,n1,2)
colnames(result1)=c("shapiro","kolmogorov")
for(i in 1:n1) {result1[i,]=test1(i*5)}
# 样本量取5~200间间隔为5的整数
alpha=0.05
par(mfrow=c(1,2))
plot(seq(5,200,5),result1[,1],xlab="Sample size",ylab="Shapiro.test p-value",
    pch=20)
title('Sample size and p-value for S-W test')
abline(h=alpha,lty="dashed")
plot(seq(5,200,5), result1[,2],xlab="Sample size",ylab="K-s test p-value",
    pch=20)
title('Sample size and p-value for K-S test')
abline(h=alpha,lty="dashed")
```

图 3.6.2 为上述例子中生成不同样本量的指数分布样本数据的情况下, 夏皮罗–维尔克检验和柯尔莫哥洛夫–斯米尔诺夫检验分别得出的 p 值. 从图中可以看出, 夏皮罗–维尔克检验的检验结果绝大多数情况下拒绝了原假设, 而对于柯尔莫哥洛夫–斯米尔诺夫检验而言,

样本量在 50 以下时, 倾向于不拒绝原假设, 而在样本量大于 50 时, 一般会拒绝原假设. 该示例也说明了柯尔莫哥洛夫–斯米尔诺夫检验并不如夏皮罗–维尔克检验稳健.

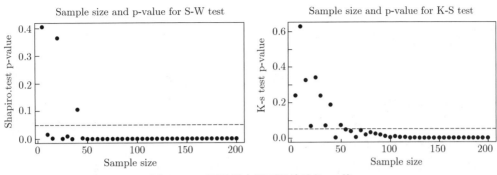

图 **3.6.2**　不同样本量下两检验的 p 值

(2) 双样本情况下柯尔莫哥洛夫–斯米尔诺夫检验的效率.

在不同样本量下, 生成指数分布的随机样本和正态分布的随机样本, 并用 ks.test() 对两组样本是否来自同一分布进行检验, R 语言代码如下:

```
set.seed(1010)
test2=function(n){
  exp.data=rexp(n)-1
  norm.data=rnorm(n,0,1)
  b=ks.test(exp.data,norm.data)$p.value
  return(b)
}
n2=50;result2=vector()
for(i in 1:n2) {result2[i]=test2(i*5)}
# 样本量取5~250间间隔为5的整数
alpha<0.05
plot(seq(5,5*n2,5),result2,xlab="Sample size",
    ylab="K-S test p-value",pch=20)
title("Two sample K-S tests' p-values")
abline(h=alpha,lty="dashed")
```

图 3.6.3 为双样本情况下柯尔莫哥洛夫–斯米尔诺夫检验得出的 p 值.

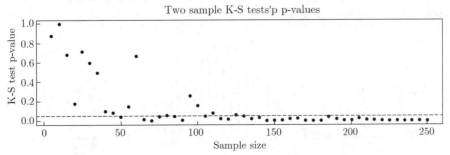

图 **3.6.3**　双样本情况下柯尔莫哥洛夫–斯米尔诺夫检验的 p 值

从上述检验结果来看, 当样本量较小时, 柯尔莫哥洛夫–斯米尔诺夫检验并不能有效地拒绝原假设, 但是当样本量增大到一定程度时, 该检验倾向于拒绝原假设, 这也从侧面反映了该检验的效率并不理想.

3.6.7 FDR 的例子

以下使用例 3.5.1 中的前列腺癌研究的数据进行分析. 在 R 语言中, 导入前列腺癌研究数据, 命名为 prostmat, 共 6 033 行、102 列. 每行为一个基因在不同实验参与者上的数据, 每列为 1 个观察者的不同基因表达. 前 50 列为控制组, 后 52 列为实验组. 我们想研究哪些基因在控制组与实验组中存在显著差异.

首先, 针对每个基因计算出对应的 z 值 (计算方法见 3.5.1 节). R 语言代码如下:

```
prostmat <- read.csv("prostmat.csv")
N <- nrow(prostmat)
n1 <- 50
n2 <- 52
func_cal_t <- function(gene_i){
  gene_i <- as.vector(as.matrix(gene_i))
  x_control <- gene_i[1:50]
  x_cancer <- gene_i[51:102]
  sigma_hat <- sqrt((sum((x_control-mean(x_control))^2)+
                  sum((x_cancer-mean(x_cancer))^2))/(n1+n2-2))
  sd_hat <- sigma_hat*(1/n1+1/n2)^(1/2)
  t <- (mean(x_cancer)-mean(x_control))/sd_hat
  return(t)
}
t_value <- apply(prostmat,1,FUN=func_cal_t)
z_value <- qnorm(pt(t_value,df=100))
```

然后, 绘制 z 的频率直方图, x 轴为 z 值, y 轴为频率. z 值频率直方图与正态拟合见图 3.6.4. R 语言代码如下:

```
hist(z_value,breaks=50,freq=FALSE,
    main="",xlab="z-value",ylab="number",ylim=c(0,0.4),
    cex.axis=1.3,cex.lab=1.4,xaxt="n")
axis(1,c(-4,-2,0,2,4))
lines(density(rnorm(8000000)))
```

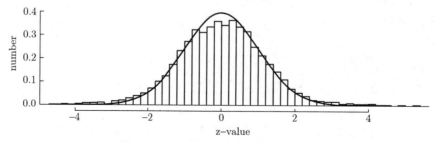

图 **3.6.4** z 值频率直方图与正态拟合

以下分别使用 Holm 校正与 FDR 挑选基因, 使用 Holm 校正挑选出 6 个基因, 使用 FDR 挑选出 27 个基因. R 语言代码及结果如下:

```
> p_value=sort(1-pnorm(z_value),decreasing=FALSE)   # Holm校正
> alpha=0.1
> i_0=min(which(p_value>alpha/(N-c(1:N)+1)))
> i_0-1
[1] 6
# FDR
> q=0.1
> i_max=max(which(p_value<=c(1:N)/N*q))
> i_max
[1] 27
```

最后, 将 p 值最小的前 50 个基因绘制在散点图中, 并将 FDR 与 Holm 校正的阈值线画在图中 (见图 3.6.5). 可以比较直观地看出, FDR 能够挑选出比 Holm 校正更多的基因.

```
# Holm校正与FDR比较
plot(c(1:50), p_value[1:50],xlab="index i",ylab="p-value",
     cex.axis=1.3,cex.lab=1.4)
title("Comparison between Holm's procedure and FDR")
abline(a=0,b=q/N)
lines(x=c(1:50),y=alpha/(N-c(1:50)+1))
text(x=45,y=0.00065,labels="FDR")
text(x=40,y=0.00008,labels="Holm's")
```

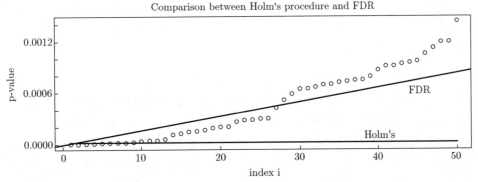

图 3.6.5　FDR 与 Holm 校正方法的比较

第4章 统计决策与贝叶斯方法

本章导读

著名统计学家瓦尔德 (A.Wald, 1902—1950) 提出把统计推断问题看作人与自然的一种博弈, 建立了统计决策理论, 对数理统计学的发展产生了重要影响. 可以看出 4.1 节介绍的统计决策的基本概念与前三章的内容有密切联系. 样本空间与分布族就是总体和数据的概念, 统计决策函数就是统计量, 损失函数在某种意义上可以看作第 2 章点估计均方误差准则的推广. 在损失函数最小化这个框架下, 很多统计问题得到了推广. 不同的损失函数表明, 关注问题的不同侧重点, 可以得到不同的统计模型. 在后续统计机器学习的专业课中会有更多应用.

贝叶斯方法运用统计决策理论研究统计推断问题, 是统计学的重要组成部分. 贝叶斯方法与频率统计 (前三章的内容) 最大的不同是, 贝叶斯统计认为总体分布的参数不是确定的常数, 而是随机变量, 服从某个先验分布. 未知参数到底是常数还是随机变量是无法验证的, 这有点像数学中的公理, 是假定成立的, 是一种 "信仰". 在实际问题中, 两种说法各有各的道理, 两种理论相互竞争, 和谐共存.

在贝叶斯理论框架下, 应用贝叶斯公式, 最重要的结论是参数的后验分布正比例于先验乘以似然. 所有的统计推断都是基于后验分布的 (有了数据之后, 对先验分布的更新). 它的度量标准是概率, 与频率统计有很大不同.

先验分布的假定带有一定的主观性, 这也是贝叶斯统计受到质疑的一个原因. 共轭先验分布因其简单易算, 具有一定的优势, 但切记对于先验分布的选取不能只是图简单、方便计算, 更重要的是符合实际情况. 除共轭先验分布之外, 还有很多先验分布的选择方法, 使用时要充分考虑. 贝叶斯的后验分布往往形式较复杂, 不易计算, 因此也成为阻碍贝叶斯统计发展的一个因素. 不过随着统计计算方法的研发和统计软件的普及, 贝叶斯统计有了长足的进步. 本书仅对贝叶斯统计作简单介绍, 贝叶斯点估计、区间估计、假设检验的例子也非常基础, 感兴趣的读者可在后续的专业课程中继续深入学习贝叶斯统计方法.

4.1 统计决策的基本概念

4.1.1 统计决策问题的三要素

从统计决策理论来看, 一个统计问题的解就是统计决策函数, 它实际上就是之前介绍的统计量的另一种说法. 为了理解这个概念, 我们先介绍构成统计决策问题的基本要素: 样本空间和分布族、决策空间以及损失函数.

1. 样本空间和分布族

设总体 X 的分布函数为 $F(x;\theta)$, θ 是未知参数, $\theta \in \Theta$, Θ 称为参数空间. 若 $X_1, X_2, \cdots, X_n$ 为取自总体 X 的一个样本, 则样本所有可能值组成的集合称为样本空间, 记为 Ω, 由于 X_i 的分布函数为 $F(x_i;\theta)(i = 1, 2, \cdots, n)$, 故 $(X_1, X_2, \cdots, X_n)$ 的联合分布函数为:

$$F(x_1, x_2, \cdots, x_n; \theta) = \prod_{i=1}^{n} F(x_i; \theta), \quad \theta \in \Theta$$

记 $\widetilde{F} = \left\{ \prod_{i=1}^{n} F(x_i; \theta); \theta \in \Theta \right\}$, 称 $\widetilde{F}$ 为样本 $X_1, X_2, \cdots, X_n$ 的概率分布族, 简称分布族.

例 4.1.1 设总体 X 服从二点分布 $b(1, p)$, p 为未知参数且 $0 \leqslant p \leqslant 1$, 从总体 X 中取样本 $X_1, X_2, \cdots, X_n$, 则样本空间是集合

$$\Omega = \{(X_1, \cdots, X_n) : X_i = 0, 1, i = 1, 2, \cdots, n\}$$

它含有 2^n 个元素, 样本 $X_1, X_2, \cdots, X_n$ 的分布族为:

$$\widetilde{F} = \{ p^{\sum_{i=1}^{n} X_i} (1-p)^{n - \sum_{i=1}^{n} X_i}; X_i = 0, 1, i = 1, 2, \cdots, n, 0 \leqslant p \leqslant 1 \}$$

---

2. 决策空间

统计问题, 如参数 θ 的点估计、区间估计及其他估计问题等, 都需要给出合适的回答. 例如对参数 θ 的点估计, 一个具体的估计值就是一个回答. 在统计决策理论中称每个具体的回答为一个决策, 一个统计问题中可能选取的全部决策组成的集合称为决策空间, 记为 Δ. 一个决策空间 Δ 至少应含有两个决策, 假如 Δ 中只含有一个决策, 就不需要选择决策, 也就不能成为一个统计决策问题.

例 4.1.2 某公司打算根据历年来市场的销售量以及当前市场竞争情况决定下一年度应该扩大投资、缩减投资还是维持现状, 这样决策空间 Δ 为:

$$\Delta = \{扩大投资, 缩减投资, 维持现状\}$$

例 4.1.3 例如，要估计正态分布 $N(\mu, \sigma^2)$ 中的参数 $\mu \in (-\infty, +\infty)$. 因为 μ 的取值范围为 $(-\infty, +\infty)$，即每个实数都可以用来估计 μ，所以任何一个实数都可以代表一个决策，决策空间为 $\Delta = (-\infty, +\infty)$.

需要注意的是，具体选择 Δ 中的哪个决策与抽取的样本和所用的统计方法有关.

3. 损失函数

统计决策的一个基本观点和假定是，每个决策都会产生经济或其他后果，不同决策产生的后果不同. 一个具体的统计决策问题一般有多种优劣不同的决策可以选择. 例如，要估计正态分布 $N(\mu, 1)$ 中的参数 μ，假设 μ 的真值为 -2，那么 -3.5 这个决策与 -10 这个决策相比显然更好. 如果要做 μ 的区间估计，则显然决策 $[-4, -1]$ 比决策 $[-10, 2]$ 好. 统计决策理论的一个基本思想是用数量形式表现上面所讲的决策的优劣性，具体为引入一个依赖参数值 $\theta \in \Theta$ 和决策 $a \in \Delta$ 的二元实值非负函数 $L(\theta, a) \geqslant 0$ (称为损失函数，表示当参数真值为 θ 而采取决策 a 时所造成的损失，决策越正确，损失就越小). 由于统计问题总是利用样本对总体进行推断，因此误差是不可避免的，损失总是存在的，这就是损失函数定义为非负函数的原因.

例 4.1.4 设总体 X 服从正态分布 $N(\mu, 1)$，μ 为未知参数，参数空间 $M = (-\infty, +\infty)$，决策空间取 $\Delta = (-\infty, +\infty)$，一个可供参考的损失函数是：

$$L(\mu, a) = (\mu - a)^2$$

当 $a = \mu$，即估计正确时，损失为 0; 估计 a 与实际值 μ 的距离 $|a - \mu|$ 越大，损失也越大. 如果求未知参数 μ 的区间估计，损失函数可取为：

$$L(\mu, a) = a_2 - a_1, \quad \mu \in M, \quad a = [a_1, a_2] \in \Delta$$

式中，$\Delta = \{[a_1, a_2] : -\infty < a_1 < a_2 < +\infty\}$，这个损失函数表示以区间估计的长度来度量采取决策 $a = [a_1, a_2]$ 所带来的损失，也可以取损失函数为：

$$L(\mu, a) = 1 - I_{[a_1, a_2]}(\mu), \quad \mu \in M, \quad a = [a_1, a_2] \in \Delta$$

式中，$I_{[a_1, a_2]}(\mu)$ 是集合 $[a_1, a_2]$ 的示性函数，即

$$I_{[a_1, a_2]}(\mu) = \begin{cases} 0, & \mu \notin [a_1, a_2] \\ 1, & \mu \in [a_1, a_2] \end{cases}$$

这个损失函数表示当决策 a 正确 (区间 $[a_1, a_2]$ 覆盖未知参数的实际值) 时损失为 0，反之损失为 1.

对于不同的统计问题，可以选取不同的损失函数，常见的损失函数有以下几种.

(1) 线性损失函数.

$$L(\theta, a) = \begin{cases} k_0(\theta - a), & a \leqslant \theta \\ k_1(a - \theta), & a > \theta \end{cases} \tag{4.1.1}$$

式中, k_0 和 k_1 是两个常数, 它们取值的大小反映了决策 a 低于参数 θ 和高于参数 θ 的相对重要性. 当 $k_0 = k_1$ 时就得到绝对损失函数:

$$L(\theta, a) = |\theta - a| \tag{4.1.2}$$

(2) 平方损失函数.

$$L(\theta, a) = (\theta - a)^2 \tag{4.1.3}$$

(3) 凸损失函数.

$$L(\theta, a) = \lambda(\theta) W(|\theta - a|) \tag{4.1.4}$$

式中, $\lambda(\theta) > 0$ 是 θ 的已知函数且有限, $W(x)$ 是 $x > 0$ 上的凸函数且 $W(0) = 0$.

(4) 多元二次损失函数, 当 θ 和 a 均为多维向量时, 可取如下二次型作为损失函数.

$$L(\boldsymbol{\theta}, \boldsymbol{a}) = (\boldsymbol{a} - \boldsymbol{\theta})' \boldsymbol{P} (\boldsymbol{a} - \boldsymbol{\theta}) \tag{4.1.5}$$

其中, $\boldsymbol{\theta} = (\theta_1, \theta_2, \cdots, \theta_p)'$, $\boldsymbol{a} = (a_1, a_2, \cdots, a_p)'$, $\boldsymbol{P}$ 为 $p \times p$ 阶正定矩阵, p 为大于 1 的自然数. 当 $\boldsymbol{P}$ 为对角阵, 即 $\boldsymbol{P} = \mathrm{diag}(\omega_1, \omega_2, \cdots, \omega_p)$ 时, p 元损失函数为:

$$L(\boldsymbol{\theta}, \boldsymbol{a}) = \sum_{i=1}^{p} \omega_i (a_i - \theta_i)^2 \tag{4.1.6}$$

式中, ω_i $(i = 1, 2, \cdots, p)$ 可看作反映各参数重要性的权重.

在实际问题中采用决策方法时, 如何选择损失函数是一个关键问题, 也是一个难点. 一般来说, 选取的损失函数应与实际问题相符, 同时也要方便数学处理. 上面提到的二次损失函数 (即平方损失函数) 是参数点估计中一种常用的损失函数. 从统计决策的观点来看, 负对数似然函数也是一种损失函数, 最大似然估计就是要最小化这个损失.

4.1.2 统计决策函数与风险函数

1. 统计决策函数

给定了样本空间 Ω 和概率分布族 $\widetilde{F}$、决策空间 Δ 及损失函数 $L(\theta, a)$ 这三个要素后, 统计决策问题就确定了, 此后, 我们的任务就是在 Δ 中选取一个好的决策 a. 所谓好的决策, 是指损失较小的决策. 对样本空间 Ω 中的每一点 $\boldsymbol{X} = (X_1, X_2, \cdots, X_n)$, 可以在决策空间中寻找一点 $\delta(\boldsymbol{X})$ 与其对应, 这个对应关系可看作定义在样本空间 Ω 上、取值在决策空间 Δ 上的函数 $\delta(\boldsymbol{X})$.

> **定义 4.1.1** 定义在样本空间 Ω 上、取值在决策空间 Δ 上的函数 $\delta(\boldsymbol{X})$, 称为统计决策函数, 简称决策函数.

我们形象地将决策函数 $\delta(\boldsymbol{X})$ 称为一个"行动方案". 当有了样本 $\boldsymbol{X}$ 后, 按既定的"行动方案"采取决策 $\delta(\boldsymbol{X})$. 在不会造成误解的情况下, 也称 $\delta(\boldsymbol{X}) = \delta(X_1, X_2, \cdots, X_n)$ 为决策函数, 当样本值为 $X_1, X_2, \cdots, X_n$ 时采取决策 $\delta(\boldsymbol{X}) = \delta(X_1, X_2, \cdots, X_n)$, 因此, 决策函数 $\delta(\boldsymbol{X})$ 本质上是一个统计量. 所有统计方法都是在研究如何构造统计量, 包括后文介绍的贝叶斯方法.

例如, 设总体 X 服从正态分布 $N(\mu, \sigma^2)$, σ^2 已知, $\boldsymbol{X} = (X_1, X_2, \cdots, X_n)$ 为取自 X 的样本, 求参数 μ 的点估计. 此时可用 $\delta(\boldsymbol{X}) = \overline{X} = \dfrac{1}{n} \sum\limits_{i=1}^{n} X_i$ 来估计 μ, $\delta(\boldsymbol{X}) = \overline{X}$ 就是一个决策函数.

如果要求 μ 的区间估计, 那么

$$\delta(\boldsymbol{X}) = \left[\overline{X} - u_{\frac{\alpha}{2}} \frac{o}{\sqrt{n}}, \overline{X} + u_{\frac{\alpha}{2}} \frac{\sigma}{\sqrt{n}} \right]$$

就是一个决策函数.

2. 风险函数

若给定一个决策函数 $\delta(\boldsymbol{X})$, 则采取的决策完全取决于样本 $\boldsymbol{X}$, 从而损失必然与 $\boldsymbol{X}$ 有关, 也就是说, 决策函数 $\delta(\boldsymbol{X})$ 与损失函数 $L(\theta, a)$ 都是样本 $\boldsymbol{X}$ 的函数, 因此都是随机变量. 当样本 $\boldsymbol{X}$ 取不同的 $\boldsymbol{x}$ 值时, 对应的决策 $\delta(\boldsymbol{X})$ 可能不同, 由此带来的损失 $L(\theta, \delta(\boldsymbol{X}))$ 也不相同, 这时不能单纯运用基于样本 $\boldsymbol{X}$ 的损失 $L(\theta, \delta(\boldsymbol{X}))$ 来衡量决策的好坏, 而应该从总体上进行评价. 为了比较决策的优劣, 常用平均损失作为指标, 平均损失也称为风险.

定义 4.1.2 设样本空间和分布族分别为 Ω 和 $\widetilde{F}$, 决策空间为 Δ, 损失函数为 $L(\theta, \delta(\boldsymbol{X}))$, $\delta(\boldsymbol{X})$ 为决策函数, 则由下式确定的 θ 的函数 $R(\theta, \delta)$ 称为决策函数 $\delta(\boldsymbol{X})$ 的风险函数.

$$R(\theta, \delta) = E_\theta[L(\theta, \delta(\boldsymbol{X}))] = E_\theta[L(\theta, \delta(X_1, X_2, \cdots, X_n))] \qquad (4.1.7)$$

$R(\theta, \delta)$ 表示当真参数为 θ 时, 采取决策 δ 所蒙受的平均损失, 这是对该方法 (统计量) 的一个评价指标. 其中 E_θ 表示当参数为 θ 时, 对样本的函数 $L(\theta, \delta(\boldsymbol{X}))$ 求数学期望.

风险越小, 即平均损失越小, 说明决策函数越好. 但是对于给定的决策函数 $\delta(\boldsymbol{X})$, 风险函数仍是 θ 的函数, 两个决策函数风险大小的比较涉及两个函数的比较, 情况比较复杂, 因此就产生了优良性准则.

定义 4.1.3 设 $\delta_1(\boldsymbol{X})$ 和 $\delta_2(\boldsymbol{X})$ 是统计决策问题中的两个决策函数, 若其风险函数满足不等式

$$R(\theta, \delta_1) \leqslant R(\theta, \delta_2), \quad \forall \theta \in \Theta$$

且存在 θ 使上述严格不等式 $R(\theta, \delta_1) < R(\theta, \delta_2)$ 成立, 则称决策函数 $\delta_1(\boldsymbol{X})$ 一致优于 $\delta_2(\boldsymbol{X})$.

若下列关系式成立

$$R(\theta, \delta_1) = R(\theta, \delta_2), \quad \forall \theta \in \Theta$$

则称决策函数 $\delta_1(\boldsymbol{X})$ 与 $\delta_2(\boldsymbol{X})$ 等价.

定义 4.1.4 设 $\mathcal{D} = \{\delta(\boldsymbol{X})\}$ 是一切定义在样本空间上、取值于决策空间 Δ 上的决策函数的全体, 若存在一个决策函数 $\delta^*(\boldsymbol{X})(\delta^*(\boldsymbol{X}) \in \mathcal{D})$, 使得对任何一个 $\delta(\boldsymbol{X}) \in \mathcal{D}$, 都有

$$R(\theta, \delta^*) \leqslant R(\theta, \delta), \quad \forall \theta \in \Theta$$

则称 $\delta^*(\boldsymbol{X})$ 为该决策函数类的一致最小风险决策函数, 或称为一致最优决策函数.

上述两个定义都是对某个给定的损失函数而言的, 相应的结论随损失函数的改变而改变. 定义 4.1.4 的结论是针对某决策函数类而言的. 决策函数类改变, 可能会导致不具备一致最优性.

例 4.1.5 设总体服从正态分布 $N(\mu, 1)$, $\mu \in (-\infty, +\infty)$, $X_1, X_2, \cdots, X_n$ 为取自该总体的样本, 欲估计未知参数 μ, 选取损失函数为:

$$L(\mu, \delta) = (\delta - \mu)^2$$

则对 μ 的任一估计 $\delta(\boldsymbol{X})$, 风险函数为:

$$R(\mu, \delta) = E_\mu[L(\mu, \delta)] = E_\mu(\delta - \mu)^2$$

若进一步要求 $\delta(\boldsymbol{X})$ 是无偏估计, 即 $E_\mu[\delta - E(\delta)]^2 = D_\mu(\delta(\boldsymbol{X}))$, 风险函数为估计量 $\delta(\boldsymbol{X})$ 的方差.

若取 $\delta(\boldsymbol{X}) = \overline{X}$, 则 $R(\mu, \delta) = D(\overline{X}) = \dfrac{1}{n}$.

若取 $\delta(\boldsymbol{X}) = X_1$, 则 $R(\mu, \delta) = D(X_1) = 1$.

显然, 当 $n > 1$ 时, 后者的风险比前者大, 即 $\overline{X}$ 优于 X_1.

例 4.1.6 设 X_1 和 X_2 是从下列分布中获得的两个样品:

$$P(X = \theta - 1) = P(X = \theta + 1) = 0.5, \quad \theta \in \Theta = \mathbf{R}$$

现研究 θ 的估计问题. 为此取决策空间 $\Delta = \mathbf{R}$, 取损失函数为:

$$L(\theta, \delta) = 1 - I(\delta)$$

式中, $I(\delta)$ 为示性函数, 当 $\delta = \theta$ 时值为 1, 否则为 0. 从样本空间 Ω 到决策空间 Δ 上的决策函数有许多, 现考察其中三个.

(1) $\delta_1(X_1, X_2) = \dfrac{X_1 + X_2}{2}$, 其风险函数为:

$$R(\theta, \delta_1) = 1 - P(\delta_1 = \theta) = 1 - P(X_1 \neq X_2) = 0.5, \quad \forall \theta \in \Theta$$

(2) $\delta_2(X_1, X_2) = X_1 - 1$, 其风险函数为:

$$R(\theta, \delta_2) = 1 - P(\delta_2 = \theta) = 1 - P(X_1 = \theta + 1) = 0.5, \quad \forall \theta \in \Theta$$

(3) $\delta_3(X_1, X_2) = \begin{cases} \dfrac{X_1 + X_2}{2}, & X_1 \neq X_2 \\ X_1 - 1, & X_1 = X_2 \end{cases}$, 其风险函数为:

$$R(\theta, \delta_3) = 1 - P(\delta_3 = \theta) = 1 - P(X_1 \neq X_2 \text{ 或 } X_1 = \theta + 1) = 0.25, \quad \forall \theta \in \Theta$$

假如仅限于考察这三个决策函数组成的类 $\mathcal{D} = \{\delta_1, \delta_2, \delta_3\}$, 那么 δ_3 是决策函数类中一致最优决策函数, 当决策函数类扩大或损失函数改变时, δ_3 的最优性可能会消失.

• 批判性思考 •

1. 损失函数的非负性只是一个最初的直观要求, 在比较的意义下, 损失函数可以取负数.

2. 思考更多统计决策问题的应用场景.

3. 思考更多损失函数的形式以及对决策问题的影响.

• 习 题 4.1 •

1. 设 $\chi = \{0, 1, 2\}$, 在其上有一个二项分布族 $\{b(2, \theta); \theta = 1/4 \text{ 或 } 3/4\}$. 若决策空间取为 $\Delta = \{1/4, 3/4\} = \Theta$. 试写出所有决策函数. 若取损失函数

$$L(\theta, a) = \begin{cases} 0, & a = \theta \\ 1, & a \neq \theta \end{cases}$$

试计算每个决策函数的风险函数, 并对它们做出比较.

2. 设 $(X_1, X_2, \cdots, X_n)$ 是来自正态总体 $N(0, \sigma^2)$ 的一个样本, 其中 σ^2 未知, 且 $\sigma^2 > 0$, 现给出 σ^2 的五种估计量:

$$\widehat{\sigma}_1^2 = \frac{1}{n-1} \sum_{i=1}^{n} (X_i - \overline{X})^2, \quad \widehat{\sigma}_2^2 = \frac{1}{n} \sum_{i=1}^{n} (X_i - \overline{X})^2$$

$$\widehat{\sigma}_3^2 = \frac{1}{n+1} \sum_{i=1}^{n} (X_i - \overline{X})^2, \quad \widehat{\sigma}_4^2 = \frac{1}{n} \sum_{i=1}^{n} X_i^2$$

$$\widehat{\sigma}_5^2 = \frac{1}{n+2} \sum_{i=1}^{n} X_i^2$$

在平方损失函数 $L(\sigma^2, \delta) = (\delta - \sigma^2)^2$ 下, 求出它们的风险函数, 并比较风险函数值的大小.

4.2 贝叶斯点估计

4.2.1 先验分布与贝叶斯公式

1. 三种信息与先验分布

统计学中有两个主要学派——频率学派 (又称经典学派) 和贝叶斯学派, 它们之间有共同点, 也有不同点. 为了说明它们之间的区别与联系, 我们从统计推断中使用的三种信息说起.

(1) 总体信息, 即总体分布或总体所属分布族给我们提供的信息. 譬如, "总体是正态分布" 这句话就给我们带来很多信息: 它的密度函数是一条钟形曲线, 它的任意阶矩都存在, 基于正态分布有许多成熟的统计推断方法可供我们选用等. 总体信息很重要, 为了获取此种信息往往需要长时间的观测和判定.

(2) 样本信息, 即样本提供给我们的信息. 这是最 "新鲜" 的信息, 并且越多越好, 我们希望通过样本对总体分布或总体的某些特征做出较精确的统计推断. 没有样本, 就没有统计学可言.

基于以上两种信息进行统计推断的统计学称为经典统计学. 前述的矩估计、最大似然估计、最小方差无偏估计等都属于经典统计学范畴. 然而还存在第三种信息——先验信息, 它也可用于统计推断.

(3) 先验信息, 即在抽样之前有关统计问题的一些信息. 一般来说, 先验信息源于经验和历史资料. 先验信息在日常生活和工作中是很重要的, 人们自觉或不自觉地在使用它. 先看一个例子.

> **例 4.2.1** 英国统计学家萨维奇 (L.J. Savage) 曾考察了如下两个统计实验:
>
> (1) 一位常饮牛奶加茶的妇女声称, 她能辨别先倒进杯子里的是茶还是牛奶. 对此做了 10 次实验, 她都辨别正确.
>
> (2) 一位音乐家声称, 他能从一页乐谱辨别出这是海顿 (Haydn) 还是莫扎特 (Mozart) 的作品. 在 10 次这样的实验中, 他都辨别正确.
>
> 在这两个统计实验中, 假如认为被实验者是在猜测, 每次成功的概率为 0.5, 那么 10 次都猜中的概率为 $2^{-10} = 0.000\,976\,6$. 这个概率是很小的, 这对应的事件几乎不可能发生. 因此, 有很大的把握认为每次成功的概率为 0.5 应被拒绝, 实验者每次成功的概率要比 0.5 大得多, 这就不是猜测, 而是他们的经验起了作用. 可见经验 (先验信息的一种) 在推断中不可忽视.

基于上述三种信息进行统计推断的统计学称为贝叶斯统计学. 它与经典统计学的差别就在于是否利用先验信息. 贝叶斯统计在重视使用总体信息和样本信息的同时, 还注意先验信息的收集、挖掘和加工, 使它数量化, 形成先验分布, 将其加入统计推断, 以提高统计推断的质量. 忽视利用先验信息有时是一种浪费, 有时还会导致不合理的结论.

贝叶斯统计源于英国学者贝叶斯 (T.R. Bayes). 贝叶斯去世后, 其成果——《论有关机遇问题的求解》由 Richard Price 整理并发表, 文中提出了著名的贝叶斯公式和一种归纳推理的方法, 后被一些统计学家发展成为一种系统的统计推断方法. 贝叶斯学派在 20 世纪 30 年代已形成, 到五六十年代发展成为一个有影响力的统计学派, 其影响还在日益扩大, 打破了经典统计学 "一统天下" 的局面.

贝叶斯学派最基本的观点是: 任一未知量 θ 都可看作随机变量, 可用一个概率分布去描述, 这个分布称为先验分布. 因为任一未知量都有不确定性, 而在表述不确定性的程度时, 概率与概率分布是最好的语言. 再看下面一个例子.

> **例 4.2.2** 某地区煤的储量 θ 在几百年内不会有多大变化, 可看作一个常量, 但对人们来说, 它是未知的、不确定的. 有位专家研究了有关钻探资料, 结合经验, 他认为: 该地区煤的储量 θ "大概有 5 亿吨左右". 若把 "5 亿吨左右" 理解为 4 亿 ~ 6 亿吨, 把 "大概" 理解为 80% 的把握, 还有 20% 的可能性在此区间之外 (见图 4.2.1). 这无形中就是在用一个概率分布 (这一分布是用主观概率确定的) 来描述未知量 θ, 而具有概率分布的量当然是随机变量.
>
>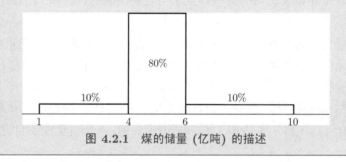
>
> 图 4.2.1 煤的储量 (亿吨) 的描述

未知量是否可看作随机变量, 在经典学派与贝叶斯学派间争论了很长时间. 如今经典学派已不反对这一观点. 著名的美国经典统计学家莱曼 (E.L. Lehmann) 在《点估计理论》一书中写道: "把统计问题中的参数看作随机变量的实现要比看作未知参数更合理一些." 如今两派争论的焦点是: 如何利用各种先验信息合理地确定先验分布. 这在有些场合是容易解决的, 但在很多场合是相当困难的. 这时应加强研究, 发展贝叶斯统计, 而不宜简单处置.

2. 贝叶斯公式

贝叶斯公式的事件形式在很多教材中都有介绍. 这里用随机变量的密度函数的形式再次叙述贝叶斯公式, 并介绍贝叶斯学派的一些具体想法.

(1) 依赖于参数 θ 的密度函数在经典统计中记为 $p(x;\theta)$, 它表示参数空间 Θ 中不同的 θ 对应不同的分布. 在贝叶斯统计中应记为 $p(x|\theta)$, 它表示在随机变量 θ 给定某个值时, 总体 X 的条件密度函数.

(2) 根据参数 θ 的先验信息确定先验分布 $\pi(\theta)$.

(3) 从贝叶斯学派的观点看, 样本 $\boldsymbol{X} = (X_1, X_2, \cdots, X_n)$ 的产生要分两步进行. 第一步设想从先验分布 $\pi(\theta)$ 中产生一个样本 θ'. 这一步人们是看不到的, 故用 "设想" 二字. 第二步从 $p(\boldsymbol{x}|\theta')$ 中产生一个样本 $\boldsymbol{X} = (X_1, X_2, \cdots, X_n)$. 这时样本 $\boldsymbol{X}$ 的联合条件密度函数为:

$$p(\boldsymbol{x}|\theta') = p(x_1, x_2, \cdots, x_n|\theta') = \prod_{i=1}^{n} p(x_i|\theta') \tag{4.2.1}$$

这个联合分布综合了总体信息和样本信息, 又称为似然函数. 它与最大似然估计中的似然函数没有什么不同, 区别只是把哪个看成给定的已知量, 把哪个看成函数的自变量.

(4) θ' 是设想出来的, 仍然是未知的, 它是由先验分布 $\pi(\theta)$ 产生的. 为把先验信息综合进去, 不能只考虑 θ', 对 θ 的其他值发生的可能性也要加以考虑, 故要用 $\pi(\theta)$ 进行综合. 这样一来, 样本 $\boldsymbol{X}$ 和参数 θ 的联合分布为:

$$h(\boldsymbol{X}, \theta) = p(\boldsymbol{x}|\theta)\pi(\theta) \tag{4.2.2}$$

这个联合分布把三种可用信息都综合进去了.

(5) 我们的任务是对未知参数 θ 作统计推断. 这与经典统计的目标是一致的. 在没有样本信息时, 我们只能依据先验分布 $\pi(\theta)$ 对 θ 做出推断. 在有了样本 $\boldsymbol{X} = (X_1, X_2, \cdots, X_n)$ 之后, 我们应依据 $h(\boldsymbol{x}, \theta)$ 对 θ 做出推断. 若把 $h(\boldsymbol{x}, \theta)$ 作如下分解:

$$h(\boldsymbol{x}, \theta) = \pi(\theta|\boldsymbol{x})m(\boldsymbol{x}) \tag{4.2.3}$$

式中, $m(\boldsymbol{x})$ 是 $\boldsymbol{X}$ 的边际密度函数:

$$m(\boldsymbol{x}) = \int_{\Theta} h(\boldsymbol{x}, \theta)\mathrm{d}\theta = \int_{\Theta} p(\boldsymbol{x}|\theta)\pi(\theta)\mathrm{d}\theta \tag{4.2.4}$$

它与 θ 无关, 或者说 $m(\boldsymbol{x})$ 中不含 θ 的任何信息, 则能用来对 θ 做出推断的仅有条件分布 $\pi(\theta|\boldsymbol{x})$, 它的计算公式为:

$$\pi(\theta|\boldsymbol{x}) = \frac{h(\boldsymbol{x}, \theta)}{m(\boldsymbol{x})} = \frac{p(\boldsymbol{x}|\theta)\pi(\theta)}{\int_{\Theta} p(\boldsymbol{x}|\theta)\pi(\theta)\mathrm{d}\theta} \tag{4.2.5}$$

这就是贝叶斯公式的密度函数形式. 这个条件分布称为 θ 的后验分布, 它集中了总体、样本和先验中有关 θ 的一切信息. 它也是用总体和样本对先验分布 $\pi(\theta)$ 做调整的结果, 要比 $\pi(\theta)$ 更接近 θ 的实际情况, 从而使基于 $\pi(\theta|\boldsymbol{x})$ 对 θ 的推断得到改进, 这一推断也称为贝叶斯更新.

式 (4.2.5) 是在 $\boldsymbol{X}$ 和 θ 都是连续型随机变量场合下的贝叶斯公式. 类似地, 其他场合下的贝叶斯公式也容易写出. 譬如当 $\boldsymbol{X}$ 是离散型随机变量, θ 是连续型随机变量时的贝叶斯公式如式 (4.2.6) 所示, 而当 θ 为离散型随机变量时的贝叶斯公式如式 (4.2.7) 和式 (4.2.8) 所示.

$$\pi(\theta|\boldsymbol{X} = \boldsymbol{x}_j) = \frac{p(\boldsymbol{x}_j|\theta)\pi(\theta)}{\int_{\Theta} p(\boldsymbol{x}_j|\theta)\pi(\theta)\mathrm{d}\theta} \tag{4.2.6}$$

$$\pi(\theta_j|\boldsymbol{X} = \boldsymbol{x}) = \frac{p(\boldsymbol{x}|\theta_j)\pi(\theta_j)}{\sum_{i=1}^{n} p(\boldsymbol{x}|\theta_i)\pi(\theta_i)} \tag{4.2.7}$$

$$\pi(\theta_i|\boldsymbol{X} = \boldsymbol{x}_j) = \frac{p(\boldsymbol{x}_j|\theta_i)\pi(\theta_i)}{\sum_{i=1}^{n} p(\boldsymbol{x}_j|\theta_i)\pi(\theta_i)} \tag{4.2.8}$$

例 4.2.3 设事件 A 的概率为 θ, 即 $P(A) = \theta$. 为了估计 θ, 进行了 n 次独立观察, 其中事件 A 出现的次数为 X, 这是该分布的充分统计量. 显然 $X \sim b(n,\theta)$, 即

$$P(X = x|\theta) = \binom{n}{x}\theta^x(1-\theta)^{n-x}, \quad x = 0,1,2,\cdots,n \tag{4.2.9}$$

假如在实验前, 我们对事件 A 没有什么了解, 从而对其发生的概率 θ 也说不出是大是小. 在这种场合下, 贝叶斯建议用区间 $(0,1)$ 上的均匀分布 $U(0,1)$ 作为 θ 的先验分布, 因为它取 $(0,1)$ 上每点的机会均等. 这个建议被后人称为贝叶斯假设. 这里 θ 的先验分布为:

$$\pi(\theta) = \begin{cases} 1, & 0 < \theta < 1 \\ 0, & \text{其他} \end{cases} \tag{4.2.10}$$

为了综合实验信息和先验信息, 可利用贝叶斯公式. 为此先计算样本 X 与参数 θ 的联合分布:

$$h(x,\theta) = \binom{n}{x}\theta^x(1-\theta)^{n-x}, \quad x = 0,1,2,\cdots,n; \quad 0 < \theta < 1 \tag{4.2.11}$$

从形式上看, 此联合分布与式 (4.2.9) 没有差别, 但在定义域上有差别. 再计算样本 X 的边际分布:

$$\begin{aligned} m(x) &= \int_0^1 h(x,\theta)\mathrm{d}\theta = \binom{n}{x}\int_0^1 \theta^x(1-\theta)^{n-x}\mathrm{d}\theta \\ &= \binom{n}{x}\frac{\Gamma(x+1)\Gamma(n-x+1)}{\Gamma(n+2)} \end{aligned} \tag{4.2.12}$$

将式 (4.2.11) 除以式 (4.2.12), 即得 θ 的后验分布:

$$\begin{aligned} \pi(\theta|X = x) &= \frac{h(x,\theta)}{m(x)} \\ &= \frac{\Gamma(n+2)}{\Gamma(x+1)\Gamma(n-x+1)}\theta^{(x+1)-1}(1-\theta)^{(n-x+1)-1}, \quad 0 < \theta < 1 \end{aligned}$$

这便是参数为 $x+1$ 与 $n-x+1$ 的贝塔分布 $\mathrm{Be}(x+1, n-x+1)$.

拉普拉斯在 1786 年研究了巴黎男婴出生的比率 θ 是否大于 0.5. 为此, 他收集了 1745—1770 年在巴黎出生的婴儿数据, 其中男婴为 251 527 个, 女婴为 241 945 个. 他选用 $U(0,1)$ 作为 θ 的先验分布, 于是得到 θ 的后验分布为 $\mathrm{Be}(x+1, n-x+1)$, 其中 $n = 251\,527 + 241\,945 = 493\,472, x = 251\,527$. 利用这一后验分布, 拉普拉斯计算了 $\theta \leqslant 0.5$ 的后验概率:

$$P(\theta \leqslant 0.5|x) = \frac{\Gamma(n+2)}{\Gamma(x+1)\Gamma(n-x+1)}\int_0^{0.5}\theta^x(1-\theta)^{n-x}\mathrm{d}\theta$$

当年拉普拉斯把被积函数 $\theta^x(1-\theta)^{n-x}$ 在最大值 $\dfrac{x}{n}$ 处展开, 然后对上述不完全贝塔函

数作近似计算, 最后的结果为:

$$P(\theta \leqslant 0.5|x) = 1.15 \times 10^{-42}$$

由于这一概率很小, 故他以很大的把握断言: 男婴出生的概率大于 0.5. 这一结果在当时是很有影响力的.

4.2.2 先验分布

先验分布的确定在贝叶斯统计推断中是关键的一步, 它会影响最后的贝叶斯统计推断结果. 先验分布确定的原则有二: 一是要根据先验信息 (经验和历史资料); 二是要使用方便, 即在数学上处理方便. 在具体操作时, 可首先假定先验分布来自数学上易于处理的一个分布族, 然后依据已有的先验信息从该分布族中挑选一个作为未知参数的先验分布. 先验分布中常含有未知参数, 先验分布中的未知参数称为超参数. 当所给定的先验分布中的超参数难以确定时, 可以对超参数再给出一个先验, 第二个先验称为超先验. 由先验和超先验决定的一个新先验称为多层先验, 这样的分析方法也称为层次贝叶斯模型, 本书并不涉及, 只重点介绍单层先验分布的贝叶斯方法.

对于先验分布的确定现已有一些较为成熟的方法, 具体有无信息先验分布、共轭先验分布等. 无信息先验分布是指在没有先验信息的场合下如何确定先验分布. 人们常把 "没有 θ 的任何信息" 理解为对 θ 的任何可能值没有偏爱, θ 取任意值具有同等可能. 因此很自然地把 θ 的取值范围上的均匀分布取作 θ 的先验分布. 比如若对男婴的出生率、商品的市场占有率等一无所知, 可用 (0,1) 上的均匀分布作为先验分布. 若参数空间为无限区间, 比如 $\theta \in (-\infty, +\infty)$, 则无法在其上定义一个正常的均匀分布, 此时, 我们假定先验分布 $\pi(\theta) = c \ (-\infty < \theta < +\infty)$, 这虽不是一个正常的概率密度函数, 但代入贝叶斯公式后, 不影响后验密度函数的求解, 因此贝叶斯学派将其称为广义先验密度.

接下来, 我们将介绍共轭先验分布. 我们知道, 在区间 (0,1) 上的均匀分布是贝塔分布 $\mathrm{Be}(1,1)$. 从例 4.2.3 中可以看到一个有趣的现象: 若二项分布 $b(n,\theta)$ 中的成功概率 θ 的先验分布取 $\mathrm{Be}(1,1)$, 则其后验分布是贝塔分布 $\mathrm{Be}(x+1, n-x+1)$. 先验分布与后验分布同属于一个贝塔分布族, 只不过参数不同罢了. 这一现象不是偶然的, 假如把 θ 的先验分布换成一般的贝塔分布 $\mathrm{Be}(a,b)(a>0, b>0)$, 则经过类似的计算可以看出 θ 的后验分布是贝塔分布 $\mathrm{Be}(a+x, b+n-x)$, 此种先验分布称为 θ 的共轭先验分布. 在其他场合还会遇到其他的共轭先验分布, 它的一般定义如下:

> **定义 4.2.1** 设 θ 是某分布中的一个参数, $\pi(\theta)$ 是其先验分布. 若由抽样信息算得的后验分布 $\pi(\theta|\boldsymbol{x})$ 与 $\pi(\theta)$ 同属于一个分布族, 则称 $\pi(\theta)$ 是 θ 的共轭先验分布.

从这个定义可以看出, 共轭先验分布是对某一分布中的参数而言的, 离开指定参数及其所在的分布谈论共轭先验分布是没有意义的. 常用的共轭先验分布如表 4.2.1 所示.

表 4.2.1　常用的共轭先验分布

总体分布	参数	共轭先验分布	后验分布
二点分布	成功概率 p	贝塔分布 $Be(a,b)$	$Be(a+n\overline{X}, b+n-n\overline{X})$
泊松分布	均值 λ	伽马分布 $Ga(a,\tau)$	$Ga(a+n\overline{X}, \tau+n)$
指数分布	均值倒数 $\dfrac{1}{\lambda}$	伽马分布 $Ga(a,\tau)$	$Ga(a+n, \tau+n\overline{X})$
正态分布 (方差已知)	均值 μ	正态分布 $N(a,b^2)$	$N(A,B)$
正态分布 (均值已知)	方差 σ^2	倒伽马分布 $IGa(a,\tau)$	$IGa(C,D)$

说明: 表中 $A=\dfrac{1}{\frac{n}{\sigma^2}+\frac{1}{b^2}}(\frac{a}{b^2}+\frac{n\overline{X}}{\sigma^2}), B=\dfrac{1}{\frac{n}{\sigma^2}+\frac{1}{b^2}}, C=a+\dfrac{n}{2}, D=\tau+\dfrac{\sum\limits_{i=1}^{n}(X_i-\mu)^2}{2}$. 若 $X\sim Ga(\alpha,\lambda)$,

则 $1/X$ 的分布称为倒伽马分布.

例 4.2.4 证明正态均值 (方差已知) 的共轭先验分布是正态分布.

证 设 $X_1, X_2, \cdots, X_n$ 是来自正态分布 $N(\theta, \sigma^2)$ 的一个样本, 其中 σ^2 已知. 此样本的联合密度函数为:

$$p(\boldsymbol{X}|\theta)=\left(\frac{1}{\sqrt{2\pi}\sigma}\right)^n \exp\left\{-\frac{1}{2\sigma^2}\sum_{i=1}^{n}(X_i-\theta)^2\right\}, \quad -\infty<X_1,X_2,\cdots,X_n<+\infty$$

再取另一正态分布 $N(\mu, \tau^2)$ 作为正态均值 θ 的先验分布, 即

$$\pi(\theta)=\frac{1}{\sqrt{2\pi}\tau}\exp\left\{-\frac{1}{2\tau^2}(\theta-\mu)^2\right\}, \quad -\infty<\theta<+\infty$$

式中, μ 与 τ^2 为已知. 由此可写出样本 $\boldsymbol{X}$ 与参数 θ 的联合密度函数:

$$h(\boldsymbol{X},\theta)=k_1\cdot\exp\left\{-\frac{1}{2}\left(\frac{n\theta^2-2n\theta\overline{X}+\sum\limits_{i=1}^{n}X_i^2}{\sigma^2}+\frac{\theta^2-2\mu\theta+\mu^2}{\tau^2}\right)\right\}$$

式中, $k_1=(2\pi)^{-\frac{n+1}{2}}\tau^{-1}\sigma^{-n}$, $\overline{X}=\dfrac{1}{n}\sum\limits_{i=1}^{n}X_i$. 若再记

$$\sigma_0^2=\frac{\sigma^2}{n}, \quad A=\frac{1}{\sigma_0^2}+\frac{1}{\tau^2}, \quad B=\frac{\overline{X}}{\sigma_0^2}+\frac{\mu}{\tau^2}, \quad C=\frac{\sum\limits_{i=1}^{n}X_i^2}{\sigma^2}+\frac{\mu^2}{\tau^2}$$

则上式可改写为:

$$h(\boldsymbol{X}, \theta) = k_1 \cdot \exp\left\{-\frac{1}{2}(A\theta^2 - 2B\theta + C)\right\}$$

$$= k_1 \cdot \exp\left\{-\frac{(\theta - B/A)^2}{2/A} - \frac{1}{2}\left(C - \frac{B^2}{A}\right)\right\}$$

由此容易算得样本 $\boldsymbol{X}$ 的边际分布为:

$$m(\boldsymbol{X}) = \int_{-\infty}^{+\infty} h(\boldsymbol{X}, \theta)\mathrm{d}\theta = k_1 \cdot \exp\left\{-\frac{1}{2}\left(C - \frac{B^2}{A}\right)\right\} \cdot \left(\frac{2\pi}{A}\right)^{\frac{1}{2}}$$

将上述两式相除, 即得 θ 的后验分布:

$$\pi(\theta|\boldsymbol{X}) = \frac{h(\boldsymbol{X}, \theta)}{m(\boldsymbol{X})} = \left(\frac{2\pi}{A}\right)^{-\frac{1}{2}} \exp\left\{-\frac{(\theta - B/A)^2}{2/A}\right\}$$

这是正态分布, 其均值 μ_1 与方差 σ_1^2 分别为:

$$\mu_1 = \frac{B}{A} = \frac{\overline{X}\sigma_0^{-2} + \mu\tau^{-2}}{\sigma_0^{-2} + \tau^{-2}}, \quad \sigma_1^2 = \frac{1}{A} = (\sigma_0^{-2} + \tau^{-2})^{-1} \tag{4.2.13}$$

譬如 $X \sim N(\theta, 2^2)$, $\theta \sim N(10, 3^2)$, 若从总体 X 中抽得容量为 5 的样本, 算得 $\overline{X} = 12.1$, 则由式 (4.2.13) 算得 $\mu_1 = 11.93$, $\sigma_1^2 = \left(\frac{6}{7}\right)^2$, 此时 θ 的后验分布为 $N\left(11.93, \left(\frac{6}{7}\right)^2\right)$.

当先验分布类型已定, 但其中还含有超参数时, 确定先验分布的问题就转化为估计超参数的问题. 下面的例子虽然仅涉及贝塔分布, 但是确定超参数的方法在其他分布中也可使用.

例 4.2.5 前面已指出: 二项分布中成功概率 θ 的共轭先验分布是贝塔分布 $\mathrm{Be}(a, b)$. 现在来讨论如何确定此共轭分布中的两个超参数 a 与 b. 下面分几种情况讨论.

(1) 假设根据先验信息能获得成功概率 θ 的若干 (间接) 观测值 $\theta_1, \theta_2, \cdots, \theta_n$. 一般它们是从历史数据中整理加工获得的, 由此可算得先验均值 $\overline{\theta}$ 与先验方差 $S_{n\theta}^2$ 分别为:

$$\overline{\theta} = \frac{1}{n}\sum_{i=1}^{n}\theta_i, \quad S_{n\theta}^2 = \frac{1}{n}\sum_{i=1}^{n}(\theta_i - \overline{\theta})^2$$

由于贝塔分布的均值与方差分别为:

$$E(\theta) = \frac{a}{a+b}$$

$$\mathrm{Var}(\theta) = \frac{ab}{(a+b)^2(a+b+1)}$$

因此令

$$\begin{cases} \widehat{E}(\theta) = \overline{\theta} \\ \widehat{\mathrm{Var}}(\theta) = S_{n\theta}^2 \end{cases}$$

即

$$\begin{cases} \dfrac{\widehat{a}}{\widehat{a}+\widehat{b}} = \overline{\theta} \\ \dfrac{\widehat{a}\widehat{b}}{(\widehat{a}+\widehat{b})^2(\widehat{a}+\widehat{b}+1)} = S_{n\theta}^2 \end{cases}$$

解之, 可得超参数 a 与 b 的矩估计值:

$$\widehat{a} = \overline{\theta}\left[\frac{(1-\overline{\theta})\overline{\theta}}{S_{n\theta}^2} - 1\right], \quad \widehat{b} = (1-\overline{\theta})\left[\frac{(1-\overline{\theta})\overline{\theta}}{S_{n\theta}^2} - 1\right]$$

(2) 假设根据先验信息只能获得先验均值 $\overline{\theta}$. 可令

$$\frac{\widehat{a}}{\widehat{a}+\widehat{b}} = \overline{\theta}$$

但一个方程不能唯一确定两个未知的超参数. 譬如 $\overline{\theta} = 0.4$, 满足 $\dfrac{\widehat{a}}{\widehat{a}+\widehat{b}} = 0.4$ 的 $\widehat{a}$ 与 $\widehat{b}$ 有无穷多组解. 表 4.2.2 中列出了若干组解, 从表中可见方差 $\mathrm{Var}(\theta)$ 随 $a+b$ 的增大而减小, 方差减小意味着诸 θ 向均值 $E(\theta)$ 集中, 从而 $E(\theta) = 0.4$ 的确信程度提高. 这样一来, 选择 $a+b$ 的问题转化为决策人对 $E(\theta) = 0.4$ 的确信程度大小的问题. 若对 $E(\theta) = 0.4$ 很确信, 那么 $a+b$ 可选得大一些, 否则就选得小一些. 譬如决策人对 $E(\theta) = 0.4$ 很确信, 从而选择了 $a+b = 35$, 从表 4.2.2 知, 此时 $\widehat{a} = 14$, $\widehat{b} = 21$, 这样 θ 的先验分布为贝塔分布 $\mathrm{Be}(14, 21)$.

表 4.2.2　贝塔分布中超参数与方差的关系

贝塔分布	a	b	$a+b$	$E(\theta)$	$\mathrm{Var}(\theta)$
$\mathrm{Be}(2,3)$	2	3	5	0.4	0.040 0
$\mathrm{Be}(4,6)$	4	6	10	0.4	0.021 8
$\mathrm{Be}(8,12)$	8	12	20	0.4	0.011 4
$\mathrm{Be}(10,15)$	10	15	25	0.4	0.009 2
$\mathrm{Be}(14,21)$	14	21	35	0.4	0.006 7

(3) 用两个分位数来确定 a 与 b. 譬如用上、下四分位数 θ_U 与 θ_L 来确定 a 与 b. 从图 4.2.2 可见, θ_L 与 θ_U 满足如下两个方程:

$$\int_0^{\theta_L} \frac{\Gamma(a+b)}{\Gamma(a)\Gamma(b)}\theta^{a-1}(1-\theta)^{b-1}\mathrm{d}\theta = 0.25$$

$$\int_{\theta_U}^1 \frac{\Gamma(a+b)}{\Gamma(a)\Gamma(b)}\theta^{a-1}(1-\theta)^{b-1}\mathrm{d}\theta = 0.25$$

由先验信息确定 θ_L 与 θ_U 的估计值, 再解出 $\widehat{a}$ 与 $\widehat{b}$ (需要用到数值积分).

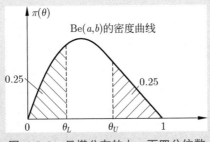

图 4.2.2　贝塔分布的上、下四分位数

(4) 如果缺乏对成功概率 θ 的先验信息, 不确定 θ 在哪个区域有更大的概率, 这时可用贝塔分布 $\mathrm{Be}(1,1)$ 作为 θ 的先验分布, 此时 $\widehat{a}=1, \widehat{b}=1$, 这便是前面提到的贝叶斯假设, 它是一种无信息先验分布. 一般来说, 当参数空间为有限区间, 如 $\Theta=(a,b)$, 且除此以外, 参数 θ 再无先验信息可用时, 用其上的均匀分布 $U(a,b)$ 作为 θ 的无信息先验分布参与贝叶斯分析是一个很好的想法.

4.2.3　贝叶斯风险与贝叶斯点估计

1. 贝叶斯风险

将参数 θ 视为 Θ 中具有先验分布 $\pi(\theta)$ 的随机变量, 式 (4.1.7) 的风险函数仍是随机变量, 关于 θ 求期望, 得

$$R(\delta) \stackrel{\text{def}}{=} E[R(\theta,\delta)] = \int_{\Theta} R(\theta,\delta)\pi(\theta)\mathrm{d}\theta$$

$R(\delta)$ 称为决策函数 δ 在给定先验分布 $\pi(\theta)$ 下的贝叶斯风险, 简称 δ 的贝叶斯风险.

设样本空调为 Ω, 当总体 X 和 θ 都是连续型随机变量时, 有

$$
\begin{aligned}
R(\delta) &= \int_{\Theta} R(\theta,\delta)\pi(\theta)\mathrm{d}\theta \\
&= \int_{\Theta}\int_{\Omega} L(\theta,\delta(x))p(x|\theta)\pi(\theta)\mathrm{d}x\mathrm{d}\theta \\
&= \int_{\Theta}\int_{\Omega} L(\theta,\delta(x))m(x)h(\theta|x)\mathrm{d}x\mathrm{d}\theta \\
&= \int_{\Omega} m(x)\int_{\Theta} L(\theta,\delta(x))h(\theta|x)\mathrm{d}\theta\mathrm{d}x
\end{aligned}
$$

当总体 X 和 θ 都是离散型随机变量时, 有

$$R(\delta) = \sum_{x\in\Omega} m(x)\sum_{\theta\in\Theta} L(\theta,\delta(x)h(\theta|x)) \tag{4.2.14}$$

由式 (4.2.14) 可见, 我们可以将贝叶斯风险看作由随机损失函数 $L(\theta,\delta(X))$ 求两次期望而得到, 第一次先对 θ 的后验分布求期望, 第二次关于样本 X 的边缘分布求期望. 此时,

$R(\delta)$ 已不依赖于决策函数 $\delta(x)$, 以贝叶斯风险的大小作为衡量决策函数的标准是合理的.

2. 贝叶斯点估计

贝叶斯点估计是对于给定的先验分布, 用平均风险函数评价一个估计量在一个给定的损失函数情况下的表现, 进而尝试求具有最小贝叶斯风险值的估计量.

> **定义 4.2.2** 设总体 X 的分布函数 $F(x,\theta)$ 中参数 θ 为随机变量, $\pi(\theta)$ 为 θ 的先验分布. 若在决策函数类 $\mathcal{D}$ 中存在一个决策函数 $\delta^*(x)$, 使得
> $$R(\delta^*) = \inf_{\delta} R(\delta), \quad \forall \delta \in \mathcal{D}$$
> 则称 $\delta^*(x)$ 为参数 θ 的贝叶斯点估计.

由定义可知, 贝叶斯估计量 $\delta^*(x)$ 就是使贝叶斯风险 $R(\delta)$ 达到最小的决策函数. 贝叶斯估计量依赖于先验分布 $\pi(\theta)$, 不同的先验分布 $\pi(\theta)$ 对应 θ 的不同的贝叶斯估计量. 在常用的损失函数下, 贝叶斯估计有如下几个结论.

> **定理 4.2.1** 设 θ 的先验分布为 $\pi(\theta)$, 损失函数为:
> $$L(\theta,\delta) = (\theta - \delta)^2$$
> 则 θ 的贝叶斯估计是:
> $$\delta(\boldsymbol{X} = \boldsymbol{x}) = E(\theta | \boldsymbol{X} = \boldsymbol{x}) = \int_{\Theta} \theta h(\theta | \boldsymbol{x}) \mathrm{d}\theta$$
> 式中, $h(\theta | \boldsymbol{x})$ 为参数 θ 的后验密度.

证 由于 $R(\delta) = \int_{\Omega} m(\boldsymbol{x}) \int_{\Theta} [\theta - \delta(\boldsymbol{x})]^2 h(\theta | \boldsymbol{x}) \mathrm{d}\theta \mathrm{d}\boldsymbol{x}$ 求最小值与 $\int_{\Theta} [\theta - \delta(\boldsymbol{x})]^2 h(\theta | \boldsymbol{x}) \mathrm{d}\theta$ 求最小值几乎处处等价, 而

$$\int_{\Theta} [\theta - \delta(\boldsymbol{x})]^2 h(\theta | \boldsymbol{x}) \mathrm{d}\theta = \int_{\Theta} [\theta - E(\theta | \boldsymbol{x}) + E(\theta | \boldsymbol{x}) - \delta(\boldsymbol{x})]^2 h(\theta | \boldsymbol{x}) \mathrm{d}\theta$$

$$= \int_{\Theta} [\theta - E(\theta | \boldsymbol{x})]^2 h(\theta | \boldsymbol{x}) \mathrm{d}\theta + \int_{\Theta} [E(\theta | \boldsymbol{x}) - \delta(\boldsymbol{x})]^2 h(\theta | \boldsymbol{x}) \mathrm{d}\theta$$

$$+ 2 \int_{\Theta} [\theta - E(\theta | \boldsymbol{x})][E(\theta | \boldsymbol{x}) - \delta(\boldsymbol{x})] h(\theta | \boldsymbol{x}) \mathrm{d}\theta$$

其中

$$E(\theta | \boldsymbol{x}) \triangleq \int_{\Theta} \theta h(\theta | \boldsymbol{x}) \mathrm{d}\theta$$

又

$$\int_{\Theta} [\theta - E(\theta | \boldsymbol{x})][E(\theta | \boldsymbol{x}) - \delta(\boldsymbol{x})] h(\theta | \boldsymbol{x}) \mathrm{d}\theta = [E(\theta | \boldsymbol{x}) - \delta(\boldsymbol{x})] \int_{\Theta} [\theta - E(\theta | \boldsymbol{x})] h(\theta | \boldsymbol{x}) \mathrm{d}\theta$$

$$= [E(\theta | \boldsymbol{x}) - \delta(\boldsymbol{x})][E(\theta | \boldsymbol{x}) - E(\theta | \boldsymbol{x})] = 0$$

故

$$\int_{\Theta}[\theta - \delta(\boldsymbol{x})]^2 h(\theta|\boldsymbol{x})\mathrm{d}\theta = \int_{\Theta}[\theta - E(\theta|\boldsymbol{x})]^2 h(\theta|\boldsymbol{x})\mathrm{d}\theta + \int_{\Theta}[E(\theta|\boldsymbol{x}) - \delta(\boldsymbol{x})]^2 h(\theta|\boldsymbol{x})\mathrm{d}\theta$$

显然, 当 $\delta(\boldsymbol{x}) = E(\theta|\boldsymbol{x})$a.e. 时, $R(\delta)$ 达到最小.

定理 4.2.2 设 θ 的先验分布为 $\pi(\theta)$, 取损失函数为加权平方损失函数:

$$L(\theta, \delta) = g(\theta)(\delta - \theta)^2$$

则 θ 的贝叶斯估计为:

$$\delta^*(\boldsymbol{x}) = \frac{E[g(\theta)\theta|\boldsymbol{x}]}{E[g(\theta)|\boldsymbol{x}]}$$

本定理的证明与定理 4.2.1 类似, 这里略去不证.

定理 4.2.3 设参数 $\boldsymbol{\theta}$ 为随机向量, $\boldsymbol{\theta} = (\theta_1, \theta_2, \cdots, \theta_p)'$, 对给定的先验分布 $\pi(\boldsymbol{\theta})$, 以及二次损失函数

$$L(\boldsymbol{\theta}, \boldsymbol{\delta}) = (\boldsymbol{\delta} - \boldsymbol{\theta})'\boldsymbol{P}(\boldsymbol{\delta} - \boldsymbol{\theta})$$

式中, $\boldsymbol{P}$ 为正定矩阵, $\boldsymbol{\theta}$ 的贝叶斯估计为后验分布 $h(\boldsymbol{\theta}|\boldsymbol{x})$ 的均值向量, 即

$$\boldsymbol{\delta}^*(\boldsymbol{x}) = E(\boldsymbol{\theta}|\boldsymbol{x}) = \begin{pmatrix} E(\theta_1|\boldsymbol{x}) \\ \vdots \\ E(\theta_p|\boldsymbol{x}) \end{pmatrix}$$

这个结论表明, 在正定二次损失函数下, θ 的贝叶斯估计不受正定矩阵 $\boldsymbol{P}$ 的选取的影响, θ 的贝叶斯估计关于 $\boldsymbol{P}$ 是稳健的.

证 在二次损失函数下, 任一决策向量函数 $\boldsymbol{\delta}(\boldsymbol{x}) = (\delta_1(\boldsymbol{x}), \cdots, \delta_p(\boldsymbol{x}))'$ 的后验风险为:

$$E[(\boldsymbol{\delta} - \boldsymbol{\theta})'\boldsymbol{P}(\boldsymbol{\delta} - \boldsymbol{\theta})|\boldsymbol{x}] = E\{[(\boldsymbol{\delta} - \boldsymbol{\delta}^*) + (\boldsymbol{\delta}^* - \boldsymbol{\theta})]'\boldsymbol{P}[(\boldsymbol{\delta} - \boldsymbol{\delta}^*) + (\boldsymbol{\delta}^* - \boldsymbol{\theta})]|\boldsymbol{x}\}$$
$$= E[(\boldsymbol{\delta} - \boldsymbol{\delta}^*)'\boldsymbol{P}(\boldsymbol{\delta} - \boldsymbol{\delta}^*)] + E[(\boldsymbol{\delta}^* - \boldsymbol{\theta})\boldsymbol{P}(\boldsymbol{\delta}^* - \boldsymbol{\theta})|\boldsymbol{x}]$$

考虑到上面最后一个等式中 $E(\boldsymbol{\delta}^* - \boldsymbol{\theta}|\boldsymbol{x}) = 0$, 则第二项为常量, 而第一项非负, 故使上式最小仅需 $\boldsymbol{\delta} = \boldsymbol{\delta}^*(\boldsymbol{x})$ 即可. 证毕.

定义 4.2.3 设 $\delta = \delta(\boldsymbol{x})$ 为决策函数类 $\mathcal{D}$ 中任一决策函数, 损失函数为 $L(\theta, \delta(\boldsymbol{x}))$, 则 $L(\theta, \delta(\boldsymbol{x}))$ 对后验分布 $h(\theta|\boldsymbol{x})$ 的数学期望称为后验风险, 记为

$$R(\delta|\boldsymbol{x}) = E[L(\theta, \delta(\boldsymbol{x}))] = \begin{cases} \displaystyle\int_{\Theta} L(\theta, \delta(\boldsymbol{x}))h(\theta|\boldsymbol{x})\mathrm{d}\theta, & \theta\text{为连续型变量} \\ \displaystyle\sum_{i=1}^{p} L(\theta_i, \delta(\boldsymbol{x}))h(\theta_i|\boldsymbol{x}), & \theta\text{为离散型变量} \end{cases}$$

假如存在决策函数 $\overline{\delta}(\boldsymbol{x}) \in \mathcal{D}$, 使得

$$R(\overline{\delta}|\boldsymbol{x}) = \inf_{\delta} R(\delta|\boldsymbol{x}), \quad \forall \delta \in \mathcal{D}$$

则称 $\overline{\delta}(\boldsymbol{x})$ 为该统计问题在后验风险准则下的最优决策函数, 或称为贝叶斯 (后验型) 决策函数. 在估计问题中, 它又称为贝叶斯 (后验型) 估计.

下面的定理给出了贝叶斯决策函数 $\delta^*(\boldsymbol{x})$ 与 $\overline{\delta}(\boldsymbol{x})$ 的等价性.

定理 4.2.4 对给定的统计决策问题 (包括先验分布给定的情形) 和决策函数类 $\mathcal{D}$, 若贝叶斯风险满足如下条件

$$\inf_{\delta} R(\delta) < +\infty, \quad \forall \delta \in \mathcal{D}$$

则贝叶斯决策函数 $\delta^*(\boldsymbol{x})$ 与贝叶斯后验型决策函数 $\overline{\delta}(\boldsymbol{x})$ 是等价的, 即后验风险最小的决策函数 $\overline{\delta}(\boldsymbol{x})$ 同时也使贝叶斯风险最小; 反之, 使贝叶斯风险最小的决策函数 $\delta^*(\boldsymbol{x})$ 同时也使后验风险最小.

定理 4.2.5 设 θ 的先验分布为 $\pi(\theta)$, 损失函数为绝对值损失

$$L(\theta, \delta) = |\delta - \theta|$$

则 θ 的贝叶斯估计 $\delta_B(\boldsymbol{x})$ 为后验分布 $h(\theta|\boldsymbol{x})$ 的中位数.

证 设 m 为 $h(\theta|\boldsymbol{x})$ 的中位数, 又设 $\delta = \delta(\boldsymbol{x})$ 为 θ 的另一估计. 为方便起见, 不妨设 $\delta > m$. 由绝对损失函数的定义可得

$$L(\theta, m) - L(\theta, \delta) = \begin{cases} m - \delta, & \theta \leqslant m \\ 2\theta - (m + \delta), & m < \theta < \delta \\ \delta - m, & \theta \geqslant \delta \end{cases}$$

当 $m < \theta < \delta$ 时, 上式中 $2\theta - (m+\delta) \leqslant 2\delta - (m+\delta) = \delta - m$. 所以

$$L(\theta, m) - L(\theta, \delta) \leqslant \begin{cases} m - \delta, & \theta \leqslant m \\ \delta - m, & \theta > m \end{cases}$$

由中位数的定义知 $P(\theta \leqslant m|\boldsymbol{x}) = \dfrac{1}{2}$ 而 $P(\theta > m|\boldsymbol{x}) = \dfrac{1}{2}$. 由此可知后验风险的差为:

$$R(m|\boldsymbol{x}) - R(\delta|\boldsymbol{x}) = E[L(\theta, m) - L(\theta, \delta)]$$

$$\leqslant (m - \delta)P(\theta \leqslant m|\boldsymbol{x}) + (\delta - m)P(\theta > m|\boldsymbol{x})$$

$$\leqslant \frac{m - \delta}{2} + \frac{\delta - m}{2} = 0$$

于是对 $\delta > m$ 有

$$R(m|\boldsymbol{x}) \leqslant R(\delta|\boldsymbol{x})$$

类似地, 对 $\delta < m$ 亦得不等式成立. 这就表明后验分布中位数 m 使后验风险最小, 故 m 是 θ 的贝叶斯估计. 证毕.

例 4.2.6 设总体 X 服从二点分布 $b(1,p)$, 其中参数 p 未知而 p 在 $[0,1]$ 上服从均匀分布, $X_1, X_2, \cdots, X_n$ 是来自 X 的样本. 假定损失函数是二次损失函数 $L(p,d) = (p-d)^2$, 试求参数 p 的贝叶斯估计及贝叶斯风险.

解 由定理 4.2.1 知, 当损失函数为二次损失函数时, 欲求 p 的贝叶斯估计, 需先求 p 的后验分布 $h(p|\boldsymbol{x}) = \dfrac{q(\boldsymbol{x}|p)\pi(p)}{m(\boldsymbol{x})}$.

由表 4.2.1 知后验分布是贝塔分布, 其均值为 $\dfrac{\sum\limits_{i=1}^{n} X_i + 1}{n+2}$.

这个估计的贝叶斯风险为:

$$R(\widehat{p}) = \int_{\Theta} E[L(p,d)|p]\pi(p)\mathrm{d}p = \int_0^1 E(\widehat{p}-p)^2 \mathrm{d}p$$

$$= \int_0^1 E\left(\frac{\sum\limits_{i=1}^{n} X_i + 1}{n+2} - p\right)^2 \mathrm{d}p$$

$$= \frac{1}{(n+2)^2} \int_0^1 E\left[\sum_{i=1}^{n} X_i + 1 - (n+2)p\right]^2 \mathrm{d}p$$

而 $E\left[\sum\limits_{i=1}^{n} X_i + 1 - (n+2)p\right]^2 = E(Y - np + 1 - 2p)^2$, 其中 $Y = \sum\limits_{i=1}^{n} X_i$ 服从二项分布 $b(n,p)$. 再把上式中的平方项展开并分别求期望, 得

$$E\left[\sum_{i=1}^{n} X_i + 1 - (n+2)p\right]^2 = np(1-p) + (1-2p)^2$$

所以

$$R(\widehat{p}) = \frac{1}{(n+2)^2} \int_0^1 [np(1-p) + (1-2p)^2]\mathrm{d}p$$

$$= \frac{1}{(n+2)^2} \int_0^1 [(4-n)p^2 + (n-4)p + 1]\mathrm{d}p$$

$$= \frac{1}{(n+2)^2}\left(\frac{4-n}{3} + \frac{n-4}{2} + 1\right) = \frac{1}{6(n+2)}$$

附带说明一点, 对于 p 的最大似然估计 $\widehat{p}_{\mathrm{MLE}} = \dfrac{1}{n} \sum_{i=1}^{n} X_i = \overline{X}$, 可求出其贝叶斯风险为 $1/(6n)$.

例 4.2.7 设 $X_1, X_2, \cdots, X_n$ 是来自 $N(\theta, \sigma^2)$ 的一个样本, 其中 σ^2 已知, θ 为未知参数, 假如 θ 的先验分布为 $N(\mu, \tau^2)$, 其中 μ 与 τ^2 已知. 试求平方损失函数下 θ 的贝叶斯估计.

解 由于正态分布 $N(\mu, \tau^2)$ 是正态均值 θ 的共轭先验分布, 由例 4.2.4 知, 在样本 $\boldsymbol{x} = (x_1, x_2, \cdots, x_n)$ 给定的条件下, θ 的后验分布为 $N(\mu_1, \sigma_1^2)$, 其中 μ_1, σ_1^2 如式 (4.2.13) 所示, μ_1 即为后验分布的期望, 故 θ 的贝叶斯估计为:

$$\widehat{\theta}_B = \mu_1 = \frac{\overline{x}\sigma_0^{-2} + \mu\tau^{-2}}{\sigma_0^{-2} + \tau^{-2}}$$

式中, $\sigma_0^2 = \dfrac{\sigma^2}{n}$. 若记 $r_n = \dfrac{\sigma_0^{-2}}{\sigma_0^{-2} + \tau^{-2}}$, 则上述贝叶斯估计可改写为如下的加权平均形式:

$$\widehat{\theta}_B = r_n\overline{x} + (1 - r_n)\mu \qquad (4.2.15)$$

式中, $\overline{x}$ 为样本均值, μ 为 θ 的先验均值, 权数 r_n 由样本均值的方差 σ_0^2 和先验方差 τ^2 算得. 当 $\sigma_0^2 > \tau^2$ 时, $r_n < \dfrac{1}{2}, 1 - r_n > \dfrac{1}{2}$, 于是从式 (4.2.15) 可以看出在贝叶斯估计中先验均值 μ 占的比重大一些. 这从直观上也容易理解, 因为当 $\sigma_0^2 > \tau^2$ 时, 方差小的更应受到重视, 权重应大一些. 反之, 当 $\sigma_0^2 < \tau^2$ 时, $r_n > \dfrac{1}{2}, 1 - r_n < \dfrac{1}{2}$, 于是在贝叶斯估计式 (4.2.15) 中样本均值 $\overline{x}$ 占的比重大一些. 特别是当 $r_n = 0$ 时, $\sigma_0^2 = +\infty$, 这表示没有样本信息, 故贝叶斯估计只能用先验均值了. 当 $r_n = 1$ 时, $\tau^2 = +\infty$, 这表示没有任何先验信息可用, 故贝叶斯估计就取经典估计 $\overline{x}$. 从上述内容中可以看出, 用式 (4.2.15) 表示的贝叶斯估计有一个十分合理的解释.

另外, 从式 (4.2.13) 还可看出, 其后验方差 σ_1^2 可改写为:

$$\frac{1}{\sigma_1^2} = \frac{1}{\sigma_0^2} + \frac{1}{\tau^2}$$

即后验方差的倒数是样本均值 $\overline{x}$ 的方差的倒数与先验方差的倒数之和. 若把方差的倒数称为精度 (实务中常这样称呼), 则精度越高越好. 这时后验精度是样本均值的精度与先验精度之和. 要想提高后验精度, 就要努力提高样本均值的精度和/或先验精度.

作为一个数值例子, 我们考虑对一个儿童进行的智力测验. 设测验结果 $X \sim N(\theta, 100)$, 其中 θ 为这个儿童的智商的真值. 若又设 $\theta \sim N(100, 225)$, 应用上述方法, 当 $n = 1$ 时, 可得在给定 $X = x$ 的条件下, 该儿童智商 θ 的后验分布是正态分布 $N(\mu_1, \sigma_1^2)$, 其后验均值与后验方差分别为:

$$\mu_1 = \frac{100 \times 100 + 225x}{100 + 225} = \frac{400 + 9x}{13}$$

$$\sigma_1^2 = \frac{100 \times 225}{100 + 225} = 69.23 = 8.32^2$$

假如该儿童测验得分为 115 分, 则其智商的贝叶斯估计为:

$$\widehat{\theta}_B = \frac{400 + 9 \times 115}{13} = 110.38$$

例 4.2.8 为估计不合格品率 θ, 今从一批产品中随机抽取 n 件, 其中不合格品数为 $X = x$, 又设 θ 的先验分布为贝塔分布 $\mathrm{Be}(a,b)$, 这里 a,b 已知. 求平方损失函数下 θ 的贝叶斯估计.

解 由共轭先验分布可知, 此时 θ 的后验分布 $\pi(\theta|x)$ 为贝塔分布 $\mathrm{Be}(a+x,b+n-x)$, 此后验分布的均值即为 θ 的贝叶斯估计, 故

$$\widehat{\theta}_B = \frac{a+x}{a+b+n}$$

这一估计亦可改写为:

$$\widehat{\theta}_B = \frac{a+x}{a+b+n} = \frac{n}{a+b+n} \cdot \frac{x}{n} + \frac{a+b}{a+b+n} \cdot \frac{a}{a+b}$$

$$= r_n \widehat{\theta}_{\mathrm{MLE}} + (1 - r_n)\overline{\theta}$$

式中, $\overline{\theta} = \dfrac{a}{a+b}$ 是先验分布 $\mathrm{Be}(a,b)$ 的均值, 它可看作仅用先验分布对 θ 所作的估计. $\widehat{\theta}_{\mathrm{MLE}} = \dfrac{x}{n}$ 是仅用抽样信息对 θ 所作的最大似然估计. $r_n = \dfrac{n}{a+b+n}$ 是权数, 它的大小取决于样本量 n. 当 n 很大时, r_n 将很接近于 1, 于是贝叶斯估计将很接近于最大似然估计 $\widehat{\theta}_{\mathrm{MLE}}$, 即抽样信息在估计 θ 时是主要成分; 当 n 较小时, r_n 将接近于 0, 于是贝叶斯估计将很接近于先验均值 $\overline{\theta}$, 即先验信息在估计 θ 时是主要成分. 这一现象表明, 各种信息在贝叶斯估计中所占的地位是很恰当的.

作为一个数值例子, 我们选用贝叶斯假设, 即 θ 的先验分布选为均匀分布 $U(0,1)$, 它就是 $a = b = 1$ 的贝塔分布. 假如其他条件不变, 那么 θ 的贝叶斯估计为:

$$\widehat{\theta}_B = \frac{x+1}{n+2}$$

它与最大似然估计 $\widehat{\theta}_{\mathrm{MLE}} = x/n$ 略有不同, 它相当于在 n 次检查后再追加 2 次检查, 并且不合格品增加 1 个. 这里 2 与 1 正是均匀先验分布所提供的信息. 表 4.2.3 列出了不合格品率 θ 的最大似然估计 $\widehat{\theta}_{\mathrm{MLE}}$ 与贝叶斯估计 $\widehat{\theta}_B$ 的 4 种实验结果. 在实验 1 与实验 2 中, "抽检 3 个产品全合格" 与 "抽检 10 个产品全合格" 在人们心目中也是有差别的两个事件, 可是用最大似然估计 $\widehat{\theta}_{\mathrm{MLE}}$ 反映不出此种差别, 而贝叶斯估计能反映一些. 在这些极端场合下, 贝叶斯估计更具有吸引力.

表 4.2.3　不合格品率 θ 的最大似然估计 $\widehat{\theta}_{\mathrm{MLE}}$ 与贝叶斯估计 $\widehat{\theta}_{B}$

实验号	n	x	$\widehat{\theta}_{\mathrm{MLE}} = x/n$	$\widehat{\theta}_B = (x+1)/(n+2)$
1	3	0	0	0.2
2	10	0	0	0.083
3	3	3	1	0.8
4	10	10	1	0.917

例 4.2.9　经过早期筛选后的彩色电视机 (简称彩电) 的寿命服从指数分布, 其密度函数为:

$$p(t|\theta) = \frac{1}{\theta}\mathrm{e}^{-t/\theta}, \quad t > 0$$

式中, $\theta > 0$ 是彩电的平均寿命.

现从一批彩电中随机抽取 n 台进行寿命实验. 实验到第 r 台失效为止, 其失效时间为 $t_1 \leqslant t_2 \leqslant \cdots \leqslant t_r$, 另外 $n-r$ 台彩电直到实验停止时 (t_r) 还未失效. 这种实验称为截尾寿命实验, 所得样本 $\boldsymbol{t} = (t_1, t_2, \cdots, t_r)$ 称为截尾样本. 试求彩电平均寿命 θ 的贝叶斯估计.

解　截尾样本的联合分布为:

$$p(\boldsymbol{t}|\theta) = \frac{n!}{(n-r)!}\prod_{i=1}^{r}p(t_i|\theta)[1-F(t_r)]^{n-r}$$

$$= \frac{n!}{(n-r)!}\prod_{i=1}^{r}\left(\frac{1}{\theta}\mathrm{e}^{-t_i/\theta}\right)\cdot(\mathrm{e}^{-t_r/\theta})^{n-r}$$

$$= \frac{n!}{(n-r)!}\frac{1}{\theta^r}\mathrm{e}^{-s_r/\theta}$$

式中, $s_r = t_1 + t_2 + \cdots + t_r + (n-r)t_r$ 为总实验时间, $F(t)$ 为彩电寿命的分布函数.

为求 θ 的贝叶斯估计, 我们来求 θ 的先验分布. 据经验, 选用倒伽马分布作为 θ 的先验分布是恰当的. 假如随机变量 $X \sim \mathrm{Ga}(\alpha, \lambda)$, 则 X^{-1} 的分布就称为倒伽马分布, 记为 $\mathrm{IGa}(\alpha, \lambda)$, 它的密度函数为:

$$\pi(\theta) = \frac{\lambda^{\alpha}}{\Gamma(\alpha)}\theta^{-(\alpha+1)}\mathrm{e}^{-\lambda/\theta}, \quad \theta > 0$$

式中, $\alpha > 0, \lambda > 0$ 是两个待定参数, θ 的先验期望 $E(\theta) = \dfrac{\lambda}{\alpha-1}$.

利用贝叶斯公式可得 θ 的后验分布为:

$$\pi(\theta|\boldsymbol{t}) = \frac{(\lambda+s_r)^{\alpha+r}}{\Gamma(\alpha+r)}\theta^{-(\alpha+r+1)}\mathrm{e}^{-(\lambda+s_r)/\theta}, \quad q > 0$$

即 $\mathrm{IGa}(\alpha+r, \lambda+s_r)$, 因此 θ 的后验期望为 $\dfrac{\lambda+s_r}{\alpha+r-1}$, 贝叶斯估计为:

$$\widehat{\theta}_B = \frac{\lambda+s_r}{\alpha+r-1}$$

为了最终确定这个估计, 我们收集了大量先验信息. 我国彩电生产厂家做了大量彩电寿命实验, 仅 15 个工厂实验室和一些独立实验室就对 13 142 台彩电进行了共计 5 369 812 台时的实验, 而且对 9 240 台彩电进行了 3 年现场跟踪实验, 总共进行了 5 547 810 台时的实验. 这两类实验的失效台数总共不超过 250 台. 对如此大量的先验信息加工整理后, 确认我国彩电的平均寿命不低于 30 000 小时, 它的 10% 分位数 $\theta_{0.1}$ 大约为 11 250 小时, 经过专家认定, 这两个数据基本符合我国前几年彩电寿命的实际情况.

由此可列出如下两个方程:

$$
\begin{cases}
\dfrac{\lambda}{\alpha - 1} = 30\ 000 \\[2mm]
\displaystyle\int_0^{11\ 250} \pi(\theta)\mathrm{d}\theta = 0.1
\end{cases}
$$

在计算机上解此方程组, 得

$$\widehat{\alpha} = 1.956, \quad \widehat{\lambda} = 2\ 868$$

这样一来, 我们就完全确定了先验分布 IGa (1.956, 2 868). 假如随机抽取 100 台彩电进行 400 小时实验, 没有一台失败, 这时总实验时间 $s_r = 100 \times 400 = 40\ 000$ (小时), $r = 0$, 于是彩电平均寿命 θ 的贝叶斯估计为 $\widehat{\theta}_B = 44\ 841$ (小时).

例 4.2.10 设 $\boldsymbol{X} = (X_1, X_2, \cdots, X_n)$ 为来自均匀分布 $U(0, \theta)$ 的一个样本, 又设 θ 的先验分布为帕累托分布, 其分布函数与密度函数分别为:

$$F(\theta) = 1 - \left(\frac{\theta_0}{\theta}\right)^{\alpha}, \quad \theta \geqslant \theta_0$$

$$\pi(\theta) = \alpha \theta_0^{\alpha} / \theta^{\alpha+1}, \quad \theta \geqslant \theta_0$$

式中, $0 < \alpha < 1$ 和 $\theta_0 > 0$ 为已知, 该分布记为 $\mathrm{Pa}(\alpha, \theta_0)$. θ 的数学期望 $E(\theta) = \alpha\theta_0/(\alpha-1)$, 在上述假设下, 样本 $\boldsymbol{X}$ 与 θ 的联合分布为:

$$f(\boldsymbol{X}, \theta) = \alpha\theta_0^{\alpha}/\theta^{\alpha+n+1}, \quad 0 < X_i < \theta; \quad i = 1, 2, \cdots, n; \quad 0 < \theta_0 < \theta$$

设 $\theta_1 = \max(X_1, X_2, \cdots, X_n, \theta_0)$, 则样本 $\boldsymbol{X}$ 的边缘分布为:

$$g(\boldsymbol{X}) = \int_{\theta_1}^{+\infty} \frac{\alpha\theta_0^{\alpha}}{\theta^{\alpha+n+1}}\mathrm{d}\theta = \frac{\alpha\theta_0^{\alpha}}{(\alpha+n)\theta_1^{\alpha+n}}, \quad 0 < X_i < \theta_1$$

由贝叶斯公式可得后验分布仍是帕累托分布, 即 $\mathrm{Pa}(\alpha+n, \theta_1)$.

在绝对损失下, θ 的贝叶斯估计 $\widehat{\theta}_B$ 是后验分布的中位数, 即 $\widehat{\theta}_B$ 是下列方程的解:

$$1 - \left(\frac{\theta_1}{\theta_B}\right)^{\alpha+n} = \frac{1}{2}$$

解之可得:

$$\widehat{\theta}_B = 2^{\frac{1}{\alpha+n}}\theta_1$$

若取平方损失函数, 则 θ 的贝叶斯估计 $\widehat{\theta}_B$ 是后验均值, 即

$$\widehat{\theta}_B = \frac{\alpha + n}{\alpha + n - 1} \max(X_1, X_2, \cdots, X_n, \theta_0)$$

4.2.4 两个注释

1. 利用分布的核简化后验分布的计算

先验分布的确定在贝叶斯统计中起着关键作用, 而后验分布及其后验量 (后验期望、后验方差等) 的计算在贝叶斯推断中起着重要作用. 这里将介绍利用分布的核简化后验分布计算的通用方法, 至于后验量的近似计算可参阅其他参考文献.

在给定样本分布 $p(\boldsymbol{X}|\theta)$ 和先验分布 $\pi(\theta)$ 后, 用贝叶斯公式可得 θ 的后验分布:

$$\pi(\theta|\boldsymbol{X}) = p(\boldsymbol{X}|\theta)\pi(\theta)/m(\boldsymbol{X})$$

式中, $m(\boldsymbol{X})$ 为样本 $\boldsymbol{X} = (X_1, X_2, \cdots, X_n)$ 的边际分布, 它不依赖于 θ, 在后验分布计算中仅起到一个正则化因子的作用. 假如把 $m(\boldsymbol{X})$ 省略, 则贝叶斯公式可改写为如下形式:

$$\pi(\theta|\boldsymbol{X}) \propto p(\boldsymbol{X}|\theta)\pi(\theta)$$

式中, 符号 "$\propto$" 表示两边仅差一个不依赖于 θ 的常数因子. 上式右端虽不是 θ 的密度函数 (或分布列), 但在需要时利用正则化可立即恢复密度函数 (或分布列) 的原型. 这时可把上式右端 $p(\boldsymbol{X}|\theta)\pi(\theta)$ 称为后验分布 $\pi(\theta|\boldsymbol{X})$ 的核, 假如 $p(\boldsymbol{X}|\theta)\pi(\theta)$ 中还有不含 θ 的因子, 仍可剔去, 使核更为精练. 下面的例子会给我们更多启发.

例 4.2.11 设 $\boldsymbol{x} = (x_1, x_2, \cdots, x_n)$ 为来自二点分布 $b(1, \theta)$ 的一个样本观测值, 其中成功概率 θ 的先验分布为贝塔分布, 现要求 θ 的后验分布.

解 这个问题曾在例 4.2.3 中出现过, 这里用分布的核再求一次. 首先写出样本分布与贝塔分布的核:

$$p(\boldsymbol{x}|\theta) \propto \theta^t(1-\theta)^{n-t}, \quad t = x_1 + x_2 + \cdots + x_n$$

$$\pi(\theta) \propto \theta^{a-1}(1-\theta)^{b-1}, \quad 0 < \theta < 1$$

这两个分布含有 θ 的核类似, 其乘积是后验分布 $\pi(\theta|\boldsymbol{x})$ 的核:

$$\pi(\theta|\boldsymbol{x}) \propto \theta^{a+t-1}(1-\theta)^{b+n-t-1}$$

此核仍是贝塔分布 $\mathrm{Be}(a+t, b+n-t)$ 的核, 在熟悉贝塔分布的情况下, 立即可写出后验分布的密度函数及其期望与方差:

$$\pi(\theta|\boldsymbol{x}) = \frac{\Gamma(a+b+n)}{\Gamma(a+t)\Gamma(b+n-t)}\theta^{a+t-1}(1-\theta)^{b+n-t-1}, \quad 0 < \theta < 1$$

$$E(\theta|\boldsymbol{x}) = \frac{a+t}{a+b+n}$$

$$\mathrm{Var}(\theta|\boldsymbol{x}) = \frac{(a+t)(b+n-t)}{(a+b+n)^2(a+b+n+1)}$$

从上述简短的过程可以看出, 由于省略了边际密度 $m(\boldsymbol{x})$ 的计算, 大大简化了后验分布的计算, 但需要熟悉分布的核.

另外还可看出, 贝塔分布之所以可以成为成功概率 θ 的共轭先验分布, 关键之处在于先验分布与样本分布的核类似.

例 4.2.12 设 $x_1, x_2, \cdots, x_n$ 是来自正态分布 $N(\theta, \sigma^2)$ 的一个样本观测值, 其中 θ 已知, 现要求正态方差 σ^2 的共轭先验分布.

解 先写出样本分布, 从中看出含有 σ^2 的核:

$$p(\boldsymbol{x}|\sigma^2) = \left(\frac{1}{\sqrt{2\pi}\sigma}\right)^n \exp\left\{-\frac{1}{2\sigma^2}\sum_{i=1}^{n}(x_i-\theta)^2\right\}$$

$$\propto \left(\frac{1}{\sigma^2}\right)^{n/2} \exp\left\{-\frac{1}{2\sigma^2}\sum_{i=1}^{n}(x_i-\theta)^2\right\}$$

要求的 σ^2 的共轭先验的核必须与上述核类似. 什么分布具有上述核呢?

若取正态方差 σ^2 的先验分布为倒伽马分布 $\mathrm{IGa}(\alpha, \lambda)$, 其中参数 α 与 λ 已知 (倒伽马分布的定义详见例 4.2.9), 则其密度函数的核为:

$$\pi(\sigma^2) \propto \left(\frac{1}{\sigma^2}\right)^{\alpha+1} \mathrm{e}^{-\lambda/\sigma^2}, \quad \sigma^2 > 0$$

由于它与样本分布有关 σ^2 的核类似, 故它是 σ^2 的共轭先验分布. 由此可得 σ^2 的后验分布的核为:

$$\pi(\sigma^2|\boldsymbol{x}) \propto p(\boldsymbol{x}|\sigma^2)\pi(\sigma^2)$$

$$\propto \left(\frac{1}{\sigma^2}\right)^{\alpha+\frac{n}{2}+1} \exp\left\{-\frac{1}{\sigma^2}\left[\lambda+\frac{1}{2}\sum_{i=1}^{n}(x_i-\theta)^2\right]\right\}$$

容易看出, 这仍是倒伽马分布 $\mathrm{IGa}\left(\alpha+\dfrac{n}{2}, \lambda+\dfrac{1}{2}\sum_{i=1}^{n}(x_i-\theta)^2\right)$, 故它的后验均值为:

$$E(\sigma^2|\boldsymbol{x}) = \frac{\lambda+\dfrac{1}{2}\sum_{i=1}^{n}(x_i-\theta)^2}{\alpha+\dfrac{n}{2}-1}$$

2. 贝叶斯统计中的充分统计量

充分统计量是经典统计学中的一个概念, 但它与贝叶斯统计是相容的, 也是经典学派与贝叶斯学派相一致的少数几个论点之一.

在经典统计学中有一个判定统计量 $T(\boldsymbol{x})$ 是否充分的充要条件 (即因子分解定理), 其表述为: 若样本 $\boldsymbol{x}=(x_1, x_2, \cdots, x_n)$ 的分布 $p(\boldsymbol{x}|\theta)$ 可以分解为

$$p(\boldsymbol{x}|\theta) = g(T(\boldsymbol{x}),\theta)h(\boldsymbol{x}) \tag{4.2.16}$$

式中, $g(t,\theta)$ 是 t 与 θ 的函数并通过 $t = T(\boldsymbol{x})$ 与样本发生联系, $h(\boldsymbol{x})$ 仅是样本 $\boldsymbol{x}$ 的函数且与 θ 无关, 则 $T(\boldsymbol{x})$ 为 θ 的充分统计量.

在贝叶斯统计中对充分统计量的判定也有一个充要条件, 其表述为: 若 θ 的后验分布 $\pi(\theta|\boldsymbol{x})$ 可以表示为 θ 和某个统计量 $T(\boldsymbol{x})$ 的函数

$$\pi(\theta|\boldsymbol{x}) = \pi(\theta|T(\boldsymbol{x})) \tag{4.2.17}$$

则 $T(\boldsymbol{x})$ 为 θ 的充分统计量.

上述两个充要条件中, 式 (4.2.16) 与式 (4.2.17) 是等价的, 故由式 (4.2.17) 可算得后验分布.

例 4.2.13 设 $\boldsymbol{x} - (x_1, x_2, \cdots, x_n)$ 是来自正态总体 $N(\mu, 1)$ 的一个样本, μ 的先验分布取为共轭先验 $N(0, \tau^2)$, 其中 τ^2 已知. 在经典统计学中, 样本均值 $\overline{x}$ 是 μ 的充分统计量. 现要验证, 在贝叶斯统计中, $\overline{x}$ 仍是 μ 的充分统计量.

解 已知诸 $X_i \sim N(\mu, 1)$ 和 $\mu \sim N(0, \tau^2)$, 利用它们的核可写出后验分布 $\pi(\mu|\boldsymbol{X} = \boldsymbol{x})$ 的核如下:

$$\pi(\mu|\boldsymbol{x}) \propto p(\boldsymbol{x}|\mu)\pi(\mu)$$

$$\propto \exp\left\{-\frac{1}{2}\sum_{i=1}^{n}(x_i - \mu)^2\right\} \cdot \exp\left\{-\frac{\mu^2}{2\tau^2}\right\}$$

$$\propto \exp\left\{-\frac{1}{2}\left[\mu^2\left(n + \frac{1}{\tau}\right) - 2n\overline{x}\mu\right]\right\}$$

$$\propto \exp\left\{-\frac{n + \tau^{-2}}{2}\left(\mu - \frac{n\overline{x}}{n + \tau^{-2}}\right)^2\right\}$$

最后的结果表明它是正态分布 $N\left(\dfrac{n\overline{x}}{n + \tau^{-2}}, \dfrac{1}{n + \tau^{-2}}\right)$ 的核, 且仅是样本均值 $\overline{x}$ 与 μ 的函数, 故有 $\pi(\mu|\boldsymbol{x}) = \pi(\mu|\overline{x})$, 所以在贝叶斯统计中, $\overline{x}$ 亦是 μ 的充分统计量.

• 批判性思考 •

1. 进一步了解各种贝叶斯学派以及对先验分布的设定和思考.

2. 了解 Gibbs 抽样与 MCMC 抽样在贝叶斯统计计算中的重要性.

3. 体会在无信息先验分布的情况下, 似然函数即为后验分布的含义.

4. 了解更多经验贝叶斯方法.

5. 体会贝叶斯估计量也是统计量.

• 习 题 4.2 •

1. 设随机变量 X 的密度函数为:

$$p(x|\theta) = \frac{2x}{\theta^2}, \quad 0 < x < \theta < 1$$

从中获得容量为 1 的样本, 观测值记为 x.

(1) 假如 θ 的先验分布为 $U(0,1)$, 求 θ 的后验分布.

(2) 假如 θ 的先验分布为 $\pi(\theta) = 3\theta^2 (0 < \theta < 1)$, 求 θ 的后验分布.

2. 设随机变量 X 服从均匀分布 $U\left(\theta - \frac{1}{2}, \theta + \frac{1}{2}\right)$, 其中 θ 的先验分布为 $U(10,20)$. 要求:

(1) 假如获得 X 的一个观测值为 12, 求 θ 的后验分布.

(2) 假如连续获得 X 的 6 个观测值: 11.0, 11.5, 11.7, 11.1, 11.4, 10.9, 求 θ 的后验分布.

3. 设 $X_1, X_2, \cdots, X_n$ 是来自均匀分布 $U(0,\theta)$ 的一个样本, 又设 θ 的先验分布为帕累托分布, 其密度函数为:

$$\pi(\theta) = \frac{\alpha \theta_0^\alpha}{\theta^{\alpha+1}}, \quad \theta > \theta_0$$

式中, $\theta_0 > 0, \alpha > 0$ 为两个已知常数. 证明 θ 的后验分布仍为帕累托分布, 即帕累托分布是均匀分布端点 θ 的共轭先验分布.

4. 某人每天早上在汽车站等候公共汽车的时间 (单位: 分钟) 服从均匀分布 $U(0,\theta)$, 其中 θ 未知, 设 θ 的先验分布的密度函数为:

$$\pi(\theta) = \frac{192}{\theta^4}, \quad \theta \geqslant 4$$

假如此人三个早上的等车时间分别为 5 分钟、3 分钟、8 分钟, 求 θ 的后验分布.

5. 设随机变量 X 服从几何分布, 即

$$P(X = k|\theta) = \theta(1-\theta)^k, \quad k = 0, 1, 2, \cdots$$

(1) 求 θ 的共轭先验分布.

(2) 求 θ 的后验均值与后验方差.

6. 设 $X_1, X_2, \cdots, X_n$ 是来自正态总体 $N(\theta, \sigma^2)$ 的一组样本, σ^2 已知, 考虑使用平方误差损失函数估计 θ. 又设 θ 的先验分布 $\pi(\theta)$ 为正态分布 $N(\mu, \tau^2)$, δ_B 是 θ 的贝叶斯估计量. 验证下面关于损失函数和贝叶斯风险的公式:

(1) 对任意常数 a 和 b, 估计量 $\delta(\boldsymbol{X}) = a\overline{X} + b$ (其中 $\boldsymbol{X} = (x_1, x_2, \cdots, x_n)$) 具有风险函数:

$$R(\theta, \delta) = a^2 \frac{\sigma^2}{n} + (b - (1-a)\theta)^2$$

(2) 设 $\eta = \sigma^2/(n\tau^2 + \sigma^2)$, 贝叶斯估计量的风险函数是:

$$R(\theta, \delta_B) = (1-\eta)^2 \frac{\sigma^2}{n} + \eta^2 (\theta - \mu)^2$$

(3) 贝叶斯估计量的贝叶斯风险是:

$$R(\delta_B) = \tau^2 \eta$$

4.3 贝叶斯区间估计

4.3.1 可信区间

对于区间估计问题, 贝叶斯方法具有处理方便和含义清晰的优点.

当获得参数 θ 的后验分布 $\pi(\theta|\boldsymbol{x})$ 以后, 立即可计算 θ 落在某区间 $[a,b]$ 内的后验概率, 譬如 $1-\alpha$, 即

$$P(a \leqslant \theta \leqslant b|\boldsymbol{x}) = 1-\alpha$$

反之, 若给定概率 $1-\alpha$, 要找一个区间 $[a,b]$ 使上式成立, 这样求得的区间就是 θ 的贝叶斯区间估计, 又称为可信区间, 这是在 θ 为连续型随机变量的场合. 若 θ 为离散型随机变量, 对给定的概率 $1-\alpha$, 满足上式的区间 $[a,b]$ 不一定存在, 这时只有略微放大上式左端的概率, 才能找到 a 与 b, 使得

$$P(a \leqslant \theta \leqslant b|\boldsymbol{x}) > 1-\alpha$$

这样的区间也是 θ 的贝叶斯可信区间, 它的一般定义如下.

定义 4.3.1 设参数 θ 的后验分布为 $\pi(\theta|\boldsymbol{x})$, 对给定的样本 $\boldsymbol{x}$ 和概率 $1-\alpha$ $(0 < \alpha < 1)$, 若存在这样的两个统计量 $\widehat{\theta}_L = \widehat{\theta}_L(\boldsymbol{x})$ 与 $\widehat{\theta}_U = \widehat{\theta}_U(\boldsymbol{x})$, 使得

$$P(\widehat{\theta}_L \leqslant \theta \leqslant \widehat{\theta}_U|\boldsymbol{x}) \geqslant 1-\alpha \tag{4.3.1}$$

则称区间 $[\widehat{\theta}_L, \widehat{\theta}_U]$ 为参数 θ 的可信水平为 $1-\alpha$ 的贝叶斯可信区间, 或简称为 θ 的 $1-\alpha$ 可信区间. 满足

$$P(\theta \geqslant \widehat{\theta}_L|\boldsymbol{x}) \geqslant 1-\alpha \tag{4.3.2}$$

的 $\widehat{\theta}_L$ 称为 θ 的 $1-\alpha$ (单侧) 可信下限. 满足

$$P(\theta \leqslant \widehat{\theta}_U|\boldsymbol{x}) \geqslant 1-\alpha \tag{4.3.3}$$

的 $\widehat{\theta}_U$ 称为 θ 的 $1-\alpha$ (单侧) 可信上限.

这里的可信水平和可信区间与经典统计学中的置信水平和置信区间虽是类似的概念, 但两者在解释上和寻求上有本质差别, 主要表现在如下两点.

(1) 在贝叶斯方法下, 对给定的样本 $\boldsymbol{x}$ 和可信水平 $1-\alpha$, 通过后验分布可求得具体的可信区间. 譬如, θ 的可信水平为 0.9 的可信区间是 $[1.5, 2.6]$, 这时我们可以得到

$$P(1.5 \leqslant \theta \leqslant 2.6|\boldsymbol{x}) = 0.9$$

还可以表述为 θ 属于这个区间的概率为 0.9 或 θ 落入这个区间的概率为 0.9. 但是对置信区间就不能这么说, 因为经典统计学认为 θ 是常量, 它要么在 [1.5, 2.6] 内, 要么在此区间之外, 不能说 θ 在 [1.5, 2.6] 内的概率为 0.9, 只能说使用这个置信区间 100 次, 大约 90 次能覆盖 θ. 此种频率解释对仅使用一次或两次的人来说是毫无意义的, 相比之下, 前者的解释简单、自然, 易被人们理解和采用. 而实际情况是很多实际工作者把求得的置信区间当作可信区间去理解和使用了.

(2) 在经典统计中, 寻求置信区间有时是很困难的, 因为要设法构造一个枢轴量 (含有被估参数的随机变量), 使它的分布不含有未知参数, 这是一项技术性很强的工作, 不熟悉抽样分布是很难完成的. 但寻求可信区间只需利用后验分布, 无须寻求另外的分布. 两种方法相比, 可信区间的寻求要简单得多.

例 4.3.1 设 $x_1, x_2, \cdots, x_n$ 是来自正态总体 $N(\theta, \sigma^2)$ 的一个样本观测值, 其中 σ^2 已知, 取正态均值 θ 的先验分布为 $N(\mu, \tau^2)$, 其中 μ 与 τ 已知. 在例 4.2.4 中已求得 θ 的后验分布为 $N(\mu_1, \sigma_1^2)$, 其中 μ_1 与 σ_1^2 如式 (4.2.13) 所示, 由此很容易得到:

$$P(\mu_1 - \sigma_1 u_{1-\alpha/2} \leqslant \theta \leqslant \mu_1 + \sigma_1 u_{1-\alpha/2}) = 1 - \alpha$$

式中, $u_{1-\alpha/2}$ 是标准正态分布的 $1 - \alpha/2$ 分位数. 从而 θ 的 $1 - \alpha$ 的可信区间为 $[\mu_1 - \sigma_1 u_{1-\alpha/2}, \mu_1 + \sigma_1 u_{1-\alpha/2}]$.

在儿童智商测验中设某儿童测验得分 $X \sim N(\theta, 100)$, 其中智商 θ 的先验分布为 $N(100, 225)$, 在仅取一个样本 $(n = 1)$ 的情况下, 算得此儿童智商 θ 的后验分布为 $N(\mu_1, \sigma_1^2)$, 其中

$$\mu_1 = (400 + 9x)/13, \quad \sigma_1^2 = 8.32^2$$

该儿童在一次智商测验中的得分 $x = 115$, 立即可得其智商 θ 的后验分布为 $N(110.38, 8.32^2)$ 及 θ 的 0.95 可信区间 [94.07, 126.69], 即

$$P(94.07 \leqslant \theta \leqslant 126.69 | x = 115) = 0.95$$

在这个例子中, 若不用先验信息, 仅用抽样信息, 则按经典方法, 由 $X \sim N(\theta, 100)$ 和 $x = 115$ 亦可求得 θ 的 0.95 置信区间:

$$115 \pm 1.96 \times 10 = [95.4, 134.6]$$

这两个区间是不同的, 区间长度也不等, 可信区间的长度短一些是因为使用了先验信息. 另一个差别是经典方法不允许说 θ 位于区间 [95.4, 134.6] 内的概率是 0.95, 也不允许说区间 [95.4, 134.6] 覆盖 θ 的概率是 0.95. 在这一束缚下, 区间 [95.4, 134.6] 还能有什么用处呢? 这就是置信区间常受到批评的原因, 可不少人仍在使用置信区间的结果, 他们总认为 θ 在 [95.4, 134.6] 内的概率为 0.95, 就把此区间当作可信区间去解释.

例 4.3.2 经过早期筛选后的彩电的寿命服从指数分布, 它的密度函数为:

$$p(t|\theta) = \theta^{-1}e^{-t/\theta}, \quad t > 0$$

式中, $\theta > 0$ 是彩电的平均寿命. 在例 4.2.9 中曾选用 θ 的共轭先验分布倒伽马分布 $\text{IGa}(\alpha, \lambda)$, 并利用先验信息确定其中两个参数: $\alpha = 1.956, \lambda = 2\,868$, 后又利用样本信息 (100 台彩电进行 400 小时实验, 无一台失效, 即 $S = 40\,000, r = 0$), 最后得到后验分布 $\text{IGa}(\alpha + r, \lambda + S)$, 以及平均寿命 θ 的贝叶斯估计:

$$\widehat{\theta}_B = \frac{\lambda + S}{\alpha + r - 1} = \frac{2\,868 + 40\,000}{1.956 + 0 - 1} = 44\,841 \text{ (小时)}$$

如今要求平均寿命 θ 的 0.90 可信下限 $\widehat{\theta}_L$, 它可用后验分布 $\text{IGa}(\alpha + r, \lambda + S)$ 的 0.10 分位数求得, 即

$$P(\theta \geqslant \widehat{\theta}_L) = 1 - 0.10$$

利用分布间的关系转而使用 χ^2 分布分位数. 因为当 $\theta \sim \text{IGa}(\alpha + r, \lambda + S)$ 时, $\theta^{-1} \sim \text{Ga}(\alpha + r, \lambda + S)$, 从而 $2(\lambda + S)\theta^{-1} \sim \chi^2[2(\alpha + r)]$. 利用 χ^2 分布的 0.90 分位数可得:

$$P\left(2(\lambda + S)\theta^{-1} \leqslant \chi^2_{0.9}[2(\alpha + r)]\right) = 0.90$$

由此可得平均寿命 θ 的 0.90 可信下限:

$$\widehat{\theta}_L = \frac{2(\lambda + S)}{\chi^2_{0.9}[2(\alpha + r)]}$$

这里 $\alpha = 1.956, \lambda = 2\,868, S = 40\,000, r = 0$, 于是自由度 $f = 2(\alpha + r) = 3.912$, 其分位数为 $\chi^2_{0.9} = 7.645$. 最后, θ 的 0.90 可信下限为:

$$\widehat{\theta}_L = \frac{2 \times (2\,868 + 40\,000)}{7.645} = 11\,215 \text{ (小时)}$$

上述计算表明, 20 世纪 80 年代我国彩电的平均寿命接近 4.5 万小时, 而平均寿命的 0.90 可信下限约为 1.1 万小时.

4.3.2 最大后验密度可信区间

对给定的可信水平 $1 - \alpha$, 从后验分布 $\pi(\theta|\boldsymbol{x})$ 获得的可信区间不止一个, 常用的方法是把 α 平分, 用 $\alpha/2$ 和 $1 - \alpha/2$ 分位数来获得 θ 的可信区间.

等尾可信区间在实际中经常应用, 但不是最理想的. 最理想的可信区间应是区间长度最短的, 这只要把具有最大后验密度的点都包含在区间内, 而使区间外的点上的后验密度函数值不超过区间内的后验密度函数值, 这样的区间称为最大后验密度 (highest posterior density, HPD) 可信区间, 它的一般定义如下.

> **定义 4.3.2** 设参数 θ 的后验密度为 $\pi(\theta|\boldsymbol{x})$, 对给定的概率 $1-\alpha$ $(0 < \alpha < 1)$, 若在 θ 的直线上存在这样一个子集 C, 满足下列两个条件:
>
> (1) $P(C|\boldsymbol{x}) = 1-\alpha$,
>
> (2) 对任给的 $\theta_1 \in C$ 和 $\theta_2 \bar{\in} C$, 总有 $\pi(\theta_1|\boldsymbol{x}) \geqslant \pi(\theta_2|\boldsymbol{x})$,
>
> 则称 C 是 θ 的可信水平为 $1-\alpha$ 的最大后验密度可信集, 简称 $(1-\alpha)$ 的 HPD 可信集. 如果 C 是一个区间, 则 C 又称为 $(1-\alpha)$ 的 HPD 可信区间.

这个定义仅对后验密度函数有效, 这是因为当 θ 为离散型随机变量时, HPD 可信集很难实现. 从这个定义可见, 当后验密度函数 $\pi(\theta|\boldsymbol{x})$ 为单峰时 (见图 4.3.1(a)), 一般总可找到 HPD 可信区间; 而当后验密度函数 $\pi(\theta|\boldsymbol{x})$ 为多峰时, 可能得到由几个互不连接的区间组成的 HPD 可信集 (见图 4.3.1(b)). 很多统计学家建议放弃 HPD 准则, 采用相连接的等尾可信区间. 顺便指出, 后验密度函数出现多峰常常是由先验信息与抽样信息不一致引起的, 认识和研究此种抵触信息往往是重要的. 共轭先验分布大多是单峰的, 这必然导致后验分布也是单峰的, 它可能会掩盖这种抵触, 这种掩盖有时是不好的, 这就告诉我们要慎重对待和使用共轭先验分布.

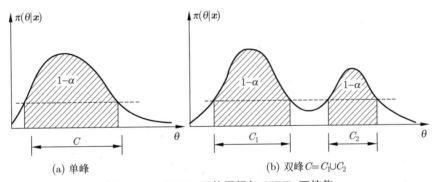

图 4.3.1 HPD 可信区间与 HPD 可信集

当后验密度函数单峰、对称时, 寻求 $(1-\alpha)$ 的 HPD 可信区间较为容易, 它就是等尾可信区间; 当后验密度函数单峰但不对称时, 寻求 HPD 可信区间并不容易, 这时可借助计算机. 譬如, 当后验密度函数 $\pi(\theta|\boldsymbol{x})$ 是 θ 的单峰连续函数时, 可按下述方法逐渐逼近, 获得 θ 的 $(1-\alpha)$ 的 HPD 可信区间.

(1) 对给定的 k, 建立子程序; 解方程 $\pi(\theta|\boldsymbol{x}) = k$, 得解 $\theta_1(k)$ 和 $\theta_2(k)$, 从而构成一个区间:

$$C(k) = [\theta_1(k), \theta_2(k)] = \{\theta : \pi(\theta|\boldsymbol{x}) \geqslant k\}$$

(2) 建立第二个子程序, 用来计算概率

$$P(\theta \in C(k)|\boldsymbol{x}) = \int_{C(k)} \pi(\theta|\boldsymbol{x})\mathrm{d}\theta$$

(3) 对给定的 k, 若 $P(\theta \in C(k)|\boldsymbol{x}) \approx 1-\alpha$, 则 $C(k)$ 为所求的 HPD 可信区间. 若 $P(\theta \in C(k)|\boldsymbol{x}) > 1-\alpha$, 则增大 k, 再转入 (1) 与 (2).

若 $P(\theta \in C(k)|\boldsymbol{x}) < 1 - \alpha$, 则减小 k, 再转入 (1) 与 (2).

例 4.3.3 在例 4.3.2 中已确定彩电平均寿命 θ 的后验分布为倒伽马分布 IGa (1.956, 42 868), 现求 θ 的可信水平为 0.90 的 HPD 可信区间.

解 为简单起见, 这里的 1.956 用近似数 2 代替, 于是 θ 的后验密度为:

$$\pi(\theta|\boldsymbol{t}) = \beta^2 \theta^{-3} e^{-\beta/\theta}, \quad \theta > 0$$

式中, $\beta = 42\,868$, 它的分布函数为:

$$F(\theta|\boldsymbol{t}) = \left(1 + \frac{\beta}{\theta}\right) e^{-\beta/\theta}, \quad \theta > 0$$

这将为计算可信区间的后验概率提供方便.

另外, 此后验密度是单峰函数, 其众数 $\theta_{MD} = \beta/3 = 14\,289$, 这就告诉我们, θ 的 HPD 可信区间的两个端点分别在此众数两侧, 在众数点处的后验密度函数值为:

$$\pi(\theta_{MD}|\boldsymbol{t}) = \beta^2 \left(\frac{3}{\beta}\right)^3 e^{-3} = 0.000\,031\,358$$

这个数过小, 对计算不利, 在以下计算中将用 $\beta\pi(\theta|\boldsymbol{t})$ 来代替 $\pi(\theta|\boldsymbol{x})$, 这并不会影响我们求 HPD 可信区间, 其中

$$\beta\pi(\theta|\boldsymbol{t}) = \left(\frac{\beta}{\theta}\right)^3 \exp\left(-\frac{\beta}{\theta}\right)$$

我们按求 HPD 可信区间的程序 (1) ~ (3) 进行, 经过 4 轮计算获得 θ 的 0.90 的 HPD 可信区间 (4 735, 81 189), 即

$$P(4\,735 \leqslant \theta \leqslant 81\,189|\boldsymbol{t}) = 0.90$$

具体计算如下: 在第一轮, 我们先取 $\theta_U^{(1)} = 42\,868$ (由于它大于众数 θ_{MD}, 故它是上限), 代入 $\beta\pi(\theta|\boldsymbol{t})$, 算得

$$\beta\pi(\theta_U^{(1)}|\boldsymbol{t}) = 0.367\,879$$

然后在计算机上搜索, 发现当 $\theta_L^{(1)} = 6\,387$ 时, 有

$$\beta\pi(\theta_L^{(1)}|\boldsymbol{t}) = 0.368\,173$$

这时可认为 $\beta\pi(\theta_U^{(1)}|\boldsymbol{t}) = \beta\pi(\theta_L^{(1)}|\boldsymbol{t}) = 0.367\,9$, θ 位于此区间的后验概率可由分布函数算出, 即

$$P(\theta_L^{(1)} \leqslant \theta \leqslant \theta_U^{(1)}|\boldsymbol{t}) = F(\theta_U^{(1)}|\boldsymbol{t}) - F(\theta_L^{(1)}|\boldsymbol{t})$$

$$= 0.735\,759 - 0.009\,396 = 0.726\,363$$

此概率比 0.90 要小, 还需扩大区间.

在第二轮中, 我们取 $\theta_U^{(2)} = 85\,736$, 这时

$$\beta\pi(\theta_U^{(2)}|\boldsymbol{t}) = 0.075\,816$$

然后在计算机上搜索, 发现当 $\theta_L^{(2)} = 4\,632$ 时, 有

$$\beta\pi(\theta_L^{(2)}|\boldsymbol{t}) = 0.075\,811$$

可以认为 $\beta\pi(\theta_U^{(2)}|\boldsymbol{t}) = \beta\pi(\theta_L^{(2)}|\boldsymbol{t}) = 0.075\,8$, 而 θ 位于此区间的后验概率可类似算得, 即

$$P(\theta_L^{(2)} \leqslant \theta \leqslant \theta_U^{(2)}|\boldsymbol{t}) = 0.909\,800 - 0.000\,981 = 0.908\,819$$

此概率又比 0.90 大一点, 还要缩小区间. 接着进行第三轮、第四轮计算, 最后获得 θ 的 0.90 的 HPD 可信区间是 $(4\,735,\ 81\,189)$, 全部搜索过程及中间结果列于表 4.3.1 中.

表 4.3.1 可信区间的搜索过程

θ_0	β/θ_0	$\beta\pi(\theta_0|\boldsymbol{t}) = \left(\dfrac{\beta}{\theta_0}\right)^3 \mathrm{e}^{-\beta/\theta_0}$	$P(\theta \leqslant \theta_0|\boldsymbol{t}) = \left(1 + \dfrac{\beta}{\theta_0}\right)\mathrm{e}^{-\beta/\theta_0}$	$P(\theta_L \leqslant \theta \leqslant \theta_U|\boldsymbol{t})$
$\theta_U^{(1)} = 42\,868$	1	0.367 879	0.735 759	
$\theta_L^{(1)} = 6\,387$	6.71	0.368 173	0.009 396	0.726 363
$\theta_U^{(2)} = 85\,736$	0.5	0.075 816	0.909 796	
$\theta_L^{(2)} = 4\,632$	9.255	0.075 811	0.000 981	0.908 815
$\theta_U^{(3)} = 80\,883$	0.53	0.087 630	0.900 566	
$\theta_L^{(3)} = 4\,742$	9.039	0.087 654	0.001 192	0.899 374
$\theta_U^{(4)} = 81\,189$	0.528	0.086 815	0.901 189	
$\theta_L^{(4)} = 4\,735$	9.053	0.086 838	0.001 177	0.900 012

· 批判性思考 ·

深刻体会贝叶斯区间估计与频率学派区间估计的差异.

· 习 题 4.3 ·

1. 设 $x_1, x_2, \cdots, x_n$ 是来自泊松分布 $P(\lambda)$ 的一个样本观测值, 假如 λ 的先验分布是伽马分布 $\mathrm{Ga}(a,b)$, 其中 a,b 为已知常数. 求 λ 的 $1-\alpha$ 等尾可信区间.

2. 设 $x_1, x_2, \cdots, x_n$ 是来自均匀分布 $U(0,\theta)$ 的一个样本观测值, 其中 θ 的先验分布为帕累托分布, 其密度函数为:

$$\pi(\theta) = \frac{\beta\theta_0^\beta}{\theta^{\beta+1}}, \quad \theta > \theta_0$$

式中, $\theta_0 > 0, \beta > 0$ 为两个已知常数.

(1) 求平方损失下 θ 的贝叶斯估计.

(2) 求 θ 的 $1-\alpha$ 可信上限.

3. 设 $x_1, x_2, \cdots, x_n$ 是来自正态总体 $N(\theta, 1)$ 的一个样本观测值, 若 θ 的先验分布为正态分布 $N(x_0, 1)$, 求 θ 的 $1 - \alpha$ 等尾可信区间.

4. 设 $x_1, x_2, \cdots, x_n$ 是来自 $\mathrm{Be}(\theta, 1)$ 概率密度函数的 i.i.d. 样本观测值, 并且假定 θ 具有一个先验 $\mathrm{Ga}(\gamma, \lambda)$ 概率密度函数. 求关于 θ 的一个 $1 - \alpha$ 贝叶斯可信集合.

5. 设 $x_1, x_2, \cdots, x_n$ 是来自 $N(\theta, \sigma^2)$ 的 i.i.d. 样本观测值, 其中 θ 和 σ^2 未知, 但是只对 θ 的推断感兴趣. 考虑先验概率密度函数

$$\pi(\theta, \sigma^2 | \mu, \tau^2, a, b) = \frac{1}{\sqrt{2\pi\tau^2\sigma^2}} \mathrm{e}^{-\frac{(\theta-\mu)^2}{2\tau^2\sigma^2}} \frac{1}{\Gamma(a)b^a} \left(\frac{1}{\sigma^2}\right)^{a+1} \mathrm{e}^{-\frac{1}{b\sigma^2}}$$

即一个 $N(\mu, \tau^2\sigma^2)$ 乘以一个 $\mathrm{IGa}\left(a, \dfrac{1}{b}\right)$.

(1) 证明: 这个先验是此问题的一个共轭先验.

(2) 求 θ 的后验分布并用它构造 θ 的一个 $1 - \alpha$ 可信区间.

4.4 贝叶斯假设检验

在经典的假设检验中, 对原假设 H_0: $\theta \in \Theta_0$ 及备择假设 H_1: $\theta \in \Theta_1$ 做出判断, 之后根据犯第 I、II 类错误的概率来评价检验方法. 在贝叶斯分析中, 在 H_0 和 H_1 之间做出决策的任务从概念上说更直截了当, 只需计算后验概率 $\alpha_0 = P(\Theta_0|\boldsymbol{x})$ 及 $\alpha_1 = P(\Theta_1|\boldsymbol{x})$, 然后比较 α_0 和 α_1 的大小. 当后验概率比 (或称后验机会比) $\alpha_0/\alpha_1 > 1$ 时, 接受 H_0; 当 $\alpha_0/\alpha_1 < 1$ 时, 接受 H_1; 当 $\alpha_0/\alpha_1 \approx 1$ 时, 不宜做判断, 尚需进一步抽样或收集先验信息.

贝叶斯假设检验很简单, 与经典假设检验相比, 它无须选择检验统计量, 确定抽样分布, 也无须事先给出显著性水平, 确定拒绝域. 此外, 贝叶斯假设检验也容易推广到三个或三个以上假设的场合, 这时应该接受具有最大后验概率的假设.

例 4.4.1　设 x 是从二项分布 $b(n, \theta)$ 中抽取的一次观测值, 现考虑如下两个假设:

$$\Theta_0 = \{\theta: \theta \leqslant 1/2\}, \quad \Theta_1 = \{\theta: \theta > 1/2\}$$

若取均匀分布 $U(0, 1)$ 作为 θ 的先验分布, 则 Θ_0 的后验概率为:

$$\begin{aligned}
\alpha_0 &= P(\Theta_0|x) = \frac{\Gamma(n+2)}{\Gamma(x+1)\Gamma(n-x+1)} \int_0^{1/2} \theta^x (1-\theta)^{n-x} \mathrm{d}\theta \\
&= \frac{\Gamma(n+2)}{\Gamma(x+1)\Gamma(n-x+1)} \frac{(1/2)^{n+1}}{x+1} \left[1 + \frac{n-x}{x+2} + \frac{(n-x)(n-x-1)}{(x+2)(x+3)} \right. \\
&\quad \left. + \cdots + \frac{(n-x)!x!}{(n+1)!} \right]
\end{aligned}$$

在 $n = 5$ 时可算得各种 x 下的后验概率及后验机会比 (见表 4.4.1).

表 4.4.1 后验机会比

x	0	1	2	3	4	5
α_0	63/64	57/64	42/64	22/64	7/64	1/64
α_1	1/64	7/64	22/64	42/64	57/64	63/64
α_0/α_1	63.0	8.14	1.91	0.52	0.12	0.016

从表 4.4.1 可见, 当 $x = 0, 1, 2$ 时, 应接受 Θ_0, 譬如当 $x = 1$ 时, 后验机会比 $\dfrac{\alpha_0}{\alpha_1} = 8.14$ 表明 Θ_0 为真的可能性是 Θ_1 为真的可能性的 8.14 倍, 而当 $x = 3, 4, 5$ 时, 应拒绝 Θ_0, 接受 Θ_1.

在贝叶斯检验中有一个重要概念, 那就是贝叶斯因子, 它的定义如下.

定义 4.4.1 两个假设的先验概率为 π_0 和 π_1, 后验概率为 α_0 和 α_1, 则

$$B^\pi(\boldsymbol{x}) = \frac{\text{后验机会比}}{\text{先验机会比}} = \frac{\alpha_0/\alpha_1}{\pi_0/\pi_1} = \frac{\alpha_0\pi_1}{\alpha_1\pi_0}$$

称为贝叶斯因子.

从这个定义可见, 贝叶斯因子既依赖于数据 $\boldsymbol{x}$, 又依赖于先验分布 π. 很多人 (包括非贝叶斯学者) 认为, 两种机会比相除会减弱先验分布的影响, 突出数据的影响. 从这个角度看, 贝叶斯因子 $B^\pi(\boldsymbol{x})$ 是数据 $\boldsymbol{x}$ 支持 Θ_0 的程度. 下面具体讨论几种情况下的贝叶斯因子.

首先来看, 简单假设 $\Theta_0 = \{\theta_0\}$ 对简单假设 $\Theta_1 = \{\theta_1\}$ 的情况. 在这种场合下, 这两种简单假设的后验概率分别为:

$$\alpha_0 = \frac{\pi_0 p(\boldsymbol{x}|\theta_0)}{\pi_0 p(\boldsymbol{x}|\theta_0) + \pi_1 p(\boldsymbol{x}|\theta_1)}, \quad \alpha_1 = \frac{\pi_1 p(\boldsymbol{x}|\theta_1)}{\pi_0 p(\boldsymbol{x}|\theta_0) + \pi_1 p(\boldsymbol{x}|\theta_1)}$$

式中, $p(\boldsymbol{x}|\theta)$ 为样本的分布. 这时后验机会比为:

$$\frac{\alpha_0}{\alpha_1} = \frac{\pi_0 p(\boldsymbol{x}|\theta_0)}{\pi_1 p(\boldsymbol{x}|\theta_1)}$$

若要拒绝原假设 $\Theta_0 = \{\theta_0\}$, 则必须有 $\alpha_0/\alpha_1 < 1$, 或

$$\frac{p(\boldsymbol{x}|\theta_1)}{p(\boldsymbol{x}|\theta_0)} > \frac{\pi_0}{\pi_1}$$

即要求两密度函数值之比大于临界值, 从贝叶斯观点看, 这个临界值就是两个先验概率比.

这种场合下的贝叶斯因子为:

$$B^\pi(\boldsymbol{x}) = \frac{\alpha_0\pi_1}{\alpha_1\pi_0} = \frac{p(\boldsymbol{x}|\theta_0)}{p(\boldsymbol{x}|\theta_1)}$$

它不依赖于先验分布, 仅依赖于样本的似然比. 这时贝叶斯因子的大小表示样本 $\boldsymbol{x}$ 支持 Θ_0 的程度.

例 4.4.2 设 $X \sim N(\theta, 1)$，其中 θ 只有两种可能，非 0 即 1。我们需要检验的假设是：

$$H_0: \theta = 0, \quad H_1: \theta = 1$$

若从该总体中抽取一个容量为 n 的样本 $\boldsymbol{x}$，其均值 $\overline{x}$ 是充分统计量，于是在 $\theta = 0$ 和 $\theta = 1$ 下的似然函数分别为：

$$p(\overline{x}|0) = \sqrt{\frac{n}{2\pi}} \exp\left\{-\frac{n}{2}\overline{x}^2\right\}$$

$$p(\overline{x}|1) = \sqrt{\frac{n}{2\pi}} \exp\left\{-\frac{n}{2}(\overline{x}-1)^2\right\}$$

而贝叶斯因子为：

$$B^{\pi}(\boldsymbol{x}) = \frac{\alpha_0 \pi_1}{\alpha_1 \pi_0} = \exp\left\{-\frac{n}{2}(2\overline{x}-1)\right\}$$

若设 $n = 10, \overline{x} = 2$，那么贝叶斯因子为：

$$B^{\pi}(\boldsymbol{x}) = 3.06 \times 10^{-7}$$

这个数很小，数据对原假设 H_0 的支持微乎其微，因为接受原假设 H_0 就要求：

$$\frac{\alpha_0}{\alpha_1} = B^{\pi}(\boldsymbol{x})\frac{\pi_0}{\pi_1} = 3.06 \times 10^{-7}\frac{\pi_0}{\pi_1} > 1$$

这时，即使先验机会比 π_0/π_1 为成千上万也不能满足上述不等式，所以我们必须明确地拒绝 H_0 而接受 H_1。

接下来我们讨论如下的检验问题 $H_0: \theta = \theta_0, H_1: \theta \neq \theta_0$。这是常见的简单原假设对复杂备择假设的检验问题，在经典统计学中是非常常见的。贝叶斯检验和经典方法很不一样，具有新的特点。

在讨论这个问题之前，对原假设为简单假设的检验先给出一些评论。首先，进行以简单假设为原假设的检验通常是不适当的，实际上，完全接受丝毫不差的 $\theta = \theta_0$ 的可能性是没有的。更合理的原假设应该是 $\theta \in \Theta_0 = (\theta_0 - \varepsilon, \theta_0 + \varepsilon)$，其中 ε 可选很小的数，使得 $(\theta_0 - \varepsilon, \theta_0 + \varepsilon)$ 与 $\theta = \theta_0$ 难以区分。譬如，ε 可选为 θ_0 的允许误差内一个较小的正数。当所选的 ε 较大时，就不宜用简单假设作为好的近似了。

对简单原假设 $H_0: \theta = \theta_0$ 作贝叶斯检验时不能采用连续密度函数作为先验分布，因为任何这种先验将使得 $\theta = \theta_0$ 的先验概率为零，从而后验概率也为零。所以一个有效的方法是给予 $\theta = \theta_0$ 一个正的概率 π_0，而给予 $\theta \neq \theta_0$ 一个加权密度 $\pi_1 g_1(\theta)$，即 θ 的先验密度为：

$$\pi(\theta) = \pi_0 I_{\theta_0}(\theta) + \pi_1 g_1(\theta)I_{\{\theta \neq \theta_0\}}(\theta)$$

式中，$I_{\theta_0}(\theta)$ 为 $\theta = \theta_0$ 的示性函数，$\pi_1 = 1 - \pi_0$，$g_1(\theta)$ 为 $\theta \neq \theta_0$ 上的一个正常密度函数。这里可以把 π_0 看作近似的实际假设 $H_0: \theta \in (\theta_0 - \varepsilon, \theta_0 + \varepsilon)$ 上的先验概率。这样的先验分布

由离散函数和连续函数两部分组成.

设样本分布为 $p(\boldsymbol{x}|\theta)$, 利用上述先验分布容易获得样本 $\boldsymbol{x}$ 的边际分布:

$$m(\boldsymbol{x}) = \int_{\Theta} p(\boldsymbol{x}|\theta)\pi(\theta)\mathrm{d}\boldsymbol{x} = \pi_0 p(\boldsymbol{x}|\theta_0) + \pi_1 m_1(\boldsymbol{x})$$

其中 (第一个等号可作为符号理解)

$$m_1(\boldsymbol{x}) = \int_{\theta \neq \theta_0} p(\boldsymbol{x}|\theta)g_1(\theta)\mathrm{d}\theta$$

从而简单原假设与复杂备择假设 (记为 $\Theta_1 = \{\theta \neq \theta_0\}$) 的后验概率分别为:

$$\pi(\Theta_0|\boldsymbol{x}) = \pi_0 p(\boldsymbol{x}|\theta_0)/m(\boldsymbol{x})$$
$$\pi(\Theta_1|\boldsymbol{x}) = \pi_1 m_1(\boldsymbol{x})/m(\boldsymbol{x})$$

后验机会比为:

$$\frac{\alpha_0}{\alpha_1} = \frac{\pi_0}{\pi_1}\frac{p(\boldsymbol{x}|\theta_0)}{m_1(\boldsymbol{x})}$$

从而贝叶斯因子为:

$$B^{\pi}(\boldsymbol{x}) = \frac{\alpha_0 \pi_1}{\alpha_1 \pi_0} = \frac{p(\boldsymbol{x}|\theta_0)}{m_1(\boldsymbol{x})}$$

这一简单表达式的计算要比后验概率的计算容易得多, 故实际中常常是先计算 $B^{\pi}(\boldsymbol{x})$, 然后计算 $\pi(\Theta_0|\boldsymbol{x})$, 因为由贝叶斯因子的定义和 $\alpha_0 + \alpha_1 = 1$ 可推得:

$$\pi(\Theta_0|\boldsymbol{x}) = \left[1 + \frac{1-\pi_0}{\pi_0}\frac{1}{B^{\pi}(\boldsymbol{x})}\right]^{-1}$$

· 批判性思考 ·

思考其他场合下的贝叶斯假设检验.

· 习 题 4.4 ·

1. 设 x 是从二项分布 $b(n,\theta)$ 中取得的一次观测值, 现考察如下两个假设:

$$H_0: \theta = 1/2, \quad H_1: \theta \neq 1/2$$

若在 $\theta \neq 1/2$ 上的先验密度函数 $g_1(\theta)$ 为区间 $(0,1)$ 上的均匀分布.
(1) 求贝叶斯因子.
(2) 求原假设 $H_0: \theta = \theta_0 = 1/2$ 的后验概率.
(3) 若取 $\pi = 1/2, n = 5, x = 3$, 请做出判断.
2. 讨论复杂假设 Θ_0 对复杂假设 Θ_1 时的贝叶斯检验问题.

4.5 MCMC 算法

假设观测数据为 $\boldsymbol{X} = \boldsymbol{x}$, 参数为 θ, 在贝叶斯统计中, 我们往往会关心参数 θ 的后验分布 $\pi(\theta|\boldsymbol{X} = \boldsymbol{x})$ 的一些后验量, 比如后验期望 $\mu = E(\theta|\boldsymbol{X} = \boldsymbol{x})$. 一般地, 我们关心的后验量可以写成某函数 $g(\theta)$ 关于后验分布 $\pi(\theta|\boldsymbol{X} = \boldsymbol{x})$ 的期望, 即 $\mu = E[g(\theta)|\boldsymbol{X} = \boldsymbol{x}]$. 根据期望的定义, 我们可以通过计算如下积分来确定后验量 μ:

$$\mu = \int g(\theta)\pi(\theta|\boldsymbol{X} = \boldsymbol{x})\mathrm{d}\theta$$

对于一些简单的后验分布, 我们可以通过蒙特卡罗 (MC) 方法计算上述积分, 得到所关心的后验量. 具体来说, MC 方法需要先从该后验分布 $\pi(\theta|\boldsymbol{X} = \boldsymbol{x})$ 中抽取一定数量的样本 $\theta_1, \theta_2, \cdots, \theta_n$, 则上述积分可近似估计为:

$$\widehat{\mu} = \frac{1}{n}\sum_{i=1}^{n} g(\theta_i)$$

由于 $\theta_1, \theta_2, \cdots, \theta_n$ 为独立同分布的样本, 根据大数定律可知:

$$\widehat{\mu} \to \mu = E[g(\theta)|\boldsymbol{X} = \boldsymbol{x}], \quad n \to \infty$$

也就是说, 当我们抽取的样本数量足够大时, 可以很好地估计后验分布 $\pi(\theta|\boldsymbol{X} = \boldsymbol{x})$ 所关心的后验量. 然而, 在实际应用中, 后验分布的密度函数往往是十分复杂的, 且为高维的, 这给直接计算积分的 MC 方法的实施带来了困难. 因此, 我们需要建立一种新的、一般化的计算方法.

下面我们将从密度函数为 $f(x)$ 的随机变量 X 出发, 介绍马尔可夫链蒙特卡罗 (MCMC) 方法, 上述贝叶斯后验分布是该情况的一种特殊形式. MCMC 方法是结合了蒙特卡罗方法和马尔可夫链的思想而提出的一种可以获得目标分布 $f(x)$ 样本的方法. MCMC 方法可以追溯到 Metropolis(1953) 和 Hastings(1970), MCMC 方法中比较著名的有 Metropolis-Hastings (M-H) 算法、Gibbs 抽样等方法. 下面我们将依次介绍 M-H 算法和 Gibbs 抽样的基本思想和使用方法.

4.5.1 M-H 算法

我们首先从一个例子出发来阐述提出 M-H 算法的意义.

> **例 4.5.1** 假设随机变量 X 服从 σ 已知的正态分布 $N(\theta, \sigma^2)$, θ 的先验分布为柯西分布 $\mathrm{Cau}(\mu, \lambda)$, 则当样本量为 1 时, 可以计算得到 θ 的后验分布:
>
> $$\pi(\theta|X_1 = x) \propto \frac{\exp\left\{-\dfrac{(\theta - x)^2}{2\sigma^2}\right\}}{\lambda^2 + (\theta - \mu)^2}$$

从上述例子可以看出, θ 的后验分布并不是一个常见的分布且十分复杂, 分子和分母均有 θ, 故难以直接对其抽样, 即较难抽取满足这个分布的随机变量的实现值. 当我们需要对一个较难抽取样本的分布抽样时, 一种常见的用来抽样的 MCMC 方法是 M-H 算法. 1953年 Metropolis 等人提出了一种方法, 之后在他们工作的基础上, Hastings 进行了改进, 形成了著名的 M-H 算法.

M-H 算法的基本思想是: 记 $f(x)$ 为希望进行抽样的目标函数.

第一步: 选取一个任意的、容易抽取样本的分布

$$q(x,y) = g(Y = y | X = x)$$

称 $q(\,\cdot\,,\,\cdot\,)$ 为一个建议分布;

第二步: 选择一个恰当的概率函数

$$\alpha(x,y) = h(Y = y | X = x)$$

称 $\alpha(\,\cdot\,,\,\cdot\,)$ 为接受率. 令条件分布为:

$$p(\,\cdot\,,\,\cdot\,) = q(\,\cdot\,,\,\cdot\,)\alpha(\,\cdot\,,\,\cdot\,)$$

也就是说, 我们只要选取一个恰当的 $\alpha(\,\cdot\,,\,\cdot\,)$, 给定初始值 x_0, 依据 MCMC 方法进行抽样, 得到条件分布 $p(\,\cdot\,,\,\cdot\,)$ 的抽样序列 $\{x_n\}$, 这个序列将收敛到目标分布 $f(x)$, 这样我们就可以获得目标分布 $f(x)$ 的一组样本. 在 M-H 算法中, 对于任意一个建议分布 $q(\,\cdot\,,\,\cdot\,)$, 选取接受率 $\alpha(\,\cdot\,,\,\cdot\,)$ 为如下形式 (注: 此处注意二元函数 $q(\,\cdot\,,\,\cdot\,)$ 的两个自变量的取值):

$$\alpha(x,y) = \min\left\{\frac{f(y)q(y,x)}{f(x)q(x,y)}, 1\right\}$$

可以证明, 在上述情况下, 无论初始分布的样本 x_0 (即初始点) 如何选取, 序列 $\{x_n\}$ 均收敛到目标分布 $f(x)$.

为了更清晰地描述上述过程, 下面给出 M-H 算法的具体实现方法. 对于目标分布 $f(x)$, 我们设定需要从 $f(x)$ 中抽取的样本量为 N. 设定初始点为 x_0, 选取一个建议分布 $q(\,\cdot\,,\,\cdot\,)$. 假设在第 $t-1$ 次迭代中得到的样本值为 $x^{(t-1)}$, 那么对于第 t 次迭代, 我们有:

第一步: 从建议分布 $q(x^{(t-1)}, \cdot) = g(Y | X = x^{(t-1)})$ 中抽取一个样本 y, 令 $x^* = y$.

第二步: 根据确定的建议分布及目标分布, 计算接受率

$$\alpha(x^{(t-1)}, x^*) = \min\left\{\frac{f(x^*)q(x^*, x^{(t-1)})}{f(x^{(t-1)})q(x^{(t-1)}, x^*)}, 1\right\}$$

第三步: 从 $[0,1]$ 的均匀分布中抽取一个样本 u, 若 $u \leqslant \alpha(x^{(t-1)}, x^*)$, 则令 $x^{(t)} = x^*$, 否则, $x^{(t)} = x^{(t-1)}$.

重复上述过程 N 次, 可以得到序列 $\{x^{(t)}\}$, 从而可以把序列 $\{x^{(t)}\}$ 作为目标分布 $f(x)$ 的一组样本.

下面是关于 M-H 算法的几点说明:

(1) M-H 算法的建议分布可以不依赖于上一次迭代的样本值 $x^{(t-1)}$, 此时称为独立 M-H 算法. 相应地, 若建议分布依赖于 $x^{(t-1)}$, 则称方法为随机游走 M-H 算法.

(2) M-H 算法的收敛速度与建议分布的选取密切相关. 若建议分布选取不当, 就会使得收敛速度偏慢, 抽取的样本与目标分布的样本有所差别.

(3) 在实际运用中, 为了能够更加精确地获取目标分布样本, 需要迭代足够多的次数, 即 N 的选取应较大. 为了选取收敛后的样本, 可以扔掉前面 m 个样本（即预烧期为 m）, 但 m 的取值不需过大, 因为 M-H 算法主要是以一定概率, 即接受率 $\alpha(\cdot, \cdot)$, 接受新样本, 这有利于减少计算资源的浪费和可能的信息丢失.

(4) 在对多维分布直接应用 M-H 算法进行抽样时, 计算速度较慢.

下面通过例 4.5.1, 具体说明 M-H 算法的应用过程.

例 4.5.2 (例 4.5.1 续) 在例4.5.1中, θ 的后验分布并不是一个常见的分布, 难以直接对其进行抽样, 我们考虑运用 M-H 算法对后验分布 $\pi(\theta|X_1 = x)$ 进行抽样.

对于后验分布 $\pi(\theta|X_1 = x)$, 我们设定需要从 $\pi(\theta|X_1 = x)$ 中抽取的样本数为 $N = 10\,000$, 并设定初始值为 $\theta^{(0)} = 1$, 以及预烧期 $m = 1\,000$. 在第 t 次迭代时, 选取建议分布为:

$$q(\theta^{(t-1)}, \cdot) = g(\theta|\theta^{(t-1)}) = \frac{1}{\sqrt{2\pi}} \exp\left\{-\frac{(\theta - \theta^{(t-1)})^2}{2}\right\}$$

即建议分布为均值为 $\theta^{(t-1)}$、方差为 1 的正态分布. 接着, 依据 M-H 算法, 我们有:

第一步: 从建议分布 $q(\theta^{(t-1)}, \cdot) = \frac{1}{\sqrt{2\pi}} \exp\left\{-\frac{(\theta - \theta^{(t-1)})^2}{2}\right\}$ 中抽取一个样本 θ^*.

第二步: 计算接受率

$$\alpha(\theta^{(t-1)}, \theta^*) = \min\left\{\frac{\pi(\theta^*|X_1 = x)q(\theta^*, \theta^{(t-1)})}{\pi(\theta^{(t-1)}|X_1 = x)q(\theta^{(t-1)}, \theta^*)}, 1\right\}$$

由于 $q(\theta^*, \theta^{(t-1)}) = q(\theta^{(t-1)}, \theta^*)$, 故有

$$\alpha(\theta^{(t-1)}, \theta^*) = \min\left\{\frac{\pi(\theta^*|X_1 = x)}{\pi(\theta^{(t-1)}|X_1 = x)}, 1\right\}$$

$$= \min\left\{\frac{[\lambda^2 + (\theta^{(t-1)} - \mu)^2]\exp\{-(\theta^* - x)^2/(2\sigma^2)\}}{[\lambda^2 + (\theta^* - \mu)^2]\exp\{-(\theta^{(t-1)} - x)^2/(2\sigma^2)\}}, 1\right\}$$

第三步: 从 $[0,1]$ 的均匀分布中抽取一个样本 u, 若 $u \leqslant \alpha(\theta^{(t-1)}, \theta^*)$, 则令 $\theta^{(t)} = \theta^*$, 否则, $\theta^{(t)} = \theta^{(t-1)}$.

重复上述过程 $N + m$ 次, 扔掉前面 m 次, 我们便可以得到一组来自后验分布 $\pi(\theta|X_1 = x)$ 的 N 个样本 $\{\theta^{(t)}\}$.

4.5.2 Gibbs 抽样

正如前面 M-H 算法说明中所提到的, 当目标分布为多维分布时, 计算量会增大, 导致计算速度缓慢. 解决多维分布抽样的一个有效方法便是著名的 Gibbs 抽样, 它是 MCMC 方法中的一种最简单但应用最广泛的方法. Gibbs 抽样的思想最早是由 Grenander(1983) 提出的, Gelfand 和 Smith（1990）将 Gibbs 抽样进行了推广, 并应用到了贝叶斯推断问题中.

Gibbs 抽样的基本思想是, 从多维分布的每个分量的条件概率分布出发, 对每个分量分别进行抽样, 进而得到完整随机向量的样本. 也就是说, 在每次迭代中, 我们选择多维变量

的其中一个分量, 保持其他分量不变, 并从该分量的条件分布中抽样. 然后, 我们将这个变量的值更新, 对其他分量抽样, 继续迭代下去, 直至收敛, 选取收敛后的迭代值作为分布的样本.

具体来说, 设 $\boldsymbol{X} = (X_1, \cdots, X_p)$ 为 p 维随机向量, $f(x_1, \cdots, x_p)$ 为该随机向量的分布, 我们需要从这个分布中抽取一组样本 $\{\boldsymbol{x}^{(n)}\}$, 以便进行 MC 计算. 对于给定的初始向量 $\boldsymbol{X}^{(0)} = \boldsymbol{x}^{(0)}$, Gibbs 抽样每次仅对随机向量 $\boldsymbol{X}^{(1)}$ 中的一个分量 (比如 $X_1^{(1)}$) 进行抽取, 依据条件分布 $f(X_1 | X_2 = x_2^{(0)}, \cdots, X_p = x_p^{(0)})$ 得到样本 $x_1^{(1)}$. 接着对另一个分量 (比如 $X_2^{(1)}$) 进行抽取, 依据条件分布 $f(X_2 | X_1 = x_1^{(1)}, X_3 = x_3^{(0)}, \cdots, X_p = x_p^{(0)})$ 得到样本 $x_2^{(1)}$. 继续抽取, 最终遍历所有分量, 即可得到一个新的参数向量 $\boldsymbol{x}^{(1)} = (x_1^{(1)}, \cdots, x_p^{(1)})$. 重复上述过程, 进而获得候选序列 $\{\boldsymbol{x}^{(n)}\}$.

可以证明, 在上述条件分布的情况下, 序列 $\{\boldsymbol{x}^{(n)}\}$ 最终会收敛到目标分布 $f(x_1, \cdots, x_p)$. 一般来说, Gibbs 抽样都是按照分量的标号顺序 (即按照 $X_1, \cdots, X_p$ 的顺序) 依次抽取.

为了更清晰地描述上述过程, 下面给出 Gibbs 抽样的具体实现方法: 我们需要从目标分布 $f(x_1, \cdots, x_p)$ 中获取一组容量为 N 的样本, 设定预烧期为 m. 对于给定的初始点 $\boldsymbol{x}^{(0)} = (x_1^{(0)}, \cdots, x_p^{(0)})$, 假定在第 t 次迭代开始时, $\boldsymbol{x}^{(t-1)} = (x_1^{(t-1)}, \cdots, x_p^{(t-1)})$, 则第 t 次迭代如下:

第 1 步: 由条件分布 $f(X_1 | X_2 = x_2^{(t-1)}, X_3 = x_3^{(t-1)}, \cdots, X_p = x_p^{(t-1)})$ 抽取样本 $x_1^{(t)}$.

第 2 步: 由条件分布 $f(X_2 | X_1 = x_1^{(t)}, X_3 = x_3^{(t-1)}, \cdots, X_p = x_p^{(t-1)})$ 抽取样本 $x_2^{(t)}$.

$\cdots\cdots$

第 p 步: 由条件分布 $f(X_p | X_1 = x_1^{(t)}, X_2 = x_2^{(t)}, \cdots, X_{p-1} = x_{p-1}^{(t)})$ 抽取样本 $x_p^{(t)}$.

第 $p+1$ 步: 将上述得到的样本组合起来得到一个新的向量 $\boldsymbol{x}^{(t)} = (x_1^{(t)}, x_2^{(t)}, \cdots, x_p^{(t)})$.

重复上述 $p+1$ 步, 则可以得到一列迭代值 $\boldsymbol{x}^{(0)}, \cdots, \boldsymbol{x}^{(t)}, \cdots$. 若当 $t > m$ 时, 样本 $\boldsymbol{x}^{(t)}$ 收敛到目标分布 $f(x_1, \cdots, x_p)$, 则 $\boldsymbol{x}^{(t+1)}, \cdots, \boldsymbol{x}^{(t+N)}$ 为目标分布 $f(x_1, \cdots, x_p)$ 的 N 个样本.

下面有几点关于 Gibbs 抽样的说明.

(1) Gibbs 抽样中, 每次只对随机向量 $\boldsymbol{X} = (X_1, \cdots, X_i, \cdots, X_p)$ 中的一个分量进行抽样, 而在对下一个分量抽样时, 是依据已经抽样的分量计算其条件分布进行的.

(2) 在实际应用中, 可以先确定一个较大的预烧期 m, 将迭代 m 次后的样本作为目标分布 $f(\boldsymbol{X})$ 的样本, 以确保得到的样本服从目标分布 $f(\boldsymbol{X})$.

Gibbs 抽样的优点在于, 它在处理高维和复杂的分布时, 相较于多维分布抽样, 大大减少了计算量. 因为它每次只需要抽取一个变量的样本, 相当于从一维分布中抽取样本. 此外, 它还不需要知道联合概率分布的具体形式, 只需要知道每个变量的条件分布, 便可完成对联合分布的抽样.

在实际应用中, 当条件分布的形式较为复杂, 难以直接抽样时, 可以运用前面的 M-H 方法对条件分布抽样. 下面通过两个例子来介绍 Gibbs 抽样方法.

例 4.5.3 设 $\boldsymbol{X}$ 服从二元正态分布, 即

$$\boldsymbol{X} \sim N\left(\begin{pmatrix} \mu_1 \\ \mu_2 \end{pmatrix}, \begin{pmatrix} \sigma_1^2 & \rho\sigma_1\sigma_2 \\ \rho\sigma_1\sigma_2 & \sigma_2^2 \end{pmatrix}\right)$$

其中, $\mu_1, \mu_2, \sigma_1, \sigma_2, \rho$ 均为已知参数. 我们的目标是从该二元正态分布中抽取一组样本. 为了表达清晰, 不妨令 $\boldsymbol{X} = (X_1, X_2)'$, $\boldsymbol{x} = (x_1, x_2)'$, 这里用大写字母代表随机变量, 用小写字母代表确定的取值. 根据多元正态分布的性质, 可知:

$$E(X_2 \mid X_1 = x_1) = \mu_1 + \rho(x_1 - \mu_1)\sigma_2/\sigma_1, E(X_1 \mid X_2 = x_2) = \mu_2 + \rho(x_2 - \mu_2)\sigma_1/\sigma_2$$

$$\mathrm{Var}(X_2 \mid X_1 = x_1) = (1 - \rho^2)\sigma_2^2, \mathrm{Var}(X_1 \mid X_2 = x_2) = (1 - \rho^2)\sigma_1^2$$

且对应的条件分布也为正态分布, 故有

$$X_1 \mid X_2 = x_2 \sim N(\mu_2 + \rho(x_2 - \mu_2)\sigma_1/\sigma_2, (1 - \rho^2)\sigma_1^2)$$

$$X_2 \mid X_1 = x_1 \sim N(\mu_1 + \rho(x_1 - \mu_1)\sigma_2/\sigma_1, (1 - \rho^2)\sigma_2^2)$$

也就是说, 我们已经求出了相应的满条件分布. 下面通过 Gibbs 抽样抽取一组 $\boldsymbol{X}$ 的样本. 我们给定初始点 $\boldsymbol{x}^{(0)} = (1, 1)$, 设定样本量 $N = 10\,000$, 预烧期为 $m = 1\,000$, 进行以下步骤:

第一步: 由条件分布 $X_1 \mid X_2 = 1 \sim N(\mu_2 + \rho(1 - \mu_2)\sigma_1/\sigma_2, (1 - \rho^2)\sigma_1^2)$ 抽取一个样本, 记为 $x_1^{(1)}$.

第二步: 由条件分布 $X_2 \mid X_1 = x_1^{(1)} \sim N(\mu_1 + \rho(x_1^{(1)} - \mu_1)\sigma_2/\sigma_1, (1 - \rho^2)\sigma_2^2)$ 抽取一个样本, 记为 $x_2^{(1)}$.

第三步: 将上述样本组合起来, 得到 $\boldsymbol{x}^{(1)} = (x_1^{(1)}, x_2^{(2)})$.

重复上述过程 $m + N$ 次, 可以得到一列候选向量 $\{\boldsymbol{x}^{(n)}\}$, 故选取 $(\boldsymbol{x}^{(m+1)}, \cdots, \boldsymbol{x}^{(m+N)})$ 作为目标分布的一组样本.

例 4.5.4 设 $X \mid \theta \sim N(\theta, \sigma^2)$, 其中 σ^2 已知. 设 θ 的先验为如下分层先验: $\theta \mid \lambda \sim N(\mu, \tau^2/\lambda)$, $\lambda \sim \Gamma(1/2, 1/2)$, 其中 μ 和 τ 已知. 用 Gibbs 抽样方法生成 (θ, λ) 的随机数, 并求 θ 的后验期望 $\mu^\pi(x)$ 和后验方差 $V^\pi(x)$ 的模拟结果.

解 由题意可知, θ 的分层先验密度分别为:

$$\pi_1(\theta \mid \lambda) = \left(\frac{\lambda}{2\pi\tau^2}\right)^{1/2} \exp\left\{-\frac{\lambda(\theta - \mu)^2}{2\tau^2}\right\}, \quad -\infty < \theta < +\infty$$

$$\pi_2(\lambda) = (2\pi)^{-1/2}\lambda^{1/2-1}\exp\{-\lambda/2\}, \quad 0 < \lambda < +\infty$$

要使用 Gibbs 抽样方法生成 (θ, λ) 的随机数, 我们需要求解各分量的条件分布. 由题意知, 样本的似然函数为:

$$f(x \mid \theta) = (2\pi\sigma^2)^{-\frac{1}{2}} \exp\left\{-\frac{(x - \theta)^2}{2\sigma^2}\right\}, \quad -\infty < x < +\infty$$

故可知 X, θ, λ 的联合密度为:

$$h(\theta, \lambda, x) \propto \exp\left\{-\frac{(x - \theta)^2}{2\sigma^2}\right\} \exp\left\{-\frac{\lambda}{2\tau^2}\left[(\theta - \mu)^2 + \tau^2\right]\right\}$$

注意到

$$\exp\left\{-\left[\frac{(x-\theta)^2}{2\sigma^2}+\frac{\lambda(\theta-\mu)^2}{2\tau^2}\right]\right\}=\exp\left\{-\frac{(\theta-\mu(x))^2}{2\eta^2}\right\}\exp\left\{-\frac{(x-\mu)^2}{2\left(\sigma^2+\tau^2/\lambda\right)}\right\}$$

那么 (λ, x) 的边缘密度为:

$$m(\lambda, x)\propto\int_{-\infty}^{+\infty}h(\theta,\lambda,x)\mathrm{d}\theta$$

$$\propto \mathrm{e}^{-\frac{\lambda}{2}}\int_{-\infty}^{+\infty}\exp\left\{-\frac{1}{2}\left[\frac{(x-\theta)^2}{\sigma^2}+\frac{(\theta-\mu)^2}{\tau^2/\lambda}\right]\right\}\mathrm{d}\theta$$

$$= \mathrm{e}^{-\frac{\lambda}{2}}\exp\left\{-\frac{(x-\mu)^2}{2\left(\sigma^2+\tau^2/\lambda\right)}\right\}\int_{-\infty}^{+\infty}\exp\left\{-\frac{(\theta-\mu(x))^2}{2\eta^2}\right\}\mathrm{d}\theta$$

$$\propto \mathrm{e}^{-\frac{\lambda}{2}}\exp\left\{-\frac{(x-\mu)^2}{2\left(\sigma^2+\tau^2/\lambda\right)}\right\}$$

其中

$$\mu(x)=\frac{\tau^2}{\tau^2+\lambda\sigma^2}x+\frac{\lambda\sigma^2}{\tau^2+\lambda\sigma^2}\mu,\quad \eta^2=\frac{\tau^2\sigma^2}{\tau^2+\lambda\sigma^2}$$

故条件分布为:

$$\pi_1(\theta\mid\lambda,x)=\frac{h(\theta,\lambda,x)}{m(\lambda,x)}$$

$$\propto\exp\left\{\left[\frac{(x-\theta)^2}{2\sigma^2}+\frac{\lambda(\theta-\mu)^2}{2\tau^2}\right]\right\}\bigg/\exp\left\{-\frac{(x-\mu)^2}{2\left(\sigma^2+\tau^2/\lambda\right)}\right\}$$

$$=\exp\left\{-\frac{(\theta-\mu(x))^2}{2\eta^2}\right\}$$

添加正则化常数得到:

$$\pi(\theta\mid\lambda,x)=\frac{1}{\sqrt{2\pi}\eta}\exp\left\{-\frac{(\theta-\mu(x))^2}{2\eta^2}\right\}$$

即 $\theta\mid\lambda,x\sim N\left(\mu(x),\eta^2\right)$. 类似地, θ 和 X 的边缘密度为:

$$m(\theta,x)=\int_0^{+\infty}h(\theta,\lambda,x)\mathrm{d}\lambda$$

$$\propto\exp\left\{-\frac{(x-\theta)^2}{2\sigma^2}\right\}\int_0^{+\infty}\mathrm{e}^{-\lambda B}\mathrm{d}\lambda$$

$$=\frac{1}{B}\cdot\exp\left\{-\frac{(x-\theta)^2}{2\sigma^2}\right\}$$

此处 $B=\left[(\theta-\mu)^2+\tau^2\right]/\left(2\tau^2\right)$. 故给定 θ 和 x 时 λ 的条件分布为:

$$\pi_2(\lambda\mid\theta,x)=\frac{h(\theta,\lambda,x)}{m(\theta,x)}=B\cdot\exp\{-\lambda B\},\quad 0<\lambda<+\infty,$$

即 $\lambda\mid\theta,x\sim\mathrm{Exp}(B)=\mathrm{Exp}\left(\left[\tau^2+(\theta-\mu)^2\right]/2\tau^2\right)$.

因此，我们求得对应的满条件分布为：

$$\theta \mid \lambda, x \sim N\left(\frac{\tau^2}{\tau^2 + \lambda\sigma^2}x + \frac{\lambda\sigma^2}{\tau^2 + \lambda\sigma^2}\mu, \frac{\tau^2\sigma^2}{\tau^2 + \lambda\sigma^2}\right)$$

$$\lambda \mid \theta, x \sim \mathrm{Exp}\left(\frac{\tau^2 + (\theta - \mu)^2}{2\tau^2}\right)$$

下面我们通过 Gibbs 抽样，对后验分布 $\pi(\theta, \lambda | X)$ 进行抽样.

给定初始点 $(\theta^{(0)}, \lambda^{(0)}) = (1, 1)$，设定样本量 $N = 10\ 000$，预烧期 $m = 1\ 000$，进行以下步骤：

第一步：由条件分布 $\theta|\lambda = 1, X = x \sim N\left(\frac{\tau^2}{\tau^2 + \sigma^2}x + \frac{\sigma^2}{\tau^2 + \sigma^2}\mu, \frac{\tau^2\sigma^2}{\tau^2 + \sigma^2}\right)$，抽取一个样本，记为 $\theta^{(1)}$.

第二步：由条件分布 $\lambda|\theta = \theta^{(1)}, X = x \sim \mathrm{Exp}\left(\frac{\tau^2 + (\theta^{(1)} - \mu)^2}{2\tau^2}\right)$ 抽取一个样本，记为 $\lambda^{(1)}$.

第三步：将上述样本组合起来，得到 $\boldsymbol{a}^{(1)} = (\theta^{(1)}, \lambda^{(1)})$.

重复上述过程 $m + N$ 次，可以得到一列候选向量 $\{\boldsymbol{a}^{(n)}\}$，故选取 $(\boldsymbol{a}^{(m+1)}, \cdots, \boldsymbol{a}^{(m+N)})$ 作为目标分布的一组样本.

· 批判性思考 ·

1. 思考 M-H 算法中不同的建议分布对结果及收敛过程是否有影响.
2. 思考 MCMC 方法的初始值选取对结果及收敛过程是否有影响.

· 习 题 4.5 ·

1. 一般来说，不同投资的收益并不是相互独立的. 为了降低风险，有时会选择投资组合. 假设有 4 只股票被跟踪了 300 个交易日，每天会选出当日收益最大的获胜股票. 那么观测到的 4 只股票获胜的频率向量 $(99, 77, 64, 60)$ 是 $X_1, \cdots, X_4$ 联合分布的一个观测值. 根据该历史数据，假设 4 只股票在任意一天获胜的概率比都为 $1 : (1 - \beta) : (1 - 2\beta) : 3\beta$，而 $\beta \in (0, 0.5)$ 是一个未知参数，其先验分布为均匀分布. 请使用 M-H 算法估计 β. (提示：可以设定样本量 $N = 10\ 000$，预期期 $m = 1\ 000$.)

2. 设参数为 $\boldsymbol{\theta} = (\theta_1, \theta_2, \theta_3)$，观测值 $\boldsymbol{X} = (X_1, X_2, X_3)$，若参数的后验分布为：

$$\pi(\boldsymbol{\theta}|\boldsymbol{X}) = \exp[-(\theta_1 + \theta_2 + \theta_3) - \theta_1\theta_2 X_1 - \theta_2\theta_3 X_2 - \theta_1\theta_3 X_3], \quad \theta_i \geqslant 0$$

运用 Gibbs 抽样从后验分布 $\pi(\boldsymbol{\theta}|\boldsymbol{X})$ 中抽取容量为 N 的一组样本.

3. 设目标分布为：

$$\pi(x, y) \propto \binom{n}{x} y^{x+\alpha-1}(1 - y)^{n-x+\beta-1}, \quad x = 0, 1, \cdots, n, \quad 0 \leqslant y \leqslant 1$$

令 $\alpha = 1, \beta = 2, n = 30$，用 Gibbs 抽样方法模拟生成 (X, Y) 的样本链.

4.6 与本章相关的 R 语言操作

4.6.1 不同先验的对比

假设我们想用调查的方式研究某大学学生平均每天自习时间是否在 2 小时以上, 将抽样调查得到的自习时长超过 2 小时的学生的占比计作 p, 则似然函数为:

$$L(p) = p^s (1-p)^f, \quad 0 < p < 1$$

式中, s 为自习时长超过 2 小时的学生数量; f 为自习时长不足 2 小时的学生数量. 假设先验分布为 $g(p)$, 则后验分布为 $g(p|data) \propto g(p)L(p)$, 下面考虑两种先验分布形式.

1. 离散先验

一个简单的确定 p 的先验分布的方式是写下 p 的可能取值, 然后为这些取值设定权重. 在本例中, 设 p 的可能取值为 0.05, 0.15, 0.25, 0.35, 0.45, 0.55, 0.65, 0.75, 0.85, 0.95. 基于对大学生自习情况的认知, 我们将各取值的权重设为 2, 3, 5, 6, 6, 5, 4, 3, 2, 2, 通过除以权重和可以将权重转化为先验概率. 绘制离散函数先验概率分布图 (见图 4.6.1), R 语言代码如下:

```
p=seq(0.05,0.95,by=0.1)
prior=c(2,3,5,6,6,5,4,3,2,2)
prior=prior/sum(prior)
plot(p,prior,type="h",ylab="Prior Probability",lwd=2)
```

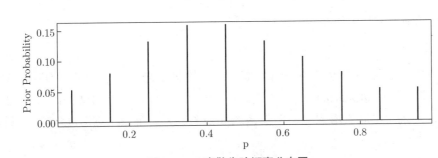

图 4.6.1 离散先验概率分布图

假设我们调查了 37 名同学, 其中 15 人自习时长超过 2 小时, 22 人不足 2 小时, 则似然函数为 $L(p) = p^{15}(1-p)^{22}(0 < p < 1)$. 绘制离散先验下的后验概率分布图 (见图 4.6.2), R 语言代码如下:

```
L=p^15*(1-p)^22
post=prior*L
post=post/sum(post)
cbind(p,prior,post)
plot(p,post,type="h",ylab="Posterior Probability",lwd=2)
```

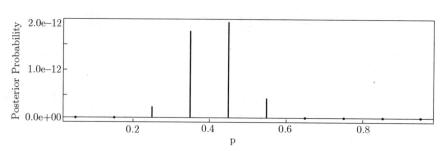

图 4.6.2　离散先验下的后验概率分布图

输出的 R 语言代码及结果如下：

```
> cbind(p,prior,post)
          p        prior          post
 [1,]  0.05   0.05263158   1.206812e-10
 [2,]  0.15   0.07894737   2.248261e-04
 [3,]  0.25   0.13157895   5.076426e-02
 [4,]  0.35   0.15789474   4.068234e-01
 [5,]  0.45   0.15789474   4.471552e-01
 [6,]  0.55   0.13157895   9.145886e-02
 [7,]  0.65   0.10526316   3.559569e-03
 [8,]  0.75   0.07894737   1.392709e-05
 [9,]  0.85   0.05263158   7.988435e-10
[10,]  0.95   0.05263158   1.350095e-19
```

可知后验概率的最大值在 $p = 0.4$ 左右.

2. 贝塔先验

下面考虑先验分布为参数 $a = 3.4$, $b = 7.4$ 的贝塔分布 $g(p) \propto p^{a-1}(1-p)^{b-1}(0 < p < 1)$, 后验分布为 $g(p|data) \propto p^{a+s-1}(1-p)^{b+f-1}(0 < p < 1)$, 其中 $a + s = 3.4 + 15$, $b + f = 7.4 + 22$. 绘制贝塔先验、似然函数和后验概率分布图 (见图 4.6.3), R 语言代码如下：

```
p=seq(0,1,length=500)
a=3.4;b=7.4;s=15;f=22
prior=dbeta(p,a,b)
like=dbeta(p,s+1,f+1)
post=dbeta(p,a+s,b+f)
plot(p,post,type="l",ylab="Density",lty=2,lwd=2)
lines(p,like,lty=1,lwd=2)
lines(p,prior,lty=3,lwd=2)
legend(.85,5.8,c("Prior","Likelihood","Posterior"),lty=c(3,1,2),lwd=2)
```

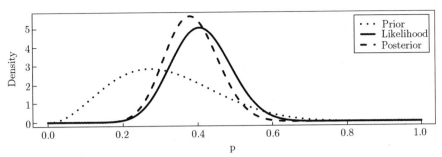

图 4.6.3　贝塔先验、似然函数及对应的后验概率分布图

4.6.2　贝叶斯区间估计

本节使用 LearnBayes 包中的 footballscores 数据集, 其中包括 672 场美式橄榄球比赛数据, 共有 8 个变量: 年份 (year)、是否主场 (home)、获胜队得分 (favorite)、失败队得分 (underdog)、点差 (spread)、获胜队名 (favorite.name)、失败队名 (underdog.name) 和赛季周数 (week). 我们关心的是比赛结果 (胜负队分差) 和点差之间的差 d, 假设 n 场比赛的结果和点差之间的差 $d_1, d_2, \cdots, d_n$ 服从均值为 0、方差 σ^2 未知的正态分布, 下面估计标准差 σ 的 95% 置信区间.

参数 σ^2 的似然函数为 $L(\sigma^2) = (\sigma^2)^{-n/2} \exp\left\{-\sum_{i=1}^{n} d_i^2/(2\sigma^2)\right\} \ (\sigma^2 > 0)$. 给定广义先验密度 $p(\sigma^2) = 1/\sigma^2$, 则 σ^2 的后验密度函数为 $g(\sigma^2|data) \propto (\sigma^2)^{-n/2-1} \exp\{-v/(2\sigma^2)\}$, 其中 $v = \sum_{i=1}^{n} d_i^2$. 设精度参数 $\tau = 1/\sigma^2$, 则 τv 服从自由度为 n 的卡方分布. 我们通过生成 1 000 个服从卡方分布的随机数来模拟 τv, 从而模拟 $\sigma = \sqrt{1/\tau}$ 的后验分布, 生成 σ 的后验概率直方图 (见图 4.6.4), 并计算置信区间, R 语言代码如下:

```
install.packages("LearnBayes")
library(LearnBayes)
data(footballscores)
attach(footballscores)
d=favorite-underdog-spread
n=length(d)
v=sum(d^2)
tau=rchisq(1000,n)/v
s=sqrt(1/tau)
hist(s)
```

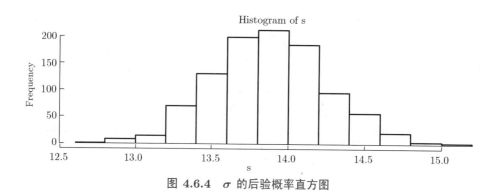

图 4.6.4 σ 的后验概率直方图

由下面的输出可知 σ 的 95% 置信区间为 (13.21, 14.60), R 语言代码及结果如下:

```
> quantile(s,c(0.025,0.975))
  2.5%  97.5%  13.20711  14.60132
```

4.6.3 M-H 算法: 例 4.5.1、例 4.5.2 的代码实现

根据例4.5.1、例4.5.2的算法部分, 首先设定迭代次数和预烧期, 以及观察到的样本值和题中已知的正态分布、柯西分布的参数, 然后设定初始值开始生成马尔可夫链. R 语言代码如下:

```
rm(list=ls())
# 设定迭代次数
N<-11000
# 设定预烧期
burn<-1000
z<-numeric(N)
theta<-numeric(N)
# 设定初始值
z[1]<-25
u<-runif(N)
k<-0
# 设定观察到的样本
x<-0
# 设定正态分布的参数
sigma<-1
# 设定柯西分布的参数
mu<-2
tau<-1
# 生成马尔可夫链
for(i in 2:N){
  y<-rnorm(1,z[i-1],1)
  num<-dnorm(y,x,sigma)*dcauchy(y,mu,tau)
```

```
den<-dnorm(z[i-1],x,sigma)*dcauchy(z[i-1],mu,tau)
if(den<1e-300) den=den+1e-300
threshold=num/den
if(u[i]<=threshold) z[i]<-y
else{z[i]<-z[i-1]
k<-k+1}}
```

预烧期设定为 1 000, 就得到了以题目中后验分布为目标分布的马尔可夫链, 样本均值和样本标准差分别为 $\text{mean} = 0.71, \text{sd} = 0.93$. R 语言代码及结果如下:

```
> mean(z[(burn+1):N])
[1] 0.7075266
> sd(z[(burn+1):N])
[1] 0.9298888
```

接下来作图观察收敛性 (见图 4.6.5), 可以发现该马尔可夫链收敛. R 语言代码如下:

```
par(mfrow=c(1,1))
plot(z,main="",cex=.5,xlab="迭代次数N",
    ylab="theta",type="l")
```

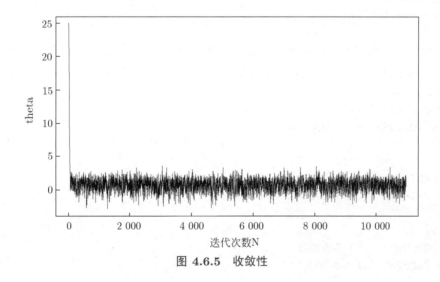

图 **4.6.5** 收敛性

4.6.4 例 4.5.3 的代码实现

根据例4.5.3的题意, 首先设定迭代次数和预烧期, 指定相应的二元正态分布的参数, 之后设定初始值开始生成马尔可夫链. R 语言代码如下:

```
rm(list=ls())
# 设定迭代次数
N<-11000
```

```
# 设定预烧期
burn<-1000
# 生成二元随机变量
X<-matrix(0,N,2)
# 指定相应参数
rho<- -0.75
mu1<-0
mu2<-0
sigma1<-1
sigma2<-1
s1<-sqrt(1-rho^2)*sigma1
s2<-sqrt(1-rho^2)*sigma2
# 初始化
X[1,]<-c(mu1,mu2)
# 生成马尔可夫链
for (i in 2:N){
  x2<-X[i-1,2]
  m1<-mu1+rho*(x2-mu2)*sigma1/sigma2
  X[i,1]<-rnorm(1,m1,s1)
  x1<-X[i,1]
  m2<-mu2+rho*(x1-mu1)*sigma2/sigma1
  X[i,2]<-rnorm(1,m2,s2)
  x<-X[(burn+1):N,]}
```

生成马尔可夫链之后, 去掉前面 1 000 个样本, 比较以下统计量和参数, 发现参数的样本估计值很接近真值. R 语言代码及结果如下:

```
> print(colMeans(x))
[1]   0.009050862  -0.009283366
> cov(x)
[,1] [,2]
[1,] 0.9699174   -0.7318579
[2,] -0.7318579   0.9861466
> cor(x)
[,1] [,2]
[1,] 1.0000000   -0.7483222
[2,] -0.7483222   1.0000000
```

最后绘制生成的马尔可夫链的散点图 (见图 4.6.6), 从图中可以看出二元正态分布所满足的椭圆对称性和负相关性特征. R 语言代码如下:

```
# 绘制图形
par(mfrow=c(1,1))
plot(x,main="散点图",cex=.5,xlab=bquote(X[1]),
     ylab=bquote(X[2]),ylim=range(x[,2]))
```

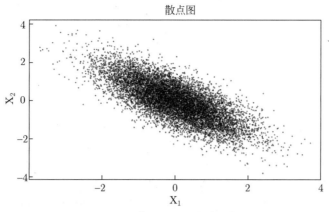

图 4.6.6　生成的马尔可夫链的散点图

4.6.5　Gibbs 抽样: 例 4.5.4 的代码实现

　　根据例4.5.4中 Gibbs 抽样的操作, 我们只要设定迭代次数、预烧期, 指定相应参数, 然后设置初始化值, 就可以生成马尔可夫链了. R 语言代码如下:

```
rm(list=ls())
# 设定迭代次数
N<-11000
# 设定预烧期
burn<-1000
x<-0
Z<-matrix(0,N,2)
# 设定相应参数
sigma<-1
mu<-2
tau<-1
# 初始化
Z[1,]<-c(1,1)
lambda<-Z[1,2]
# 生成马尔可夫链
for (i in 2:N){
  mz<-tau^2*x/(tau^2+lambda*sigma^2)+lambda*sigma^2*mu/(tau^2+lambda*sigma^2)
  eta<-tau^2*sigma^2/(tau^2+lambda*sigma^2)
  theta<-rnorm(1,mz,sqrt(eta))
  bta<-(tau^2+(theta-mu)^2)/(2*tau^2)
  lambda<-rexp(1,bta)
  Z[i,]<-c(theta,lambda)}
b<-burn+1
z<-Z[b:N,]
```

　　去掉前 1 000 个样本, 下面计算后验均值和后验标准差, 其结果分别为 mean = 0.003 3, sd = 0.856 2. R 语言代码及结果如下:

```
# 计算后验均值
> mean(Z[(burn+1):N,1])
[1] 0.003285725
# 计算后验标准差
> sd(Z[(burn+1):N,1])
[1] 0.8562188
```

下面检查马尔可夫链的收敛性, 由图 4.6.7 可以看出 θ 和 λ 都收敛. R 语言代码如下:

```
# 检查收敛性
par(mfrow=c(1,2))
plot(z[,1],main="",cex=.5,xlab="迭代次数N",ylab="theta",type="l")
plot(z[,2],main="",cex=.5,xlab="迭代次数N",ylab="lambda",type="l")
```

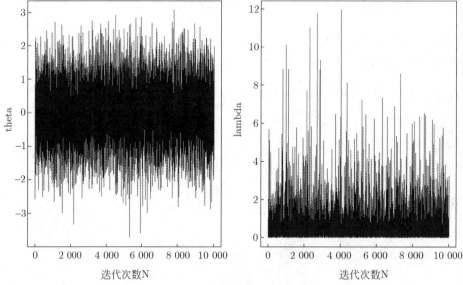

图 **4.6.7** 马尔可夫链的收敛性

第 5 章　再抽样方法

本章导读

随着科技的不断发展, 统计学的基本原则没有改变, 但是其工具已经发生了巨大变化. 经典统计方法缺少大规模计算的帮助, 通常需要在一定的假设前提下, 用数学理论来讨论方法的性质, 有时会与实际情况偏差较大. 现代计算机技术使得我们能够更加灵活、快捷、方便地开发和使用各种统计方法, 大大减少了不符合实际的数学假设, 从而使统计方法更适用于解决复杂多样的实际问题. 本章介绍再抽样 (resampling) 的相关方法以及如何将这些方法应用到广泛的实际数据分析中. 不过需要强调的是, 这些方法也需要评价, 并且有概率论和数学理论来保证其有效性.

再抽样方法是指利用计算机技术从观测到的数据中再次生成大量样本, 通过样本的统计性质获得总体推断. 再抽样获得的样本是从已存在的数据中抽取到的, 而不是由数据理论上的生成机制生成的. 数据的生成机制一般是未知且不可控的, 但是人们试图通过再抽样方法来理解数据的生成机制. 现代计算机技术为我们深度理解数据提供了途径, 我们可以对数据进行更加实际、精确的分析, 实现对更大量的数据的分析.

再抽样方法对许多领域的影响可以说是革命性的, 它让人们重新认识了什么是可接受的精确性. 再抽样方法可以解决诸如区间估计和显著性检验等经典统计学分析的问题. 相比经典的方法而言, 再抽样方法需要的假定较少, 并且能够给出较为精确的结论. 另外, 许多我们用传统方法无法进行推断的问题也可以通过再抽样方法解决. 相比经典统计学中假定分布条件下抽象的抽样分布, 再抽样中的自助法分布是非常具体、直观的. 再抽样方法不需要经典统计方法那样严苛的分布假定或者大的样本量要求等, 具有一定的普遍性.

5.1 节将介绍自助法 (bootstrap) 的定义, 并使用自助法进行各种参数估计. 5.2 节将详细描述刀切法 (Jackknife) 并且讨论该方法与自助法的联系. 5.3 节将介绍置换检验, 这是一种历史悠久且十分有用的假设检验工具, 更重要的是用它进行数据处理的思想. 此外, 我们说明了如何在更通用的假设检验问题中使用自助法. 在一些统计分析问题中经常出现预测误差的估计问题, 为此, 我们在 5.4 节中将介绍针对这一问题的交叉验证法. 5.5 节将介绍数据科学的 PCS 三原则, 即可预测性、可计算性、稳定性, 这是在更一般意义上基于数据再利用、数据扰动 (perturbation) 的数据分析准则. 对问题深刻理解、对方法灵活准确应用、对结果合理解释, 是数据分析工作者必备的素质.

5.1 自助法参数估计

本节重点介绍再抽样方法中的自助法. 自助法考虑的问题是: 某些数据的总体生成机制未知, 如何从这个原始数据样本中重复抽取大量样本. 保证自助法有效的一个基本要求是: 原始的数据样本中所包含的关于数据生成机制的信息也包含在我们获取的再抽样样本中. 因此, 从一个原始样本中再抽样就近似于根据总体数据生成机制生成新的随机样本.

自助法只利用已有的样本对总体特征做出推断, 而不是对总体作过多不切实际的假定. 本节的基本目标是: 解释在什么情况下自助法效果更好, 以及自助法如何应用到广泛多样的真实数据情况中.

5.1.1 标准误差的自助法估计

假设有来自未知概率分布 F 的随机样本 $\boldsymbol{X} = (X_1, X_2, \cdots, X_n)$, 我们需要根据样本 $\boldsymbol{X}$ 估计参数 $\theta = t(F)$, 2.1 节给出过参数的定义, 在一般情况下把它写成概率分布的函数. 1.3.3 节介绍的经验分布函数 $F_n(x)$ 定义为每个样本点实现值 x_i 的概率为 $1/n$ 的离散概率分布, 这是一个已知的分布, 为了符号简洁, 以下记作 $\widehat{F}$. 由定理 1.3.1 知, 这是总体分布的一个很好的估计.

> **定义 5.1.1** 插件原则 (plug-in principle) 是一种简单的参数估计方法. 对参数 θ 的插件估计为 $\widehat{\theta} = t(\widehat{F})$, 也就是用已知的经验分布 $\widehat{F}$ 对应的函数值 $t(\widehat{F})$ 作为未知参数 θ 的估计.

> **例 5.1.1** 若要估计的参数是概率分布 F 的期望, 则插件估计是概率分布 $\widehat{F}$ 的期望, 这个期望就是样本均值.

为了估计参数 $\theta = t(F)$, 我们计算一个统计量 $\widehat{\theta} = s(X)$, 它可以是插件估计, 也可以不是. 那么 $\widehat{\theta}$ 的精确度是多少? 第 2 章介绍的无偏性、MSE、UMVUE 都是对这个问题的理论探讨. 1979 年提出了用自助法作为一种基于计算机技术的估计 $\widehat{\theta}$ 精确度的方法. 自助法的优势是可以完全自动化, 在估计的过程中不需要理论计算, 且有效性与估计量的复杂度无关.

假设概率分布 F 的期望为 μ, 方差为 σ^2, 则样本均值 $\overline{X}$ 的期望为 μ, 方差为 σ^2/n. 更一般的标准误差的定义如下. 方差的平方根 $\sigma/\sqrt{n}$ 样本均值的标准误差, 记为 $se(\overline{X})$.

> **定义 5.1.2** 标准误差是某一统计量抽样分布的标准差, 用来衡量统计量的分布的离散程度, 是评价该统计量推断总体某个未知参数的准确性的重要指标.

我们使用样本标准差 S 估计总体标准差 σ, 得到样本均值的标准误差的估计是:

$$\widehat{se} = \left\{ \sum_{i=1}^{n} \frac{(X_i - \overline{X})^2}{(n-1)n} \right\}^{1/2} \tag{5.1.1}$$

其他统计量的标准误差没有这样简单的公式. 下面我们介绍如何使用自助法估计任意统计量的标准误差.

> **定义 5.1.3** 自助法依赖于自助样本的概念. 令 $\widehat{F}$ 为经验分布, 一个自助样本定义为从经验分布 $\widehat{F}$ 中获得的一个样本量为 n 的随机样本, 用 $\boldsymbol{X}^* = (X_1^*, X_2^*, \cdots, X_n^*)$ 表示:
>
> $$\widehat{F} \to (X_1^*, X_2^*, \cdots, X_n^*) \tag{5.1.2}$$
>
> 星号标记表明 $\boldsymbol{X}^*$ 并不是原始数据集 $\boldsymbol{X}$, 而是等概率有放回地对样本 $\boldsymbol{X}$ 的随机再抽样.

自助法数据集 $(X_1^*, X_2^*, \cdots, X_n^*)$ 由原始数据集 $(X_1, X_2, \cdots, X_n)$ 的元素组成, 其中一些元素出现 0 次, 一些元素出现 1 次, 一些元素出现 2 次, 等等. 因为每个样本被选中的概率是 $1/n$, 所以未被选中的概率就是 $1 - 1/n$, 这样原始样本 X_i 在自助法数据集中未出现的概率就是 n 次都未被选中的概率, 即 $(1 - 1/n)^n$. 当 n 趋于无穷大时, 这一概率就将趋近于 $\mathrm{e}^{-1} = 0.368$, 所以留在自助法数据集中的样本大概占原始数据集样本的 63.2%, 有的原始样本在新的数据集中可能出现多次. 自助法数据集的样本量也可以是任意数, 通常我们选用和原始数据集一样的样本量 n.

> **例 5.1.2** 举一个简单的例子, 从某分布中抽取的一个样本量为 10 的数据集为:
>
> $$(25, 37, 14, 69, 43, 26, 76, 29, 57, 68)$$
>
> 使用一次自助法抽样得到的数据集为:
>
> $$(14, 69, 37, 26, 14, 29, 26, 68, 37, 14)$$
>
> 其中第 3 个样品 14 被抽中三次, 第 2 个、第 6 个样品 37、26 被抽中两次, 第 4、8、10 个样品 69、29、68 被抽中一次, 第 1、5、7、9 个样品未被抽中. 再次使用自助法抽样得到的数据集为:
>
> $$(25, 37, 57, 43, 37, 25, 14, 43, 76, 29)$$
>
> 这与之前的实现值不同.

与自助法数据集 $\boldsymbol{X}^*$ 对应的是 $\widehat{\theta}$ 的自助法复制:

$$\widehat{\theta}^* = s(\boldsymbol{X}^*) \tag{5.1.3}$$

$s(\boldsymbol{X}^*)$ 的值是对 $\boldsymbol{X}^*$ 应用与 $\boldsymbol{X}$ 相同的方程 $s(\cdot)$ 的结果. 例如, 如果 $s(\boldsymbol{X})$ 是样本均值 $\overline{X}$,

则 $s(\boldsymbol{X}^*)$ 是自助法数据集的均值 $\overline{X}^* = \sum_{i=1}^{n} X_i^*/n$.

定义 5.1.4 重复以上自助法抽样 B 次, 每次抽取 n 个数值, 对应的自助法复制为:

$$\widehat{\theta}^*(b) = s(\boldsymbol{X}^{*b}), \quad b = 1, 2, \cdots, B \tag{5.1.4}$$

$\widehat{\theta}$ 的标准误差的自助法估计是 $\widehat{\theta}^*(b)$ 的标准差:

$$\widehat{se}_B = \left\{ \sum_{b=1}^{B} \frac{[\widehat{\theta}^*(b) - \widehat{\theta}^*(\cdot)]^2}{B-1} \right\}^{\frac{1}{2}} \tag{5.1.5}$$

式中, $\widehat{\theta}^*(\cdot) = \sum_{b=1}^{B} \widehat{\theta}^*(b)/B$.

我们通过以下思路进一步理解 $\widehat{se}_B$: 首先从以 F 为概率分布函数的总体中抽取独立同分布的随机样本 $\boldsymbol{X}$, 再根据统计量 $s(\cdot)$ 的表达式, 利用这些样本 $\boldsymbol{X}$, 计算得到 $\widehat{\theta}$, 即

$$F \xrightarrow{\text{i.i.d.}} \boldsymbol{X} \xrightarrow{s} \widehat{\theta} \tag{5.1.6}$$

真实的 F 往往未知, 我们通常仅有一次样本观测值, 也就只能得到一个统计量的实现值. 但我们可以通过相应的经验概率分布函数 $\widehat{F}$ 估计 F, $\widehat{F}$ 对每个点 x_i 赋予 $1/n$ 的概率值. 注意到每个自助法样本 $\boldsymbol{X}^*$ 都是从 $\widehat{F}$ 中抽取的独立同分布的样本, 通过自助法得到重复 $\widehat{\theta}^*$ 的过程与式 (5.1.6) 类似:

$$\widehat{F} \xrightarrow{\text{i.i.d.}} \boldsymbol{X}^* \xrightarrow{s} \widehat{\theta}^* \tag{5.1.7}$$

自助法再抽样式 (5.1.7) 更加 "慷慨": 我们可通过自助法再抽样生成任意多个 $\widehat{\theta}^*$.

$\widehat{\theta}$ 真实的标准差, 即它的标准误差, 也是一个参数. 可理解为用以生成该数据的概率分布 F 的一个函数, 不妨以 $se(\widehat{\theta}) \triangleq t(F)$ 表示. $se(\widehat{\theta})$ 给出 $\widehat{\theta}$ 的标准差, 而这个标准差的估计在理论上可以通过大量 (B 次) 独立运行式 (5.1.6), 然后计算所产生的 $\widehat{\theta}$ 的标准差得到. 遗憾的是通常一次样本实现只能计算得到一个 $\widehat{\theta}$. 自助法估计 $\widehat{\theta}$ 的标准误差是基于式 (5.1.7) 对式 (5.1.6) 的近似.

$\widehat{F}$ 随着样本容量 n 的增大而趋近于 F, 意味着在大多数情况下, $\widehat{se}_B$ 趋近于 $\widehat{\theta}$ 真实的标准误差.

关于 $\widehat{se}_B$ 有几点需要强调:

(1) 自助法的过程是全自动的. 一旦算法写好, 输入数据 x 及统计量 $s(\cdot)$, 即可输出 $\widehat{se}_B$.

(2) 通常为估计 $\widehat{se}_B$, B 取 200 便已足够. 对于后面提到的自助法置信区间, B 需取 1 000 或 2 000 等更大的值.

(3) 选用标准误差作为评价指标并无特别之处, 我们也可以用自助法再抽样估计绝对误差的期望 $E\{|\widehat{\theta} - \theta|\}$ 或其他准确率的评价指标.

例 **5.1.3** 表 5.1.1 给出了对 16 只小鼠进行分组实验的数据. 小鼠被随机分配到治疗组和对照组 (非治疗组), 记录下它们的生存时间 (单位: 天). 根据这些信息判断治疗对于延长小鼠的生命是否有用.

表 **5.1.1** 小鼠实验数据

分组	数据	样本量	均值	标准误差
治疗组	94, 197, 16, 38, 99 , 141, 23	7	86.86	25.24
对照组	52, 104 , 146, 10, 51, 30, 40, 27, 46	9	56.22	14.16
			30.64	28.94

两组小鼠生存时间均值的比较为治疗作用提供了比较乐观的初步证据. 用 $x_1, x_2, \cdots, x_7$ 表示治疗组的生存时间, 另外用 $y_1, y_2, \cdots, y_9$ 表示对照组的生存时间. 两组的组内均值分别为:

$$\overline{x} = \sum_{i=1}^{7} x_i/7 = 86.86, \quad \overline{y} = \sum_{i=1}^{9} y_i/9 = 56.22 \tag{5.1.8}$$

因此两组差值的估计为 $86.86 - 56.22 = 30.64$, 这表明治疗有相当大的延长生存时间的作用.

但是这些估计的准确性又如何呢? 毕竟式 (5.1.8) 中的均值估计是基于小样本的, 两组中分别只有 7 只和 9 只小鼠. 为了回答这个问题, 我们需要估计 $\overline{X}, \overline{Y}$ 的准确性. 基于 n 个独立数据 $X_1, X_2, \cdots, X_n$ 的样本均值 $\overline{X}$ 的标准误差由下式给出:

$$\sqrt{\frac{S^2}{n}} \tag{5.1.9}$$

式中, $S^2 = \sum_{i=1}^{n} (X_i - \overline{X})^2/(n-1)$. 任何估计的标准误差为其方差的平方根, 即一个估计在其期望周围的均方根变异性, 这是估计量准确性最常见的度量. 大致来说, 根据标准正态分布, 一个估计量大约有 68% 的可能性距离它的期望不到一个标准误差, 而有大约 95% 的可能性距离它的期望不到两个 ($1.96 \approx 2$) 标准误差.

如果小鼠实验中均值估计的标准误差非常小, 可以得知 $\overline{X}$ 和 $\overline{Y}$ 接近它们的期望值, 平均生存时间之差 30.64 可能是对治疗的生存时间延长能力的一个很好的估计.

表 5.1.1 的右半部分展示了小鼠的真实情况. 根据式 (5.1.9), 我们得到 $\overline{X}$ 和 $\overline{Y}$ 的标准误差分别是 25.24, 14.16, 二者之差 $\overline{X} - \overline{Y}$ 的标准误差等于 $28.94 = \sqrt{25.24^2 + 14.16^2}$. 两组实验平均生存时间之差 30.64 是标准误差 28.94 的 1.06 倍, 也就是说在治疗不起任何作用的前提下也很有可能会随机出现.

统计学中有更准确的方法来说明手术对延长小鼠的生存时间并没有显著作用, 但通常情况下, 估计量的标准误差是对统计估计量进行批判性思考的第一步. 标准误差也有明显的缺点: 对于绝大多数估计量, 不存在如式 (5.1.9) 的标准误差的明确表达式. 换句话说, 我们很难通过从理论上计算标准误差来评估除了均值之外的估计量的准确性.

例如, 我们想要通过中位数而非均值来比较表 5.1.1 中的两组数, 治疗组的中位数为 94, 对照组的中位数为 46, 差值的估计值为 48, 远高于均值的差值. 但是这个中位数估计的准确性如何呢? 换句话说, 就是中位数差值的标准误差是多少? 解决这个问题需要引入自助法或者其他一些基于计算机的方法.

具体考虑自助法的过程. 自助法的第一步是生成样本量为 n 的 B 个自助法样本 $\boldsymbol{X}^{*1}$, $\boldsymbol{X}^{*2}, \cdots, \boldsymbol{X}^{*B}$. 在标准误差估计中, 自助法样本的个数 B 通常为 50~200 个. 对应每个自助法样本, 存在一个自助法复制, 即 $s(\boldsymbol{X}^{*b})$. 例如, 如果 $s(\boldsymbol{X})$ 是样本中位数, 那么 $s(\boldsymbol{X}^{*})$ 就是自助法样本的中位数. 标准误差的自助法估计值即为自助法复制的标准差:

$$\widehat{se}_B = \left\{ \sum_{b=1}^{B} [s(\boldsymbol{X}^{*b}) - s(\cdot)]^2/(B-1) \right\}^{\frac{1}{2}} \tag{5.1.10}$$

式中, $s(\cdot) = \sum_{b=1}^{B} s(\boldsymbol{X}^{*b})/B$.

表 5.1.2 显示了表 5.1.1 的治疗组小鼠数据的均值和中位数用自助法估计的标准误差.

表 5.1.2　治疗组均值和中位数的标准误差的自助法估计

B	50	100	250	500	1 000
均值	19.72	23.63	22.32	23.79	23.02
中位数	32.21	36.35	34.46	36.72	36.48

将上述自助法的过程应用于对照组, 基于 $B = 100$ 次重复, 得到中位数标准误差的估计为 11.54. 令 $B = 100$, 观测到的中位数差值 48 的标准误差的估计为 $\sqrt{36.35^2 + 11.54^2} = 38.14$. 中位数之差 48 是 38.14 的 1.26 倍, 比均值之差的 1.06 倍大, 但仍然没有超过 2 倍, 是不显著的.

例 5.1.4　一项关于阿司匹林对中年健康男子心脏病的预防是否有效的研究中采用了控制、对照、双盲的研究方法收集数据, 即受试者中的一半服用阿司匹林, 另一半服用安慰剂. 受试者被随机分配到阿司匹林组或者安慰剂组. 受试者和监督医生对分组均不知情, 只有统计学家知道哪些受试者被分配到阿司匹林组, 哪些被分配到安慰剂组. 控制、对照、双盲实验的精心设计是为了更好地避免无关影响因素的干扰, 发现感兴趣的影响因素的作用. 实验数据如表 5.1.3 所示.

表 5.1.3　阿司匹林对心脏病预防效果的数据

	心脏病 (致命加非致命)	受试者
阿司匹林组	104	11 037
安慰剂组	189	11 034

从结果中可以看出阿司匹林组心脏病的发作率比较低. 两个概率的比值为:

$$\widehat{\theta} = (104/11\ 037)/(189/11\ 034) = 0.55$$

数据说明在受试者中阿司匹林的服用者患心脏病的概率只有安慰剂的服用者的 55%. $\widehat{\theta} = 0.55$ 只是 θ 的一个估计值. 实验获得的样本看起来很大, 包含所有 $11\ 037 + 11\ 034 = 22\ 071$ 个受试者, 但是实际上阿司匹林的作用的结论仅依赖于 $104 + 189 = 293$ 个心脏病发作的受试者的分组. 这样就无法确定若实验再进行一次, 结果会不会有很大改变.

统计推断是一件严肃的事, 在很大程度上决定了一个观测到的结果是否真实. 在阿司匹林研究中除了心脏病外, 研究者还追踪研究了受试者的中风发病率, 结果如表 5.1.4 所示.

表 5.1.4 中风数据

	中风 (致命加非致命)	受试者
阿司匹林组	119	11 037
安慰剂组	98	11 034

对于中风, 这个比值是 $\widehat{\theta} = (119/11\ 037)/(98/11\ 034) = 1.21$. 仅从这个数字来看服用阿司匹林实际上是有害的, 然而用统计学假设检验的语言来说, 是否能够拒绝原假设 $\theta = 1$? 即检验阿司匹林与安慰剂相比对中风是否有显著影响.

下面对中风的案例数据使用自助法. 我们创建两个分组: 第一个分组包含 119 个数值 1 和 $11\ 037 - 119 = 10\ 918$ 个数值 0, 第二个分组包含 98 个 1 和 $11\ 034 - 98 = 10\ 936$ 个 0. 我们从第一个分组的 11 037 项中使用自助法抽取一个样本量为 11 037 的样本, 从第二个分组的 11 034 项中使用自助法抽取一个样本量为 11 034 的样本, 然后合并这两个样本并称为自助法样本. 这样可以获得 $\widehat{\theta}$ 的一个自助法估计值:

$$\widehat{\theta}^* = \frac{\text{数值 1 在自助法样本分组 1 中的占比}}{\text{数值 1 在自助法样本分组 2 中的占比}}$$

重复这一过程 1 000 次, 可以获得 1 000 个自助法重复值 $\widehat{\theta}^*$, 这一过程在计算机上非常容易实现. 我们可以从数据中推断这 1 000 次重复所包含的信息. 例如, 我们批量生成的 1 000 次重复值的标准误差为 0.17, 可作为比率 $\widehat{\theta}$ 的标准误差的估计值. 这表明观测到的比率 $\widehat{\theta} = 1.21$ 比 1 大了 0.21, 是标准误差 0.17 的 1.24 倍, 小于 $1.96 \approx 2$ 倍, 所以中性比率 1 不能被排除. 一个粗糙的 95% 置信区间可以用 1 000 次重复值中从小到大排列的第 25 位和第 975 位表示, 结果是 (0.93, 1.60).

5.1.2 偏差的自助法估计

假设通过随机抽样得到来自分布 F 的样本 $\boldsymbol{X} = (X_1, X_2, \cdots, X_n)$, 我们想要估计参数 $\theta = t(F)$. 现在, 我们的估计为任意统计量 $\widehat{\theta} = s(\boldsymbol{X})$, 之后会特别研究插件估计 $\widehat{\theta} = t(\widehat{F})$.

θ 的估计值 $\widehat{\theta} = s(\boldsymbol{X})$ 的偏差指的是 $\widehat{\theta}$ 的期望值与参数 θ 的值之间的差:

$$\text{bias}_F = \text{bias}_F(\widehat{\theta}, \theta) = E_F[s(\boldsymbol{X})] - t(F) \tag{5.1.11}$$

这个定义与第 2 章的定义是一致的.

我们往往不希望获得偏差过大的估计量. 我们认可 $\widehat{\theta} = s(\boldsymbol{X})$ 是 θ 的估计量, 但是通常不希望它的变异性太大, 使得 $\widehat{\theta}$ 的实现值可能会压倒性地大于或小于 θ. 于是, 无偏估计, 即满足 $E_F[\widehat{\theta}] = \theta$ 的估计量, 在统计学理论和实践中至关重要. 插件估计 $\widehat{\theta} = t(\widehat{F})$ 的一大优点在于: 尽管它们不一定是无偏的, 但它们的偏差往往很小.

我们可以用自助法来估计任意估计量 $\widehat{\theta} = s(\boldsymbol{X})$ 的偏差. 偏差的自助法估计值即为 $\text{bias}_{\widehat{F}}$, 可以通过用 $\widehat{F}$ 代替式 (5.1.11) 中的 F 来求解:

$$\text{bias}_{\widehat{F}} = E_{\widehat{F}}[s(\boldsymbol{X})] - t(\widehat{F}) \tag{5.1.12}$$

这里的 $t(\widehat{F})$ 是 θ 的插件估计, 可能与 $\widehat{\theta} = s(\boldsymbol{X})$ 不同. 这意味着, 无论 $\widehat{\theta}$ 是不是 θ 的插件估计, $\text{bias}_{\widehat{F}}$ 都是 bias_F 的插件估计. 注意从式 (5.1.11) 到式 (5.1.12) 的过程中, $\widehat{F}$ 被使用了两次: 一次用来代替 $t(F)$ 中的 F, 一次用来代替 $E_F[s(\boldsymbol{X})]$ 中的 F.

如果 $s(\boldsymbol{X})$ 是样本均值, $t(F)$ 是总体均值, 由于样本均值是总体均值的无偏估计, 即 $\text{bias}_F = 0$, 易得 $\text{bias}_{\widehat{F}} = 0$. 一般地, 统计量可能会存在一些偏差, $\text{bias}_{\widehat{F}}$ 则为偏差的一种估计值.

对于实践中的大多数统计量, 自助法估计 $\text{bias}_{\widehat{F}}$ 需用蒙特卡罗方法实现. 首先我们生成独立的自助法样本 $\boldsymbol{X}^{*1}, \boldsymbol{X}^{*2}, \cdots, \boldsymbol{X}^{*B}$, 求解自助法复制集 $\widehat{\theta}^*(b) = s(\boldsymbol{X}^{*b})$, 然后通过计算平均值近似地得到自助法期望 $E_{\widehat{F}}[s(\boldsymbol{X}^*)]$:

$$\widehat{\theta}^*(\cdot) = \sum_{b=1}^{B} \frac{\widehat{\theta}^*(b)}{B} = \sum_{b=1}^{B} (s(\boldsymbol{X}^{*b}))/B \tag{5.1.13}$$

用 $\widehat{\theta}^*(\cdot)$ 代替式 (5.1.12) 中的 $E_{\widehat{F}}[s(\boldsymbol{X})]$, 就可以得到偏差基于 B 次复制集的自助法估计值 $\widehat{\text{bias}}_B$:

$$\widehat{\text{bias}}_B = \widehat{\theta}^*(\cdot) - t(\widehat{F}) \tag{5.1.14}$$

此处介绍的偏差估计方法相对简单和基础, 有兴趣的读者可以参阅相关参考文献, 学习更多改进的方法.

例 5.1.5 历史上, 统计学家很担忧比率估计量可能产生的偏差, 表 5.1.5 中的贴片数据提供了一个实例. 将某种天然激素注入八名使用医疗贴片的受试者的血液中, 测量每个受试者使用三种不同的贴片 (一种不含激素的安慰剂贴片, 一种在旧工厂生产的旧贴片, 以及一种在新开设的工厂生产的新贴片) 后血液中的激素水平. 表中第二至四列显示了每个受试者三种情况下血液中激素水平的测量结果. 对每个受试者, $Z = $ 旧贴的测量值 $-$ 安慰剂的测量值, $Y = $ 新贴片的测量值 $-$ 旧贴片的测量值. 这个测试的目的是证明新工厂生产的贴片与旧工厂生产的贴片是等效的.

表 5.1.5　贴片数据

受试者	安慰剂	旧贴片	新贴片	Z	Y
1	9 243	17 649	16 449	8 406	−1 200
2	9 671	12 013	14 614	2 342	2 601
3	11 792	19 979	17 274	8 187	−2 705
4	13 357	21 816	23 798	8 459	1 982
5	9 055	13 850	12 560	4 795	−1 290
6	6 290	9 806	10 157	3 516	351
7	12 412	17 208	16 570	4 796	−638
8	18 806	29 044	26 325	10 238	−2 719
均值				6 342.4	−452.3

美国食品和药物管理局 (FDA) 已批准在旧工厂生产的贴片的销售. 如果能够证明新工厂生产的贴片与旧工厂生产的贴片生物等效, 那么新工厂的贴片不需要进行新一轮的 FDA 调查就能被批准出售. FDA 的生物等效性标准是使用新贴片测量结果的期望值与使用旧贴片测量结果的期望值满足以下条件:

$$\frac{|E(新) − E(旧)|}{E(旧) − E(安慰剂)} \leqslant 0.2 \tag{5.1.15}$$

换句话说, FDA 希望新贴片与旧贴片的差别控制在旧贴片相比安慰剂贴片所提高的血液中激素水平的 20% 的范围内.

令 θ 为参数:

$$\theta = \frac{E(新) − E(旧)}{E(旧) − E(安慰剂)} \tag{5.1.16}$$

我们可以使用接下来将要介绍的构造置信区间的方法来解答 $|\theta| \leqslant 0.2$ 是否成立这个问题. 在此我们讨论 θ 的插件估计量偏差和标准误差.

令 $X_i = (Z_i, Y_i)$ $(i=1,2,\cdots,8)$ 来自某二元分布 F, 则式 (5.1.16) 中的参数 θ 为:

$$\theta = t(F) = \frac{E_F(Y)}{E_F(Z)} \tag{5.1.17}$$

式中, $t(\cdot)$ 表示概率分布函数 F 的函数. 则 θ 的插件估计量为:

$$\widehat{\theta} = t(\widehat{F}) = \frac{E_{\widehat{F}}(Y)}{E_{\widehat{F}}(Z)} = \frac{\overline{Y}}{\overline{Z}} \tag{5.1.18}$$

注意到在这些定义中并没有任何 Z 和 Y 相互独立的假设, 表 5.1.5 列出了 8 个受试者的 Z_i 与 Y_i. 所以 $\widehat{\theta}$ 的值为:

$$\widehat{\theta} = \frac{−452.3}{6 342.4} = −0.071\ 3 \tag{5.1.19}$$

我们可以看到 $|\widehat{\theta}|$ 显著小于 0.2, 因此这个结果很有可能满足 FDA 的生物等效性的条件.

图 5.1.1 是由 400 次自助法重复计算的 $\widehat{\theta}$ 绘制的直方图. 虚线代表 $\widehat{\theta} = −0.071\ 3$.

这 400 次重复值的样本标准误差为 $\widehat{se}_{400} = 0.102$，样本均值为 $\hat{\theta}^*(\cdot) = -0.067\,0$，则自助法估计偏差为：

$$\widehat{\text{bias}}_{400} = -0.067\,0 - (-0.071\,3) = 0.004\,3$$

这是根据式 (5.1.14) 得到的.

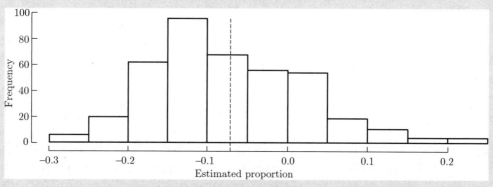

图 5.1.1   比例统计量

估计的偏差和标准误差的比值 $\dfrac{\widehat{\text{bias}}_{400}}{\widehat{se}_{400}} \leqslant 0.042$，很小，说明在这种情况下我们不用担心 $\hat{\theta}$ 的偏差. 根据经验法则，小于 0.25 倍标准误差的偏差都可以忽略，除非我们想计算更为精确的置信区间. 一个简单的做法是提高 B 的值，以提高估计精度.

5.1.3   自助法的区间估计

下面我们介绍如何使用自助法估计置信区间. 我们的目标是自动计算置信区间，即给定一个估计统计量 $\hat{\theta}$ 的自助法分布，我们希望为无法观测的参数 θ 自动构造一个合适的置信区间. 为了实现这个目标，我们在此介绍两种基础方法.

最简单的方法是用标准置信区间 $\hat{\theta} \pm 1.96\widehat{se}$ 作为 95% 置信区间，其中 $\widehat{se}$ 可以选用自助法估计的标准误差 $\widehat{se}_B$. 该方法得到的结果关于 $\hat{\theta}$ 对称，对于一些有偏分布，不能取得较好的估计效果.

百分位数法利用自助法分布的形状改进标准置信区间. 假设我们已经用自助法产生了 B 个实现值 $\hat{\theta}^{*1}, \hat{\theta}^{*2}, \cdots, \hat{\theta}^{*B}$，我们用其分布中的百分位数来定义百分位数置信区间.

我们可以用自助法累积分布函数 $\hat{G}(t)$ 进行更准确的描述，$\hat{G}(t)$ 定义为自助法样本中小于等于 t 的比例，即：

$$\hat{G}(t) = \#\{\hat{\theta}^{*b} \leqslant t\}/B$$

其中，# 表示集合中元素的个数. $\hat{\theta}^{*(\alpha)}$ 是自助法分布的 α 分位数，即使得自助法样本中位于它左侧的点的比例为 α 的值，可以用 $\hat{G}$ 的逆函数表示：

$$\hat{\theta}^{*(\alpha)} = \hat{G}^{-1}(\alpha)$$

那么，95% 的中心化分位数区间为：

$$(\widehat{\theta}^{*(0.025)}, \widehat{\theta}^{*(0.975)}) \tag{5.1.20}$$

百分位数区间具有变换不变性. 如式 (5.1.20), 令 $\phi = m(\theta)$, 类似地, $\widehat{\phi} = m(\widehat{\theta})$ ($m(\cdot)$ 是单调递增的), 其自助法实现值为 $\widehat{\phi}^{*b} = m(\widehat{\theta}^{*b})$ ($b = 1, 2, \cdots, B$). 自助法百分位数的变换相同:

$$\widehat{\phi}^{*(\alpha)} = m(\widehat{\theta}^{*(\alpha)})$$

这就验证了变换不变性. 在这种意义上, 百分位数法改进了标准置信区间.

该方法要求自助法的样本量达到 $B = 2\,000$. 除了百分位数法, 还有其他通过自助法构造置信区间的算法, 更复杂和准确的方法请读者参考相关文献.

例 5.1.6 有 22 名同学参加了机械学和矢量学的考试, 表 5.1.6 展示了他们的成绩.

表 5.1.6 考试成绩数据

编号	1	2	3	4	5	6	7	8	9	10	11
机械学	7	44	49	59	34	46	0	32	49	52	44
矢量学	51	69	41	70	42	40	40	45	57	64	61
编号	12	13	14	15	16	17	18	19	20	21	22
机械学	36	42	5	22	18	41	48	31	42	46	63
矢量学	59	60	30	58	51	63	38	42	69	49	63

图 5.1.2 展示了 $B = 2\,000$ 时相关系数非参数自助法的实现值 $\widehat{\theta}^*$, 其中 0.498 为原始数据的相关系数. 标准置信区间可由 $\widehat{\theta}$ 的渐近正态性得到. 百分位数法利用自助法获得分布的形状来提高置信区间的精度. 图 5.1.2 中直方图的 0.025 和 0.975 的分位数分别是 0.118 和 0.758, 即非参数中心化的 95% 置信区间的端点.

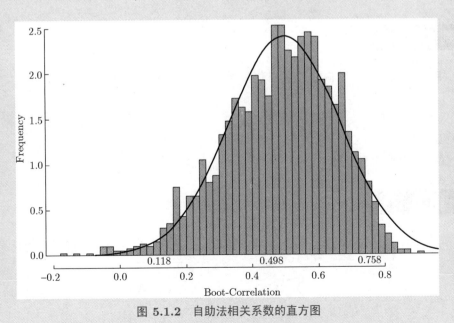

图 5.1.2 自助法相关系数的直方图

5.1.4　讨论

前面介绍了自助法的基本概念, 以及如何使用自助法估计参数的标准误差、偏差、置信区间等.

在式 (5.1.7) 中, 自助法再抽样为:

$$\widehat{F} \overset{\text{i.i.d.}}{\to} \boldsymbol{X}^* \to \widehat{\theta}^*$$

这里并不需要坚持假定 $\widehat{F}$ 为 F 的非参数化估计. 如果观测数据向量 $\boldsymbol{X}$ 来自一个参数化分布族 F:

$$\mathcal{F} = \{f_\mu(\boldsymbol{X}); \ \mu \in \Omega\}$$

令 $\widehat{\mu}$ 为参数 μ 的 MLE, 则参数化的自助法再抽样为:

$$f_{\widehat{\mu}} \to \boldsymbol{X}^* \to \widehat{\theta}^*$$

同时我们依然沿用式 (5.1.3) 至式 (5.1.5) 的步骤来计算 $\widehat{se}_B$.

> **例 5.1.7**　假设 $\boldsymbol{X} = (X_1, X_2, \cdots, X_n)$ 是来自如下正态总体的独立同分布样本:
>
> $$X_i \overset{\text{i.i.d.}}{\sim} N(\mu, 1), \quad i = 1, 2, \cdots, n$$
>
> 令 $\widehat{\mu} = \overline{X}$, 则参数化的自助法样本为 $\boldsymbol{X}^* = (X_1^*, X_2^*, \cdots, X_n^*)$, 其中
>
> $$\boldsymbol{X}_i^* \overset{\text{i.i.d.}}{\sim} N(\overline{X}, 1), \quad i = 1, 2, \cdots, n$$

除了上面介绍的内容, 自助法有更广泛的应用, 包括多总体、相关非独立样本、贝叶斯等情形.

● 批判性思考 ●

1. 理解经验分布在样本给定实现值后是一个已知的离散多项分布, 求该分布的期望、方差.

2. 理解标准差和标准误差的区别与联系, 区分总体标准差 (标准误差) 和样本标准差 (标准误差).

3. 深入了解使用自助法进行统计推断的理论知识.

● 习 题 5.1 ●

1. 假设总体有 $X_1, X_2, \cdots, X_N$ 共 N 个元素, 以 $\overline{X}$ 和 S 表示总体均值和标准差:

$$\overline{X} = \frac{\sum\limits_{j=1}^{N} X_j}{N}, \quad S = \sqrt{\frac{\sum\limits_{j=1}^{N} (X_j - \overline{X})^2}{N}}$$

证明:

(1) 进行有放回抽样时, 假设所抽样本为 $Y_1, Y_2, \cdots, Y_n$, 则样本均值的标准误差为:

$$se(\overline{Y}) = \frac{S}{\sqrt{n}}$$

(2) 若进行的是不放回抽样 (此时 $n \leqslant N$), 则样本均值的标准误差为:

$$se(\overline{Y}) = \frac{S}{\sqrt{n}} \left[\frac{N-n}{N-1} \right]^{\frac{1}{2}}$$

2. 现有样本量为 n 的总体 $X_1, X_2, \cdots, X_n$, 假设每个 X_i 都各不相同, 证明元素不全相同的自助法样本的数量共有 $\binom{2n-1}{n}$ 个, 并求当 $n = 12$ 时这个数为多少.

3. 证明: 未修正样本方差 $S_n^2 = \sum_{i=1}^{n} (X_i - \overline{X})^2 / n$ 的偏差是总体方差的 $-\frac{1}{n}$ 倍, 即

$$\text{bias}_{\widehat{F}} = -\frac{1}{n^2} \sum_{i=1}^{n} (X_i - \overline{X})^2.$$

5.2 刀切法

本节主要介绍刀切法, 它也是用来估计标准误差和偏差的再抽样方法. 它早于自助法出现, 与自助法较相似.

5.2.1 刀切法介绍

假设存在样本 $\boldsymbol{X} = (X_1, X_2, \cdots, X_n)$ 和估计量 $\widehat{\theta} = s(\boldsymbol{X})$, 我们想要估计 $\widehat{\theta}$ 的偏差和标准误差. 刀切法关注的是每次忽略一个观测值的样本, 即刀切法样本.

> **定义 5.2.1**
>
> $$\boldsymbol{X}^{(i)} = (X_1, X_2, \cdots, X_{i-1}, X_{i+1}, \cdots, X_n), \quad i = 1, 2, \cdots, n \tag{5.2.1}$$
>
> 为刀切法样本. 第 i 个刀切法样本就是删去第 i 个观测值的样本. 称
>
> $$\widehat{\theta}_{(i)} = s(\boldsymbol{X}^{(i)}) \tag{5.2.2}$$
>
> 是 $\widehat{\theta}$ 的第 i 个刀切法复制.

> **例 5.2.1** 比如, 原始样本为 $(45, 67, 98, 32, 56, 77, 41, 90, 34, 69)$, 则第一个刀切法样本为 $(67, 98, 32, 56, 77, 41, 90, 34, 69)$, 去掉了第一个观测值 45; 第二个刀切法样本为 $(45, 98, 32, 56, 77, 41, 90, 34, 69)$, 去掉了第二个观测值 67, 依此类推.

定义 5.2.2　偏差的刀切法估计定义为:

$$\widehat{\text{bias}}_{\text{jack}} = (n-1)(\widehat{\theta}_{(.)} - \widehat{\theta}) \qquad (5.2.3)$$

其中

$$\widehat{\theta}_{(.)} = \sum_{i=1}^{n} \widehat{\theta}_{(i)}/n \qquad (5.2.4)$$

标准误差的刀切法估计定义为

$$\widehat{se}_{\text{jack}} = \left[\frac{n-1}{n} \sum (\widehat{\theta}_{(i)} - \widehat{\theta}_{(.)})^2 \right]^{1/2} \qquad (5.2.5)$$

这些公式从何而来呢? 首先我们看到, $\widehat{se}_{\text{jack}}$ 和自助法的有放回抽样不同, 刀切法每次关注的都是删去了一个观测值的样本 $\boldsymbol{X}^{(1)}, \cdots, \boldsymbol{X}^{(n)}$. 和自助法相似的是, $\widehat{se}_{\text{jack}}$ 的公式就像是 n 个样本估计值的标准差, 只是把其中的 $1/(n-1)$ 或 $1/n$ 换成了 $(n-1)/n$, 当然也就比标准差大了很多. 直觉上, 刀切法的这个 "膨胀因子" 是必要的, 因为典型的刀切法样本比自助法样本更接近原始数据集, 刀切法中的偏差 $(\widehat{\theta}_{(i)} - \widehat{\theta}_{(.)})^2$ 比自助法的偏差 $(\widehat{\theta}^*(b) - \widehat{\theta}^*(\cdot))^2$ 要小得多.

因子 $(n-1)/n$ 的具体形式是通过考虑 $\widehat{\theta} = \overline{X}$ 的特殊情况得出的, 因为

$$\widehat{\theta}_{(i)} = (n\overline{X} - X_i)/(n-1)$$

所以

$$\widehat{\theta}_{(.)} = \overline{X}, \ \widehat{\theta}_{(i)} - \widehat{\theta}_{(.)} = (\overline{X} - X_i)/(n-1)$$

$$\widehat{se}_{\text{jack}} = \left\{ \sum_{i=1}^{n} \frac{(X_i - \overline{X})^2}{(n-1)n} \right\}^{1/2} \qquad (5.2.6)$$

这与式 (5.1.1) 完全一致 (代入式 (5.2.5) 可得). 也就是说这个 "膨胀因子" 是根据均值的情况确定的, 然后将其推广到任意统计量. 式 (5.2.5) 的定义使得我们很容易估计任意统计量的标准误差.

相似地, 偏差刀切法估计的定义式 (5.2.3) 中的乘数因子 $(n-1)$ 与式 (5.2.5) 中标准误差的刀切法估计中的因子 $(n-1)/n$ 相似, 也是一个 "膨胀因子". 本节的习题 1 将以样本方差为例讨论这个问题. 也就是说偏差的 "膨胀因子" 是以样本方差这个特例确定的.

例 5.2.2　表 5.2.1 是 88 名学生的测试分数数据.

表 5.2.1　测试分数数据

编号	mec (c)	vec (c)	alg (o)	ana (o)	sta (o)	编号	mec (c)	vec (c)	alg (o)	ana (o)	sta (o)
1	77	82	67	67	81	5	63	63	65	70	63
2	63	78	80	70	81	6	53	61	72	64	73
3	75	73	71	66	81	7	51	67	65	65	68
4	55	72	63	70	68	8	59	70	68	62	56

续表

编号	mec (c)	vec (c)	alg (o)	ana (o)	sta (o)	编号	mec (c)	vec (c)	alg (o)	ana (o)	sta (o)
9	62	60	58	62	70	49	35	60	47	54	33
10	64	72	60	62	45	50	48	56	49	42	32
11	52	64	60	63	54	51	31	57	50	54	34
12	55	67	59	62	44	52	17	53	57	43	51
13	50	50	64	55	63	53	49	57	47	39	26
14	65	63	58	56	37	54	59	50	47	15	46
15	31	55	60	57	73	55	37	56	49	28	45
16	60	64	56	54	40	56	40	43	48	21	61
17	44	69	53	53	53	57	35	35	41	51	50
18	42	69	61	55	45	58	38	44	54	47	24
19	62	46	61	57	45	59	43	43	38	34	49
20	31	49	62	63	62	60	39	46	46	32	43
21	44	61	52	62	46	61	62	44	36	22	42
22	49	41	61	49	64	62	48	38	41	44	33
23	12	58	61	63	67	63	34	42	50	47	29
24	49	53	49	62	47	64	18	51	40	56	30
25	54	49	56	47	53	65	35	36	46	48	29
26	54	53	46	59	44	66	59	53	37	22	19
27	44	56	55	61	36	67	41	41	43	30	33
28	18	44	50	57	81	68	31	52	37	27	40
29	46	52	65	50	35	69	17	51	52	35	31
30	32	45	49	57	64	70	34	30	50	47	36
31	30	69	50	52	45	71	46	40	47	29	17
32	46	49	53	59	37	72	10	46	36	47	39
33	40	27	54	61	61	73	46	37	45	15	30
34	31	42	48	54	68	74	30	34	43	46	18
35	36	59	51	45	51	75	13	51	50	25	31
36	56	40	56	54	35	76	49	50	38	23	9
37	46	56	57	49	32	77	18	32	31	45	40
38	45	42	55	56	40	78	8	42	48	26	40
39	42	60	54	49	33	79	23	38	36	48	15
40	40	63	53	54	25	80	30	24	43	33	25
41	23	55	59	53	44	81	3	9	51	47	40
42	48	48	49	51	37	82	7	51	43	17	22
43	41	63	49	46	34	83	15	40	43	23	18
44	46	52	53	41	40	84	15	38	39	28	17
45	46	61	46	38	41	85	5	30	44	36	18
46	40	57	51	52	31	86	12	30	32	35	21
47	49	49	45	48	39	87	5	26	15	20	20
48	22	58	53	56	41	88	0	40	21	9	14

表 5.2.1 中给出了 88 名学生的测试成绩, 我们感兴趣的统计量是协方差矩阵的最大特征值与特征值之和的比:

$$\hat{\theta} = \hat{\lambda}_1 \Big/ \sum_{i=1}^{5} \hat{\lambda}_i \tag{5.2.7}$$

为了使用刀切法, 我们每次删去表 5.2.1 中的一个观测值, 得到容量为 87 的数据集, 分别计算 $\widehat{\theta}$. 图 5.2.1(a) 是 88 个刀切法估计值 $\widehat{\theta}_{(i)}$ 的直方图. 同时, 我们计算出 $\widehat{\theta}$ 的 88 个自助法估计值. 可以看出, 刀切法直方图比自助法直方图 (图 5.2.1(c)) 的宽度要小很多 (使用了相同的水平刻度). 这说明平均意义上, 刀切法数据集比自助法数据集更接近原始数据. 图 5.2.1(b) 展示了经过 "膨胀因子" 调整后的刀切法取值为 $\sqrt{87}(\widehat{\theta}_{(i)} - \widehat{\theta}_{(.)})$ 的直方图 (为了对比, 平移该图, 使得其中心是 $\theta_{(i)}$ 的均值). 经过 "膨胀因子" 调整后, 刀切法直方图与自助法直方图较为接近. 经计算, $\widehat{se}_{\text{jack}}$ 值为 0.049, 比自助法估计结果 0.047 稍大.

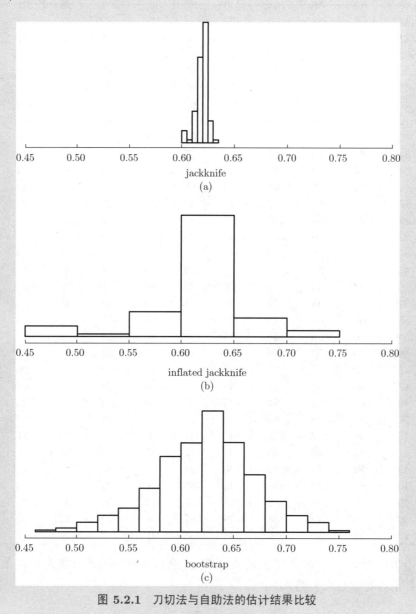

图 5.2.1 刀切法与自助法的估计结果比较

5.2.2 刀切法和自助法的联系

刀切法和自助法哪个更好呢? 由于刀切法只需计算 n 个数据集的 $\widehat{\theta}_i$.当 n 取值较小且小于自助法复制次数 B 时, 刀切法相对于自助法而言计算更加简便. 然而由于仅观测了 n 组刀切法样本, 刀切法只使用了统计量 $\widehat{\theta}$ 的部分信息, 因此有人认为刀切法不如自助法有效. 事实上, 刀切法可以看作自助法的近似, 以下是其核心思想. 考虑一个线性统计量, 即该统计量可以写成以下形式:

$$\widehat{\theta} = S(\boldsymbol{X}) = c + \frac{1}{n}\sum_{i=1}^{n}\alpha(X_i) \tag{5.2.8}$$

式中, c 是常数, $\alpha(\cdot)$ 是一个函数. 均值是一个简单的线性统计量, 此时 $c = 0, \alpha(X_i) = X_i$. 对于这样的统计量, 除了相差一个因子 $\left(\dfrac{n-1}{n}\right)^{1/2}$ 以外, 刀切法和自助法的标准误差估计是基本一致的. $\widehat{\theta} = \overline{X}$ 的情况正是如此, 刀切法的标准误差估计为

$$\left(\sum_{i=1}^{n}\frac{(X_i - \overline{X})^2}{(n-1)n}\right)^{1/2}$$

(见式 (5.2.6)), 自助法为该估计值乘 $\left(\dfrac{n-1}{n}\right)^{1/2}$ (见本节习题 2). 对于线性统计量, 刀切法没有信息损失, 这一点并不意外, 因为正是 n 个刀切法数据集 $\boldsymbol{X}^{(i)}$ 的线性统计量决定了自助法任意数据集 $\boldsymbol{X}^*$ 的 $\widehat{\theta}$ 值.

然而对于非线性统计量, 则存在信息损失. 一些研究结果表明刀切法估计标准误差的准确性取决于 $\widehat{\theta}$ 的线性程度. 刀切法对高度非线性函数是无效的, 有时甚至是有风险的.

类似地, 刀切法对偏差的估计与自助法近似. 这种近似体现在二次统计量 (非线性) 上, 其形式如下:

$$\widehat{\theta} = S(\boldsymbol{X}) = \mu + \frac{1}{n}\sum_{i=1}^{n}\alpha(X_i) + \frac{1}{n^2}\sum_{i,j=1}^{n}\beta(X_i, X_j) \tag{5.2.9}$$

二次统计量的一个简单例子是样本方差, 将其展开, 我们发现它可以表示成式 (5.2.9) 的形式. 对于这类统计量, 它们的刀切法偏差估计与自助法偏差估计仅差一个因子 $(n-1)/n$.

需要说明的是, 通过上面的介绍, 我们可以看出刀切法在估计偏差和标准误差时是自助法的一个较好的简单近似. 但当统计量不是一个光滑函数时, 刀切法可能会导致较大的错误. 光滑函数的意思是当数据有很小的变动时, 统计量取值的变动也较小. 在这个意义下, 样本中位数不是一个光滑函数, 它的标准误差不宜使用刀切法估计.

本书介绍的刀切法是去一法, 也就是每次忽略一个观测值. 有时我们也使用去 d 法, 即每次忽略 d 个观测值. 有兴趣的读者可以参阅更多相关文献.

1. 思考刀切法与自助法对原始数据扰动的差异, 理解刀切法中 "膨胀因子" 的作用.
2. 了解使用伪值理解刀切法的想法.

• 习 题 5.2 •

1. 对于刀切法的偏差估计的例子, 考虑样本方差 $\widehat{\theta} = \dfrac{\sum\limits_{i=1}^{n}(X_i - \overline{X})^2}{n}$, 此时估计的偏差

是总体方差的 $-\dfrac{1}{n}$ 倍, 证明: 因子 $n-1$ 使得 $\widehat{\text{bias}}_{\text{jack}} = -\dfrac{1}{n}\dfrac{\sum\limits_{i=1}^{n}(X_i - \overline{X})^2}{n-1}$, 即此时刀切法统

计量为总体方差的无偏估计.

2. 假设 $\widehat{\theta}$ 是具有线性形式的统计量:

$$\widehat{\theta} = c + \frac{1}{n}\sum_{i=1}^{n}\alpha(X_i)$$

证明: 对标准误差的自助法估计 (理论上) 为

$$\left\{\sum_{i=1}^{n}(\alpha(X_i) - \overline{\alpha})^2/n^2\right\}^{1/2}$$

以及对标准误差的刀切法估计为

$$\left\{\sum_{i=1}^{n}(\alpha(X_i) - \overline{\alpha})^2/[n(n-1)]\right\}^{1/2}$$

5.3 再抽样假设检验

5.3.1 置换检验

对于一个假设检验问题, 记检验统计量为 $\widehat{\theta}^*$, 它在原假设成立的情况下分布已知. 这个统计量的观测值记为 $\widehat{\theta}$. 为了方便, 我们假定如果原假设不成立, 那么预期观测到的统计量的取值偏大, 因此给定观测值 $\widehat{\theta}$, 检验可达到的显著性水平 (achievable significance level, ASL), 即之前定义的检验的 p 值, 定义为:

$$p = \text{Prob}_{H_0}\{\widehat{\theta}^* \geqslant \widehat{\theta}\} \tag{5.3.1}$$

p 的取值越小, 越倾向于拒绝原假设. 假设检验的核心就是计算 p 值.

置换检验最初是由费希尔于 20 世纪 30 年代提出的, 它是一种计算密集型方法. 当时计算机的计算能力还很差, 置换检验仅仅是对双样本 t 检验的进一步讨论, 而不是一种非常有效的实用方法. 现代计算机技术的发展使得置换检验成为一种常规的可实现的统计学技术. 它的基本思想非常简单并且不需要任何数学假定.

置换检验并不需要推导原假设成立条件下检验统计量的分布, 仅仅是利用大量的抽样, 像洗牌那样来打破原始数据样本中的关系. 它的主要假定是原假设下的可交换性, 即在原假设成立的条件下所有样本都是随机的, 通过所有置换来比较观测数据.

置换检验主要的应用是双样本问题: 从两个相互独立的概率分布 F 和 G 中抽取两个随机样本 $\boldsymbol{X} = (X_1, X_2, \cdots, X_n)$ 和 $\boldsymbol{Y} = (Y_1, Y_2, \cdots, Y_m)$. 我们需要检验的原假设 H_0 为 F 和 G 相同, 即

$$H_0: F = G \tag{5.3.2}$$

我们先看一个简单的例子.

例 5.3.1 (例 5.1.3 续 (1)) 在例 5.1.3 的小鼠药物实验的例子中, 7 只治疗组小鼠和 9 只对照组小鼠的生存时间的均值差为 30.64, 这样我们倾向于认为治疗组的分布 F 的平均生存时间高于对照组的分布 G 的平均生存时间, 但需要进行假设检验.

费希尔提出的置换检验的思想如下: 如果原假设成立, 则任何小鼠的生存时间来自同一分布. 于是合并两组小鼠的数据, 任意抽取 (不放回) $n_X = 7$ 个数值作为第一组样本, 剩余 $n_Y = 9$ 个数据作为第二组样本, 计算两组均值的差异. 所有可能置换的总数为:

$$\frac{(n_X + n_Y)!}{n_X! n_Y!}$$

当这个数值不太大时, 可以得到所有置换样本. 很多情况下, 完全置换检验的样本数目很大, 因此可以采取随机抽样的方法, 这种置换检验也称为随机化或再抽样置换检验. 计算所得置换样本的两组数据的均值差, 比较原始数据均值差在这些置换样本均值差的分布中的位置, 如果位于上下 0.025 分位点之外, 则双边置换检验在 5% 的显著性下拒绝原假设. 图 5.3.1(a) 给出了 $B=1\,000$ 次时置换抽样的结果, 其中 138 次的数值超过 30.64, 因此该检验的 p 值为 $138/1\,000=0.138$, 在 0.05 的显著性水平下, 不能拒绝原假设.

置换检验可以应用于其他统计量, 图 5.3.1(b)(c)(d) 分别给出了 0.15 截尾均值差、0.25 截尾均值差以及中位数之差的置换检验结果, 其中 "k 截尾均值 $(k < 0.5)$" 是指去掉样本中小于 k 分位数和大于 $(1-k)$ 分位数的观测值后, 剩余样本计算得到的均值.

需要说明的是, 尽管这里没有正态性的假设, 但是置换检验的结果与双样本 t 检验的结果很相似. 这并不是偶然的, 费希尔给出了这两者相关联的理论解释. 如果均值差的抽样分布的确是正态的, 那么 t 检验给出精确的 p 值, 而当均值差的抽样分布远不是正态的时, t 检验就非常不可靠, 但置换检验仍会给出精确的 p 值. 置换检验给出了双样本均值检验的

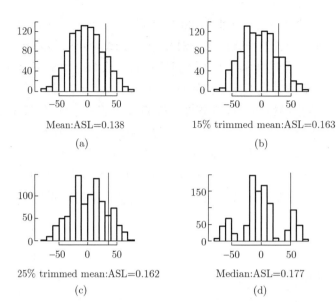

图 **5.3.1** 置换检验直方图

一个黄金标准: 如果置换检验和 t 检验的 p 值显著不同, 就说明 t 检验的条件不满足, 因此当分布和正态分布差别很大时, 需要使用置换检验而不是 t 检验.

双样本 t 检验始于 $\overline{X} - \overline{Y}$ 的抽样分布为正态的情况, 两个总体都假定服从正态分布或者样本量足够大时可以使用中心极限定理. 双样本 t 检验对于两个总体分布对称或者在相同的方向有轻微倾斜且样本量大致相同的情况很合适.

置换检验不需要正态性条件, 但是要求两个总体分布在原假设下不仅均值相同, 而且有类似的分布, 以便可以随机在两组之间移动数据. 对于不同的分布, 置换检验很稳健, 除非样本量相差很大造成方差有很大差异.

基于诸如 t 和 F 等标准分布的检验统计量必须标准化, 比如双样本 t 检验用

$$t = \frac{\overline{X} - \overline{Y}}{S_W \sqrt{\dfrac{1}{n_X} + \dfrac{1}{n_Y}}}$$

$\left(\text{其中 } S_W = \left(\dfrac{\sum(Y_i - \overline{Y})^2 + \sum(X_i - \overline{X})^2}{n_X + n_Y - 2}\right)^{\frac{1}{2}}\right)$, 而不是 $\overline{X} - \overline{Y}$, 否则无法使用固定分布的程序或表格来得到 p 值. 但置换检验不需要这样, 它动态地根据数据和所选的统计量来产生抽样分布, 并得到 p 值, 完全不需要假定分布来设计统计量.

例 **5.3.2** (例 5.1.3 续 (2)) 例 5.3.1 中的数据显示, 两组小鼠更明显的差异可能不是均值而是方差. 方差的估计比是 2.48, 至于这是系统误差还是样本量较小造成的随机误差, 我们可以通过置换检验来回答. 图 5.3.2 给出了 1 000 次置换样本的实现值 (对数变换). 注意, 对数变换并不影响检验的结果. 146 次实现值超过了原统计量的取值, 所以检验的 p 值是 0.146, 不能拒绝原假设. 双侧检验的 p 值是 0.328.

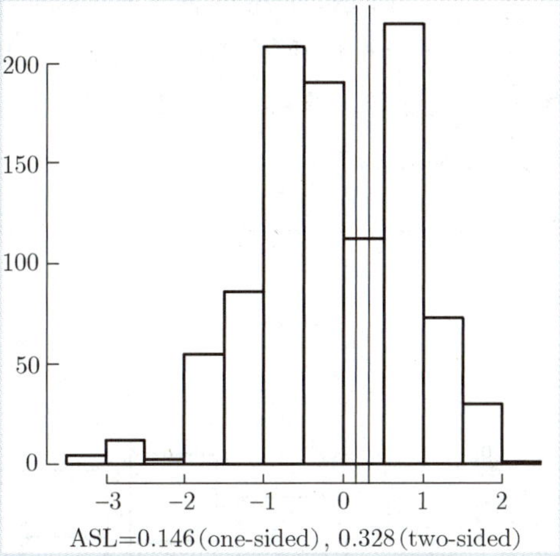
200
150
100
50
0
−3
−2
−1
0
1
2
ASL=0.146 (one-sided) , 0.328 (two-sided)

图 5.3.2 方差比的置换检验

总结之前的叙述, 我们可以得到基于度量某个感兴趣的统计量的置换检验的一般操作步骤为:

(1) 计算原始数据的该统计量.

(2) 不放回地以符合原假设及研究的设计一致的方式从数据中抽取置换样本, 从大量的再抽样所得到的样本统计量中构造相应的抽样分布.

(3) 在抽样分布中, 找到原数据统计量的位置以求出 p 值.

下面介绍 k 样本均值 F 检验的置换检验问题. 假定 k 个总体分布为 $F_1(x), F_2(x), \cdots, F_k(x)$, 或者令观测值 $X_{ij} = \mu_i + \varepsilon_{ij}$, 这里 $\varepsilon_{ij} \sim F_i, F_i(x) = F(x - \mu_i)$ $(i = 1, 2, \cdots, k; j = 1, 2, \cdots, n_i)$, 我们要检验的是:

$$H_0\colon \mu_1 = \cdots = \mu_k,\ \ H_1\colon \text{至少有一对 } i, j (i \neq j), \text{ 使得 } \mu_i \neq \mu_j$$

或者

$$H_0\colon F_1(x) = \cdots = F_k(x),\ \ H_1\colon \text{至少有一对 } i, j (i \neq j), \text{ 使得 } F_i(x) \neq F_j(x)$$

经典统计中的 k 样本均值问题是采用方差分析中的 F 检验计算 F 统计量以及相应的 p 值, 详见实验设计与方差分析的教材. 这在正态分布下是适宜的. 但是, 在正态性假定不成立的情况下, F 统计量的抽样分布是未知的, p 值的计算无法以 F 分布作为抽样分布. 这时, 置换检验就可以提供 F 统计量的抽样分布, 从而得到 p 值.

假定 k 个样本量分别为 $n_1, n_2, \cdots, n_k, N = \sum\limits_{i=1}^{k} n_k$, 置换检验把这 N 个数据打乱, 任意地放到 k 组中, 然后得到每种情况的 F 统计量的值, 通过这种置换的方式可得到的统计量的实现值的总数为:

$$\frac{N!}{n_1! n_2! \cdots n_k!}$$

如果这个数字过大, 则可随机抽取一部分. p 值为这些 F 统计量的值中大于原始统计量实现值的比例.

例 5.3.3 比较 4 种鸡饲料, 数据来自 R 语言包 datasets 中的数据 ChickWeight. 该数据是关于 4 种不同的鸡饲料 (Diet) 和小鸡体重 (Weight) 的关系, 这里仅抽取了数据中第 21 天的小鸡体重 (单位: 克) 和鸡饲料 (4 种鸡饲料分别用 1, 2, 3, 4 表示). 这 4 个样本的箱线图如图 5.3.3 所示.

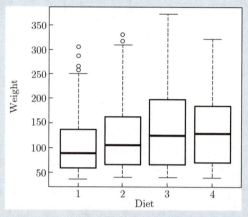

图 5.3.3　4 种鸡饲料与小鸡体重的箱线图

在正态假定下, 相应的 F 检验的统计量的实现值为 11.265, 相应的 p 值为 5.62e–07. 如果用所有可能的置换, 则会有 $\dfrac{45!}{16!10!10!9!} = 1.196\,474 \times 10^{24}$ 种方式, 这个数目太大. 用不放回抽样的方法抽取 10 000 个样本进行置换检验, 得到的 p 值为 9.999e–05. 这与正态假定下 F 检验的 p 值差不多. 图 5.3.4 为 F 统计量置换样本的直方图, 样本实现值为 11.265.

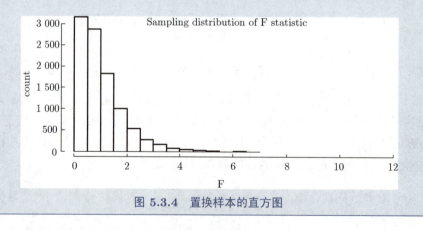

图 5.3.4　置换样本的直方图

例 5.3.4 这是一个关于教育与态度的二维表检验的问题, 该数据来自市场调查. 数据有两个分类变量: 第一个分类变量是最高学历, 有 3 个水平: 中学以下、中学、大学以上; 第二个分类变量是态度, 有 3 个水平: 支持、中立、反对. 该列联表如表 5.3.1 所示.

表 5.3.1　关于教育与态度的列联表

最高学历	态度			合计
	支持	中立	反对	
大学以上	138	252	252	642
中学	570	648	442	1 660
中学以下	178	138	108	424
合计	886	1 038	802	2 726

我们希望作最高学历和态度的独立性检验, 原假设为这两个变量相互独立. 独立性检验的传统方法为皮尔逊 χ^2 检验, 利用 R 语言可以得到皮尔逊 χ^2 检验的结果, p 值几乎等于 0.

这个问题也可以应用置换检验, 首先要把数据变成一行一个观测值的形式, 对于例 5.3.4 的数据, 产生的是 2 726 × 2 数据阵, 每行代表一个观测数据, 第一列是最高学历, 第二列是态度. 然后进行置换检验, 具体做法是保持第二列不变, 对第一列做不放回抽样, 即将第一列的取值打乱, 重新分组. 注意, 每次不放回抽样得到的列联表的行总和及列总和都是不变的. 重复 1 万次, 产生 1 万个 χ^2 统计量的值, 然后通过其分布和原始样本的统计量的实现值得到 p 值, 结果为 0.000 01.

5.3.2　自助法假设检验

下面我们将介绍自助法假设检验. 在置换检验和自助法假设检验都可以使用的情况下, 它们的结果是相似的, 但自助法假设检验的应用范围更广, 虽然有时精度略低.

接着之前的双样本问题, 样本 $\boldsymbol{X}$ 和样本 $\boldsymbol{Y}$ 来自不同的概率分布 F 和 G, 检验的原假设为 $H_0: F = G$. 合并两样本, 记为 $\boldsymbol{Z}$. 与置换检验类似, 自助法检验依赖于一个检验统计量 $s(\boldsymbol{Z})$. 在例 5.1.3 小鼠数据的例子中 $s(\boldsymbol{Z}) = \overline{X} - \overline{Y}$, 均值差的观测值为 30.64.

将原假设中两个相等的分布记为 F_0, 则问题在于 F_0 是什么. 在自助法假设检验中, 对 F_0 使用插件估计量. 令 $\boldsymbol{Z}$ 中的每个元素的概率为 $1/(n_X + n_Y)$, 它的经验分布为 $\widehat{F_0}$. 在原假设成立的条件下, $\widehat{F_0}$ 给出了共同分布的一个非参数估计. 以下是自助法假设检验的步骤.

(1) 从 $\boldsymbol{Z}$ 中抽取样本规模为 $n_X + n_Y$ 的自助法样本 B 次, 令前 n_X 个为 $\boldsymbol{X}^*$, 剩余 n_Y 个为 $\boldsymbol{Y}^*$.

(2) 对每个样本计算 $s(\cdot)$:

$$s(\boldsymbol{Z}^{*b}) = \overline{X}^* - \overline{Y}^*, \quad b = 1, 2, \cdots, B$$

(3) 检验的 p 值近似为 $\#\{s(\boldsymbol{Z}^{*b}) \geqslant s_{\mathrm{obs}}\}/B$, $s_{\mathrm{obs}} = s(\boldsymbol{Z})$ 为检验统计量的观测值.

注意, 该算法与置换算法的不同在于样本是否通过替换获得. 置换检验和自助法检验之间还有一些重要的差异, 置换检验利用原假设成立的条件下存在的特殊的对称性给出了检验统计量. 例如, 在双样本问题中原假设为 $F = G$, 则合样本的次序统计量的所有置换是等概率的. 由于这种对称性, 置换检验可以获得准确的 p 值: 在双样本问题中 $\widehat{p}_{\mathrm{perm}}$ 是得到检验统计量的极端观测值的精确概率. 相反, 自助法准确估计了原假设条件下的概率生成机制, 从中抽样并估计 p 值. 正如所有自助法估计, 估计量 $\widehat{p}_{\mathrm{boot}}$ 并不是一个准确的概率, 我们只能保证样本量趋向于无穷时该估计是准确的. 另外, 与置换检验相比, 自助法假设检验并不要求对称性, 所以应用范围更加广泛. 例如, 在双样本问题中, 置换检验只能检验两总体是否相同, 而自助法可以检验均值和方差是否相等, 或者在方差可能不等的情况下检验均值是否相等.

例 5.3.5 (例 5.1.3 续 (3)) 用自助法检验生成 1 000 次自助法样本, 其中 120 个 $s(\boldsymbol{Z}^*) > 30.64$, 则 $\widehat{p}_{\mathrm{boot}} = 120/1\,000 = 0.12$, 在置换检验中 $p = 0.152$ (见图 5.3.5).

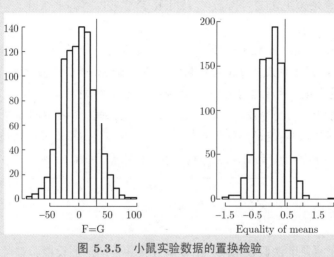

图 5.3.5 小鼠实验数据的置换检验

自助法假设检验也可以应用于单样本问题. 下面通过一个例子来说明.

例 5.3.6 (例 5.1.3 续 (4)) 下面只考虑例 5.1.3 治疗组小鼠, 即单样本问题. 假设其他调查员对更多小鼠进行了相似的实验, 他们发现经过治疗的小鼠的平均生存时间为 129.0 天. 我们想要检验表 5.1.1 中治疗组小鼠的平均生存时间是否为 129.0, 即

$$H_0 : \mu_X = 129.0$$

对于这个假设检验问题, 可以应用自助法检验. 使用如下检验统计量:

$$s(\boldsymbol{X}) = \frac{\overline{X} - 129.0}{S/\sqrt{7}}$$

其观测值为:

$$\frac{86.86 - 129.0}{66.77/\sqrt{7}} = -1.67$$

但什么是合适的原假设成立时该统计量的分布? 我们需要一个分布来估计 H_0 成立条件下的总体治疗组生存时间的分布 F. 经验分布 $\widehat{F}$ 并不是 F 的渐近估计, 因为它不服从原假设 H_0, 即 $\widehat{F}$ 的均值不等于 129.0, 然而我们需要获得均值为 129.0 的

估计量. 一个简单的方式是对经验分布 $\widehat{F}$ 作变换, 使其具有期望的均值:

$$Z_i = X_i - \overline{X} + 129.0 = X_i + 42.14, \quad i = 1, 2, \cdots, 7.$$

从 $Z_1, Z_2, \cdots, Z_7$ 中通过再抽样获得 $Z_1^*, Z_2^*, \cdots, Z_7^*$, 并对每一个自助法样本计算统计量:

$$s(Z^*) = \frac{\overline{Z}^* - 129.0}{S^*/\sqrt{7}} \tag{5.3.3}$$

式中, S^* 为自助法抽样的标准差. 结果是, 在 1 000 次再抽样中有 94 次样本的检验统计量 $s(Z^*)$ 小于 -1.67, 显著性水平为 $94/1\,000 = 0.094$.

• 批判性思考 •

1. 了解更多再抽样假设检验的方法.
2. 体会数据波动、置换等方法对数据分析的作用.

• 习 题 5.3 •

1. 假设 $\phi = m(\theta)$ 是 θ 的单调增函数, 证明基于 $\widehat{\theta}$ 和 $\widehat{\theta} = m(\widehat{\theta})$ 的置换检验将得到相同的 p 值.

2. 在例 5.3.6 中, 我们考虑了治疗组小鼠平均生存时间是否为 129.0 的问题. 假设不使用经验分布的平移变换作为原假设分布的估计, 而是选用正态分布 $N(129, 66.77^2)$ 作为 $\widehat{F}$, 从中抽取 $Z_1^*, Z_2^*, \cdots, Z_7^*$ 完成自助法检验. 试用 R 语言编程计算 1 000 次再抽样中检验统计量小于 -1.67 的次数.

5.4 交叉验证

5.4.1 交叉验证简介

在本章前三节, 我们讨论的重点是标准误差、偏差和置信区间 (假设检验), 这些都是模型参数精度的度量, 更注重模型的可解释性. 有一些模型关注的则是预测. 预测误差是评价模型预测未来观测值准确性的指标, 通常用于模型选择. 例如, 从一组候选模型中选择一个预测误差最小的模型. 交叉验证 (CV) 是估计预测误差的方法, 它的出现比自助法早, 近年来随着计算能力和速度的提高再次兴起.

对于一个预测问题, 通常先有一组容量为 n 的样本 $d = \{(\boldsymbol{X}_i, Y_i), i = 1, 2, \cdots, n\}$, 称为训练样本或训练数据集. 其中 $\boldsymbol{X}_i$ 是 p 维预测变量 (也称自变量、解释变量或协变量), Y_i 是一维响应变量 (或因变量), 对于复杂问题, Y_i 也可以是高维变量. 基于此数据可以构建一个预测法则 (统计模型), 从而对应任意一个 $\boldsymbol{X}$ 的取值, 都可以得到一个 Y 的预测值 $\widehat{Y}$. 统计推断的问题是评价预测模型的准确性.

> **定义 5.4.1** 最常用的两种预测误差的度量分别是：平方误差
> $$L(Y, \widehat{Y}) = (Y - \widehat{Y})^2$$
> 此时 Y 取值为实数，统计建模称为回归问题；分类误差
> $$L(Y, \widehat{Y}) = \begin{cases} 1, & Y \neq \widehat{Y} \\ 0, & Y = \widehat{Y} \end{cases}$$
> 此时 Y 为取值 0 和 1(或者 ± 1，或者其他编码) 的二分类变量，统计建模称为分类问题.

除了二分类，还有更多分类问题，本书不做介绍. 真实的预测误差是 $E_F\{L(Y, \widehat{Y})\}$，其中 F 是总体的概率分布. 可以看出，此处的预测误差与第 4 章介绍的损失函数的性质相同.

如果使用 $\frac{1}{n}\sum_{i=1}^{n} L(Y_i, \widehat{Y}_i)$ 来估计预测误差，通常会低估这个误差. 因为使用了训练数据集建立模型，当它被再次使用来评价模型时，误差值会偏小，这种现象称为过拟合. 为了得到预测误差更准确的估计，希望获得一个与训练数据集互相独立的样本集，称为测试样本或测试数据集. 理想情况下是从产生原始数据的相同的总体中获得数据. 然而通常情况下不能获得这些数据，于是为了解决这个问题提出了交叉验证方法，即用一部分数据来拟合模型，用另一部分数据进行验证. 对于总量较大的数据，通常的做法是将数据分为两部分，对较小的数据集使用 K (比如 $K = 5$ 或 10) 折交叉验证，这样可以更加充分地利用可用信息. 具体步骤如下：

(1) 将数据分成规模基本相同的 K 组.

(2) 对于第 k 部分，用剩余的 $K - 1$ 部分的数据拟合模型，然后用拟合的模型预测第 k 部分的数据，得到预测值.

(3) 对 $k = 1, 2, \cdots, K$ 重复上述步骤，得到所有数据的预测值.

下面给出 K 折交叉验证得到的模型的预测误差的公式.

> **定义 5.4.2** 假设我们将数据分为 K 部分，$k(i)$ 表示含有观测值 i 的部分，用除 $k(i)$ 部分以外的数据拟合的模型来计算观测值 i 的拟合值记为 $\widehat{Y}_i^{-k(i)}$，则预测误差估计的交叉验证为：
> $$\mathrm{Err}_{\mathrm{CV}} = \frac{1}{n}\sum_{i=1}^{n} L(Y_i, \widehat{Y}_i^{-k(i)}) \tag{5.4.1}$$
> 如果取 $K = n$，则该方法又称为弃一法交叉验证. 在实际数据分析中，通常取 $K = 5$ 或 10.

比如，样本有 100 个数据，使用 5 折交叉验证，则第一次使用 21~100 这 80 个数据建立模型，使用该模型对 1~20 这 20 个数据进行预测，得到预测值 $\widehat{Y}_i^{-k(i)}$ $(i = 1, 2, \cdots, 20)$. 依此类推，第五次使用 1~80 这 80 个数据建立模型，使用该模型对 81~100 这 20 个数据进行预测，得到预测值 $\widehat{Y}_i^{-k(i)}$ $(i = 81, 82, \cdots, 100)$. 五次之后，所有数据都有了预测值，之后计算样本真实值和预测值的误差的平均，这就是模型的交叉验证误差.

使用交叉验证方法进行模型选择时, 分别计算备选模型的交叉验证预测误差, 选取误差最小的模型为胜出者, 应用全部训练集再次拟合胜出模型, 得到模型最终的估计形式, 应用此模型预测新的样本点.

例 5.4.1 图 5.4.1 是激素消炎药量 (dose) 随服用时间 (time) 变化的散点图, 对应的具体数据如表 5.4.1 所示. 因变量 Y_i 为激素消炎药在服用 X_i 小时后的剩余量, 样本量为 27. 下面我们考虑回归模型

$$Y_i = \beta_0 + \beta_1 X_i + \varepsilon_i$$

给定服用时间后, 预测药物剩余量.

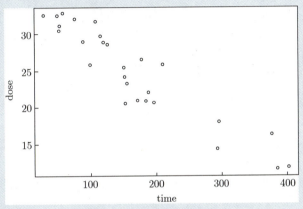

图 5.4.1 激素消炎药量散点图

表 5.4.1 激素消炎药剩余量与服用时间数据

序号	小时	剩余量 (毫克)	序号	小时	剩余量 (毫克)	序号	小时	剩余量 (毫克)
1	99	25.8	10	376	16.3	19	119	28.8
2	152	20.5	11	385	11.6	20	188	22.0
3	293	14.3	12	402	11.8	21	115	29.7
4	155	23.2	13	29	32.5	22	88	28.9
5	196	20.6	14	76	32.0	23	58	32.8
6	53	31.1	15	296	18.0	24	49	32.5
7	184	20.9	16	151	24.1	25	150	25.4
8	171	20.9	17	177	26.5	26	107	31.7
9	52	30.4	18	209	25.8	27	125	28.5

首先使用全部数据拟合模型 (具体方法参见回归分析教材, 程序见 5.6 节), 得到预测值 $\widehat{Y}_i$, 然后计算平均残差平方:

$$\sum_{i=1}^{n} (Y_i - \widehat{Y}_i)^2 / n = 5.24$$

但是这个量很可能会低估真实的预测误差, 因为我们在拟合模型和评价模型时使用了相同的数据, 这个残差称为回代残差.

因为数据量较少, 在此应用弃一法交叉验证, 得到交叉验证结果为 6.03. 与此相比, 回代法低估了 13.1% 的预测误差. 图 5.4.2 是回代残差 $Y_i - \hat{Y}_i$ 和交叉验证残差 $Y_i - \hat{Y}_i^{(-i)}$ 的散点图, 可以看到对大部分样本点, 交叉验证残差都大于等于回代残差.

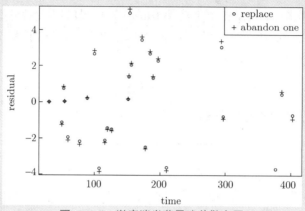

图 5.4.2　激素消炎药量残差散点图

注: replace: 回代法; abandon one: 弃一法

5.4.2　进一步的讨论

能够正确使用交叉验证方法非常重要. 对于一个回归或者分类问题, 我们可能会按照以下步骤进行分析.

(1) 变量初步筛选: 使用全部数据在 p (通常 p 比较大) 个解释变量中挑选出 m (m 较小) 个与响应变量最相关的变量.

(2) 使用挑选出来的 m 个变量建立预测模型, 使用交叉验证方法估计模型参数和模型的预测误差.

实际结果表明这种分析方法是不正确的, Hastie、Tibshirani 和 Friedman (2008) 使用模拟法证明这样操作会大大低估测试误差. 问题出在哪里呢? 原因是 m 个变量在第 (1) 步是使用全部样本挑选的, 这使其有了不公平的优势. 挑选完变量之后再留出样本进行交叉验证有悖测试样本需要完全独立于训练样本的原则. 使用交叉验证方法的正确步骤应该是:

(1) 随机将数据分成 K 份.

(2) 对于每一部分数据 $k = 1, 2, \cdots, K$:

1) 使用除第 k 份以外的数据挑选与响应变量最相关的 m 个变量;

2) 使用除第 k 份以外的数据以及挑选出来的 m 个变量建立模型;

3) 使用上一步建立的模型测试它在第 k 份数据上的表现.

上述 3) 在所有 K 个模型上的平均误差是交叉验证的最终误差.

下面这个例子是上述问题的具体实现和比较.

例 5.4.2　随机生成一个样本量为 50 的二分类样本点 (每类各 25 个), 以及 5 000 个服从标准正态分布的连续型解释变量, 这些解释变量与响应变量 (二分类样本点) 是独立的.

首先使用全部数据在这 5 000 个解释变量中挑选出 100 个与响应变量最相关的变量, 用 1 近邻分类器[①] 交叉验证计算分类误差. 然后在 50 个二分类样本点中随机选择 10 个, 计算其标签与预先挑选的 100 个解释变量的相关系数. 根据数据生成机制, 真实的分类误差应为 50%, 真实的相关系数应为 0.

重复 50 次, 得到的平均误差仅为 3.4% , 远远小于真实误差 50%. 这些解释变量和响应变量的相关系数的平均值为 0.33 (直方图见图 5.4.3), 远远大于真实值 0. 问题产生的原因在于: 我们在第一步选择了与因变量相关关系最大的变量 (真实情况是所有自变量与因变量均不相关, 但数据的实现值生成后存在伪相关, 也就是说总有相关系数高低之分), 使得这些预测值有不公平的优势.

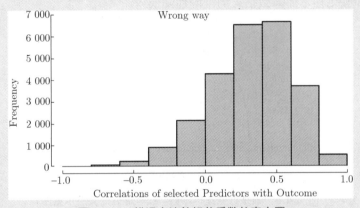

图 5.4.3　错误方法的相关系数的直方图

接下来我们在这个数据集上采用正确的 K 折交叉验证法, 将数据随机划分为 $K = 10$ 份进行预测, 并计算误差率和相应的相关系数.

计算结果是, 平均误差为 48.68%, 平均相关系数接近 0, 相关系数的直方图如图 5.4.4 所示.

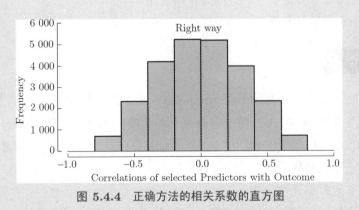

图 5.4.4　正确方法的相关系数的直方图

---

① $K (K \geqslant 1)$ 近邻 (KNN) 方法是最简单的预测方法, 既可以应用于分类问题, 又可以应用于回归问题. 我们认为与一个点距离最近的 K 个点是这个点的近邻 (计算距离时只利用协变量 X 的信息). 对这个点, 目标变量 Y 的预测为它的 K 个近邻类别的众数 (分类问题) 或因变量的均值 (回归问题). 本例中选取 $K = 1$.

以上分析告诉我们, 在划分数据选择变量的时候, 交叉验证方法不应该使用关于响应变量的标签信息, 这会给预测值带来不公平的优势. 总的来讲, 在一个多步骤建模的过程中, 交叉验证必须应用到建模的每个步骤.

交叉验证可能存在的问题是因训练数据集数量减少而引起偏差. 图 5.4.5 给出了一种理论的假想情况, 用于讨论训练数据集样本量与模型准确性之间的关系. 模型的表现随着样本量的增大而变好, 样本量达到 100 时, 模型已经很好了, 样本量增加到 200 时, 模型能力的提高有限. 如果样本量是 200, 那么我们使用 5 折交叉验证, 每次建模的样本量是 160, 可以看到模型的效果和全数据差不多. 交叉验证方法不会带来太大的偏差. 但是如果只有 50 个样本点, 5 折交叉验证使用 40 个数据建模, 则估计的准确性会降低, 模型偏差会增大. 问题是在实际数据分析中, 我们并不知道用多大的样本量拟合模型是充分的, 因此较难评估交叉验证方法由于少使用样本而导致估计的准确性降低.

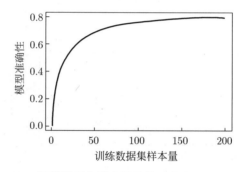

图 5.4.5 训练数据集样本量与模型准确性关系示意图

· 批判性思考 ·

1. 理解预测误差是一个参数, 并了解估计这个参数的统计量有哪些.
2. 查找交叉验证在其他模型选择场合中的应用.
3. 体会弃一交叉验证与刀切法的异同.

· 习 题 5.4 ·

考虑 R 包 lars 自带的糖尿病数据 (diabetes). 其中因变量 Y 为糖尿病患者血液化验指标, 有两个自变量矩阵 X 和 $X2$, 前者是标准化的 442×10 矩阵, 包括 age, sex, bmi, map, tc, ldl, hdl, tch, ltg, glu 这 10 个自变量 (具体介绍见 R 包帮助文档); 后者为 442×64 矩阵, 包括前者和一些交互作用.

(1) 对该数据进行描述性分析.

(2) 使用 (X, Y) 进行回归分析和 K 近邻模型预测, 使用交叉验证方法比较两个模型的效果. 建模时可以考虑变量选择问题 (不一定使用全部自变量建立模型).

5.5 数据科学中的 PCS 准则

本节我们将在数据科学这个更广阔的视野下, 在整个数据分析全过程中, 进一步拓展前面介绍过的一些基本方法和统计思维. 希望读者在今后的专业课学习和数据分析实践中深刻体会本书所述的各个准则, 灵活正确地使用各种方法, 得到科学准确的结论.

数据科学的目的是将相关领域的信息和数据结合起来以产生新的知识. 数据科学生命周期 (DSLC) 以某一实际问题为开端, 历经数据收集、清理、探索与可视化、建立模型等过程, 最终阐释结果来指导新的行为 (见图 5.5.1). 由于整个处理过程具有跨学科多样性, 数据科学亟须那些既掌握数据领域的知识又了解如何收集和处理数据的人才参与. 经过整个 DSLC, 参与者可以做出含蓄的或者明确的决策. 数据科学要求用丰富且严谨的语言对行为决策中的实证信息进行传播和评估. Yu 和 Kumbier (2020) 提出了数据科学的 PCS 准则, 包括可预测性 (predictability)、可计算性 (computability) 和稳定性 (stability), 以便在整个 DSLC 中提供有利可靠、透明清晰、可复现的结果. 本节首先介绍 PCS 的相关概念, 之后给出基于 PCS 准则的统计推断思路以及一个模拟的例子. 关于撰写 PCS 文档以及其他更详细的内容, 请参考相关文献.

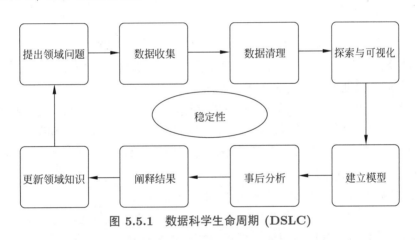

图 5.5.1 数据科学生命周期 (DSLC)

5.5.1 DSLC 中的 PCS 准则

给定一个相关领域的问题和数据, DSLC 的目的是获取信息、结论或者采取行动. PCS 框架旨在确保整个过程是可靠且可复现的. 下面首先介绍这三个准则并阐述它们在 PCS 框架中的作用.

1. 稳定性假设启动 DSLC

DSLC 的最终目的是为未来的行动获取有价值的信息, 不论是生物实验、商业决策还是政府政策. 稳定性是一个有用的概念, 可以解决另一位研究者做出其他适当的决策时是否会获得类似结论这一问题.

建模之前的人为判断会影响数据结果. 分析的有效性依赖于隐含的稳定性假设, 这些假设允许将数据视为某些自然现象的准确表示. 当这些假设不成立时, 结论不会推广到新数据中, 不能用于指导未来的行动. 这使评估稳定性成为必要, 以及时止损和防止错误发生. 特别是在科学、商业和公共政策领域, 数据结果用于指导大规模行动; 在医学中, 人们的生命也会受到稳定性缺失的威胁. 下面我们概述了在建模之前影响 DSLC 的稳定性的因素.

(1) 问题构建. DSLC 开始于一个特定领域的问题, 这个问题可以是假设驱动的或基于发现的. 例如, 生物学家想要发现调节基因表达的生物分子. 在 DSLC 中, 这个问题必须转换为关于模型输出或者可以被测量或收集的数据分析问题, 通常有多种方式将该问题转换为数据科学问题. 例如, 生物学家可以测量与所要研究基因有关的具有调节功能的 DNA 片段的因子, 或者他可以研究基因如何跨越时间和/或空间与调节因子共变. 从建模的角度来看, 生物学家可以通过随机森林或逻辑回归识别重要特征. 稳定性意味着特定领域的结论转换到这些不同的问题后, 在准确程度上是一致的.

(2) 数据收集. 为了回答某一领域的问题, 领域专家和数据科学家根据先前的知识和可用资源收集数据. 当这些数据用于指导未来的决策时, 意味着研究人员已经隐含地假设数据与未来时间和未来条件相关. 换句话说, 他们假设影响数据收集的条件是稳定的, 至少相对于数据的某些方面而言是这样的. 例如, 多个实验室收集数据以回答某一问题, 如果期望获得一致的结果, 那么取数规则必须在实验室之间具有可比性. 这些稳定性考虑因素与医学研究中的外在效度密切相关, 而外在效度衡量的是研究中的个体与研究想要进行预测和归纳结果的那部分群体的相似性.

(3) 数据清洗和预处理. 统计和机器学习模型/算法可帮助数据科学家回答某一领域的问题, 不管是分类人口统计特征还是生物标记物浓度的连续测量, 使用这些模型/算法都需要将原始数据清洗或处理成合适的格式. 例如, 当数据来自多个实验室时, 生物学家必须决定如何标准化单个测量. 当数据科学家对数据进行预处理时, 可隐含地认为他们的选择并非无意地偏离原始数据中的基本信息. 换句话说, 他们假设从数据结果得到的信息知识在处理方法的选择方面是稳定的. 如果这种假设不成立, 他们应该使用多种相应的处理方法, 并解释这些方法处理后的稳定的数据结果.

(4) 探索性数据分析 (EDA). 在建模阶段之前和事后分析时, 数据科学家经常参与探索性数据分析, 以识别数据中的关系并解释数据结果. 当使用可视化或描述总结来传达这些分析时, 意味着假设数据之间的关系或数据结果相对于数据科学家做出的任何决策是稳定的. 例如, 如果生物学家认为热图中的聚类代表生物学上有意义的组, 则他应该期望在任何适当的距离度量、数据扰动或聚类方法的选择下观察到相同的聚类.

2. 可预测性作为对现实的检验

在数据收集、清洗和预处理以及 EDA 之后, 模型/算法用于识别数据中更复杂的关系. 建模阶段的许多基本组成部分都依赖于数学语言, 无论是技术性的论文还是代码. 一个看似显而易见但经常被忽视的问题是: 为什么以数学语言呈现的结论描述了独立存在的事实, 以及我们应该在多大程度上相信数学结论, 从而影响这种外在现实?

就预测而言, 许多人已经阐明并解决了这一问题. 例如, Philip Dawid 凭借 "序贯统计" 这一概念将统计推断和预测联系起来, 突出了预测在统计分析中的重要性. David Freedman 认为, 当模型的预测没有针对现实进行测试时, 从模型中得出的结论是不可靠的. Seymour Geisser 主张统计分析应该侧重于预测而不是参数估计, 特别是在统计模型无法恰当描述现实的情况下. Leo Breiman 认为预测在开发可产生合理科学结论的现实模型中发挥重要作用.

(1) 构建预测.

我们用数据 $D = (x, y)$ 描述预测的一般框架, 其中 $x \in X$ 代表输入特征, $y \in Y$ 表示预测目标. 预测准确性提供了一个简单的定量度量, 用于评估模型在 D 中表现数据关系的良好程度. 预测函数、测试数据和评估函数都是有明确定义的, 下面我们将详细介绍.

1) 预测函数

$$h: X \to Y \tag{5.5.1}$$

表示观测到的特征与预测目标之间的关系.

为了比较多个预测函数, 我们考虑

$$h(\lambda): \lambda \in \Lambda \tag{5.5.2}$$

式中, Λ 表示模型/算法的集合. 更广泛地说, Λ 可以描述一组竞争算法, 例如线性模型、随机森林和神经网络, 每个算法对应不同问题的转换与理解.

2) 测试 (留存) 数据: 我们将其分为用于拟合预测函数集合的训练数据和用于评估拟合预测函数精度的留存测试数据 (在一些情况下, 还使用一部分验证数据进行模型参数的选择). 内部测试数据与训练数据的收集条件相同. 我们至少应该评估内部测试数据的预测准确性. 为了评估模型在未来条件下的表现, 还可以考虑与训练数据收集条件不同的外部测试数据. 外部测试数据的预测准确性直接解决了外部有效性问题, 这些问题描述了结果对未来观测值的预测拟合程度. 参与数据生成和分析的来自相关领域的知识对于评估不同预测条件的适应性至关重要.

3) 评估函数

$$l: H \times X \times Y \to \mathbf{R}_+ \tag{5.5.3}$$

通过测量 $h(x)$ 和 y 之间的相似性来量化预测函数 $h \in H$ 的准确性. 我们采用的惯例是, 更高的 $l(h, x, y)$ 值意味着更差的预测准确性, 比如 l 代表模型的损失. 预测评估指标的选择需要考量具体领域的因素, 例如代价更高的错误类型. 事实上, 有的研究领域致力于通过"评分规则"来衡量概率预测的准确性. 在某些情况下, 考虑多个预测评估指标并关注对于所有指标都准确的模型可能是适当的.

预测需要人为输入来产生, 包括模型/算法的优化结构以及模型的准确含义. 比如, 研究基因调控的生物学家认为决策树学习的简单规则可以展现出行为的交互作用. 如果生物学家对特定的细胞类型感兴趣, 他仅仅需要评估测量这些环境下的内部测试数据的预测准确性. 如果他希望得到的响应是 0–1 变量, 并且有很大比例的 0 值, 他可以选择一个评估函数来处理组类间的不平衡. 所有这些决策都由研究人员记录和论证, 以便其他人可以根据清楚的实证来衡量和评估结论的力度.

(2) 交叉验证.

如前所述, 当数据近似于 i.i.d. 时, 交叉验证 (CV) 已成为选择正则化参数的强大工具. CV 将数据划分为几个部分, 在除一部分之外的所有其他数据上训练模型, 并评估每个留存部分的预测误差. 也就是说, CV 通过评估模型是否准确地预测伪复制的响应来体现科学实验的可重复性原则. CV 作为选择正则化参数的工具比作为预测误差的估计更有效, 这是因为 CV 误差在汇总时与估计的预测误差之间经常存在正相关性, 由此产生了更大变动. 正如同行评审员对实验室的实验条件是否适合再现科学结果做出判断一样, 数据科学家必须确定移除的块是否代表数据的合理的伪复制, 这需要数据收集过程的信息和相关的领域知识.

3. 可计算性

从广义上讲, 可计算性是数据科学的 "把关人". 如果数据无法高效率且大规模地生成、存储、管理和分析, 就没有数据科学. 现代科学在很大程度上依赖于作为 DSLC 的一部分的信息技术. 从原始数据收集和清理到模型构建和评估, 每个步骤都依赖于计算技术, 并且属于广义上的可计算性. 从狭义上讲, 可计算性是指算法或模型构建的计算可行性.

这里, 我们使用狭义的可计算性. 正如科学仪器和技术决定哪些过程可以被有效测量一样, 计算的资源和技术决定了可以执行的分析类型. 特别地, 可计算性对于在 PCS 框架内实现可预测性和稳定性分析是十分必要的. 计算约束也可以作为正则化的手段, 例如随机梯度下降 (SGD) 广泛用于各种优化问题. 无论是随机梯度下降算法的早期停止还是随机性本身都起着隐式正则化的作用.

长期以来, 计算上的考虑和算法分析一直是统计学和机器学习的重要组成部分. 甚至在数字计算之前, 微积分就通过应用于不同模型的泰勒展开在统计中发挥了计算作用. 在机器学习中, 计算分析根据观测值 n、特征 p 和调整 (超) 参数来考虑操作次数和所需存储空间. 当解决某一领域问题的计算成本超过可用的计算资源时, 该结果是不可计算的. 例如, 对基因调控感兴趣的生物学家可能希望在监管学习环境中模拟交互作用. 然而, 在 p 个调控因子之间存在 $O(ps)$ 种可能的交互作用. 对于一定数量的因素, 高阶交互的穷举搜索是不可计算的. 在这种情况下, 数据科学家必须限制建模决策以得出结论. 因此, 记录下为什么某些限制被认为是合适的以及它们可能对结论产生怎样的影响是非常重要的.

计算能力的提高还为增强对复杂自然现象的分析洞察力提供了前所未有的机会. 我们现在可以存储和处理海量的数据集, 并使用这些数据来模拟大规模过程. 这些模拟提供了相对于已知输入参数的自然现象的定量表示, 可以对其进行扰动以评估数据结果的稳定性. 因此, 受观测数据和相关领域知识启发的模拟实验是理解结果在实际环境中如何表现的强大工具. 这些实验代表了模拟复杂过程的最大努力, 其中数据结果的可靠性并不总是很清楚. 将此类模拟研究与经验证据相结合, 可以使得 DSLC 对该领域内同行和用户的透明度更高, 从而使科学更具客观性.

4. 建模阶段的稳定性

计算技术的进步提升了我们在实践中分析数据结果稳定性的能力. 在建模阶段, 稳定性衡量了数据或模型受到扰动时数据结果的变化程度. 稳定性扩展和延伸了统计中抽样数据变动的概念, 这是对同一分布生成的其他数据的不稳定性的度量. 统计不确定性的评估意味着假设生成数据的分布形式是稳定的. 该假设强调了在类似条件下可以观测到的其他数据集的重要性 (例如, 实验室中的另一个人或者其他时间的另一个实验室).

我们说研究问题服从概率分布, 而分布的概念是一种构想. 当明确地进行随机抽样时, 可以将真实分布视为客观存在, 否则, 它是一个心理构想, 必须通过相关领域知识和对数据生成过程的理解及下游效用来证明. 统计推断使用分布来得出关于现实世界的结论, 这些结论的相关性需要对假定的真实分布进行实证支持, 特别当它是一种心理构想时. 在数据科学和统计问题中, 研究人员通常不会尝试对这种心理构想的分布进行证明, 与此同时, 他们非常重视不确定性结论. 这种有缺陷的做法可能与研究发现的高错误率有关, 它是科学进步和数据驱动信息提取的主要障碍.

虽然稳定性原理包含关于不确定性的度量 (当真正的分布结构得到很好的支持时), 但它旨在涵盖更广泛的扰动, 例如问题构建、预处理、EDA、随机算法以及模型/算法的选择. 虽然很少在实践中进行, 但评估整个 DSLC 的稳定性是必要的, 以确保结果是可靠的、可复现的. 例如, 研究基因调控的生物学家必须选择如何标准化原始数据以及将在分析中使用哪些算法. 当没有原则性的方法来做出这些决定时, 科学家从分析中提取的信息知识数据仅限于在适当的选择中保持稳定的结论. 这确保了研究相同数据的另一位科学家将得出类似的结论, 尽管他们的选择略有不同.

(1) 建模阶段的稳定性.

建模阶段的稳定性是指: 相对于所要考虑的目标, 对数据、算法或模型进行适当的扰动, 以及由扰动产生的目标变化的程度. 我们将在下面详细阐释.

1) 相对于感兴趣的数据结果或估计值的稳定性目标为:

$$T(D, \lambda) \tag{5.5.4}$$

它取决于输入数据 D 和用于分析数据的特定模型/算法 λ. 为简单起见, 我们有时会在符号中省略 D 和 λ.

2) 数据和模型/算法扰动: 为了评估数据结果的稳定性, 我们测量目标 T 的变化, 该变化是由对输入数据或学习算法的扰动引起的. 更准确地说, 我们定义了数据扰动集合 $\mathcal{D}$ 和模型/算法扰动集合 Λ, 并计算稳定性目标的分布

$$\{T(D, \lambda): D \in \mathcal{D}, \lambda \in \Lambda\} \tag{5.5.5}$$

例如, 适当的数据扰动包括观测结果近似 i.i.d. 时的自助法抽样, 弱相关的时间序列的块自助法抽样, 由领域知识支持的生成模型, 以及从对数据生成过程或者显式随机化的理解中证明合理的概率模型. 当我们基于领域知识认为不同的预测函数同样适合时, 每个预测函数均可以表示适当的模型扰动.

可以说, 适当扰动的主观性使得我们难以评估 PCS 框架下的结果. 实际上, 扰动的选择既是人们的主观判断, 也是 PCS 的关键考虑因素. 数据结果可靠的程度取决于扰动的合理性. 如果扰动来自概率模型, 如传统的统计推断或者一些更广泛的扰动, 如 PCS 中的扰动, 则情况确实如此. PCS 的目标是使用并明确记录最适合评估复杂、高维数据稳定性的扰动, 而不是仅仅依赖概率模型, 尤其是当模型不合理时, 这些模型几乎没有客观意义. 为确保可以评估结果, 必须在分析过程中准确记录合适的扰动. 这些清晰的叙述使读者能仔细研究并讨论扰动, 以确定哪些应该应用于特定领域或数据类型, 从而有助于提升科学的客观性.

3) 稳定性评估指标: 稳定性评估指标 $s(T; \mathcal{D}, \Lambda)$ 总结了式 (5.5.5) 中稳定性目标的分布. 例如, 如果 T 表示由在数据 D 上训练的模型选择的特征, 我们可以报告在数据扰动 $D \in \mathcal{D}$ 中每个特征被选中次数的比例. 当稳定性评估指标与模型/算法扰动中的目标相结合时, 这些不同的目标有适当的量纲以确保可比性是重要的.

显示目标 T 不稳定的稳定性分析 (相对于特定领域有意义的阈值) 也许会建议替代分析或者感兴趣的目标. 如果使用相同的数据来评估新的稳定性目标, 则会引起多重性或过拟合的问题. 留存测试数据提供了一种解决这些问题的方法, 即训练数据可用于识别相对稳定的目标集合, 之后可以利用测试数据去评估这些目标. 更广泛地说, 不断精炼分析稳定性目标的过程可以被视为数据分析和知识生成的迭代法的一部分. 在定义新目标或分析之前, 可能需要收集新数据以帮助确保可复现性.

(2) 数据扰动.

稳定性原则下, 数据扰动的目标是模拟一个过程. 这包括人为决策, 例如预处理和数据清理以及数据生成机制. 利用充分证明的概率模型获得可能的数据实现后, 我们关注目标的变化, 在统计中得出了充分合理的抽样变异性考虑因素. 因此, 稳定性原则下的数据扰动包括抽样变异性, 但是比后者的概念更广泛, 因为稳定性原则下的数据扰动正式认识到 DSLC 中除样本可变性之外还有许多其他重要因素. 此外, 当概率模型没有被充分证明并因此导致抽样的解释不适用时, 它提供了一个框架来建立对 T 进行估计的置信度.

(3) 算法或模型扰动.

算法或模型扰动是为了明确对相同数据的替代性分析如何影响目标估计. 一个经典的数据模型扰动的例子来自稳健统计, 它通过考虑具有比高斯模型更厚的尾部的替代模型来搜索位置族的均值的稳健估计. 模型扰动的另一个例子是贝叶斯模型中的灵敏度分析. 因果推理中使用的许多模型条件实际上是稳定性的概念, 它们通过断言不同的条件分布是相同的来排除混淆因素的影响.

现代算法通常包含随机成分, 例如随机投影或梯度下降中的随机初始值和随机梯度下降. 这些随机成分提供了可用于评估 T 的稳定性的自然模型的扰动. 除使用单一算法的随机成分之外, 还可以使用多个模型或者算法来评估目标的稳定性. 当有许多适当的模型或者算法可供选择, 并且没有既定标准或给定的领域知识可供选择时, 采用这个办法是有用的. 稳定性原则要求仅解释在这些算法或模型选择中稳定的感兴趣的目标. 与数据扰动一样, 模型扰动可以帮助减少目标中的变异性或不稳定性.

5. 生成模型在 PCS 中的双重作用

生成模型是指事先假定的数据生成机制, 一般包括概率模型和具有初始或边界条件的偏微分方程 (PDE). 这些模型在 PCS 框架中扮演着双重角色. 一方面, 它们可以简明地总结过去的数据和先验知识; 另一方面, 它们可用于生成提供数据扰动形式的合成观测值.

当使用生成模型来总结数据时, 常见的感兴趣的目标是模型的参数. 具有已知参数的生成模型可用于预测, 或者通过它们所体现的机械规则来促进理解. 这些模型对应无限数据, 尽管在计算约束下是有限的. 具有未知参数的生成模型可用于通过最大似然和贝叶斯建模方法来分析代理损失函数 (surrogate loss function). 不应使用对这些模型的机械解释来得出科学结论, 它们只是优化那些必须进行实证验证的算法的有用起点.

用来近似数据生成过程的生成模型可以作为数据扰动的一种形式. 这里我们使用生成模型新生成的数据来加强观测到的数据. 合成数据与观测数据相结合的数量反映了我们对模型的信任程度, 可以将相同的算法和计算平台应用于组合数据.

6. PCS 准则之间的联系

虽然我们单独讨论了 PCS 的三个准则, 但它们之间有着重要的联系. 计算方面的考虑可能会限制方便易行的预测模型或者算法, 特别是对于大型高维数据集. 这些可靠性问题通常通过可扩展的优化方法 (如梯度下降 (GD) 或随机梯度下降) 来解决. 评估留存数据的可预测性是稳定性分析的一种形式, 其中训练或测试样本拆分代表数据扰动. 用于评估稳定性的其他扰动需要进行多次类似的分析. 并行计算非常适合这些扰动.

5.5.2 通过扰动分析进行 PCS 推断

当数据结果用来引导未来决策和行动时, 对目标估计的质量非常重要. 例如, 假设一个模型预测投资将在一年内产生 10% 的收益. 直觉上, 这一预测表明 "类似" 投资的平均收益率为 10%. 特定投资是否会实现接近 10% 的收益率取决于 "类似" 投资的收益率是在 –20%~40% 还是在 8%~12% 之间. 换句话说, 预测的变异性传达了关于人们的信任程度的重要信息.

在传统统计中, 置信度描述了在得到充分证明的概率模型下抽样数据变动所导致的估计的不确定性. 但是, 整个 DSLC 的决策增加了另一层不确定性, 可能会让数据结果产生偏差. 这个问题在建模阶段就曾有人提出, 他们推导出了 "黑客区间"(hacking intervals) 来评估针对可能的数据集和算法扰动优化的描述统计量的范围. 在 PCS 框架中, 我们提出扰动区间 (perturbation interval) 来量化目标估计相对于不同扰动的稳定性, 包括数据清洗/预处理和问题转换. 扰动区间在概念上类似于置信区间, 主要的不同之处在于扰动区间明确地与扰动相关联, 并由独立研究者和领域专家进行评估.

例如, 基于自助抽样的单个方法的扰动区间专门针对基于自助法的传统置信区间. 更广泛地说, 扰动区间量化了整个 DSLC 上目标参数的可变性. 例如, 数据科学家可能会考虑多种预处理、二次采样和建模策略来预测投资收益率, 由此产生的扰动区间描述了由每个微小扰动所代表的世界各地的投资收益率区间. 它们的可靠性在一定程度上取决于这组扰动是否考虑了整个 DSLC 过程可以做出的全部适当的选择, 这应由领域专家和独立研究人员进行评估. 这突出了扰动的重要性, 该扰动可以合理地生成观测数据, 尽可能地代表分析的不确定性范围, 并且透明公开地记录以供其他人评估.

作为一个起点, 我们专注于涵盖了传统统计推断的基本形式的 PCS 推断. 我们的推断方法允许一系列数据和算法或模型扰动, 使其在整个 DSLC 中能够更加灵活地表示不确定性.

1. PCS 扰动区间

扰动区间的可靠性取决于每个扰动是否适当. 因此, 客观的研究人员应认真检查、明确传达并评估对扰动因素的选择. 这里我们提出了一个基于单个问题转换和目标估计量的 PCS 推断框架, 将多个转换或估计的案例留给未来的工作.

(1) 问题构想.

将领域问题翻译成数据科学问题, 并指出解决问题的方法. 定义预测目标 y, 适当的数据扰动集合 $\mathcal{D}$ 或模型扰动集合 Λ, 预测函数 $h(\lambda): \lambda \in \Lambda$, 训练/测试数据分割, 预测评估

指标 l, 稳定性评估指标 s 和稳定性目标 $T(D, \lambda)$. 记录为什么这些选择适用于特定领域的问题.

(2) 预测筛选.

对于阈值 τ, 筛选出不能有效拟合数据的模型 (通过预测精度衡量):

$$\Lambda^* = \{\lambda \in \Lambda : l(h^\lambda, x, y) < \tau\} \tag{5.5.6}$$

适当阈值的示例包括领域内可接受的基准、最好的 k 个模型或精度与最准确模型类似的模型. 如果分析的目标是预测, 则应该留存测试数据, 直至在步骤 (4) 中报告模型的最终预测准确性. 当测试数据不能用于筛选模型时, 上式可以通过代理样本分割方法 (例如 CV) 进行评估. 如果分析的目标超出预测 (例如, 特征选择), 则式 (5.5.6) 可以对留存的测试数据进行评估.

(3) 目标值扰动分布.

对于步骤 (2) 筛选的每个模型 Λ^*, 计算每个数据扰动 D 下的稳定性目标. 这导致目标会与数据和模型扰动产生联合分布, 如式 (5.5.5) 所示. 对于一系列扰动的集合, 在犯第 I 类错误方面, 要求在所有扰动中目标 T 保持稳定比要求对任何单个扰动保持稳定更加保守. 但是, 不同领域的问题需要控制不同类型的错误. 因此, 如何以及何时将结果与扰动结合起来是一种人为的判断与决定, 应该清晰地证明其合理性并予以记录.

(4) 扰动结果报告.

使用稳定性评估指标 s 可以总结目标值扰动分布. 例如, 如果 T 是一维的, 我们可以使用第 10 和第 90 百分位数或数据可视化来总结其扰动分布. 如果 T 是多维的, 我们可以展现扰动分布的低维投影. 当扰动结果通过模型或者算法和目标值相关联时, 可能需要重新调整它们以确保可比性. 当针对模型/算法扰动单独报告扰动区间时, 在步骤 (2) 中评估的预测精度可以作为对每个区间进行对比排序的可靠度量.

在高层次上, PCS 推断使用扰动区间来识别精确模型的稳定部分. 如果扰动结果揭示了精确模型之间的不稳定性, 则 PCS 推断可用于解释这些模型共享的 (即稳定的) 方面. 在这种背景下, PCS 可以被视为奥卡姆剃刀原理的含蓄体现. 也就是说, 它从预测模型的稳定部分得出结论, 以简化数据结果, 使其更可靠、更易于解释. 如果扰动区间显示复杂模型既稳定又准确, PCS 推断也可以为这种复杂性提供支持.

2. PCS 假设检验

传统统计中的假设检验通常用于科学和商业决策. 假设检验的核心在于计算 p 值, 该值表示在原假设成立的条件下比观测值更加极端的数据发生的概率. 更小的 p 值提供了拒绝原假设的明显证据或 (理想情况下) 原假设蕴含的科学理论. 例如, 我们可能想要确定特定基因的表达在乳腺癌患者和对照组之间是否有差异. 考虑来自每个总体独立同分布的随机样本, 我们可以使用 t 检验在经典假设检验框架中解决这个问题. 得到的 p 值描述了在基因表达没有差异的情况下, 比观测到的差异更极端的概率.

尽管假设检验在道理上是行得通的, 但它依赖的许多假设在实践中是无法实现的. 例如, 未测量的混淆变量可能会导致因果效应的估计产生偏差. 这些问题在社会科学领域尤为重要, 因为随机实验很难或几乎不可能进行. 资源限制也会限制数据的收集方式, 导致样本不能真实地反映总体的情况, 进而扭曲了传统统计推断的概率解释. 此外, 假设检验假设了概率数据生成的模型具有实证有效性. 当不能完全实行随机化时, 必须从数据生成机制的角度借助领域知识证明特定的原假设下的分布. 在实践中这些问题很少被认真对待, 这导致了原假设的分布远离观测值的情况. 因此, 尽管事实上很少有足够的数据来可靠地计算这些值, 但是现在报告的 p 值小到 10^{-5} 或 10^{-8} 是常见的, 尤其是在评估多个假设时 (例如, 数千个基因). 当结果在远离原假设分布的尾部时, 并没有实证表明尾部为何应该遵循特定的参数分布. 此外, 如今实践中的假设检验通常依赖于近似分析或蒙特卡罗方法, 其中就出现了这种小概率估计问题. 实际上, 有一个专门的重要抽样领域来处理模拟小概率的情形, 但这些思想在实践中尚未被重视.

PCS 假设检验建立在扰动区间的基础上, 以解决这些实际问题和有关较小 p 值的认知错误. 它使用原假设来定义代表合理数据生成过程的有限扰动, 在理想情况下, 它甚至可以对应于现有的科学理论. 这些理论包括概率模型 (如果这些模型可以被充分证明的话) 以及其他数据或算法扰动. 例如, 基于 PDE 的生成模型可根据已建立的定理模拟数据. 二次采样可用于选择某些背景信息已知的对照总体. 通过考虑各种各样的扰动, PCS 假设检验允许我们将观察到的数据与有代表性的领域问题的数据进行比较, 后者遵循一些该领域内的简单架构. 当然, 扰动是否适当是一种人为的判断, 要在 PCS 文档中清晰地传达并由研究人员进行讨论. 就像科学家在实验中要考虑进行适当控制一样, 数据科学家应该在 PCS 分析中讨论适当的扰动.

PCS 假设检验的数学形式: 我们考虑具有可观测输入特征 $x \in X$、预测目标 $y \in Y$、预测函数 $h(\lambda)\,(\lambda \in \Lambda)$ 以及定性描述领域问题的某些方面的原假设的情况. PCS 假设检验将原假设转换为受约束的扰动并根据这种扰动生成数据:

$$D_0 = \{x_0, y_0\}$$

约束扰动的特定选择应明确记录并通过领域知识证明其合理性. 我们使用受约束的扰动来构造、比较 D_0 和 D 的扰动区间, 并评估观测到的数据是否与内在假设一致.

例 5.5.1 稀疏线性模型背景下的 PCS 推断的模拟研究.

在本例中, 我们通过模拟研究来考虑所提出的 PCS 扰动区间. 我们专注于稀疏线性模型中的特征选择, 以展示 PCS 推断在 ROC 评价标准下可以得到很好的结果. 本例最后的补充知识给出了稀疏线性模型和 ROC 的简单介绍. 除了在这种简单的假设下 PCS 推断具有良好的性能外, 它的主要优势在于它具有对当今数据科学家所面临的新情况的普适性. 也就是说, PCS 可以应用于任何可以定义适当扰动的算法或分析. 本例的 R 语言代码见 5.6.5 节.

给定 $n = 1\,000, p = 630$, 生成 $\boldsymbol{X}_i = (X_{i1}, X_{i2}, \cdots, X_{ip})\,(i = 1, 2, \cdots, n)$, 并且进行了标准化. 随机选择 $s = \lfloor \sqrt{p} \rfloor = 25$ 个有效特征来生成响应, 也就是说 630 个自变量中只有 25 个是显著的.

$$\boldsymbol{Y} = \boldsymbol{X}' + \varepsilon$$

$\beta_j = 1$ 代表特征活跃, 为 0 则反之; $\varepsilon \in \mathbf{R}^n$ 代表来自各种分布的噪声.

下面共考虑 6 种不同的情况.

(1) 误差项服从正态分布, 即高斯分布 (Gaussian):
$$\varepsilon_i \sim N(0,1)$$

(2) 误差项服从 t 分布 (t_3):
$$\varepsilon_i \sim t(3)$$

(3) 误差项服从协方差矩阵为分块对角矩阵的多元正态分布 (Block):
$$\varepsilon \sim N(\mathbf{0}, \boldsymbol{\Sigma})$$

$$\boldsymbol{\Sigma} = \begin{pmatrix} 1 & 8 & 0 & 0 & \cdots & 0 \\ 8 & 1 & 0 & 0 & \cdots & 0 \\ 0 & 0 & 1 & 8 & \cdots & 0 \\ 0 & 0 & 8 & 1 & \cdots & 0 \\ \vdots & \vdots & \vdots & \vdots & & \vdots \\ 0 & 0 & 0 & 0 & \cdots & 1 \end{pmatrix}_{1\,000 \times 1\,000}$$

(4) 误差项方差与 $\boldsymbol{X}$ 相关 (异方差) (Dependent):
$$\varepsilon_i \sim N(0, \sigma_i^2)$$
$$\sigma_i^2 = \frac{\|x_i\|_2^2}{630}, \quad i = 1, 2, \cdots, 1\,000$$

(5) 模型存在变量遗漏 (Misspecified_miss):
$$\varepsilon_i \sim N(0,1)$$

模拟数据生成之后、建模之前, 从数据 $\boldsymbol{X}$ 中删除 12 个活跃变量对应列, 代表模型存在 12 个缺失变量.

(6) 模型形式设定错误 (Misspecified_rule):
$$y = \sum_{S_j \in S} \beta_{S_j} \prod_{k \in S_j} 1(X_k > t_k) + \varepsilon, \quad \varepsilon \sim N(0,1)$$

数据按照以上形式生成, 其中 S 代表将 25 个活跃变量随机两两结对所得的 13 对变量 (其中 1 对只有单个变量) 组成的集合. 建模时采用线性模型, 代表模型形式设定有误的情形.

对于以上各种情况, 我们使用 PCS 扰动区间评估 Lasso 回归模型进行特征选择的效果. 下面是构造这种区间的步骤.

(1) 预测目标是模拟响应 $\boldsymbol{Y}$, 稳定性目标是 $\boldsymbol{Y}$ 关于 $\boldsymbol{X}$ 回归时选择的特征的集合 $T \subseteq \{1, 2, \cdots, p\}$. 为了评估预测准确性, 我们随机抽取 50% 的观测结果作为留存测试集.

(2) 以平方预测误差为标准通过选取对应于 10 个最准确模型的 λ, 构建了一系列筛选过的模型集合 Λ^*. 对于数据的扰动, 使用自助法, $B = 100$ 次. 由于分析目标是特征选择, 我们评估了留存测试数据的预测准确性. 对每一半数据重复以下步骤, 并对最终结果取平均.

(3) 对每一个 $\lambda \in \Lambda^*$ 和 $b = 1, 2, \cdots, 100$, 用 $\tau(X^{(b)}, \lambda)$ 来表示由惩罚参数 λ、第 b 个自助法样本拟合的 Lasso 回归模型选择的特征.

(4) 对于数据和模型扰动得到的一系列 τ 可以用来计算每个特征 $\boldsymbol{X}_j$ $(j = 1, 2, \cdots, p)$ 的稳定性得分:

$$\mathrm{sta}(j) = \frac{1}{B \cdot |\Lambda^*|} \sum_{b=1}^{100} \sum_{\lambda \in \Lambda^*} 1 \quad (j \in \tau(X^{(b)}, \lambda))$$

式中, $B = 100$, $|\Lambda^*| = 10$. 直观地, 稳定性得分反映了我们对模型中给定特征活跃的信任程度, 较高分数意味着更高程度的稳定性. 在实践中, 这些得分可用于对特征进行排名并识别最可靠的集合以供进一步考虑 (例如, 实验验证).

将上述 PCS 稳定性得分与传统渐近正态性检验的方法进行对比. 具体做法是, 使用 Lasso 回归模型选出特征, 利用这些特征拟合普通的最小二乘回归, 对每个系数进行检验, 得到一系列 p 值 p_j. 该值越小, 就越倾向于拒绝原假设, 认为该变量的系数不应该为零, 该变量属于活跃集合. 因此在绘制 ROC 曲线时, 采用得分 $1 - p_j$.

图 5.5.2 显示了在上述实验的一次运行结果的基础上绘制的 ROC 曲线. 在各种情况下, 两种方法各有优劣, 相差不多. 为了得到更稳定的结果, 读者也可以多次运行程序并对结果取平均. PCS 的主要优势在于其概念的简洁性和普适性, 也就是说, 上述 PCS 扰动区间可以应用于能够定义数据和模型/算法扰动的任何情况. 传统经典推断方法通常不能轻易处理多个模型.

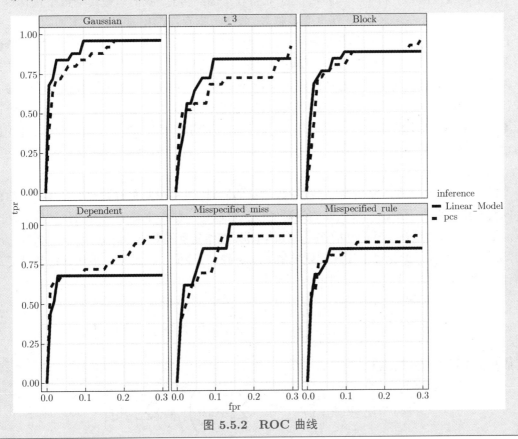

图 5.5.2　ROC 曲线

• 补充知识 •

1. 稀疏线性模型的特征选择问题

(1) 回归模型.

回归模型是研究自变量与因变量间关系的一种统计模型. 以下面的多元线性回归模型为例. 设 Y 是一个可观测的随机变量, 它受到 p 个因素 $X_1, X_2, \cdots, X_p$ 和随机因素 ε 的影响, Y 与 $X_1, X_2, \cdots, X_p$ 有如下线性关系:

$$Y = \beta_0 + \beta_1 X_1 + \cdots + \beta_p X_p + \varepsilon$$

其中, $\beta_0, \beta_1, \cdots, \beta_p$ 是 $p+1$ 个未知参数; ε 是不可测的随机误差, 服从一定的分布, 通常假设服从均值为 0、方差为 σ^2 的正态分布. 我们称该线性关系为多元线性回归模型, 称 Y 为被解释变量 (因变量), X_i $(i = 1, 2, \cdots, p)$ 为解释变量 (自变量), 称 $E(Y) = \beta_0 + \beta_1 X_1 + \beta_2 X_2 + \cdots + \beta_p X_p$ 为理论回归方程. 在给定观测数据 (X_i, Y_i) $(i = 1, 2, \cdots, n)$ 后, 待估参数 $\beta_0, \beta_1, \cdots, \beta_p$ 一般用最小二乘法进行估计, 后续回归分析的专业课中会有详细介绍.

(2) 特征选择问题.

特征选择, 即变量选择, 是从给定特征集合中选出相关特征子集的过程. 在应用回归分析处理实际问题时, 首先要解决的问题就是自变量的选择.

在多元线性回归分析中, 一方面, 为了获得较全面的信息, 我们总是希望模型包含尽可能多的自变量; 另一方面, 考虑到自变量越多, 收集数据存在的困难以及成本增幅越大, 加之有些自变量与其他自变量的作用重叠, 如果把它们引入模型, 不仅增加了计算量, 还给模型参数的估计和模型的预测带来了不利影响, 所以需要对自变量进行选择. 逐步回归法是一种常用的变量选择方法, 它的具体做法是将变量逐个引入, 引入变量的条件是通过偏 F 统计量的检验. 同时, 每引入一个新的变量, 对已引入方程的变量进行检验, 将经检验认为不显著的变量剔除, 此过程经过若干步, 直到既不能引入新变量, 又不能剔除原有变量为止.

(3) Lasso 回归模型.

Lasso 回归是一种压缩估计, 它在参数估计的同时, 既可以对估计值进行压缩 (参数估计的绝对值一般小于最小二乘估计的绝对值), 又可以让一些不重要的变量的估计值恰好为零, 从而起到自动进行变量选择的作用. 具体来讲, 在给定观测数据 $(\boldsymbol{x}_i, y_i)$ $(i = 1, 2, \cdots, n)$ 后, 系数估计值 $\widehat{\beta}_{\text{lasso}}$ 是以下优化问题的解. Lasso 回归等价于在最小二乘估计的基础上对估计值的大小增加一个约束 (惩罚):

$$\widehat{\beta}_{\text{lasso}} = \arg\min_{\beta} \sum_{i=1}^{n} \left(y_i - \beta_0 - \sum_{j=1}^{p} x_{ij}\beta_j \right)^2, \quad \sum_{j=1}^{p} |\beta_i| \leqslant t$$

写成拉格朗日方程的形式为:

$$\widehat{\beta}_{\text{lasso}} = \arg\min_{\beta} \left\{ \left(y_i - \beta_0 - \sum_{j=1}^{p} x_{ij}\beta_j \right)^2 + \lambda \sum_{j=1}^{p} |\beta_j| \right\}$$

其中, λ 与 t 一一对应. 给定一个 λ, 对应一个解 $\widehat{\beta}_{\text{lasso}}(\lambda)$. 通常我们可以使用交叉验证等方法选择最优的 λ.

2. ROC 分析

ROC 曲线是分类问题常用的一种模型评价方法.

以二分类为例, 记 $Y \in \{+1, -1\}$. 对应一个样本点, 二分类模型一般的输出结果是一个概率值 $p \in [0, 1]$. 对于预先给定的阈值 c, 如果 $p \leqslant c$, 则预测该样本点属于 -1 类, 否则, 属于 $+1$ 类. 二分类问题的预测结果可能出现四种情况: 如果一个点属于正类并且被预测为正类, 则为真正类 (true positive, TP); 如果一个点属于负类但被预测为正类, 则为假正类 (false positive, FP); 如果一个点属于负类且被预测为负类, 则为真负类 (true negative, TN); 如果一个点属于正类但被预测为负类, 则为假负类 (false negative, FN). 我们用表 5.5.1 表示这类结果, 称为混淆矩阵 (confusion matrix). 二分类问题的 FPR (false positive rate) 和 TPR (true positive rate) 评价标准见表 5.5.2.

表 5.5.1　混淆矩阵

预测值	真实值	
	1	−1
1	真正类 (TP)	假正类 (FP)
−1	假负类 (FN)	真负类 (TN)

表 5.5.2　二分类问题的 FPR 和 TPR 评价标准

名称	定义式	含义
FPR	FP/(TN+FP)	反映了实际是负类但被预测为正类的样本占总的负类样本的比重
TPR	TP/(FN+TP)	反映了被正确预测为正类的样本占总的正类样本的比重

ROC 曲线通过阈值 c 从 1 到 0 移动, 获得多对 FPR 和 TPR. 以 FPR 为横轴, 以 TPR 为纵轴, 连接各点绘制曲线, 展示不同阈值对应的所有两类错误. 如图 5.5.3 所示, 曲线左下角点为原点, 对应 FPR=TPR=0, 此时阈值为 1, 所有点均预测为负类; 曲线右上角为 (1,1), 对应 FPR=TPR=1, 此时阈值为 0, 所有点均预测为正类; 曲线中间的点对应不同阈值下的 TPR 和 FPR.

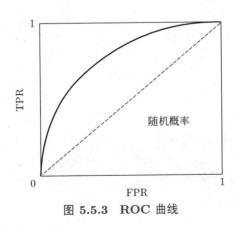

图 5.5.3　ROC 曲线

ROC 曲线下方的区域 (area under roc curve, AUC) 包含了分类器取不同阈值时所有可能的表现, 其面积用来衡量分类器的整体表现, AUC 越大表示模型越好, 因此可以用 AUC 作为模型选择的一个标准.

对于例 5.5.1 中的特征选择问题, 在 630 个自变量之中, 根据模型设定, 25 个是活跃变量, 取值属于 +1 类; 另外 605 个为非活跃变量, 取值属于 −1 类. PCS 扰动区间计算每个变量的稳定性得分 sta(j), 传统方法给出每个变量的 $1-p_j$ 的取值. 以此作为每种方法对每个特征属于 +1 类的预测得分, 绘制 ROC 曲线.

• 批判性思考 •

1. 深刻理解稳定性, 思考它与稳健性的不同.
2. 如何构造合理的数据、模型扰动?

• 习 题 5.5 •

阅读 Yu and Kumbier (2020), 下载模拟和实际数据分析的程序以及原始数据. 例 5.5.1 仅是其中一小部分, 并且做了简化. 自学其他情况, 包括模拟数据的生成、多次结果的平均、$p > n$ 的情况以及实际案例等.

5.6 与本章相关的 R 语言操作

5.6.1 自助法

例 5.1.3 采用了对 16 只小鼠进行的分组实验的数据. 16 只小鼠被随机分配到治疗组 (7 只) 和对照组 (9 只), 数据为它们的生存时间 (单位: 天), 根据均值和中位数判断治疗对延长小鼠生命是否有作用. 分别使用式 (5.1.11) 和自助法计算估计量的标准误差. 首先计算两组的均值差及其标准误差, R 语言代码如下:

```
# 输入数据
x=c(94,197,16,38,99,141,23)
y=c(52,104,146,10,51,30,40,27,46)
# 根据均值判断治疗有效性
# 计算均值及其差
mean(x)
mean(y)
mean(x)-mean(y)
# 利用式(5.1.11)估计均值的标准误差
se_x=sqrt(sum((x-mean(x))^2)/((length(x)-1)*length(x)))
se_y=sqrt(sum((y-mean(y))^2)/((length(y)-1)*length(y)))
sqrt(se_x^2+se_y^2)
```

两组实验平均生存时间之差是标准误差的 1.06 倍, 也就是说在治疗不起任何作用的前提下也很有可能会随机出现, 并不能说明治疗的有效性. 接下来根据中位数判断治疗有效性, 并通过自助法估计均值和中位数的标准误差, R 语言代码如下:

```r
# 根据中位数判断治疗有效性
# 计算中位数及其差
median(x)
median(y)
median(x)-median(y)
# 自助法标准误差
# 自助样本的个数n=50,100,250,500,1000
n=100
me_x=c()
me_y=c()
md_x=c()
md_y=c()
for (i in 1:n){
  # 从治疗组与对照组中再抽样
  B_x=sample(x,length(x),replace=TRUE)
  B_y=sample(y,length(y),replace=TRUE)
  # 分别计算治疗组与对照组抽样结果的均值及中位数
  me_x=c(me_x,mean(B_x))
  me_y=c(me_y,mean(B_y))
  md_x=c(md_x,median(B_x))
  md_y=c(md_y,median(B_y))
}
# 治疗组
# 计算均值和中位数的标准误差
se_me_x=sqrt(sum((me_x-mean(me_x))^2)/(n-1))
se_md_x=sqrt(sum((md_x-mean(md_x))^2)/(n-1))
# 对照组
# 计算均值和中位数的标准误差
se_me_y=sqrt(sum((me_y-mean(me_y))^2)/(n-1))
se_md_y=sqrt(sum((md_y-mean(md_y))^2)/(n-1))
sqrt(se_md_x^2+se_md_y^2)
```

例 5.1.4 判断药物对心脏病和中风是否有显著疗效, 数据包括参与阿司匹林组和安慰剂组的受试者人数及患心脏病和中风的人数, 我们分别用标准置信区间法和自助法估计置信区间. 首先计算阿司匹林组和安慰剂组对心脏病及中风发作率的比值, 对阿司匹林是否可以预防心脏病及中风进行估计, R 语言代码如下:

```r
# 心脏病
theta=(104/11037)/(189/11034)
theta
# 中风
```

```
theta=(119/11037)/(98/11034)
theta
```

接下来利用自助法计算中风案例的置信区间: 将中风受试者记为 1, 非中风受试者记为 0, 从阿司匹林组和安慰剂组再抽样 1 000 次, 每次得到分别为 11 037 项及 11 034 项由 0、1 组成的两组数据, 即不发生中风 (0) 与发生中风 (1) 的受试者样本. 利用抽样结果可以计算

$$\widehat{\theta}^* = \frac{\text{数值 } 1 \text{ 在阿司匹林组中的占比}}{\text{数值 } 1 \text{ 在安慰剂组中的占比}}$$

最后用 1 000 次再抽样中从大到小排列的第 25 位和第 975 位结果粗略表示 95% 置信区间. R 语言代码如下:

```
# 自助法计算中风案例的置信区间
iv=c()
for (i in 1:1000){
  x1=c(rep(1,119),rep(0,10918))
  x2=c(rep(1,98),rep(0,10936))
  B1=sample(x1,11037,replace=TRUE)
  B2=sample(x2,11034,replace=TRUE)
  theta=(sum(B1)/length(B1))/(sum(B2)/length(B2))
  iv=c(iv,theta)
}
# 标准误差
se=sqrt(sum((iv-mean(iv))^2)/(length(iv)-1))
se
# 置信区间
quantile(iv,c(0.025,0.975))
```

例 5.1.5 为医疗贴片数据中比例统计量的自助法估计, 目标是判断使用新贴片测量结果的期望值与使用旧贴片测量结果的期望值是否满足以下条件:

$$\frac{|E(\text{新}) - E(\text{旧})|}{E(\text{旧}) - E(\text{安慰剂})} \leqslant 0.2$$

令 θ 为参数:

$$\theta = \frac{E(\text{新}) - E(\text{旧})}{E(\text{旧}) - E(\text{安慰剂})}$$

通过自己编写函数及调用 boot 包两种方式计算 θ 的自助法估计及标准差, R 语言代码如下:

```
# 数据录入
placebo=c(9243,9671,11792,13357,9055,6290,12412,18806)
oldpatch=c(17649,12013,19979,21816,13850,9806,17208,29044)
newpatch=c(16449,14614,17274,23798,12560,10157,16570,26325)
z=oldpatch-placebo
y=newpatch-oldpatch
theta_hat=sum(y)/sum(z)
```

```
theta_hat  # -0.0713,满足条件
# 自己编写函数实现自助法
# 再抽样次数
B=400
set.seed(1234)
# 自助法
x=cbind(z,y)
x_B=array(NA,c(8,2,B),dimnames=list(1:8,c('x','y'),1:B))
for(i in 1:B){
  index=sample(1:8,8,replace=TRUE)
  x_B[,i]=x[index,]
  x_B[,,i]
}
# fun1 计算每个子样本的theta
fun1=function(x,B){
  theta=numeric(B)
  for(i in 1:B){
    theta[i]=sum(x[,2,i])/sum(x[,1,i])
  }
return(theta)
}
theta_B=fun1(x_B,B)
# 画直方图、计算自助法估计及其标准差
theta_hat=mean(theta_B)
theta_hat=sd(theta_B)
hist(theta_B,13,main="",xlab="Estimated proportion",ylab="Frequency")
abline(v=-0.0713,col=4,lty=2)
# 借助boot包实现
library(boot)
# d=data[ind,] 必须声明，因为boot()需要用其选择样本
fun2=function(data,ind){
  d=data[ind,]
  theta=sum(d[,2])/sum(d[,1])
  return(theta)
}
theta_hat2=boot(data=x,statistic=fun2,R=400)
print(theta_hat2)
```

例 5.1.6 已知 22 对数组 $(\boldsymbol{X},\boldsymbol{Y})$，想要构造 $\theta = \mu_Y - \mu_X$ 的 95% 中心置信区间，可利用 t 统计量：

$$t = \frac{\widehat{\theta} - \theta}{\widehat{se}}$$

其中 $\widehat{\theta} = \bar{Y} - \bar{X}$，$\widehat{se}^2$ 为 σ^2 的无偏估计，是合样本的样本方差，有：

$$\widehat{se}^2 = \left(\frac{1}{n_X} + \frac{1}{n_Y}\right)\frac{\displaystyle\sum_{i=1}^{n_X}(X_i - \overline{X})^2 + \sum_{i=1}^{n_Y}(Y_i - \overline{Y})^2}{n_X + n_Y - 2}$$

用非参数自助法来估计它的分布. 非参数自助法分别从 $\boldsymbol{X}$ 和 $\boldsymbol{Y}$ 中取得:

$$\boldsymbol{X}^* = (X_1^*, X_2^*, \cdots, X_{n_X}^*) \text{ 与 } \boldsymbol{Y}^* = (Y_1^*, Y_2^*, \cdots, Y_{n_Y}^*)$$

并依据上面的公式通过 $\boldsymbol{X}^*$ 和 $\boldsymbol{Y}^*$ 计算 $\widehat{\theta}^*$、$\widehat{se}^*$, 最后得到:

$$t^* = \frac{\widehat{\theta}^* - \widehat{\theta}}{\widehat{se}^*}$$

绘制再抽样 t 统计量的直方图并估计分位数区间, R 语言代码如下:

```
#相关系数
mech=c(7,44,49,59,34,46,0,32,49,52,44,36,42,5,22,18,41,48,31,42,46,63)
vec=c(51,69,41,70,42,40,40,45,57,64,61,59,60,30,58,51,63,38,42,69,49,63)
cor.test(mech,vec)$estimate
# 自助法
corre=c()
for (i in 1:2000){
  B=sample(22,22,replace=TRUE)
  B1=mech[B]
  B2=vec[B]
  corre=c(corre,cor.test(B1,B2)$estimate)
}
# 标准误差
se=sqrt(sum((corre-mean(corre))^2)/(length(corre)-1))
# 分位数
quantile(corre,c(0.025,0.975))
# 画再抽样相关系数的分布图
png(filename="std1.PNG",width=25,height=18,units="cm",bg="white",res=600)
par(mar=c(4,5,2,2))
hist(corre,breaks=50,col="cyan",prob=T,
     xlab="Boot-correlation",ylab="Freq",main="",
     cex.axis=1.5,cex.lab=1.5,cex=1.2)
#cex.axis=2.6,cex.lab=2.6,cex=1.2)
lines(density(rnorm(10^8,0.498,se)),lwd=2)
# 直接计算相关系数
abline(v=0.498,col="red",lwd=2)
# 再抽样相关系数的2.5%分位数
points(0.118,-0.02,pch=17,col="red",cex=0.8)
# 再抽样相关系数的97.5%分位数
points(0.758,-0.02,pch=17,col="red",cex=0.8)
# 再抽样相关系数的估计值
points(0.45,-0.02,pch=17,col="red",cex=0.8)
text(0.118,-0.05,"0.118",col="red",cex=0.8)
text(0.758,-0.05,"0.758",col="red",cex=0.8)
text(0.45,-0.05,"0.498",col="red",cex=0.8)
dev.off()
library(latex2exp)
png(filename="std2.PNG",width=25,height=18,units="cm",bg="white",res=600)
```

```
par(mar=c(4,5,2,2))
y=seq(0,1,0.01)
x=quantile(corre,y)
plot(x,y,type="l",ylab=c(TeX("$\\alpha$")),
    xlab=c(TeX("$\\hat{\\theta}{*}$")),cex.axis=2.6,cex.lab=2.6,lwd=3,cex=1.4)
lines(c(0,quantile(corre,0.975)),rep(0.975,2),col="red")
lines(c(0,quantile(corre,0.025)),rep(0.025,2),col="red")
lines(rep(quantile(corre,0.975),2),c(0,0.975),col="red")
lines(rep(quantile(corre,0.025),2),c(0,0.025),col="red")
abline(v=0,col="cyan")
abline(h=0,col="cyan")
text(0.118,-0.02,"0.118",col="red",cex=1.4)
text(0.758,-0.02,"0.758",col="red",cex=1.4)
text(-0.05,0.04,"0.025",col="red",cex=1.4)
text(-0.05,0.975,"0.975",col="red",cex=1.4)
dev.off()
```

5.6.2 刀切法

例 5.2.2 中给出了 88 名学生的 5 次测验成绩, 我们感兴趣的统计量是协方差矩阵的最大特征值与特征值之和的比:

$$\widehat{\theta} = \widehat{\lambda}_1 / \sum_{i=1}^{5} \widehat{\lambda}_i \qquad (5.6.1)$$

分别用刀切法与自助法计算 $\widehat{\theta}$ 的估计并对结果进行比较 (直方图), R 语言代码如下:

```
library(bootstrap)
data(scor)  # 导入数据
str(scor)
B=500  # 自助法再抽样次数
n=dim(scor)[1]  # 样本量
theta=function(ind) {
  vals=eigen(var(scor[ind,]),symmetric=TRUE,only.values=TRUE)$values
  vals[1]/sum(vals)
}  # 计算协方差矩阵的最大特征值与特征值之和的比
n=nrow(scor)
# 刀切法
j=jackknife(1:n,theta)
jack_value=j$jack.values  # 刀切法的估计值
# 膨胀刀切法
jack_inf=sqrt(n-1)*(jack_value-mean(jack_value))+mean(jack_value)
# 自助法
scor.boot=bootstrap(1:n,B,theta)
boot_value=scor.boot$thetastar  # 自助法的估计值
sd(boot_value)
```

```
# 自助法的标准误差
# 绘图
par(mfrow=c(3,1))
hist(jack_value,xlim=c(0.45,0.8),main="",xlab="jackknife",ylab="",yaxt="n")
hist(jack_inf,xlim=c(0.45,0.8),main="",xlab="inflated jackknife",
    ylab="",yaxt="n")
hist(boot_value,xlim=c(0.45,0.8),main="",xlab="bootstrap",ylab="",yaxt="n")
```

5.6.3 假设检验

1. 双样本均值的置换检验

例 5.3.1 在例 5.1.3 的基础上提出假设: 治疗组的分布 F 的平均生存时间高于对照组的分布 G 的平均生存时间. 进行小鼠药物实验的置换检验 (均值) 时首先合并两组小鼠的数据, 任意抽取 (不放回) $n_X = 7$ 个数据作为第一组样本, 剩余 $n_Y = 9$ 个数据是第二组样本, 计算两组均值的差异. R 语言代码如下:

```
# 置换检验
Treatment=c(94,197,16,38,99,141,23)
Control=c(52,104,146,10,51,30,40,27,46)
theta_hat=mean(Treatment)-mean(Control)
theta_hat
B=1000
# 置换抽样
set.seed(12345)
x=c(Treatment,Control)
X_B=matrix(NA,7,B)
Y_B=matrix(NA,9,B)
for(i in 1:B){
  # 合并抽取，前7个作为第一组样本，后9个作为第二组样本
  index=sample(1:16,16,replace=FALSE)
  X_B[,i]=x[index[1:7]]
  Y_B[,i]=x[index[8:16]]
  # 计算均值
  fun1=function(x,y,B){
    theta=array(NA,c(4,2,B),dimnames=list(c('mean','mean15','mean25',
                                     'median'),c('x','y'),1:B))
    for(i in 1:B){
      theta[1,1,i]=mean(X_B[,i])          # 计算治疗组生存时间均值
      theta[2,1,i]=mean(X_B[,i],trim=0.15) # 只计算治疗组生存时间中间70%数据
                                          #  的均值
      theta[3,1,i]=mean(X_B[,i],trim=0.25) # 只计算治疗组生存时间中间50%数据
                                          #  的均值
      theta[4,1,i]=median(X_B[,i])         # 计算治疗组生存时间的中位数
      theta[1,2,i]=mean(Y_B[,i])          # 计算对照组生存时间均值
      theta[2,2,i]=mean(Y_B[,i],trim=0.15) # 只计算对照组生存时间中间70%数据
                                          #  的均值
```

```
        theta[3,2,i]=mean(Y_B[,i],trim=0.25)    # 只计算对照组生存时间中间50%数据
                                                     的均值

        theta[4,2,i]=median(Y_B[,i])            # 计算对照组生存时间的中位数
    }
    return(theta)
  }
  theta_B=fun1(X_B,Y_B,B)}
# 计算置换检验统计量及p值
mean_test=theta_B['mean','x',]-theta_B['mean','y',]    # 计算两组均值的差
mean_0=mean(Treatment)-mean(Control)
ASL_mean=sum(mean_test>=mean_0)/B
# 1000次实验中有138次数值超过30.63, p=0.138,在0.05的显著性水平下不能拒绝原假设
# 计算0.15截尾均值差置换检验统计量及p值
mean15_test=theta_B['mean15','x',]-theta_B['mean15','y',]
mean15_0=mean(Treatment,trim=0.15)-mean(Control,trim=0.15)
ASL_mean15=sum(mean15_test>=mean15_0)/B
# 计算0.25截尾均值差置换检验统计量及p值
mean25_test=theta_B['mean25','x',]-theta_B['mean25','y',]
mean25_0=mean(Treatment,trim=0.25)-mean(Control,trim=0.25)
ASL_mean25=sum(mean25_test>=mean25_0)/B
# 计算中位数之差置换检验统计量及p值
median_test=theta_B['median','x',]-theta_B['median','y',]
median_0=median(Treatment)-median(Control)
ASL_median=sum(median_test>=median_0)/B
# 绘制检验统计量直方图
par(mfrow=c(2,2))
hist(mean_test,breaks=15,main="",xlab=paste("Mean:ASL=",ASL_mean),ylab="")
abline(v=mean_0,col=4)
hist(mean15_test,breaks=15,main="",
     xlab=paste("15% trimmed mean:ASL=",ASL_mean15),ylab="")
abline(v=mean15_0,col=4)
hist(mean25_test,breaks=15,main="",
     xlab=paste("25% trimmed mean:ASL=",ASL_mean25),ylab="")
abline(v=mean25_0,col=4)
hist(median_test,breaks=15,main="",
     xlab=paste("Median:ASL=",ASL_median),ylab="")
abline(v=median_0,col=4)
```

2. 双样本方差的置换检验

例 5.3.2 沿用例 5.3.1 中的数据, 由例 5.3.1 发现两组小鼠更明显的差异可能不是均值, 而是方差. 方差比的估计是 2.48, 至于这是系统差异还是样本量较小造成的随机差异, 可以通过对方差比的对数作置换检验进行判断, R 语言代码如下:

```
# fun1计算每个子样本的统计量
# 计算样本方差
fun2=function(x,y,B){
```

```
theta=array(NA,c(1,2,B),dimnames=list(c('var'),c('x','y'),1:B))
for(i in 1:B){
  theta[1,1,i]=var(X_B[,i])
  theta[1,2,i]=var(Y_B[,i])
}
return(theta)
}
theta_B=fun2(X_B,Y_B,B)
# 画直方图、计算置换检验p值
# 方差比的对数检验
log_vr_test=log(theta_B['var','x',]/theta_B['var','y',])
log_vr_0=log(var(Treatment)/var(Control))
ASL_onesided=sum(log_vr_test>=log_vr_0)/B
ASL_twosided=sum(abs(log_vr_test)>=abs(log_vr_0))/B
# 画图
par(mfrow=c(1,1))
hist(log_vr_test,breaks=12,main="",
    xlab=paste("ASL=",ASL_onesided,"(one-sided)",
              ASL_twosided,"(two-sided)"),ylab="")
abline(v=ASL_onesided,col=2)
abline(v=ASL_twosided,col=4)
```

3. 方差分析

例 5.3.3 比较了 4 种不同的鸡饲料和小鸡体重的关系, 数据为第 21 天的体重 (单位: 克) 和饲料 (4 种饲料分别用 1, 2, 3, 4 表示). 对于 k 样本均值问题采用方差分析中的 F 检验, 在正态性假定不成立的情况下利用置换检验重复抽样计算 F 统计量, R 语言代码如下:

```
library(datasets)
w=ChickWeight
boxplot(weight~Diet,w,xlab='Diet',ylab='Weight')
attach(w)
a=oneway.test(weight~Diet)
a
f=vector()
set.seed(10)
N=10000
for(i in 1:N){
  f[i]=oneway.test(sample(weight)~Diet)[[1]]
}
(sum(f>=a[[1]])+1)/(N+1)
# 画图
library(ggplot2)
F_value=as.numeric(a$statistic)
hist(f,xlab="F",ylab="count",main="Sampling distribution of F statistic",
    xlim=c(0,12))
abline(v=F_value,col=4)
```

4. 列联表检验

例 5.3.4 有 2 个分类变量, 每个分类变量各有 3 个水平, 本例进行最高学历和态度的独立性检验 (应用皮尔逊 χ^2 检验). 首先把数据变成一行一个观测值的形式, 每行代表一个观测数据, 第一列是最高学历, 第二列是态度. 然后对第一列做不放回抽样 (保持第二列不变), 产生 1 万次 χ^2 统计量的值, 最后通过其分布和原始样本的统计量的实现值得到 p 值, R 语言代码如下:

```
# 数据录入及生成列联表
Degree=rep(c("Bachelor or graduate","High school or junior college",
             "Less than high school"),3)
Attitude=rep(c("Support","Neutral","Opposed"),each=3)
Freq=c(138,570,178,252,442,108,252,648,138)
w=data.frame(Degree,Attitude,Freq)  # 生成列联表, 行名为最高学历, 列名为态度,
                                       值为频数
er=xtabs(Freq~.,w)
addmargins(er)
# 卡方检验
chisq.test(er)
# 置换检验
# 产生2726*6的数据阵, 每行代表一个变量
n=nrow(w)
v=NULL
for(i in 1:n){
  for(j in 1:w[i,3]){
    v=rbind(v,w[i,-3])
    }
  }
  chsq=function(tb){
    E=outer(rowSums(tb),colSums(tb))/sum(tb)
    sum((tb-E)^2/E)
  }
  # 对第一个变量做不放回抽样
  N=9999
  X=vector()
  set.seed(10)
  for(i in 1:N){
    X[i]=chsq(table(sample(v[,1]),v[,2]))
}
(sum(X>=chsq(er))+1)/(N+1)
```

5. 双样本自助法检验

例 5.3.5 沿用例 5.3.1 中的数据, 对均值差作自助法检验. 首先是对治疗组和对照组分布的检验. 从合样本 $\boldsymbol{Z}$ 中抽取规模为 $n_X + n_Y$ 的替换样本 B 次, 令前 n_X 个为 $\boldsymbol{X}^*$, 剩余 n_Y 个为 $\boldsymbol{Y}^*$. 之后对每个样本计算 $s(\cdot)$:

$$s(\boldsymbol{Z}^{*b}) = \bar{X}^* - \bar{Y}^*, \quad b = 1, 2, \cdots, B$$

最后得到检验的 p 值近似为 $\#\{s(\boldsymbol{Z}^{*b}) \geqslant s_{\text{obs}}\}/B$, $s_{\text{obs}} = s(x)$ 为检验统计量的观测值. 该例同时考虑了两总体方差不等的情况下对均值差的检验, 此时检验依赖于 t 统计量:

$$t(\boldsymbol{Z}) = \frac{\overline{X} - \overline{Y}}{\sqrt{\dfrac{S_X^2}{n_X} + \dfrac{S_Y^2}{n_Y}}}$$

两种方法的 R 语言代码如下:

```
# 进行自助法抽样
# 抽样次数
B=1000
# 抽样并计算子组均值
for(i in 1:B){
  index=sample(1:16,16,replace=TRUE)
  X_B[,i]=x[index[1:7]]
  Y_B[,i]=x[index[8:16]]
}
fun3=function(x,y,B){
  t_mean=array(NA,c(1,3,B),dimnames=list(c('mean'),c('x','y','sd'),1:B))
  for(i in 1:B){
    t_mean[1,1,i]=mean(X_B[,i])
    t_mean[1,2,i]=mean(Y_B[,i])
# 计算t统计量的分母所需的标准差
    t_mean[1,3,i]=sqrt(var(X_B[,i])*6/7+var(Y_B[,i])*8/9)
  }
  return(t_mean)
}
t_mean=fun3(X_B,Y_B,B)
# 计算均值差与t统计量
ttest=matrix(NA,2,B,dimnames=list(c('mean_df','t'),1:B))
ttest['mean_df',]=(t_mean['mean','x',]-t_mean['mean','y',])
ttest['t',]=ttest['mean_df',]/t_mean['mean','sd',]
# 画图
par(mfrow=c(1,2))
hist(ttest['mean_df',],breaks=15,main="",xlab="F=G",ylab="")
abline(v=mean_0,col=4)   # 对分布进行检验的统计量的直方图
t0=mean_0/sqrt(var(Treatment)*6/7+var(Control)*8/9)
hist(ttest['t',],breaks=15,main="",xlab="Equality of means",ylab="")
abline(v=t0,col=4)       # 方差不等的情况下对均值进行检验的t统计量的直方图
```

6. 单样本自助法检验

例 5.3.6 对治疗组小鼠进行单样本自助法检验, 判断小鼠的平均生存时间是否为 129.0, 即

$$H_0: \mu_X = 129.0$$

首先对经验分布 $\widehat{F}$ 作变换, 使其具有期望的均值: $\widetilde{X}_i = Z_i - \overline{X} + 129.0 = X_i + 42.1$; 从中再抽样获得 $\widetilde{X}_1^*, \cdots, \widetilde{X}_7^*$, 并对每个自助法样本计算统计量:

$$t(\widetilde{X}^*) = \frac{\overline{\widetilde{X}}^* - 129.0}{S^*/\sqrt{7}} \tag{5.6.2}$$

R 语言代码如下:

```
# 数据录入及简单检验
mice.treat=c(94,197,16,38,99,141,23)
n=length(mice.treat)
# 样本量
mice.mean=mean(mice.treat)              # 样本均值
sd=sqrt(var(mice.treat)/n)
pnorm(mice.mean,mean=129,sd=sd)         # 基于正态分布的ASL
t=(t.test(mice.treat,mu=129)$statistic) # t检验统计量
t=(mice.mean-129)/sd                    # 直接计算t检验统计量
pt(t,n-1)                               # 基于t分布的ASL
# 对均值差作自助法检验, 沿用上述小鼠实验数据, 进行自助法抽样
# 抽样次数
B=1000
mice.treat_B=-matrix(NA,n,B)            # 抽样并计算子组均值
for(i in 1:B){
  index=sample(1:n,n,replace=TRUE)
  mice.treat_B[,i]=mice.treat[index]+42.1
}
# 定义函数求t统计量
t_stat=function(B){
  t_mean=rep(NA,B)
  t_sd=rep(NA,B)
  for(i in 1:B){
    t_mean[i]=mean(mice.treat_B[,i])
# 计算t统计量的分母所需的标准差
    t_sd[i]=sqrt(var(mice.treat_B[,i])/n)
  }
  t=rbind(t_mean,t_sd)
  t_statistic=((t[1,]-rep(129,B))/(t[2,]))
  return(t_statistic)
}
t=t_stat(B)
sum(t<(-1.67))    # 1000次实验有94次检验统计量小于-1.67, 显著性水平为0.094
```

5.6.4 交叉验证

1. 回归模型的交叉验证实例

例 5.4.1 研究激素水平随服用时间变化的数据, 因变量 Y_i 为激素消炎药在服用 X_i 小时后的剩余量, 样本量为 27. 考虑回归模型

$$Y_i = \beta_0 + \beta_1 X_i + \varepsilon_i$$

给定服用时间后, 预测药物剩余量. 分别采用全部数据和弃一法交叉验证拟合模型并计算平均残差平方、绘制残差图, R 语言代码如下:

```
# 录入数据
X=c(99,152,293,155,196,53,184,171,52,
    376,385,402,29,76,296,151,177,209,
    119,188,115,88,58,49,150,107,125)
Y=c(25.8,20.5,14.3,23.2,20.6,31.1,20.9,20.9,30.4,
    16.3,11.6,11.8,32.5,32.0,18.0,24.1,26.5,25.8,
    28.8,22.0,29.7,28.9,32.8,32.5,25.4,31.7,28.5)
# 绘制散点图
layout(1)
plot(X,Y,xlab="time",ylab="dose",cex.axis=1.2,cex.lab=1.3)
# 用全部数据建立回归模型, 回代计算预测误差
reg_1=lm(Y~X)
pred_1=reg_1$coefficients[1]+reg_1$coefficients[2]*X
res_1=pred_1-Y
mse_1=mean(res_1^2)
mse_1
# 使用弃一法建立回归模型, 计算预测误差
pred_2=rep(0,length(Y))
for(i in 1:length(Y)){
  X_tmp=X[-i]
  Y_tmp=Y[-i]
  reg_tmp=lm(Y_tmp~X_tmp)
  pred_2[i]=reg_tmp$coefficients[1]+reg_tmp$coefficients[2]*X[i]
}
res_2=pred_2-Y
mse_2=mean(res_2^2)
mse_2
# 绘制残差图
plot(X,res_1,xlab="time",ylab="residual",cex.axis=1.2,cex.lab=1.3)
points(X,res_2,pch=3)
legend("topright",c("replace","abanden one"),pch=c(1,3),cex=1)
```

2. 正确的交叉验证方法

例 5.4.2 说明了应该如何使用正确的交叉验证方法. 随机生成一个样本量为 50 的二分类样本点, 每类各 25 个, 以及 5 000 个服从标准正态分布的连续型解释变量, 这些解释变量与响应变量是相互独立的. 在这个问题中, 任一分类器的真实测试误差应为 50%.

错误的方法是在这 5 000 个解释变量中挑选出 100 个与响应变量最相关的变量, 用 1–近邻分类器模拟 50 次, 并用交叉验证方法计算平均误差. 然后在 50 个二分类样本点中随机选择 10 个, 计算其标签与预先挑选的 100 个解释变量的相关系数, 得到的平均误差仅为 3.4%.

正确的方法是将数据随机划分为 K 份进行预测, 并计算误差率和相应的相关系数. 计算结果是, 平均误差为 48.68%, 平均相关系数接近 0, 绘制相关系数的直方图. R 语言代码

如下:

```
# 首先生成解释变量和响应变量
library(MASS)
nq=5000
Q=matrix(0,50,nq)
for(i in 1:nq){Q[,i]=rnorm(50)}
N1=rep(0,25)
N2=rep(1,25)
N=c(N1,N2)
N=sample(N)
# 错误的方法,挑选出最相关的变量
nc=100
b=rep(0,nq)
for (i in 1:nq){b[i]=cor(Q[,i],N)}
max=order(b,decreasing=TRUE)[1:nc]
# 用1-近邻分类器模拟50次
library(class)
mydata=data.frame(cbind(N,Q[,max]))
N=mydata$N
tt=matrix(1:50,nrow=5,ncol=10,byrow=TRUE)
cv.error=rep(0,50)
cv.true=rep(0,5)
final.cv=rep(0,50)
final.corr=array(0,c(nc,5,50))
for(t in 1:50){      # 模拟50次
  mydata=mydata[sample(nrow(mydata)),]
  for(j in 1:5){     # 5折交叉验证
    test_row=tt[j,]
    train=mydata[-test_row,]                  # 将数据集分为训练集和测试集
    test=mydata[test_row,]
    knn.pred=knn(train,test,train$N,k=1)       # 1-近邻分类器预测响应变量
    cv.true[j]=mean(knn.pred==mydata[test_row,]$N)# 计算准确率
    for (k in 1:nc){
      final.corr[k,j,t]=cor(test$N,test[,k+1])}
  }
  final.cv[t]=mean(cv.true)
}
1-mean(final.cv)        # 通过交叉验证计算平均误差
mean(final.corr)        # 计算相关系数
hist(final.corr,breaks=8,main="Wrong way",
    xlab="Correlations of Selected Predictors with Outcome")
# 错误方法的相关系数直方图,可看到多数变量之间存在相关性
# 正确的K折交叉验证法
mydata=data.frame(cbind(N,Q))    # N,Q仍为上述生成的数据
N=mydata$N
tt=matrix(1:50,nrow=5,ncol=10,byrow=TRUE)
```

```
b=rep(0,nq)
cv.true=rep(0,5)
final.cv=rep(0,50)
final.corr=array(0,c(nc,5,50))
for (t in 1:50){
  mydata=mydata[sample(nrow(mydata)),]
  for (j in 1:5){
    test_row=tt[j,]
    for (i in 1:nq){
      b[i]=cor(Q[-test_row,i],N[-test_row])}
    max=order(b,decreasing=TRUE)[1:nc]
    max=max+1
    newdata=cbind(N,mydata[,max])
    train=newdata[-test_row,]
    test=newdata[test_row,]
    knn.pred=knn(train,test,train$N,k=1)
    cv.true[j]=mean(knn.pred==test$N)
    for (k in 1:nc){
      final.corr[k,j,t]=cor(test$N,test[,k+1])}
  }
# 用交叉验证法选取变量
  final.cv[t]=mean(cv.true)
}
1-mean(final.cv)     # 计算平均误差和相关系数
mean(final.corr)
hist(final.corr,breaks=8,main="Right way",
    xlab="Correlations of Selected Predictors with Outcome")
# 正确方法的相关系数直方图, 可见多数变量之间不存在相关性
```

5.6.5 数据科学中的 PCS 准则

传统统计推断利用概率来刻画数据的不确定性. 实践中, 数据清洗、模型设定、EDA 等过程涉及大量人为选择, 不同的选择产生不同的实验结果, 传统方法难以衡量这种不确定性. 基于数据科学三准则, 即可预测性、可计算性、稳定性, 提出了能够容纳数据分析全流程中各种扰动因素的 PCS 分析框架. 例如, 不同于建立在估计量渐近正态性基础上的置信区间, PCS 扰动区间考察的是数据/模型扰动下估计量的分布. 我们将这两种方法应用于稀疏线性模型的变量选择, 并通过 ROC 曲线判断孰优孰劣.

首先介绍本例的数据. 设计矩阵 $\boldsymbol{X}$ 包含 1 000 行、630 列, 选取 25 列, 基于 6 种不同规则生成预测变量 Y, 得到 6 组 $(\boldsymbol{X}, Y)$. 不同的生成规则反映了现实世界中各种各样的数据误差 (如误差项可以服从正态分布、t 分布等) 或者模型设定误差 (如遗漏变量问题、异方差问题). 为简化本例, 该模拟数据已经给定, 有兴趣的读者可以自己编写程序生成数据.

接下来的目标是:

(1) 进行 Lasso 变量选择, 基于 PCS 推断给出每个变量的稳定性得分.

(2) 进行 Lasso 变量选择, 基于传统方法, 进行统计推断 (t 检验).

(3) 绘制 ROC 曲线, 比较不同数据情况下两种方法用于变量选择的效果.

R 语言代码如下:

(1) 参数设定.

```
rm(list=ls())
n<-1000                        # 观测数
p<-630                         # 特征数
nbs<-100                       # 自助法抽样次数
test.prop<-0.5                 # 测试集占比
train.id<-sample(n,n*(1-test.prop))
test.id<-setdiff(1:n,train.id)
# 加载已经生成的模拟数据simdata.RData
# 包含一个list(simdata)和两个vector(beta.id,varnames)
# varnames代表设计矩阵X的列名, 长度为630
# 后续我们将对全部630个自变量建立Lasso回归模型, 进行变量选择
# 实际生成模拟数据时,Y只与630个变量中的25个有关(称为active variable)
# beta.id代表active variable在varnames中的位置
# 即varnames[beta.id]代表25个active variable的变量名
# simdata是一个长度为6的list, 6个元素对应6种模拟数据的生成规则
# 每个元素又包含设计矩阵X和因变量Y两个元素
# Misspecified_miss表示模型存在遗漏变量问题, 建模所用的设计矩阵X只有618列
# 12个active variable被遗漏,其余5个元素下的设计矩阵X相同,均为1000行、630列
load('simdata.RData')
library(glmnet)
library(AUC)
library(dplyr)
library(data.table)
library(ggplot2)
```

(2) PCS 推断.

```
# 利用自助法模拟数据的扰动, λ参数的选择模拟模型的扰动
fitPCSWrap<-function(x,y,train.id,test.id,nbs,k=10) {
  # 自助法抽样, 重复nbs次
  bsid<-replicate(nbs,sample(1:n, n, replace=TRUE),simplify=FALSE)
  # 两部分数据轮流作为训练集, 依据测试集选出合适的λ (Lasso回归模型的惩罚系数)
  lam1<-selectLambda(x,y,train.id,test.id,k)
  lam2<-selectLambda(x,y,test.id,train.id,k)
  # 在每个自助法样本上进行变量选择
  out<-sapply(bsid,function(i){
          tr.id<-i[i %in% train.id]
          tst.id<-i[i %in% test.id]
          f1<-glmnet(x=x[tr.id,],y=y[tr.id],lambda=lam1,
                     family='gaussian',standardize=FALSE)
          # 回归系数不为0的变量为模型保留的变量
          f1<-rowMeans(as.matrix(f1$beta)!=0)
          f2<-glmnet(x=x[tst.id,],y=y[tst.id],lambda=lam2,
                     family='gaussian',standardize=FALSE)
```

```
                f2<-rowMeans(as.matrix(f2$beta)!=0)
                return((f1+f2)/2)
  })
  # 对于每个变量, 输出一个0~1之间的数, 表示100次自助法中该变量被选择次数的占比
  return(1-rowMeans(out))
}
# Lasso调参:选择能够使预测集的mse最小的k个λ值
selectLambda<-function(x,y,train.id,test.id,k) {
  fit<-glmnet(x=x[train.id,],y=y[train.id],
              family='gaussian',standardize=FALSE)
  yhat<-predict(fit,newx=x[test.id,],type='response')
  err<-colMeans((yhat-y[test.id])^2)
  err.min<-order(err)[1:k]
  return(fit$lambda[err.min])
}
# 对6组(x,y)数据分别应用PCS推断
pcs<-lapply(simdata,function(z) {
            fitPCSWrap(x=zx,y=zy,train.id=train.id,test.id=test.id,nbs=nbs)
})
```

(3) 传统统计推断 (t 检验).

```
fitLM<-function(x,y) {
  # 建立Lasso回归模型, 通过交叉验证调参
  fit<-cv.glmnet(x=x,y=y,family='gaussian',nfolds=5,standardize=FALSE)
  # λ取为使mse最小的值
  lambda<-fit$lambda.min
  # 模型选择的变量所在的列数
  beta.choice.id<-(coef(fit,x=x,y=y,s=lambda,exact=TRUE)!=0)[-1]
  # 基于模型选择的变量, 作简单线性回归
  fit<-lm(y~as.matrix(x[,beta.choice.id]))
  s<-summary(fit)
  # p值默认为1
  pval<-rep(1,ncol(x))
  pval[beta.choice.id]<-s$coefficients[-1,4]
  names(pval)<-colnames(x)
  return(pval)
}
# 对6组(x,y)数据分别应用Lasso+t检验
flm<-lapply(simdata,function(z) {
  fitLM(x=z$x,y=z$y)
})
```

(4) 绘制 ROC 曲线.

```
param<-c('Gaussian','t_3','Block','Dependent',
         'Misspecified_miss','Misspecified_rule')
# 构造out数据框
```

```
# Var1:变量名
# value:p值/稳定性得分
# active:变量是否确实与y有关
# noise:数据构造方式
# inference:Linear_Model/PCS
out<-mapply(function(rpcs,rlm,par) {
  mfpcs<-melt(rpcs) %>% mutate(Var1=names(rpcs),
                              active=(Var1 %in% varnames[beta.id]),
                              noise=par,
                              inference='PCS')
  mflm<-melt(rlm) %>% mutate(Var1=names(rlm),
                            active=(Var1 %in% varnames[beta.id]),
                            noise=par,
                            inference='Linear_Model')
  return(rbind(mfpcs,mflm))
}, pcs, flm, param, SIMPLIFY=FALSE)
out<-rbindlist(out)
# 给定inference和noise参数，返回fpr&tpr
getCurve<-function(x,inf.sel,noise.sel,grid=seq(0,1,by=1e-2)) {
  xf<-filter(x,inference==inf.sel,noise==noise.sel)
  xcurve<-roc(predictions=1-xf$value,labels=as.factor(xf$active))
  tpr<-xcurve$tpr
  fpr<-xcurve$fpr
  tpr.grid<-sapply(grid, function(g) max(tpr[fpr<=g]))
  tpr.grid[1]<-0
  return(tpr.grid)
}
# 按inference和noise分组，绘制ROC曲线
getCurves<-function(x,param.grid,grid=seq(0,1,by=1e-2)) {
  curves<-mapply(function(pp,ii) {
                cc<-getCurve(x,ii,pp,grid=grid)
                out<-data.frame(fpr=grid,
                tpr=cc,
                noise=pp,
                inference=ii)
  return(out)
  }, param.grid$Var1,param.grid$Var2,SIMPLIFY=FALSE)
  curves<-curves %>% rbindlist() %>%
    group_by(noise,inference,fpr) %>%
    summarise(tpr=mean(tpr))
  return(curves)
}
curves.data<-getCurves(out,expand.grid(param,c('Linear_Model','PCS')))
ggplot(curves.data,aes(x=fpr,y=tpr,group=inference,linetype=inference))+
      geom_line(size=1)+facet_wrap(~noise)+theme_bw()+
      scale_x_continuous(limits=c(0,0.3))
```

附 录 R语言基础

A.1 R 语言简介

A.1.1 R 语言概述

R 语言是一个国际合作的免费开源软件, 使用的是可以扩展的 S 语言. 近些年来在数据分析领域, R 语言凭借其开源性受到很多人的追捧.

在国际教育领域, 师生基本上都是使用 R 语言. R 网站的程序包资源拥有量和增长速度是任何商业软件都望尘莫及的. 全世界的统计学家不断编辑新的程序包, 并更新已有程序包, 为 R 语言的发展和完善提供了强有力的支持. 同时, R 程序包中的绝大多数函数的代码都是公开的, 而且都有程序编辑者的单位和联系方式, 这种负责而透明的环境能够有效地提高代码的质量. 因此, R 语言逐渐成长为数据科学家的首选语言.

R 语言采用的 S 语言和其他开源的编程语言有很强的类似性, 在初学阶段非常容易上手, 符号简单易懂, 程序容易操作, 能够解决统计学习中的很多计算问题, 给统计学习带来极大的便利.

A.1.2 R 语言的安装

1. R 语言的安装

登录 R 网站 (http://www.r-project.org/), 根据说明从所选择的镜像网站下载并安装 R 语言的所有基本元素. 基本步骤为: 点击 "CRAN", 接着选择镜像网站, 然后选择适合系统的安装包进行下载 (例如, 对于微软视窗系统选择 "Download R for Windows"), 之后选择 "base", 后面就会下载软件的执行文件, 执行之后选择默认值直到结束. 安装完软件以后, 就可以点击 R 语言的图标进入操作界面了.

2. R 程序包的安装

在进行统计编程的过程中, 有时需要调用某些程序包中的函数或数据. 这时, 读者需要确认想要使用的程序包并进行安装, 而且每次用到该程序包中的函数时均需调用程序包.

例如, 使用 MASS 程序包中的稳健线性模型 rlm() 函数时, 由于 MASS 程序包在 R 语言安装时已被同时安装, 因此只需调用即可, 所用语句如下:

```
library(MASS)
```

对于未安装的程序包, 例如, 调用 randomForest 程序包中的 randomForest() 函数来实现随机森林算法时, 所用语句如下:

```
install.packages('randomForest')
library(randomForest)
```

A.2 数据的类型结构

熟悉一门编程语言的数据结构是学习这门语言的基础. 本节介绍几种常用的数据结构, 以便读者进行后续的学习.

A.2.1 数据的类型

R 语言可处理的数据类型很多, 包括常见的数值型、字符型、逻辑型、日期型等.

1. 数值型

数值型是最常见的数据类型, 在 R 语言中能够被灵活地存储和运算. 数值型数据的取值为实数, 用数字表示, 示例如下:

```
a=3    # a的数据类型为数值型，a取值为3
```

2. 字符型

字符型数据的取值为字符串, 在 R 语言中, 字符型数据由英文双引号括起来表示, 示例如下:

```
b="Sunday"    # b的数据类型为字符型，b表示Sunday
```

3. 逻辑型

逻辑型数据的取值为 TRUE (可简写为 T) 和 FALSE (可简写为 F), 示例如下:

```
f=TRUE
e=F
```

4. 日期型

处理一些数据时, 可能会遇到与时间有关的数据, 这就需要我们对日期型数据进行处理. 日期型数据通常以字符串的形式输入到 R 中, 然后转化为数值形式进行存储. R 中的函数 as.Date() 可用于执行数据的这种变换, 该函数的具体语法为 as.Date(x, format), x 指的是数据本身, format 给出日期的格式, 具体格式如表 A.1 所示.

表 A.1　日期的格式设置

符号	含义	示例
%d	数字表示的日期	01～31
%a	缩写的星期名	Mon
%A	完整的星期名	Monday
%m	月份	00～12
%b	缩写的月份	Jan
%B	完整的月份	January
%y	两位数的年份	24
%Y	四位数的年份	2024

日期型数据的默认格式为 yyyy-mm-dd, 示例如下:

```
Dates=as.Date("2008-08-08")
```

如果读入的日期不是默认格式, 我们需要将读入的字符串识别为对应的日期, 示例如下:

```
strDate=c("06/12/2008")
dates=as.Date(strDate,"%m/%d/%y")      # 按月/日/年的格式对日期进行识别
```

A.2.2　数据的结构

1. 向量

向量是用于存储数值型、字符型或逻辑型数据的一维数组. 函数 c() 可用于创建一个向量. 示例如下:

```
a<-c(1,2,3,4,6,-2)      # "<-"是赋值符号, 可用 "=" 代替
b<-c("one","two","three")
d<-c(TRUE,FALSE,TRUE,TRUE,FALSE)
```

示例中 a 是数值型向量, b 是字符型向量, d 是逻辑型向量. 这里需要注意的一点是, 向量中的各个元素必须是相同的类型或模式, 不能混杂不同模式的数据. 除以上函数之外, 也可用其他函数或方式来表示向量:

```
a1<-1:5          # 即a1<-c(1,2,3,4,5)
a2<-rep(0,5)     # rep(x,n)表示重复取n次x, 即a2<-c(0,0,0,0,0)
a3<-seq(1,10,2)  # seq(from=1,to=10,by=2), 从1到10以2为间隔取出数字
```

注意: 符号 "#" 后面可写关于代码的注释, 任何在 "#" 后面的作为注释的代码或文字都不会参与程序的运行.

2. 矩阵

矩阵是一个二维数组, 其中每个元素都有相同的模式 (数值型、字符型或逻辑型), 可通过函数 matrix() 创建矩阵, 具体形式为:

```
x<-matrix(vector,nrow=number_of_rows, ncol=number_of_columns,
          byrow=logical_value)
```

其中 vector 中包含了矩阵的所有元素, nrow 和 ncol 分别为矩阵的行、列的维数, byrow 的值表明矩阵是按行填充 (byrow=TRUE) 还是按列填充 (byrow=FALSE), 默认情况下是按列填充. 示例如下:

```
> y=matrix(1:20,nrow=4,ncol=5)
> y
      [,1]    [,2]    [,3]    [,4]    [,5]
[1,]    1       5       9      13      17
[2,]    2       6      10      14      18
[3,]    3       7      11      15      19
[4,]    4       8      12      16      20
```

有时, 我们需要取出矩阵中的某个或某些元素, 例如取出矩阵 y 中的一些元素, 示例如下:

```
> y[,2]          # 取出矩阵y的第二列
[1] 5 6 7 8
> y[c(3,4),2]    # 取出矩阵y第二列中处于第三、四行的元素
[1] 7 8
```

需要注意的一点是, 矩阵中的元素也只能是一种模式, 不能进行多个模式的混杂.

(1) 矩阵的乘法. 如果矩阵 A 和 B 具有相同的维数, 则 A*B 表示矩阵中对应元素的乘积, 而 A%*%B 表示通常意义下两个矩阵的乘积 (要求 A 的列数等于 B 的行数).

(2) 矩阵的转置. 对于矩阵 A, R 中用函数 t(A) 表示它的转置.

(3) 求方阵的行列式. R 中用函数 det(A) 可以得到方阵 A 的行列式的值.

(4) 生成对角矩阵并对矩阵取对角运算. 函数 diag() 依赖于它的变量, 当 v 是一个向量时, diag(v) 表示以 v 的元素为对角线元素的方阵; 当 M 是一个矩阵时, diag(M) 表示以 M 的对角线元素为元素的向量.

3. 数组

数组与矩阵类似, 其维度可以大于 2, 可通过函数 array() 来创建, 具体形式如下:

```
my_array<-array(vector,dimensions)
```

其中 vector 包含了数组中的所有元素, dimensions 是一个数值型向量, 表示相应维度的下标的最大值. 示例如下:

```
> z<-array(1:36,c(3,6,2))
> z
, , 1

      [,1]   [,2]   [,3]   [,4]   [,5]   [,6]
[1,]    1      4      7     10     13     16
[2,]    2      5      8     11     14     17
[3,]    3      6      9     12     15     18
, , 2

      [,1]   [,2]   [,3]   [,4]   [,5]   [,6]
[1,]   19     22     25     28     31     34
[2,]   20     23     26     29     32     35
[3,]   21     24     27     30     33     36
```

4. 数据框

数据框是一种可同时包含不同模式数据的数据结构, 往往是读者在 R 中最常处理的数据结构. 数据框可由函数 data.frame() 来创建, 具体形式如下:

```
my_data<-data.frame(col1,col2,col3,...)
```

其中的列向量可以为任何类型, 每一列的名称可以用函数 names() 来指定. 创建数据框的示例如下:

```
# 代码输入
studentID<-c(1,2,3,4,5)
age<-c(18,22,21,20,18)
grade<-c("A","A-","B+","F","C")
gender<-c("F","M","F","M","M")
studentData<-data.frame(studentID,age,grade,gender)

# 结果输出
> studentData
    studentID    age    grade    gender
1        1        18       A         F
2        2        22      A-         M
3        3        21      B+         F
4        4        20       F         M
5        5        18       C         M
```

在一个数据框中, 每列数据的模式必须唯一, 但是可将多个模式的不同列放在一起. 选取数据框中的元素时, 既可用类似于取矩阵元素的方法取出元素, 又可直接用列名取出元素，示例如下：

```
# 结果输出
> studentData[1:2]
   studentID      age
1           1       18
2           2       22
3           3       21
4           4       20
5           5       18
> studentData[c("studentID","grade")]
   studentID   grade
1           1       A
2           2      A-
3           3      B+
4           4       F
5           5       C
> studentData$age
[1] 18 22 21 20 18
```

5. 列表

列表是一些对象的有序集合，允许使用者将若干对象整合到单个对象名下．列表是一种非常复杂的数据结构，某个列表可能是若干向量、矩阵、数据框甚至其他一些列表的组合．读者可以通过函数 list() 来创建列表：

```
my_list<-list(object1,object2,...)
```

其中的对象可以指定以上提到的任何一种结构．读者可以对列表中的对象命名：

```
my_list<-(name1=object1,name2=object2,...)
```

创建列表的示例如下：

```
> ob1<-"student"
> ob2<-c("Mary","Jimmy","Tony")
> ob3<-matrix(1:15,nrow=3)
> ob4<-c(TRUE,FALSE,TRUE)
> my_list<-list(title=ob1,name=ob2,ob3,presence=ob4)
> my_list
$title
[1] "student"

$name
[1] "Mary"   "Jimmy"   "Tony"

[[3]]
```

```
        [,1]    [,2]    [,3]    [,4]    [,5]
[1,]      1       4       7      10      13
[2,]      2       5       8      11      14
[3,]      3       6       9      12      15

$presence
[1]   TRUE    FALSE   TRUE

> my_list[[2]]    # 取出列表的第2部分
[1] "Mary"   "Jimmy"   "Tony"
```

A.2.3 缺失数据的处理

在任何数据分析中, 都可能遇到由于未作答、设备故障或录入失败等原因产生的不完全数据. 在 R 中用符号 NA 表示, 字符型和数值型数据使用的缺失值符号是相同的.

对于一个对象, 可以用函数 is.na() 检测数据是否存在缺失值, 其返回一个相同大小的对象, 缺失值的对应位置为 TRUE, 其他位置为 FALSE.

可以通过函数 na.omit() 移除所有含有缺失值的观测, 即删除所有含缺失数据的行.

A.3 R 语言的基本操作

A.3.1 数据的输入和输出

读者可根据数据结构的创建方式来创建不同的数据集, 在进行数据分析时, 往往需要将外界的数据导入软件进行进一步分析. R 语言可通过键盘、文本文件、Excel、Access 及一些常用的统计软件等方式来获得数据. 下面介绍几种常用的数据导入方法, 读者可参阅.

1. 数据的输入

(1) 用键盘输入数据.

对于一些较小的数据集, 可用键盘进行手动输入. 函数 edit() 能够帮助使用者将数据导入 R, 具体形式如下:

```
Info<-data.frame(name=character(0),age=numeric(0))
Info<-edit(Info)
```

其中, age=numeric(0) 实际上创建了一个不含任何实际数据的变量. 使用函数 edit() 后会弹出数据框, 读者只需在相应的数据框中键入数据即可获得所需数据集.

对于数据量较大的数据集而言, 这种方法并不适用, 读者可从现有的文本文件、Excel 等文件中导入数据.

(2) 从文本文件中导入数据.

读者可使用函数 read.table() 从带分隔符的文本文件中导入数据, 该函数可以读入一个表格形式的文件并将数据保存为一个数据框, 具体形式如下:

```
mydata<-read.table(file=,header=logical_value,sep="")
```

其中 file 是一个带分隔符的 ASCII 文本文件, header 用于判断是否将数据首行作为变量名 (TRUE 或 FALSE), sep 用于指定分隔数据的分隔符, 常见的分隔符有 "," "\t" 等. 示例如下:

```
student<-read.table(file="studentdata.csv",header=TRUE,sep=",")
```

从当前工作目录中读入了一个名为 studentdata.csv 的以逗号为分隔符的文件, 从该文件的第一行获取各个变量的名称, 将该数据集保存至名为 student 的数据框中. 导入数据时需要注意以下两点:

● 读取文件时要将当前的工作目录设置为文件所在的文件夹, 例如 studentdata.csv 文件若在电脑的 "D:\", 则需使用 setwd("D:/") (或 setwd("D:\\")) 函数改变工作路径至 "D:\", 具体语句如下:

```
setwd("D:/")
```

● 参数 sep 的默认值为 sep=" ", 表示分隔符为一个或多个空格、制表符、换行符或回车符. sep 还有其他形式, 例如 sep="\t" 表示读取以制表符为分隔符的文件.

(3) 从 Microsoft Excel 中导入数据.

从 Excel 中导入数据, 可采用的一种方法是将所需文件导出为一个逗号分隔文件 (csv), 并用前面的方式将数据导入 R 中. 当然, 还可以使用 readxl 程序包中的函数导入数据.

首先下载并调用该程序包:

```
install.packages("readxl") library(readxl)
```

然后用该程序包中的函数导入数据:

```
read_excel("myfile.xls",sheet=2,range="C1:E7")
read_xls("myfile.xls",sheet=5,range=cell_rows(102:151))
read_xlsx("myfile.xlsx",col_types=c("text","list"))
```

其中 myfile.xls 是一个 Excel 文件, sheet 是从该文件中读取的工作表的名称, range 是选择的读取范围.

还有其他可以导入的数据文件, 在此不一一列举. 读者可自行查阅 R 的帮助文件以及其他资料进行学习.

2. 数据的输出

将 R 中的数据以不同的方式输出会用到很多输出函数. 逗号间隔文件 csv 是一种较好的输出格式, 当然还有其他格式.

函数 write.csv(object,"outfile.csv") 可将 R 中的对象 object 输出到名为 outfile.csv 的文件中; 函数 write.table(object,"outfile.txt") 可将 R 中的对象输出到名为 outfile 的文本文件中. 其他的参数设置可查询 R 的帮助文档.

A.3.2　控制结构

1. 条件执行

在条件执行结构中, 一条或一组语句仅在满足一个指定条件时执行. 条件执行结构包括 if-else, ifelse 和 switch.

(1) if-else 结构.

控制流结构 if-else 在关系表达式为 TRUE 时, 执行语句 i; 为 FALSE 时, 执行语句 j. 语法为:

```
if(关系表达式) {语句i}
else{语句j}
```

示例如下:

```
> Grade<-scan(n=5)   # 手动输入5个值，赋值给Grade
1:  4 7 2 6
5:  9
Read 5 items
> if(sum(Grade)>=20) print("Pass") else print("Fail")   # 验证和是否大于20
[1] "Pass"
```

说明: 本例使用 scan() 函数从键盘输入成绩, 如果和大于等于 20, 则输出 Pass, 否则输出 Fail.

(2) ifelse 结构.

ifelse 结构是 if-else 结构比较紧凑的向量化版本, 语法为:

```
ifelse(关系表达式,语句i,语句j)
```

若关系表达式为 TRUE, 则执行语句 i, 否则执行语句 j, 示例如下:

```
> Grade<-scan()
1:  59 70
3:  80
4:
Read 3 items
```

```
> ifelse(Grade>=60,"Pass","Fail")
[1] "Fail" "Pass" "Pass"
```

(3) switch 结构.

switch 结构根据一个表达式的值选择语句执行. 语法为:

```
switch(R语言对象,值列表)
```

示例如下:

```
> Feeling<-"happy"
> print(switch(Feeling,happy="I am glad you are happy",
                +afraid="There is nothing to fear",
                +sad="Cheer up"))
[1] "I am glad you are happy"
```

2. 循环结构

循环结构重复执行一个或一系列语句, 直到某个条件不真为止. 循环结构包括 for 和 while 结构.

(1) for 结构.

for 循环重复执行一个语句, 直到循环控制变量不包含在值序列中为止, 适用于循环次数固定的循环. 语法为:

```
for(循环控制变量 in 值序列) {语句}
```

示例如下:

```
> s<-0
> for(i in 1:10) s=s+i
> print(s)
[1] 55
```

说明: 本例为计算 1~10 的和并输出.

(2) while 结构.

while 循环重复执行一个语句, 直到条件不真为止, 不仅适用于循环次数固定的循环, 也适用于循环次数无法固定的循环. 语法为:

```
while(关系表达式) {语句}
```

示例如下:

```
> s<-0;i<-10
> while(i>0) {s=s+i;i=i-1}
```

```
> print(s)
[1] 55
```

请确保括号内 while 的条件语句能改变为不真, 否则循环将不会停止.

注: 处理大数据集中的行和列时, R 中的循环可能比较低效费时. 只要可能, 最好联用 R 中的内建数值/字符处理函数和 apply 族函数.

(3) apply 函数.

对于向量, 可以用 sum, mean 等函数对其进行运算. 对于一个矩阵 A, 如果想对其若干维进行某种运算, 可用 apply 函数, 一般形式为:

```
apply(A,MARGIN,FUN)
```

其中, MARGIN 指定对哪一维进行运算, FUN 是进行运算的函数. 示例如下:

```
> A<-matrix(1:6,nrow=2);A
       [,1]   [,2]   [,3]
 [1,]     1      3      5
 [2,]     2      4      6
> apply(A,1,sum)
[1]  9 12
> apply(A,2,mean)
[1] 1.5  3.5  5.5
```

A.3.3 自定义函数

自定义函数的语法为:

```
函数名<-function(参数){
  计算语句
  return(函数值)
}
```

以下示例给出了一个函数 Myfun, 该函数可用于计算某向量的均值和方差:

```
Myfun<-function(x){
  m=mean(x)
  s=sd(x)
  result=list(mean=m,sd=s)
  return(result)
}
```

调用函数:

```
> a=c(1,2,3,4,5)
```

```
> Myfun(a)
$mean
[1] 3

$sd
[1] 1.581139
```

说明: 本例中自定义函数 Myfun 同时计算向量 x 的均值和方差, 并将结果以列表形式返回.

A.3.4 画图

1. 图形参数

(1) 图形元素.

图形由点、线、文本、多边形等元素构成. 图形参数用来控制图形元素的绘制细节, 见表 A.2.

表 A.2　图形元素的控制参数

pch="+", pch=4	指定用于绘制散点的符号. 如果 pch 的值为 0~18 之间的一个数字, 则使用特殊的绘点符号
lty=2	指定画线用的线型. 缺省值 lty=1 是实线, 从 2 开始是各种虚线
lwd=2	指定线的粗细, 以标准线的粗细为单位. 这个参数影响数据曲线的线宽以及坐标轴的线宽
col=2	指定颜色, 可用于绘制点、线、文本、填充区域、图像. 颜色值也可以用 "red" "blue" 等颜色名或相应的整数指定
cex	指定字符放大倍数

(2) 坐标轴与标题.

坐标轴包括三个部件: 轴线 (用 lty 可以控制线型), 刻度线, 刻度标签. 它们可以用如表 A.3 所示的图形参数来控制.

表 A.3　坐标轴的控制参数

lab=c(5,7,12)	第一个数为 x 轴刻度线的数量; 第二个数为 y 轴刻度线的数量; 第三个数是坐标刻度标签的宽度为多少个字符 (包括小数点)
las=1	坐标刻度标签的方向. 0 表示总是平行于坐标轴, 1 表示总是水平, 2 表示总是垂直于坐标轴
xlab="..." ylab="..."	定义 x 轴和 y 轴的标签. 缺省时使用对象名
axis(side,...)	绘制一条坐标轴. 之前的绘图函数必须已经用 "axes=F" 选项抑制了自动的坐标轴. side 参数指定在哪一边绘制坐标轴, 取值为 1~4, 1 为下边, 然后逆时针数. 可以用 at 参数指定刻度位置, 用 labels 参数指定刻度处的标签
main="..." sub="..."	图形的标题, 图形的小标题 (用较小字体画在 x 轴下方)
box()	绘制坐标区域四周的框线

2. 布局与图例

(1) 布局.

par() 函数用来定义图的布局边距以及相关参数.

例如: par(mfrow=c(1,2), mar=c(4,4,1,0.5), bg="yellow") 表示图分布在一行两列 (共两个图, 左右排列), 下、左、上、右的边界宽度分别为 4, 4, 1, 0.5, 图的背景色为黄色.

(2) 图例.

R 中使用 legend() 函数绘制图例, 部分参数的说明见表 A.4.

表 A.4　图例的控制参数

x, y	用于定位图例, 也可用单键词 "bottomright" "bottom" "bottomleft" "left" "topleft" "top" "topright" "right" "center"
legend	字符或表达式向量
fill	用特定的颜色进行填充
col	图例中出现的点或线的颜色
border	在 fill 参数存在的情况下, 填充色的边框
lty, lwd	图例中线的类型与宽度
pch	点的类型
text.width	图例文字所占的宽度
text.col	图例文字的颜色
text.font	图例文字
plot	逻辑型. 如果为 FALSE, 不画出图例
ncol	图例中分类的列数
horiz	逻辑型. 如果为 TRUE, 水平放置图例
title	给图例添加标题
inset	当图例用关键词设置位置后, "inset = 分数" 可以设置其相对位置

更全面的介绍可以使用 help() 函数查看.

3. 作图案例

了解参数设置后, 我们只需要知道每种图对应的函数, 通过修改参数, 便可轻松绘制出想要的图形.

本部分使用的数据为 vcd 包中的 Arthritis (风湿性关节炎研究结果数据), 如果没有安装 vcd 包, 需要先用 "install.packages("vcd")" 安装, 然后用 library 调用 vcd 包.

使用 help() 函数可以查看数据包的说明, 使用 head() 函数可查看数据前 6 行. 该数据集包括 5 个变量: 患者 ID, Treatment(Placebo, Treated), Sex, Age 和 Improved (None, Some, Marked).

(1) 散点图.

R 语言绘制散点图的函数是 plot(x,y). lines() 函数可在已有图上添加线. 示例如下 (结果见图 A.1):

```
x=seq(1:10)
y=x^2
plot(x,y,main="plot",xlab="x",ylab="y")
lines(x,y)
```

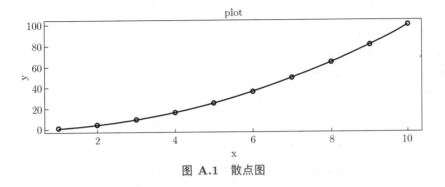

图 A.1　散点图

(2) 条形图.

条形图函数为 barplot(), 我们先用 table() 函数算出每一类的数量, 再绘制条形图, 示例如下:

```
par(mfrow=c(1,2),mar=c(2,2,2,2))    # 设置两幅图片一起显示
# 普通条形图绘制
library(vcd)
```

执行上述代码会自动载入需要的程序包 grid.

```
counts<-table(Arthritis$Improved)
barplot(counts,main="bar plot",xlab="improved",ylab="counts")
# 分组条形图绘制
barplot(counts,main="grouped bar plot",xlab="improved",
        ylab="frequency",col=c("red","yellow","blue"),
        legend=rownames(counts),beside=TRUE)
```

条形图见图 A.2.

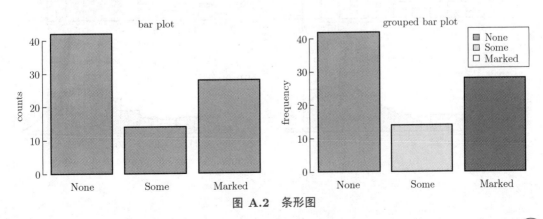

图 A.2　条形图

(3) 直方图.

绘制直方图的函数为 hist(), 使用 density() 函数可进行核密度估计, 使用 jitter() 函数可添加轴须图.

```
par(mfrow=c(2,2))
# 基本直方图
hist(Arthritis$Age)
# 指定组数和颜色的直方图
hist(Arthritis$Age,breaks=12,          # 指定组数
    col="red",                         # 指定颜色
    xlab="Age",
    main="colored histogram with 12 bins")
# 含核密度曲线的直方图
hist(Arthritis$Age,freq=FALSE,         # 表示不按照频数绘图
    breaks=12,
    col="red",
    xlab="Age",
    main="histogram with density curve")
lines(density(Arthritis$Age),col="blue",lwd=2)   # 添加核密度曲线
# 含轴须图的直方图
hist(Arthritis$Age,freq=FALSE,breaks=12,
    col="red",xlab="Age",
    main="Histogram,rug plot,density curve")
rug(jitter(Arthritis$Age))             # 添加轴须图
lines(density(Arthritis$Age),col="blue",lwd=2)
```

直方图见图 A.3.

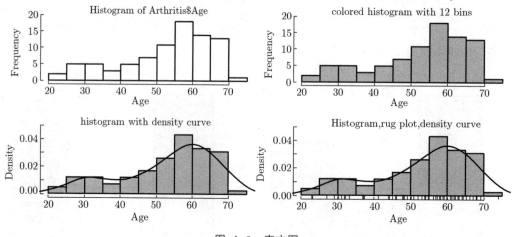

图 A.3   直方图

(4) 箱线图.

绘制箱线图的函数为 boxplot(), 下面我们分别绘制普通箱线图和分组箱线图 (见图 A.4).

```
par(mfrow=c(1,2))
# 普通箱线图
boxplot(Arthritis$Age,main="Box plot",ylab="Age")
# 分组箱线图
boxplot(Age~Sex,data=Arthritis,
        main="Age Distribution by sex",ylab="Age")
```

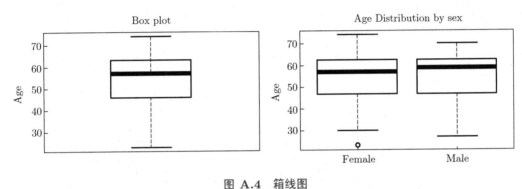

图 A.4　箱线图

A.4　概率分布

如果给定一种概率分布, 通常会有四类计算问题:

- 计算其概率密度 density (d).
- 计算其概率分布 probability (p).
- 计算其百分位数 quantile (q).
- 随机数模拟 random (r).

记住上面四类计算对应的英文首字母, 就很容易计算各种概率问题了.

举例来讲, 我们求标准正态分布曲线下小于 1 的面积 $P(X < 1)$, 正态分布是 norm, 而分布函数是 p, 那么使用 pnorm(1) 就得出结果为 0.84.

根据表 A.5 所列的函数名和所需参数, 即可得到关于指定分布的概率密度或随机数. 比如计算抛 10 次硬币的实验中有 3 次正面朝上的概率, 通过表 A.5 可知二项分布对应的函数是 binom, 需要的参数有 sample size 和 probability, 在此例中分别为 3 和 0.5, 所以计算概率的函数为 dbinom(x=3, size=10, prob=0.5), 结果为 0.11; 同理, 若想生成 10 个服从正态分布的随机数, 通过表 A.5 可以看到正态分布需要均值和方差两个参数, 所以使用 rnorm(10, mean=0, sd=1) 即可得到服从标准正态分布的 10 个随机数.

表 A.5　常用分布列表

R 函数	分布	参数
beta	贝塔分布	shape1, shape2
binom	二项分布	sample size, probability
cauchy	柯西分布	location, scale
exp	指数分布	rate(optional)
chisq	χ^2 分布	degrees of freedom
f	费希尔 F 分布	df1, df2
gamma	伽马分布	shape
geom	几何分布	probability
hyper	超几何分布	m, n, k
lnorm	对数正态分布	mean, standard deviation
logis	逻辑斯蒂分布	location, scale
nbinom	负二项分布	size, probability
norm	正态分布	mean, standard deviation
pois	泊松分布	mean
signmark	Wilcoxon 符号秩统计量	sample size n
t	t 分布	degrees of freedom
unif	均匀分布	minimum, maximum
weibull	威布尔分布	shape
wilcox	Wilcoxon 秩和统计量	m, n

参 考 文 献

[1] 茆诗松, 吕晓玲. 数理统计学[M]. 2 版. 北京: 中国人民大学出版社, 2016.

[2] 王汉生. 数据思维从数据分析到商业价值[M]. 北京: 中国人民大学出版社, 2017.

[3] 陈希孺. 高等数理统计学[M]. 合肥: 中国科学技术大学出版社, 2009.

[4] 赵选民, 徐伟, 师义民, 秦超英. 数理统计[M]. 2 版. 北京: 科学出版社, 2002.

[5] EFRON B, HASTIE T. Computer age statistical inference: algorithms, evidence, and data science[M]. Cambridge: Cambridge University Press, 2016.

[6] EFRON B, TIBSHIRANI R. An introduction to the bootstrap[M]. Boca Raton: Chapman & Hall/CRC Press, 1993.

[7] CHERNICK M. Bootstrap methods: a guide for practitioners and researchers[M]. Second Edition. Hoboken: John Wiley & Sons, Inc, 2011.

[8] SHAO J. Mathematical statistical[M]. New York City: Springer, 1998.

[9] YU B. Veridical data science[J]. PNAS, 2020, 117(8): 3920–3929.

图书在版编目（CIP）数据

数据科学统计基础/吕晓玲，黄丹阳，李伟编著
.--2版.--北京：中国人民大学出版社，2024.5
（数据科学与大数据技术丛书）
ISBN 978-7-300-32698-6

I.①数…　Ⅱ.①吕…　②黄…　③李…　Ⅲ.①统计学
Ⅳ.①C8

中国国家版本馆 CIP 数据核字（2024）第 067954 号

数据科学与大数据技术丛书

数据科学统计基础（第 2 版）

吕晓玲　黄丹阳　李　伟　编著

Shuju Kexue Tongji Jichu

出版发行	中国人民大学出版社			
社　　址	北京中关村大街 31 号		邮政编码	100080
电　　话	010-62511242（总编室）		010-62511770（质管部）	
	010-82501766（邮购部）		010-62514148（门市部）	
	010-62515195（发行公司）		010-62515275（盗版举报）	
网　　址	http://www.crup.com.cn			
经　　销	新华书店			
印　　刷	北京昌联印刷有限公司		版　次	2021 年 1 月第 1 版
				2024 年 5 月第 2 版
开　　本	787mm×1092mm　1/16		印　次	2024 年 5 月第 1 次印刷
印　　张	23　插页 1			
字　　数	535 000		定　价	59.00 元

中国人民大学出版社　理工出版分社

教师教学服务说明

　　中国人民大学出版社理工出版分社以出版经典、高品质的统计学、数学、心理学、物理学、化学、计算机、电子信息、人工智能、环境科学与工程、生物工程、智能制造等领域的各层次教材为宗旨。

　　为了更好地为一线教师服务，理工出版分社着力建设了一批数字化、立体化的网络教学资源。教师可以通过以下方式获得免费下载教学资源的权限：

★　在中国人民大学出版社网站 www.crup.com.cn 进行注册，注册后进入"会员中心"，在左侧点击"我的教师认证"，填写相关信息，提交后等待审核。我们将在一个工作日内为您开通相关资源的下载权限。

★　如您急需教学资源或需要其他帮助，请加入教师 QQ 群或在工作时间与我们联络。

中国人民大学出版社　理工出版分社

🔔　教师 QQ 群：229223561(统计2组) 982483700(数据科学) 361267775(统计1组)
　　　教师群仅限教师加入，入群请备注 (学校＋姓名)

☎　联系电话：010-62511967，62511076

✉　电子邮箱：lgcbfs@crup.com.cn

📍　通讯地址：北京市海淀区中关村大街 31 号中国人民大学出版社 507 室（100080）